人工智能时代的市场操控

Artificial Intelligence: A Marketing Manipulation

U0965859

中英双语版

（法）Dr. Marcel Saucet 著
李涛 译

华东理工大学出版社
EAST CHINA UNIVERSITY OF SCIENCE AND TECHNOLOGY PRESS

图书在版编目(CIP)数据

人工智能时代的市场操控 : 汉文、英文 / (法) 马塞尔·索叙特(Marcel Saucet)著 ; 李涛译. — 上海 : 华东理工大学出版社, 2020.12

书名原文: Artificial Intelligence: A Marketing Manipulation

ISBN 978-7-5628-6362-5

Ⅰ. ①人… Ⅱ. ①马… ②李… Ⅲ. ①人工智能—影响—市场营销—研究—汉、英 Ⅳ. ①F713.3-39

中国版本图书馆 CIP 数据核字(2020)第 235140 号

项目统筹 / 芮建芬
责任编辑 / 芮建芬
装帧设计 / 徐　蓉
出版发行 / 华东理工大学出版社有限公司
地址: 上海市梅陇路 130 号,200237
电话: 021-64250306
网址: www.ecustpress.cn
邮箱: zongbianban@ecustpress.cn
印　　刷 / 江苏凤凰数码印务有限公司
开　　本 / 710mm×1000mm　1/16
印　　张 / 26.25
字　　数 / 528 千字
版　　次 / 2020 年 12 月第 1 版
印　　次 / 2020 年 12 月第 1 次
定　　价 / 88.00 元

版权所有　侵权必究

目　录

“我只相信我自己篡改过的数据。”——温斯顿·丘吉尔

人工智能(AI)与统计及数据有关。

数据可以是一篇 Twitter 推特上的推文,一张照片,一条 WhatsApp(一款用于智能手机之间通讯的应用程序——编者注)的文本短信,一封电子邮件,一次谷歌搜索,一张你在个人资料上贴出的图片,一段 TikTok(短视频社交平台——编者注)上的视频,一条 Snapchat(一款“阅后即焚”照片分享应用——编者注)的信息,一条 Yelp(美国商户点评网站——编者注)上的点评,一条 Facebook 脸书上的评论,一个 Instagram 照片墙的点赞,或是你被大街上的摄像头捕捉到的身影。

利用所有这些数据,AI 人工智能得到无尽的营养供应。AI 算法需要数据,一如蒸汽机需要煤。

如果我拥有关于你生活的足量数据,那么我的 AI 程序就可以推导模型预测你的未来意图。我会懂你,因此,只要我想售卖的,都可以卖给你。

只要你进行搜索,发布内容——所有举动都会包含信息,会透露你的想法和感受。①

2016 年我们产生的数据量相当于 2015 年前整个人类历史的数据量总和。

我们每周产生 1 万亿点数字数据。

就在你阅读这些文字的当下,Google(谷歌)已进行 300 万次搜索,30 万条推文已被发布,2.04 亿封电子邮件被发送,1500 万条短信已被编辑。

---

① 引自《科学美国人——政策与伦理》(*Scientific American—Policy and Ethics*)(2017 年 2 月 25 日)

简　介

众所周知，企业使用各种营销策略以影响消费者的购买决策。营销操控并非新鲜事。企业总是尽其所能地对潜在客户进行研究，进而制定向其推销产品的策略。如今，利用算法对海量数据（大数据）进行分析的 AI 不仅进入了我们生活的各个层面，也渗透到了商业及广告的各级领域。无论你如何看待 AI，认为它是促进人类发展的工具，还是会带来衰亡，有一点不能否认：人工智能是一场超越传统营销手段的大变革。随之而来的问题是，在了解和操控消费者这方面，我们怎样从《广告狂人》（*Mad Men*，描述美国 20 世纪 60 年代广告业的热播电视剧集）中的唐·德雷珀进化到了 AI？本书将对商业品牌如何运用人工智能对大众选择施加影响进行解读，正反面影响都将得到剖析。

AI 的崛起，可以归因于现代社会的快节奏，归因于传统神话在西方世界的分崩离析。在旧时代，影响力来源于有着神话般权威的机构，如：统治者、政客、政府、宗教、工会等。[①] 二十世纪九十年代以来，这些传统机构的力量在西方日渐薄弱。然而，一个神话没落时，必有另一个取而代之。如今，品牌与公司正在取代传统神话的地位。一如罗马的皇帝、古希腊神话里的英雄、中世纪亚洲的可汗或是历史上法兰西帝国与英格兰王国的君王，品牌必须拥有神力，代表某种神话，才能对公民及消费者们产生影响。但与之前神话先祖的情况相反，公司和品牌既非民选官员，也不是宗教先知。他们虽有力量，却与传统意义上的权威不同，他们不具备神话地位的合法性。而人工智能将帮助 GAFA 级别的

① 引自布韦松（Buisson）（2017 年 5 月 17 日）

公司及品牌成为此类神话。[①]

品牌向你推销某种产品时，你怎么会信之如神明呢？如今，用于操控大众的工具是一种离散而智能的私人数据收集方式。它无处不在，遍布大街上、办公室里、地铁内、甚至海滩边。获取并利用这些个人数据，意味着公司将比普通消费者自己更了解自己。他们可以综合个人信息，设计出完美的针对性广告和产品，从而促进消费者购买。

根据国际数据公司(IDC)的报告，与业务相关的大数据收入从2015年的1220亿美元猛增至2019年的1890亿美元。IDC的报告预计，从2018年到2022年，该收入年均复合增长率为13.2%，到2020年，大数据收入将达到2740亿美元。[②] 从本质上讲，随着越来越多的数据被用作能量源，获取数据越多，则AI程序的给养越多，对消费者的分析将会更深入，针对性广告将更有力地影响其购买行为。

谷歌照片软件通过AI将客户从烦琐的工作中解放了出来：上传照片时，它会根据人物、位置、日期等自动设置标签，这使得用户可轻松搜索到理想的图像。谷歌不需要你自己动手挑选照片来创建相册，它可以代劳。作为消费者，我们的生活及习惯都发生了改变。甚至我们自己也通过照片、视频以及去过的地方等信息在现实世界中收集数据。

例如，Facebook使用Rosetta(理论框架的表格逻辑数据工具——编者注)AI工具，对用户在Instagram(Facebook旗下的品牌)及Facebook上的个人资料与封面照片标注用户姓名及照片背景。Rosetta可以读取照片中菜单和路牌上的文字，以及服装和产品标签上出现的文字。以下面这张取自Instagram的截屏为例，我们可看出Instagram是如何分析图片中每个细节的。截屏时，我的Instagram页面还在加载，图片尚未完全出现但文字显示此图中有人正坐在室内。也就是说，Rosetta可揭示图片里是否有人，以及人物表情、姿势和所处环境。有了类似信息，Instagram或Facebook针对每个人都可以积累大量信息。若脸书的人工智能知道有人在个人资料图里微笑着站在室外，而她的封面照是一张山川和大自然的户外景象图，它就会知道此人的身份标签是户外，据

① GAFA指代谷歌(Google)、苹果(Apple)、脸书(Facebook)及亚马逊(Amazon)，为美国四大科技巨头公司。GAFA一词风行于欧洲。GAFAMI也很通用，加入了微软(Microsoft)及国际商业机器公司(IBM)。NATU指代四家最具颠覆性的组织：网飞(Netflix)、爱彼迎(AirBnB)、特斯拉(Tesla)及优步(Uber)。

② 引自国际数据公司(International Data Corporation)网站(2019年6月14日)

此就能制作出个性化的广告。

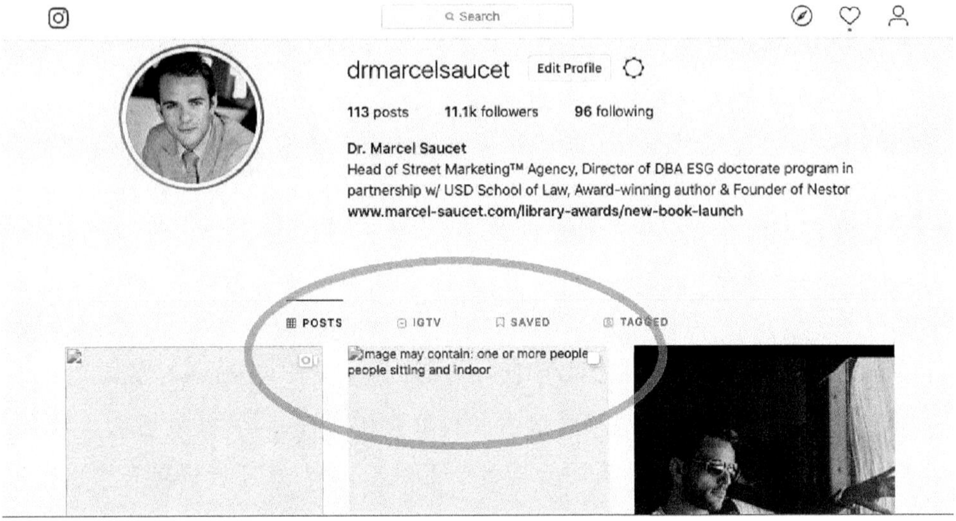

图 1　一张正在加载资料的页面截屏图

有些用户声称自己被广告做了微定位，因为收到的广告都是过去谈论过、但还没上网搜索的东西。一对夫妇进行了一项实验，两人在手机边谈论猫粮（他们并未养猫），以检测手机是否在进行监听。几天后，这对夫妇果然开始收到猫粮广告。[①] 尽管如此，大型 AI 品牌们均否认使用手机麦克风来收集广告信息。

2019 年 7 月，比利时新闻频道 VRT NWS 透露，Google Home（谷歌之家）和 Nest Hub（巢湾）使用的谷歌助理系统对多个私人谈话进行了窃听。谷歌的合作承包商多是语音识别领域的专业团队，其中一位承包商的雇员向 VRT NWS 提供了机密录音，支持新闻频道的此项责诉。谷歌早前就曾宣布，会使用收集到的数据来改善 AI 语音识别系统，最大限度地减少算法中可能出现的纰漏。然而，这些泄漏的语音记录成分复杂，有些发生在身份确定的夫妻的私密卧室里，有些则涉及私人聊天和商业讨论。此例充分说明，GAFA 用手机记录并分析你的私人生活、你的业务决策，甚至你的性偏好。[②]

2018 年，谷歌在伦敦特拉法加广场安装了一个颇健谈的互动型狮子雕塑。狮子请路人给它一个单词，收到单词后即吟诗一首。会说话的狮子引起了不小

① 引自《福布斯》(*Forbes*)(2017 年 10 月 31 日)
② 引自《福布斯》(*Forbes*)(2019 年 7 月 14 日)

的轰动，也获得了巨大成功。谷歌为什么要设计这样一只狮子呢？它又是如何想出这个点子的？谷歌这样做是为了打广告吗？谷歌是否使用面部识别技术来辨认哪些人是特拉法加广场附近的居民，哪些人是游客？或者这只是一个策略，目的是多多收集消费者数据，从而设计更贴近消费者的产品和广告？从狮子身上的传感器收集的数据既可是多种形式，也可以与其他信息相关联：如谷歌汽车在特拉法加广场拍照拍到的人数，或者有多少路人在狮子面前下载了谷歌应用程序。谷歌将这些信息与用户 Gmail（谷歌的免费网络邮件服务——编者注）账户中上传的个人资料图片进行比对，就可以知道你什么时间待在哪里以及你将去往哪里，并据此推送有针对性的系列广告。这样的广告策略比传统通讯模式（例如电视、广播、广告牌或出版物）的效果更优。

具有数据优势的公司现在是世界上最有价值的公司，不管其数据优势是偶然所得，还是有意为之。

2018 年，谷歌在定向广告业务上赚取了 1160 亿美元。①

通过深度收集个人信息来说服你购买产品的新型营销手段可以不露痕迹地采集数据，特拉法加广场的狮子就是一个极好的例子。公司一直在对消费者的购买决策路径进行操控。随着技术的发展以及涉及大量数据采集的营销手段的多元化，品牌商使用 AI，基于已有信息创建路径和模型。AI 软件分析消费者数据后，对人类行为的理解程度进一步加深。AI 公司很快就能够完美预测消费者的需求，出售他们想卖的东西。这些预测是在不知不觉的影响过程中得以实现的。尽管公司和品牌既非民选，也非神授，只是通过提供产品和服务而被消费者选中，但他们却依靠隐性营销、隐性宣传等方式逐步获得了权力，这与塔克霍坦恩（Serge Tchakhotine）在其著作中所述完全一致。②

二十世纪三十年代，反对纳粹通讯的瑟奇·塔克霍坦恩希望人们能了解到操控机制下宣传与广告的危险性。他以巴甫洛夫的条件反射实验以及马斯洛金字塔理论中人类内驱力的排名（攻击性、物质满足感、母性等）为基础，建构了自己的理论。宣传和营销是否成功通常取决于营销主题在悄无声息条件下与四种主要人类内驱力之一（攻击性、物质满足感、性和爱情）相联系的能力。个体一旦被内驱力征服，就会在行为中无意识地复制被灌输的内容。塔克霍坦恩在研究政治、工业或宗教宣传活动后，强调了使用符号、徽标和市场营销的重要性。只要了解了人类行为与深层内驱力之间的联系（例如恐惧或性），控制系统

① 引自阿尔法特公司（Alphabet Inc.）网站（2020 年 2 月 3 日）

② 引自塔克霍坦恩（Tchakhotine）（1939）

(如隐性营销)就可以利用人类内驱力有效执行。超级计算机如果利用同一系统来对付消费者的话,可能会导致灾难性的后果。以保险公司的诈骗检测电话为例:有时你会接到银行或保险公司的电话,确认你是否本人主动购买了某个特定产品。那是因为保险公司的AI通过利用有效的机器学习,从你之前的交易中收集了大量信息,并在你的购买路径中检测到了异常情况。未来,通过操控你的焦虑,电话里的人将很容易说服你购买专门用于防诈骗的新保险产品。你当然只会觉得这是世界上最善意的举动。

面对新形式的操控时,人们有两种选择:

1. 无意识地接受影响,当作日常生活的背景音里多了一丝杂音而已;

2. 就像人们接受宗教一样,他们也乐意让大公司和品牌来指导自己的生活,因为这些神一般的公司确切地知道他们想买什么,于是被大众所接受。最近的研究表明,消费者与喜爱的品牌及品牌创造者间存在着无意识关系。此类关系使得品牌更容易操控消费者(具体我们将在后文进行探讨)。

本书的主要目的是通过对五个关键要素的简要研究,揭示当前AI对消费者的说服力、操控性以及对市场的主宰力:

(1)自20世纪初以来,消费潮流不断演变,消灭选择已经成为一种趋势。公司在此过程中应如何对AI进行管理;

(2)第四次工业革命背景下,AI的日益兴盛;

(3)品牌和公司如何利用不易被大众所察觉的工具,专注于隐性营销,悄无声息地收集数据;

(4)品牌是否能成为新神话、新国家或新神明并操控大众的购物决策,以及在此背景下我们如何破局;

(5)要自由,要成材,要赚钱。

全书将对AI的形成做出总结:它是工业革命的一次进阶,还是操控消费者的一个新步骤?探讨此问题之前,让我们先深入研究AI的概念、含义、原理及其与消费者隐私保护的关联性。

AI是什么？

本书将从营销、商业和消费者说服的维度，解读 AI 的各种问题。与操控大众的其他传统方法相比，人工智能在这方面是一个相对较新的概念。在说明人工智能操控术的发展之前，我们必须首先了解其基本原理。人类可能无法解决过于复杂的演算问题，但使用 AI 的超级计算机却可以通过强大的算法实现。超级计算机严格遵循人脑结构，可跨越计算各相连部分的不同数据来解决问题。超级计算机在解决问题或进行运算时所遵循的规则与运算过程的集合统称“人工智能”。

AI 是“数字计算机或计算机控制的机器人执行通常只有智能生物才能完成的任务的能力。该术语通常用于具有人类智力处理能力的系统开发项目，例如推理、发现含义、概括或从过去的经验中学习的能力”[①]。

在明确 AI 的定义之前，我们首先需要弄清楚“智能”一词的含义[②]。本书中，“智能”由心智活动构成，如学习、推理、理解、掌握真相、了解人际关系、考虑含义以及区分事实与信念。下面，我们针对以上每个类别，探讨人类与人工智能之间的智力差异。

学习。当母亲第一次给孩子展示一把餐刀时，孩子就能发现叉与刀的区别。孩子能快速、简要地处理此条新信息。而你的苹果手机中的 AI 在进行照片库扫描时，得看过四百万张男孩的照片后才能识别出一个。

推理。一个学音乐的学生在听到贝多芬的曲子时，不仅可以马上听出来，听到的音符还能激发她的灵感去创作另一首歌曲。但是，AI 只能执行有限的一组操作。例如在上海，连接到摄像机的 AI 能捕捉到你的汽车喇叭声，之后拍

---

① 引自大英百科全书（Encyclopedia Britannica）网站（2019 年 5 月 9 日）

② 引自穆勒与马萨隆（Mueller and Massaron）（2018）

摄车牌快照并进行报告，再把罚单发给你（上海市区禁止鸣笛）。这个 AI 无法用多种方式来加工信息，除了辨别外，没有其他功能，更不用说解读声音了。

理解。当男友长时间不回复自己的短信时，女友知道有些事不对劲。而 Facebook 信使的 AI（用于跟踪和扫描所有文本）却只会看成一个技术错误。

掌握真相。当这位男友继续不回答时，女友将破解真相。她会想起两人前一天吵架了，她会推测他是因为争吵或是其他原因而不回复。她能做 AI 做不了的事：她可以综合不同数量的数据与其他来源的信息，而 AI 只会看成小故障或编码中可能出现的人工失误。

看到关系，考虑含义，区分事实与想法。这位男朋友可以以两人关系为基础，将事实与想法区分开。他会让女友确知具体信息，例如自己是否因小车祸摔坏了手机且人在医院。他知道女友会担心，以为不回信是因为两人昨天的争吵。他还可以将事实放到特殊情况下，或者区分事实与想法，而人工智能则无法做到。

品牌可以使用多种形式的人工智能来收集消费者的私人数据，以便更好地了解人类行为（并促使他们使用服务）。如上所述，收集的数据越多，AI 的工作就越出色。根据网页 Data Never Sleeps，全世界每天收集的数据量为 250 京字节（10^{18}！）。2018 年，仅谷歌就每分钟处理了 380 万次搜索。① 你的智能手机、笔记本电脑搜索、谷歌之家或各种创新设备（所有用于收集数据以支持 AI 的设备都属于“物联网”的组成部分）收集到的大数据，谷歌计算机都会进行学习。本研究的主题与大众操控有关，而广泛的数据收集是研究的关键。

AI 之父艾伦·图灵曾说，任何数据计算都可以以数字方式实现。当然，模仿人脑构建智能机器并非遥不可及的梦想。然而，对于自然的模仿未必一直能成功。有些科学家设计飞机时试图模仿蝙蝠的运动模式，但他们设计的飞机最终全部坠毁。

人工智能目前处于起步阶段，尚不能完全模仿自然智能。工程师试图从不同维度来模仿自然智能②：

- 视觉空间（了解导航环境；GPS 全球定位系统的定位比出租车司机的大脑要精确得多）；
- 身体动觉（外科医生的手术可由机器人重复操作；如今外科医生机器人

① 引自 DOMO 公司（2018）

② 引自穆勒与马萨隆（Mueller and Massaron）（2018）

AI具有比人类更多的技能);

- 创造力(毕加索的画作,或是你偶尔兴起煮的可乐鸡翅,这些都是自发且有创造力的行为;AI需要具备自我意识才能进行创造性活动,即使是偶然的创造);
- 自我认知(以甘地为例,他非常清楚自己是为实现国家独立而发起非暴力运动);
- 人际互动[在Skype(即时通信软件——编者注)的商务会议中与多人互动并处理不同的信息];
- 逻辑和数学(依靠运行系统,AI在运算速度上比人脑快得多);
- 语言(懂得一门语言)。自然语言分析是AI的一项普遍活动。阿里巴巴扬声器及配备了亚马逊虚拟助手的亚马逊设备[如亚马逊回声Amazon Echo或Alexa(亚马逊旗下的智能音箱——编者注)]可以通过语音识别处理你的订单,除了处理分析代码外,还可以解析人类语言。基本而言,他们不仅能听懂讲话,还能用人类语言进行交流。人工智能的目标是电脑不仅能够自然地与人互动,其互动方式还能通过图灵测试①,即观察者分辨不出人工智能与自然智能之间的区别,达到这个程度的AI才能被视为具有人类智能。

人类正在寻求新的方法,让人工智能可以模仿人脑功能。深度学习是我们迈出的第一步。② 深度学习是一种与人工神经网络一起使用的分类学习系统,该系统使得计算机可以获得人类的认知能力。目前,人工智能已具备识别物体的功能。人类婴儿只需几个示例就可以将物体对应到其名词概念,并建立起这两者之间的联系,但人工智能需要输入数百万个关联项才能达到人类婴儿的水平。如果想让程序识别汽车,需要先用数百万张标注汽车的图片对它进行训练。在训练及神经网络的双重作用下,AI才能通过联想识别出新的汽车图片。

2012年,谷歌大脑自主发现了猫这一概念③,这是深度学习取得的最重大的进步。这一次发现的学习行为并不是在图片标记的指导下完成的。在为期三天的实验中,计算机分析了1000万张随机未标记的YouTube(视频网站——编者注)屏幕截图。在程序并未告知哪些是猫的图像的前提下,计算机自己学会了如何区分猫的头部和人的头部。这一进步标志着机器学习取得了突破。

---

① 引自图灵(Turing)(1950)

② 引自亚历山大(Alexandre)(2017)。此处的深度学习囊括从机器学习到学习强化的所有技术。

③ 引自《连线》(*Wired*)(2012年6月6日)

根据目前的理解，AI 是一个创新概念，将经历四个阶段：

1. 第一阶段是 1960 年至 2010 年。在此期间，我们使用手动算法的传统程序。

2. 第二阶段始于 2012 年的深度学习，其初始程序在某些方面的能力已超越人类，面部识别即为其中之一。深度学习使得程序可以学习如何通过虚拟神经元计算来形象化世界。深度学习将赋予拥有数据的实体（如 GAFA 和 BATX[①]）强大的控制权和行使力，从而实现自身的进步。得益于深度学习的集成，人工智能甚至具备了与放射科医生竞争的能力。

3. 深度学习实现进步后，下一步是将人工智能的内存集成并横向发展。有了这些新能力，人工智能不仅可以超越放射科医生，甚至可以与全科医生竞争。最乐观的估计是 2030 年可以迈入第三阶段，最悲观的预计则要等到 2199 年。[②]

4. 第四阶段也是最后一个阶段，意识将被整合进 AI。当人工智能有了意识，强人工智能从此出现，它能表现出智能性，有自我意识，有知觉，并懂得自我推理。

根据吕克·费里（Luc Ferry）[③]2018 年的说法，我们目前正处于 AI 历史第二阶段的中段，称为“弱 AI”，与“强 AI”具有明显的不同。

“弱 AI”或“窄 AI”是指仅限于特定或狭窄领域内的机器智能。[④] 能力区域较窄的 AI 快速而高效，可以在国际象棋、围棋或扑克等方面击败人类。以围棋游戏为例：2016 年 1 月，命名为“AlphaGo（阿尔法狗）”的 AI 与曾获 18 次世界冠军的围棋选手李世石[⑤]进行了五场围棋比赛[⑥]。围棋终局的可能性比宇宙中

① BATX 指代百度（Baidu）、阿里巴巴（Alibaba）、腾讯（Tencent）及小米（Xiaomi）。

② 引自亚历山大（Alexandre）（2019）

③ 引自费里（Ferry）（2018）或《财富》（*Fortune*）的《人工智能的四次浪潮》（2018 年 10 月 22 日）

④ 引自投资百科全书（Investopedia）网站（2019 年 10 月 7 日）

⑤ 引自《华盛顿邮报》（*Washington Post*）（2016 年 3 月 15 日）。围棋的玩法如下：两个玩家轮流将自己的棋子放置在网格线的交点上，网格线的大小随游戏级别而变化。游戏的目标是总比对手包围更大的棋盘部分。这些游戏棋子一旦放置在棋盘上就无法移动，但如果被捕获，则可以将其从棋盘上移开。当一个玩家的棋子在所有正交相邻点上都围绕着另一个玩家的棋子时，就会发生捕获。当双方都不想采取任何行动时，或者当一方弃权时，游戏结束。然后计算领土和棋子的得分，以及给予游戏中未先走棋的玩家的得分。得分最高的玩家将获得胜利。赢得五场比赛最多的奖金是 100 万美元。

⑥ 引自谷歌深度思维（Google DeepMind）（2016 年 2 月 22 日），《时代杂志》（*Time Magazine*）（2016 年 1 月 27 日）

原子的数目还多，这使它“比象棋更加复杂”①，复杂程度达到 googol（古戈尔）倍。古戈尔是指数字 10^{100}，即以十进制表示的数字，其中数字 1 后面是 100 个 0。如果 AI 的策略是思考棋局的所有可能结果，那么 AI 就不能在规定时间内完成一场围棋游戏。因此如想在围棋上战胜人类对手，AI 必须具有人类般的直觉。AlphaGo 具备类似于神经网络的功能，可以自我学习或由他人教授。李世石失败之后表示，AI 下出了非常“精彩”的妙招，让他“惊讶不已”，用他的话说，这些招数都是“人类下不出的奇招”②。弱 AI 给了人类处理数据的伟力，而深度学习（将机器学习和强化学习相结合的技术）使计算机和算法可以控制并处理尽可能多的信息（数十亿个数据点），从而能够预测未来。到目前为止，所有已开发实施的智能方法和机制仍被视为弱 AI③，仍然需要类似谷歌评估者这样的人类来帮助提高准确性并进行算法训练。但弱 AI 仍有可能做出愚蠢行为。例如，微软发明的 AI Tay（泰）分析了数百万次种族主义的聊天内容后，非但没有理解种族主义概念，反倒成了种族主义者。同样，脸书的 AI 在种族主义和歧视方面也有不足，它无法在用户举报前辨别出仇恨言论和骚扰行为。它能检测出的骚扰、霸凌和仇恨言论只占到 14%左右，而在识别“垃圾邮件内容、恐怖主义宣传、暴力和裸露内容”方面，却展示出了几乎百分百的准确率。④

强 AI 是机器智能的另一种形式，等同于人类智能，可像人类一样解决问题。和人类一样，强 AI 可能很聪明，但并不是一直都保持高效。强 AI 可以通过运用与人类相当或相等的智力来完成非常复杂的任务。“其关键特性包括推理、解决难题、做出判断、计划、学习和沟通”，并应具有“对事物的看法、客观思想、自我意识、感知力和智慧”。⑤ 尽管强 AI 尚未开发出来，但人们普遍感到担心，因为强 AI 已具有与人类思想相当的特性。计算机已经能创造受版权保护的创意内容，还能在一定程度上运用 AI 技术帮助人类产出专利创意。⑥ 从个体层面看，强 AI 被认为是危险的（我们将在以下监控区域中看到不同类型的 AI 及其各种影响）。这种担忧并不让人震惊，因为《终结者》《弗兰肯斯坦》《复仇者

---

① 引自谷歌深度思维（Google DeepMind）（2016 年 7 月 23 日），控制工具（GitHub）（2016 年 1 月 9 日），《斜线点》（*Slashdot*）（2018 年 8 月 1 日），尼采（Nitsche）（2013 年 8 月）；《哲学杂志》（*Philosophical Magazine*）（1950 年 3 月）；《西北围棋》（*Northwest Chess*）

② 引自 phys.org（2016 年 2 月 22 日）

③ 引自投资百科全书（Investopedia）网站（2019 年 10 月 2 日）

④ 引自马文（Marvin）（2019 年 6 月 3 日）

⑤ 引自投资百科全书（Investopedia）网站（2019）

⑥ 引自《卫报》（*The Guardian*）（2015 年 2 月 25 日）

联盟:奥创纪元》和《我,机器人》等电影都已展示过AI逃脱人为控制的理论危险和潜在灾难。在一项由4000多名美国人参与的调查中,超过70%的人担心机器人会夺走他们的生命。[①] 人们对于由机器来执行人类工作的前景,与其说狂热,不如说担忧。对劳动人口而言,强AI构成了重大威胁。

对于西方公司的扩张和生存而言,AI创新至关重要。人工智能将成为其针对新兴国家的自保手段之一。但是对于西方公司或国家而言,AI是一项高风险的技术创新。高风险不仅体现在研发方面,更在于其综合复杂性和费用支出。《头号玩家》(*Ready Player One*)之类的电影无疑会让我们对AI痴迷,但除了电影的魔力外,还有什么让那么多人对人工智能领域的创新心醉不已呢?原因有很多。首先,AI代表了经济世界的未来。美国等国家的GDP的三分之一来自25年前不存在的产品。其次,鉴于AI发展迅速,人类对即将到来的强大而有自我意识的AI感到恐惧。包括特斯拉总裁埃隆·马斯克(Elon Musk)在内的先知们,纷纷发出关于AI的危险警告。马斯克甚至创建了一个名为Open AI(https://openai.com)的小组,用于研究和评估围绕AI的安全和社会问题。[②] 但即使以安全并可管理的方式开发AI,也阻止不了公司对私人数据的收集。与许多人的看法相反,AI不是一个未来的空洞承诺,它早已渗透进了我们的日常生活,已成为现实。

关于AI的词汇越来越多,其中不少颇令人费解。AI领域甚至尚未确定具体结构,不过根据不同的研究方法,大致可以分为以下几个主要研究领域:自然语言处理、遗传编程、机器学习[③]、深度学习、专家系统[④]、计算机视觉、计算机语音识别[⑤]以及最为重要的人工神经网络(ANNs)。人工神经网络创建的算法可以模拟神经元的操作,就像大脑活动中神经元彼此相互作用;(人工神经网络算法)记住输入、学习关联、制定决策。[⑥] 计算速度和计算能力的提高使得神经网络可以包含更多的层和更多的神经元,从而使它们在学习和分析大数据方面拥

---

① 引自皮尤研究中心(Pew Research Center)(2017年10月4日)

② 引自《商业内幕》(*Business Insider*)(2018年6月4日);埃隆·马斯克(Elon Musk)对AI感到担忧,他认为这可能是人类自我毁灭的手段;他成立了一个名为Open AI的小组,该小组负责研究和检查AI的安全和社会问题。他向非营利组织捐款1000万美元,以确保AI保持友好状态。在马斯克最近卸任董事会之际,该小组将继续提供咨询且提供资金。

③ 引自《麻省理工科技评论》(*MIT Technology Review*)(2014年10月29日)

④ 引自沃登(Worden)(2015)

⑤ 引自特里帕蒂(Tripathi)(2016)

⑥ 引自《经济学人》(*The Economist*)(2016年6月23日)

有更高的能力。更大的神经网络能够消化和分析体量更大、更复杂的数据，并且可以检测大数据中的细微差别并做出发现和预测。人工神经网络在数据处理量和处理速度方面优势明显，因此可以用在实时或非常接近实时的场景中。[①]例如去机场时，你会在办理登机手续时留下所谓的初始输入（基本信息）。这些输入由算法处理并链接到其他层，将你的数据与其他乘客的数据进行比较并建立模型。从本质上讲，这台AI使用大脑和神经元机制的类似物，进行了数百万次小型计算以解释你在机场的路径。在重复几次相同的操作后，机器已很好地了解了各种路径，因此可以沿你的路径放置针对性的广告或进入免税区的邀请。这就是一台在学习的机器。我曾与JCDecaux（数字广告牌的全球领导者——编者注）中的一些团队进行过会面，他们正在开发一个机器学习项目，计算穿过机场的更为复杂的路线，以便出售更多的免税奢侈品。大多数需要对大数据进行“训练”的AI技术都会使用某种形式的人工神经网络。[②]

如果要做类比的话，神经网络其实是市场营销用过的技术。例如，二十世纪七十年代末，顾客观看广告时的眼睛的注视点可被追踪。神经营销工具跟随的是观众的瞳孔。简而言之：虹膜中心的黑色圆形大小会发生变化，调节到达视网膜的光量。通过跟踪瞳孔，眼动追踪可以确定在观看化妆品广告时观众的眼睛看的是模特还是产品本身。据此，广告商可以改变产品在广告中和屏幕上的位置，提升广告效果。

所谓“物联网”（IoT），即所有设备，如电话、手表、智能眼镜、灯泡、电视、安全系统、车辆、可穿戴设备、语音助手、智能手机以及更多可以连接互联网且彼此之间能互联的设备——目前由270亿台设备组成，到2025年这一数字预计将增至近三倍，达到750亿台。物联网通过面部识别辨认人，因此不管你去到哪，大数据拥有者都能识别出你的身份。例如，一台设在伦敦的摄像头每天可以针对个人录像300次（42万个摄像头，每15人使用1个）。[③] 一户典型美国家庭拥有5个互联设备，而77%的美国人每天上网。在不久的将来，当人们去酒店、温泉、游泳池、餐厅或超市办理手续时，摄像头将同步观察并分析他们的面部反应，与《银翼杀手（*Blade Runer*）》及《少数派报告（*Minority report*）》等科幻电影中所看到的一样。

---

① 引自贝尔（Bell）（2015）

② 引自雷肯（Lecun）（2015）

③ 引自《福布斯》（*Forbes*）（2016年3月3日）；《金融时报》（*Financial Times*）（2019年8月1日）；《纽约时报》（*New York Times*）（2018年8月3日）

面部识别有助于神经心理学领域了解人们的基本反应。我们的心理反应源自大脑，可以分为三个部分：

——爬虫脑使我们能够进行无意识的动作，例如呼吸。

——边缘脑（左侧）是大脑中神经和组织的复杂系统，涉及皮层边缘附近与本能和情绪有关的多个区域。它控制着记忆、基本情绪（恐惧、愉悦、愤怒）和欲望（饥饿、性、支配欲、养育子女）。

——皮质脑（右侧）是由折叠的灰质组成的大脑外层（大脑皮层），在人的意识中起着重要作用。大脑皮层负责我们的思想、智力、想象力和理性。

假设有一个男人问他的女友，“你最喜欢的餐馆是什么？”女友可能会不自觉地向左看，在边缘脑里寻找答案，那是主管本能和记忆的区域。[①] 如果女友向右看，则意味着她正在使用皮质脑和想象力提供虚假的答案即谎言。

一旦有人可以从面部识别程序中获得信息，他将如何操控或反控他人呢？这是我们下面要思考的问题。虽然目前还只能凭空想象这种 AI 可运用的范围和功能，但该技术的集成就在不久的未来。到 2030 年，你的房屋内外都将装有足够多的摄像头，用来收集数据并立即使用面部识别技术进行处理。[②] 你在某家商店中的反应将被即时分析，并被转送至销售人员的屏幕或谷歌眼镜，于是他可以向你提供相应购买建议（玛莎拉蒂已经在使用该技术，识别商店内的客户并将相关信息传到销售员的 iPad）。通过 AI 收集个人数据的方法多种多样，基因测试和眼动追踪皆在其列。公司和品牌商可以在广泛收集数据后使用此类信息，以全面了解你。使用 AI 分析你的数据，有助于改变你的购买行为。

2005 年，我身上发生过一个有趣的故事。作为一名年轻教授，我在尼斯大学做了一次演讲。我对学生说：“你是否知道加利福尼亚州有一家公司，他们为你们提供免费的 Windows 等办公工具，作为交换，他们会跟踪并扫描你们的电子邮件，对其进行分析，对最常用的关键词进行排名并分组为不同主题，随后，与这些主题相关的广告就会发送到你们的电子邮箱。”当我讲述着这个与《1984》相似的情景时，学生们目瞪口呆（他们没人读过《1984》，但都听说过）。我问他们对此事作何感想时，他们说：“这太可耻了！”我问他们是否想知道这家公司的名字，好奇的学生们自然说“是”。“谷歌。”学生们瞪大了双眼，不敢

---

① 引自《独立报》（*The Independent*）（2012 年 7 月 12 日）

② 引自《卫报》（*The Guardian*）（2019 年 12 月 2 日）

相信。

这个故事说明了一点，全新的数据收集方式，已不再让你震惊。在尤瓦尔·诺亚·赫拉利的著作《未来简史》(*Homo Deus*)中，人类通过生物和控制论工程将自己升级到"类神"的身份以寻求永生，他们还发现了允许人与人之间进行心灵感应的头盔。[①] 心灵感应允许两个人通过另类方式交流，而不再求诸早已熟悉的感官。头盔所执行的不过是一些基本动作，但足以收集到个体在家中行为的大量数据。异曲同工的是，在瑞典，人们发明了能植入皮下的微型芯片。一家公司的员工一天之内就可进行大量操作。这些新的数据收集方式听起来非常超现实(其实日本科学家在二十世纪九十年代就已将微芯片植入了真正的蟑螂体内)，但与此同时设想一下：

1)人们对技术的兴趣日益高涨。如果皮肤就能植入所有设备，还有必要继续使用笔记本电脑或手机吗？

2)(以学生对谷歌的反应为例)如果消费者满不在乎，还如何期望公司的技术会发生变化？

我们还能保护自己在购物和思想隐私方面的自由选择权吗？2015年，英国秘密情报局"网络警察"的详细信息显示，消费者们不仅频繁面临信用检查，还常常成为网络购物个性化定价的实验对象。[②] 如果每个人在使用互联网时都在接受检查，可不可以说当今世界对公民和社会的操控已成现实？通过算法控制数据是了解我们所思、所做、所为、所感的有效方法。欧洲通过了《通用数据保护条例》(GDPR)，试图保护消费者及其信息的隐私权。这部如今大名鼎鼎的法律改变了我们日常词汇中"缓存文件"一词的意义。美国GAFA试图避开这种立法，因为他们由衷认为，他们提供的是消费者日常喜闻乐见的免费服务，是有益的。在美国，只有少数联邦法规保护隐私，且都只针对特定行业。全球性的保护消费者隐私的监管机构尚不存在。美国联邦法律保护隐私的最重要法案是《金融服务现代化法案》(GIBA)，管控金融机构对个人数据的处理。[③] 中国

---

① 引自赫拉利(Harari)(2017)

② 引自《科学美国人——政策与伦理》(*Scientific American—Policy and Ethics*)(2017年2月25日)

③ 欧盟宣布公民对其数据拥有权利。经过四年的准备和辩论，《通用数据保护条例》(GDPR)最终于2016年4月14日获得欧盟议会的批准，并自2018年5月25日开始实施。该条例声明，个人数据只有在以任何其他方式进行处理都不合理时才可处理。在所有可能的情况下，最好使用匿名数据。在需要个人数据的地方，该数据应足够相关且仅限于实现此目的所需的条件("数据最小化")。欧盟规定，数据和汽车或房屋一样，可以被视为重要财产。每个人都可以控制他们。与美国相比，欧洲联盟将数据保护视为"财产权"，GDPR承认数据访问、数据处理、数据批准和数据擦除的个人权利。

等国家也已开始规范其市场活动。目前，我们无法想象 AI 在法律上会造成多么复杂的问题，也不知道怎样做才能保护人类免受这些复杂问题的影响。

没有法律，对消费者的全球操控将如何运作？使用 AI 预测人类行为并说服消费者购买产品的系统或机制，实质上是公司强制性的营销方法的一种延续。品牌通过与消费者建立联系来培养这种操控行为，这意味着品牌与人之间存在着一种无意识的关系。作为人类，我们自然会对人、动物，甚至无生命的物体产生依恋，对品牌也同样如此。

下一章节中，你将看到：

对消费者的操控行为其实一直存在。AI是一种新的技术工具，代表着该进程的下一步。对于想要操控你的公司来说，他们需要对你有全面的了解，而AI提供了实现该目标的能力。公司的营销活动需要收集大量数据，分析这些数据的正是AI。

如果不先了解如何在无意识的情况下对人进行说服的基础知识，就无法理解AI对消费者的操控。大众是人。AI是人造产品，由了解操控技术的人类进行监控。品牌通过打造诸如FOMO（错失恐惧症）之类的心理感受对消费者施加影响。本书第一部分将从心理分析和社会学的角度出发，探讨人类对品牌的感情是如何形成的，以及人工智能将如何影响这种关系。

在下文中，我们还将回顾过去，探索如何成熟使用营销术管理客户的历史。我们将证明，营销自古以来的目标就是对人进行操控。从过去到现在的市场营销皆是如此。AI是既往合乎逻辑的延续：它不过是一个自动化的高科技操控过程。我们将对营销人员不断发展的技术进行评估，探讨其现在如何利用数据营销和在线及离线AI，不动声色地随时随地收集消费者信息。

第一部分:20 世纪的营销操控与说服

如果不了解人类利用营销进行操控的逻辑,就无法懂得全球化时代 AI 在我们购物和生活中的作用。接受影响是人类的天性,人在任何一段关系中都会受到支配,一如受虐狂需要虐待狂。

商业操控有多种形式。你进入超市时会注意到,商店布局中到处都有营销陷阱。以你去商店购买瓶装水为例。你往往会决定购买价格更高的六瓶装饮用水,而不是价格更便宜的散装的六瓶水。你注意到了吗? 你其实在为包装的塑料付费。大众的常识是,对于同一款产品,组合包装肯定比单个装更划算,这种想法可能会使消费者误入歧途。组合包装产品的单位价值非但没有更优、反而更劣的例子并非鲜见。消费者有时会注意到这一点,并因发现自己受到欺骗而感到不快。正如一篇有关该现象的文章所总结的那样:"如果没有携带袖珍计算器,就别在货架过道里闲逛。如果有特价商品在宣传,请弄清楚商品为什么促销,对象是谁。"[①]

在这种操控游戏中,你几乎没有机会抗衡销售商。即使你认为自己比较聪明,销售商仍可使用一些基本操作让你就范,如将产品的价格从整数降低一分钱(例如将价格从 5 美元降到 4.99 美元),就可有效增加购买量。这个现象背后有许多原因,最通用的解释是——消费者就是不太在意小数点右边的两位数[②]。

再以随处可见的"买一送一"的营销活动为例。有的产品给 33%折扣,有的则将数量增加 33%,大多数消费者觉得两个选项基本相同。但其实折扣才是更好的选择。《经济学人》(*The Economist*)将此现象归因于以下事实:购物者大多"对分数没有概念"——他们没有意识到,数量增加 50%才与价格减少 33%

---

① 引自《卫报》(*The Guardian*)(2009 年 11 月 20 日)

② 引自比泽尔(Bizer)(2005 年 8 月 18 日)

相同。[①] 这个现象的关键是什么?“购物者通常会选择价值更不划算的购买行为,因为他们做错了数学运算,又或者因为热衷于获得免费的额外商品。事实证明,获得免费商品的错觉会让消费者不理性消费,而购买原本没打算买的商品,还冲着免运费热衷网购,无视网购总价更高的事实。”[②]我们来看另一个营销实验:某实体店售卖护手霜,研究人员采用两种营销方案,第一种加量不加价,第二种单价打折,两者单价完全一致,但加量装的销售量增加了 73%。[③] 所谓以定价策略来操控消费者,其概念就是以不同的价格提供同一种产品——完全相同的产品。想想看:购买矿泉水时,你是不是有多种选择?它们的数量和价格各不相同。预订机票也同样。当你在线订机票时,公司会使用一种称为收益营销的策略,以不同价格出售相同的座位,导致价格不同的因素包括是否提前预订、旅行时间是否少于 14 天、周末是否停留、是否不同舱位,或里程是否返点等。航空公司最终为同一趟旅程提供了多种选择。显然,在当今社会,不同的人以不同的价格购买着完全相同的商品。

也许你早已知晓这些实例。那你改变购物习惯了吗?并没有,对吗?为什么呢?说到底,你所处的是一段施虐与受虐的关系。

通过在线购物,算法会研究你的上网路径并记录你的偏好。你的价格数据将记录在册。公司知道你的心理价位。如果超过一定价格,计算机就会知道这对你来说太昂贵了。低于某个价格,它会知道该价位对应的质量水平对你来说还不够。你躲不开被操控的机会,因为价格已为你确定好了。

现在让我们详细介绍公司对其消费者进行操控的概念。

一、品牌与消费者间的无意识关系

品牌与消费者之间的关系已经发展了几十年。传统的销售过程中,营销策略将消费者引导至品牌。如今,却是消费者与品牌的关系引导着他们。也就是说,品牌将信息构架做了调整,不再专注于品牌自身,而是转向了消费者。通过关注消费者,品牌可以将人际关系的各个方面(如信任、焦虑、恐惧、喜悦、共同的价值观或个人关怀)整合进品牌战略中,从而操控消费者。为了更好理解这一过程,我们首先研究人类如何在不知不觉中与品牌和产品建立联系,以及品

---

① 引自《经济学人》(*The Economist*)(2012 年 6 月 30 日)

② 引自杜克(Duke)(2013)

③ 同上例注释。

牌如何利用 AI 来培养和操控这些关系，以便了解消费者并预测其需求。

1. 我们可以操控消费者对品牌的感受

效忠于宗教、政治派别、运动队，这些都显示了人类希望成为某一群体的一部分的天性。人类渴望归属感。品牌也是如此——人们认同最适合他们的品牌。这就解释了公司和品牌如何影响人类心理（这是品牌与消费者之间关系的基础），以及如何研究分析心理并尽可能对其进行操控。

1）人是如何建立与品牌及产品的关系的？

你每天看手机多少次？5 次，20 次，50 次？根据苹果的统计，iPhone 每天被解锁 80 次。[①] 人们点击、键入和滑动智能手机的平均频率超过 2600 次每天。[②] 苹果是如何使我们沉迷于手机的？为什么不断查看手机对我们如此重要？解释就存在于我们的大脑中，一个词足矣：焦虑。

这种焦虑来自何处？南希·谢弗博士领导的小组研究的是手机使用与焦虑之间的关系。在实验演示中，研究人员将电极放在记者的手指上，测量心率和呼吸的变化。谢弗博士将手机放在记者够不着的地方，并给他发送了一条短信。当收到短信通知时，分析显示记者的呼吸和心跳加快了。[③] 焦虑是由瘾因阻断引起的。尽管此实验表明我们对手机有某种程度的上瘾，但重要的是首先要了解成瘾的原因。手机收到通知时，我们的大脑会释放多巴胺（一种化合物，人体内的神经递质），可暂时缓解焦虑。由于多巴胺带来的乐趣，我们不停检查手机，获取像毒品一样的“快感”。

品牌如何利用焦虑感来吸引人呢？消费者与品牌建立起了一种关系。以 Instagram 为例，如果你在累积了一定数量的关注者之后停止发布内容，Instagram 将停止你的账户。Instagram 其实在推动你保持联系。很多人会跟自己的设备说话，有些人甚至会对电子设备的品牌产生爱意或依恋感。“如果没有 iPhone，我该怎么办！”你曾听过多少次这样的感慨，对于公司而言，重要的是要理解为什么我们对某些品牌的热爱会超过其他品牌，理解消费者与品牌关系的关键问题——是什么因果过程，导致了消费者对某个品牌或设备的依恋。许多研究[④]试图了解消费者对品牌的热爱是如何形成的。品牌代表了一整套元

---

① 引自《商业内幕》(*Business Insider*)(2016 年 4 月 18 日)

② 引自《今日美国》(*USA Today*)(2017 年 7 月 3 日)

③ 引自 ABC 新闻(ABC News)(2017 年 7 月 28 日)

④ 引自阿尔伯特等(Albert et al.)(2011)

素:产品/服务,沟通和身份。皇家马德里在成为足球队之前已经是一个品牌。消费者的个性或自我认知与消费者对产品的印象是存在联系的。[①] 品牌如果与消费者的自我融为一体,人们自然会对该品牌产生热爱。

众所周知,口口相传是公司传播产品和品牌信息的方式之一。很多消费者在为公司发声时,就是其线下营销的代言人,而消费者自己毫不知情。线上营销鼓励消费者传递信息。"病毒式营销就是其中一种方式,它能有效鼓励消费者因信息而采取行动。"[②]人们好似被编写了程序一样,会自动与亲朋好友共享信息。[③] 共享的好处是,人们不仅因产品和服务维系了社会关系,甚至也维护了自我意识。因此,公司有必要通过口耳相传,尤其是互联网传递的方式,去激发大众与他人互动这一自然趋势,加快宣传的口碑效应。病毒式营销策略会带来信息的快速传递,公司可借此触达更广泛的受众。信息通常呈金字塔式传播,但(病毒式营销的)指数级传播速度使信息能像流行病一样传播。病毒式营销理论作为当代营销手段,借助互联网的效率和虚拟口碑的信誉,其有效度超过了传统通讯方法。[④] 在家用电器和食品销售的影响力方面,口碑营销的效率是个人直销的七倍,是收音机广告的两倍。[⑤] 杰伊·莱文森[⑥]证实,对于中小企业而言,口碑带来的信誉质量远超商业广告。

消费者身边的广告已趋饱和,消费者难免会漠视。品牌如今必须触达消费者的心,而不仅仅是大脑。就像电影《大都会》(*Metropolis*)中描绘的一样,心是大脑与手之间的调解者。无论是通过游击营销还是口碑营销[⑦]来执行广告,只要能与人的情感联系在一起,就会引起共鸣。公司只有触动了消费者的心,他们才更有可能口口相传,分享品牌信息。如果消费者分享信息时用的是社交媒体或其他数字平台,公司就能收集到需要的数据,以了解消费者行为与品牌活动之间的关联度。一旦公司知道了影响消费者情感层面的重要因素,操控将变得更轻松。

消费者对品牌或商品的喜爱度,取决于该商品或品牌与消费者自我的契合

---

① 引自伯克斯伯格等(Boksberger et al.)(2011)

② 引自多贝尔等(Dobele et al.)(2007)

③ 引自川崎(Kawasaki)(2015)

④ 引自斯万尼波尔等(Swanepoel et al.)(2009)

⑤ 引自卡茨·拉萨兹菲尔德(Katz Lasarzfeld)(1955)

⑥ 引自莱文森(Levinson)(1984):莱文森提出的"游击营销"已被越来越多的公司使用。这意味着公司正在使用战争和游击营销技术来实现其目标。游击营销是一种非常规的营销方式,它以高创造力和低廉的价格使消费者感到震惊。

⑦ 引自劳斯(Rouse)(2015):口碑营销是一种病毒式营销技术,其重点是通过消费者的家人和朋友之间的对话或在社交媒体平台上的大规模讨论,最大化实现广告系列或产品的口碑传播潜力。

度。理论上讲，消费者的自我由两个维度组成：真实自我和理想自我。当两个维度上的契合达到相当水平时，消费者对商品或品牌的热爱也就随之产生。你睡觉前做的最后一件事是什么？醒来后的第一件事呢？是查看手机消息。你已不知不觉与手机共居。一项研究提出了另一种方法来解释消费者基于品牌个性与自己一致而对品牌产生热爱的原因。[①] 研究人员发现，消费者不管是真实自我契合还是理想自我与品牌契合，均对其品牌依恋度有正影响。实际上，一旦品牌拥有人性化特征，消费者就会倾向于用产品来标识自己，并毫不犹豫地去购买产品。心理学家的一项研究尤其证实了这一点，他们得出的结论是，品牌会激发情感，从而给消费者带来欢乐。[②] 欢乐和幸福是重要的情感，这一点可以从 YouTube 视频节目前的许多广告中得知。

如今，众多品牌都在线上线下打出各种有趣、激进、感性或引人注目的广告[如你在 Dailymotion（视频分享网站——编者注）或 YouTube 上观看视频时常常出现的大横幅；大街上为《超胆侠》（*Darevil*）制作的巨大广告牌]，品牌们也毫不隐藏自己的目标：就是要让你购买他们所出售的产品。

有些品牌能更深层地激发消费者的感受。公司更理解消费者潜意识的内在需求，并利用这种理解操控消费者的意愿，销出更多产品。

以下示例即为类似操作，只不过了解消费者心理的不是 AI，而是真人。有一次，我住在拉斯维加斯的卢克索酒店。一天，一个美丽的女人走上前来，向我推销死海泥浆制成的除皱产品。她问了我很多皮肤的问题，收集了个人信息，还分析了我的脸部皮肤情况。我告诉她，自己在化妆品行业工作多年，不相信她的产品真有除皱能力。根据我丰富的经验，当某产品声称能除皱时，它通常只是软化或减弱了皱纹而已，皱纹去不掉，肉眼仍可见。

女士鼓励我试用产品以证明其有效性，她说五分钟后，效果就会显现。我同意后，她让我选择脸上想除皱的部位。我选了笑纹。她把产品涂到我嘴巴一侧，另一侧不涂，以便进行前后比较。五分钟后，她给我递来镜子查看结果。我非常震惊——两侧一比较，该产品似乎效果显著。

起初，我以为是镜子导致的视觉差异，然后又怀疑灯光。我甚至随机拉住一个路过的陌生人，问他是否存在明显的差异，陌生人也确认无疑。于是，我问那个神奇产品的推销者一罐要多少钱。当然，女士说当天有特价促销活动，160 美元可买两罐。我笑了一下，决定不买，还告诉她，我很肯定这里面有花招，产

① 引自马拉等（Malär et al.）（2011）

② 引自阿加沃尔和麦吉尔（Aggarwal and McGill）（2007）

品没有引起任何重大变化。

被我纠缠着追问了很久,女士终于投降。她告诉我,她的招数是让客户选择特定的皱纹区(例如眼侧的皱纹),以证明产品所谓的奇妙性。如果眼睛左侧的皱纹更明显,女售货员就把产品涂在右侧。她解释说,人脸两侧的皱纹并不相同:两侧中总有一侧更深。因此,她总是将产品涂抹在皱纹不太明显的一侧。这样,仅靠少量信息她就成功通过操控完成了销售。

大千世界,信息遍地。你甚至不必看得太远:大型化妆品公司就已经在商店配备了智能屏幕和魔镜,通过AI使用面部识别分析你的脸。

2)品牌创造FOMO:错失恐惧症

人工智能通过建立和维护客户关系来影响品牌与消费者间的联系。大量数据的自动化处理可帮助品牌有效了解客户,并以前所未有的方式向他们出售产品。

通过AI,品牌可以依据客户的个体行为来提供个性化选择,从而锁定目标客户。当消费者觉得品牌比自己更了解自己时,忠诚的关系就建立起来了。市场营销策略里的一种特殊现象现已成为主流:错失恐惧症(FOMO)[①]促使消费者(尤其千禧一代)不断加强与产品的联系,以免错过任何东西。FOMO现象与社会互动、数据收集和AI相互作用,其合力比我们过去50年来所观察到的口碑宣传要强大得多,因为这一恐惧感来自消费者本身。

你最后一次与配偶共进晚餐而不查看手机是什么时候?在手机上花费的大量时间将小众传播转变成出色的口碑,并鼓励你留下更多个人数据,这些数据随后会用来向你推荐品牌和产品。安联保险集团(Allianz)的一项研究发现,超过55%的人经历过FOMO,而57%的人由于在社交媒体看到过而花钱买了不在计划内的东西。大多数受访者(88%)认为社交媒体助长了自己与他人进行财富或生活方式的攀比心理。[②]

自我推销理论进一步表明,人们总想展现出最佳形象,以获得他人的好感,被他人欣赏。事实上,人们在社会交往中也非常注重这一追求,想给别人留下好印象。而这些行为最后都会成为数据,品牌可以从中更多地了解消费者,从而更好地进行操控。[③]

研究人员查特齐内指出,消费者购买行为从理性到感性的演变证明了以多

---

① 引自克劳福德(Crawford)(2016)

② 引自安联公司(Allianz)网站(2018年2月6日)

③ 引自伦德和本杰明(Rind and Benjamin)(1993)

选择为特征的当代互联网文明正在“加剧挫败感”[①]。这个观点颇有突破性，肯定了“品牌不是消费者理性思考的结果，而是情感上期盼着愉悦的成果。”二十世纪五十年代时，市场营销人员认为消费者的购买行为是基于理性的，因此将广告信息集中于对产品功能属性的介绍上。如今理性已经不够，消费者身边互相竞争的产品和广告越来越多。品牌们意识到，网上购物的选择越多，对消费者的吸引力却越小，因为选项过多只会增加难以抉择的挫败感。虽然也有JOMO现象（因错失而获得快乐）存在，毕竟只占极少数。

3）信任AI服务，信任品牌

人们对助手类AI技术非常支持。[②] 例如，Siri和谷歌助手可以安排日程，Alexa（亚马逊助手——编者注）可以订购产品。数字语音助手之所以受欢迎，是因为用户无须动手就可与设备互动。众多娱乐型应用软件得以开发，人们用其分析照片数据（例如，Snapchat可用不同滤镜来改变你的脸部，脸书可在照片中为你添加标签）；如果AI的自拍工具或数字助手得到了消费者整体的信任，则即使有个别人反对或者担心AI技术，他们仍会跟随大众的想法。因此虽然存在个别异议，但人们整体对AI采取接受的态度。有了这样的认可，加上越来越多的AI正融入我们的生活，品牌就将利用AI的优势来收集和分析数据。任意一个60秒内，都有超过400小时的内容上传到YouTube进行系统分析和转码。每分钟上传到Instagram的照片达65 000张。[③] 这些实体公司不但对我们有全面的了解，还能预测我们的个人需求，为什么不信任它们呢？

尽管许多人对AI存有疑虑，但大部分人都已在生活里适应了不断增长的技术要求，即不断交出自己的数据。[④] 例如，过去如果需要查找个人文件，我们会在连接到计算机的键盘上输入命令。但随着技术的不断发展，人们很快赶上了潮流，我们总在寻求最新、最出色的小工具或软件，越来越上瘾，丝毫不考虑后果。[⑤] 需求可以被即时满足但其后果却无法立即预见。即时满足已成为一种期望，而不是特例。消费者总想迅速得到响应，最好是立即响应。技术提供着越来越强的便利性，如果消费者是滚石乐队的歌曲 *I Can't Get No Satisfaction* 的狂热爱好者，或是电影《查理和巧克力工厂》中 Veruca Salt 唱的歌曲 *Don't*

① 引自查特齐内（Chetochine）(2008)
② 引自《每日电讯报》(*The Telegraph*)(2018年3月23日)
③ 引自《福布斯》(*Forbes*)(2018年4月30日)
④ 引自《时代杂志》(*Time Magazine*)(2018年1月4日)
⑤ 引自韦伯斯特（Webster）(2017)

Care How I Want It Now 的信奉者,他们的确有可能立刻得偿所愿,但却可能看不见前方的危险。想什么时候要就什么时候得到是有代价的,消费者的质疑意识会逐渐消失,甚至会感知不到品牌的操控系统。

我们生活的其他领域,如食物和衣饰,也有类似现象发生,即为了满足个人需求,不计后果地消费。为什么消费者对后果视而不见呢?是因为他们只关心自己的需求吗?正如已故的史蒂夫·乔布斯所说:"客户根本不在乎你的产品、服务或业务。他们只关心自己,以及他们的希望、梦想和抱负。"①他们只相信且信任那些维护他们利益的品牌。

2. 心理分析法与社会学:大众消费 AI 品牌

心理分析法与 AI 有相似之处。人工智能需要个人数据才能找到针对问题的解决方案。心理分析则需要个人和潜意识的数据来进行诊断并判断预后。在思考人们为什么会消费 GAFA 的 AI 之前,了解品牌与消费者之间的心理联系非常重要。确实,心理分析从临床心理学跨到了营销领域,这是行为科学史上的一章,也是嵌入全球政治的一章。心理分析对消费行为的解释富有创造性而令人深思,显示出了活力,其理论和工具应用于市场营销后产生了开创性的概念,对品牌形象②、消费符号化③和消费者动机④等都有定义阐述。重点则几乎一直放在个体从消费活动和愿望中获得的意义之上。

市场营销场景下群体动力⑤的研究通常集中于群体的可观察结构特征、群体成员的角色以及指导群体活动的政策和流程——具体来说,即我们在买东西时会模仿谁?在本节中,我们将研究心理分析对个人和团体的重要性及其对营销技术的影响。此外,我们将讨论企业如何利用传统营销手段(例如示范效应或米尔格拉姆的服从范式)来增进对消费者的了解。

1)群体及集体无意识

在市场营销中,人们普遍倾向于使用社会心理学的概念和工具来调查群体。因此,调查和实验被用来检查小组成员的角色和隶属关系,以及指导小组活动的政策和实践。营销中,群体行为的一个特别突出的主题是所谓的"群体

---

① 引自《福布斯》(*Forbes*)(2011 年 3 月 31 日)

② 引自加德纳与利维(Gardener and Levy)(1955)

③ 引自利维(Levy)(1959)

④ 引自迪希特(Dichter)(1960);亨利(Henry)(1956)

⑤ 群体动力是一组在社会群体内部或群体之间发生的行为和心理过程。

思维”。

群体思维中的集体因素目前被认为是小组成员明确和有意识共享的东西。迄今为止，没有文献承认过群体中可能存在无意识的心理力量，但群体思维与集体无意识的心理分析概念间的联系十分明显，我们认为值得探讨。心理分析学家卡尔·荣格[①]对集体无意识概念的影响最大，弗洛伊德也提到过类似现象[②]。除个体无意识外，荣格认为，所以人都还有第二种具有集体性、普遍性和非个体性的心理系统。

论及个体虽有异议、但整体普遍接受的现象，自拍照是另一个实例（自拍照为GAFA提供了大量的数据来源；我们的智能手机每年拍摄一万亿张照片[③]，所有照片都由苹果位于库珀蒂诺的服务器及谷歌位于山景城的服务器进行匿名分析）。换句话说，看起来好像没人喜欢自拍照，但每个人却都有理由自拍。自拍照之所以招致广泛的批评，首先因为不真实；其次，自拍者有寻求关注的嫌疑。然而，集体自拍却受到了大众的青睐。集体自拍通常发生于社交场合，拍完后得到多人发布和共享，这被视为社交活动的正常组成部分。外向性与亲和力等性格特征代表着对集体规范的充分意识及遵守，因此，人们更愿意发布集体自拍照而非个人自拍照。雪城大学的一项研究表明，参与集体自拍照的人都有想受到欢迎的渴望。有些人甚至是因为“同伴压力”的存在而参与集体自拍，因为人们普遍认为，没有拍摄过现场照片的活动，等于没有发生过的活动。[④]

“集体无意识”是指无意识里贯穿人类生活普遍主题的方面。集体无意识的核心内容被称为“原型”或称“原始图像”，反映了所有人共有的基本模式，人们通常认为这些模式自人类诞生以来就普遍存在。营销对话中常提到集体思维及营销经理人非理性的集体信念，都为荣格的假设提供了支持。与托尔金想象中的王国“中土世界（Middle Earth）”类似，荣格的世界也被几种元素推动，包括看不见的力量、冲突及危险等，同时也会被原型主题激发，如由特定原型人物参与的特定原型事件。我们将会看到品牌如何将心理学整合到他们的营销策略中，这些策略直接从心理分析和消费者行为中汲取灵感，以激发消费者的忠诚度并培养他们的服从度。

品牌和消费者之间的关系与人际关系同质。马塞尔·莫斯（Marcel Mauss）的著名论文曾运用了送礼回礼的概念。一般来说，当有人给你礼物时，

---

① 引自荣格（Jung）（1953）

② 引自弗洛伊德（Freud）（1921）

③ 引自对话（The Conversation）网站（2018年12月21日）

④ 引自雪城大学传播学院（Syracuse University Newhouse）网站（2017年8月8日）

你会觉得有回礼的义务。[①] 因此,当沃尔玛(Walmart)或团券(Groupon)这样的公司给你礼物(例如代金券或折扣)时,你总觉得得买点什么作为回报。为什么?因为你是人类。送礼和回礼之类的人性弱点已被分析了200多年。公司确实会采用社会学、心理分析、人类学和心理学的观点;因此,诸如QQ,TikTok或Snapchat之类的社交网络,百度、必应或雅虎之类的搜索引擎,诸如维基百科(Wikipedia)或天博(Skyblog)之类的协作网站以及诸如微信或*WhatsApp*之类的即时通信应用程序,全都使用了这种互惠原则来分析大众行为。在"互惠标准"的约束下,我们必须帮助曾经帮过我们的人,或者给曾经让过步的人一些实惠。[②] 更有甚者,我们总觉得付出应比得到的更多,而这就会对初始给予者更有利。我们用着维基百科的免费信息或打着Skype的免费电话,也让自己背上了不断增加的感情债。当维基百科筹集资金时,我们会捐款,或为无法预见的未来用量去购买Skype信用额。人类对礼物的正面响应是根深蒂固的,即使那个礼物非你所要甚至非你所欲——无论如何,我们都会自发地对赠予者心存感恩。公司为客户提供一些便利(如免费使用社交网络、地图、必应词典、Gmail等),或进行互联网促销,让客户感到自己的利益得到了满足。有时候公司还会依据互惠原则邀请客户参加派对,费用由公司承担:如果公司的创新活动能打破旧有模式,人们就会产生好奇心,然后就会有示范效应。只要是人,暗地里都有打破陈规的渴望。这就好比追求一个潜在的恋人,你必须去打破他/她意料之中的模式。

2) 示范效应

人,大多想要一些自己没有的东西。这就是詹姆斯·杜森伯里所说的"示范效应"[③]的主题,概括如下:个人的消费是一种功能,取决于他人当前的消费。更具体地说,"杜森伯里强调指出,当看到他人消费优质产品时,人常常会产生一种自卑感,为驱散这种感觉,他们会增加自身的消费支出。"[④]为避免自尊心的丧失,个人将尝试"追上琼斯。"这种现象是德里克·波特执导的电影《模范家庭》(*The Joneses*)的主题。电影里,一户虚假的理想家庭定居于某豪华社区,向邻居兜售他们的生活方式和消费理念。大部分邻居被羡慕和嫉妒所蒙蔽,试图购买相同产品来模仿琼斯一家的生活。这部电影充分展示了一个现象,即人都

① 引自莫斯(Mauss)(1950)
② 引自古尔德纳(Gouldner)(1960)
③ 引自杜森伯里(Duesenberry)(1949)
④ 引自肯·麦考密克(Ken McCormick)(2015)

渴望模仿并归属于一个特定的社会类别，如果渴望达不成，会有灾难性后果。因此，一个人如果经常接触到质量高于自用的商品的话，他的消费支出势必会增加。

杜森贝里进一步断言，“设计的新颖性”经常成为“上等货”的重要参考因素。以服装为例：和去年相比，今年的时装是剪裁更好了呢，还是更保暖了？如果都没有，为什么新时尚要“优于”旧时尚？时尚界营销人员诱使消费者每季都购新。频繁引入新服装和快速交货已被称为“快时尚”，该名称源于“快餐”①。为了跟上最新趋势并让壁橱能容纳下，美国人丢弃的衣服比以往任何时候都要多。② 时装业造成了过多的二手服装，也导致了过度消费。因此，广告鼓吹以炫耀为目的的消费。该分析暗示了消费模式的共识：每个社会阶层都试图达到较高一级的地位，并拉开其与较低阶级之间的距离，且每个成员都参与着相同的竞赛，接受着相同的规则。

因此，自我比较会促进优质商品的消费。我们高消费时，会觉得满足。作家波勒认为，当今消费的主要驱动力之一，就是因不断进行社会比较而产生的嫉妒。③ 我们希望拥有身边人拥有的一切，我们崇拜的人所拥有的，我们也渴望拥有。例如，我们都想入手最新款的《星球大战》应用程序。这个程序可让你拥有电影中达斯·维达那样的动能。因为钱不够，我们买不起完整的高级版，只好去下载免费的演示版。但是购买完整版的人将是第一个完整使用该产品的人，这对他和许多其他人来说是一种绝佳的体验。他可是第一个。别人还用不上时，他已拥有完整的应用程序，而且是全新版。人人都想做第一，所以人人都活在永续消费的社会里。AI 品牌仅需利用这一概念，即可保持消费流程一直进行。

3）米尔格拉姆的“服从权威”范式

示范效应是消费社会的起点。它解释了个体行为的来源是对他人行为的观察。下面我们来看另一形式的营销——以明确且有意的操控原则及权威来促成购买行为，这就是米尔格拉姆的“服从权威”范式。该范式源自一系列著名实验。纽黑文社区成员（主要是男性）自愿参加了一项实验，该实验表面上以研究惩罚对学习效果的影响为宗旨。参与者被带到实验室，扮演“老师”角色，具体任务是监管另一个人（学习者）的单词记忆任务，学习者只要出错，就对他实

---

① 引自崔灿明（Tsan-Ming Choi）（2014）

② 引自《新闻周刊》（*Newsweek*）（2016 年 9 月 1 日）

③ 引自波勒（Bohler）（2008）

施电击。电击由一台机器操控,电量逐步升级,机器上的30个开关表示不断升高的电击级别,从15伏(称为"轻微电击")开始,一直升至450伏(不详之名"xxx")。

这台机器实际上并未传输电击,学习者其实都是实验的合谋者,但"老师们"并不知情。这项研究的真正目的也不是要研究记忆,而是想了解参与者按照实验者的指示会走多远。最关键的一点是,当有权威人士对其发出指示时,他们是否会对另一个无辜的人实施有致命可能的电击?

当米尔格拉姆问普通人他们会怎么做时,大多数人认为他们不会让电压超过135伏。没人相信自己会让电压超过300伏,更不用说最大值450伏了。当他问精神科医生们普通人会怎么做时,他们的预测是,只有患有精神疾病的小部分人会让电压超过300伏,这类人占人口总数约5%,而只有0.1%的人才会用到最大值。然而,当米尔格拉姆将参与者置于"权威条件"(最初术语)下时,40名普通美国人中有26名(65%)将电压升至了450伏。当时情境下(后来被称为"新基准"),学习者会对"电击"做出反应,并发出一系列预排过的感叹和抗议。150伏电压下时,他们会喊"天哪! 就到这里吧。请让我离开。我的心脏开始不舒服。我不想再继续了。让我出去。"到330伏时,他们会发出尖叫"让我离开这里吧……我的心脏非常难受。听我说啊,快放开我(歇斯底里状)。快让我离开这里"①。

这个故事的寓意是,如果人们认为权威人物在道义上是合法的,或在法律上是有基础的,那么他们更有可能服从命令。为什么? 服从权威已经深深根植在了我们的内心深处。我们从小时候起,父母、老师和老板都是权威的象征。人们倾向于遵循权威人物的命令,即使这些命令本应遭受谴责。该理论对解释本书的论题非常有帮助。想想看,我们所有人都很尊重苹果和脸书,谁也不在意这些品牌根本不交税。② 实际上,人人都喜欢苹果、谷歌和脸书。那么,为什么要伪善呢? 消费者尊重这些品牌,是因为其营销、徽标、颜色、其所含有的知识、创新以及所产生的利润。③

当有神的声音在旁提醒时,人们会更服从。一个国家越不稳定,人们寻求信仰安慰的可能性就越大。安德烈·马尔罗(André Malraux)解释说,文明是建立在宗教基础上的一切。社会试图抑制信仰的时候,诸如领导者个人崇拜或

---

① 引自 journal. pone(2015年3月2日)

② 引自 CNN(2016年7月29日);《福布斯》(*Forbes*)(2016年2月19日)

③ 引自 CNBC(2016年10月27日);《华盛顿邮报》(*Washington Post*)(2016年10月26日);《政客》(*Politico*)(2016年10月14日)

国家崇拜之类的事情就会发生，取代的其实是宗教的位置。现在，许多心理学家认为，对最高权威的信仰，是我们对他人存在的认可以及我们以人为视角看待世界的延伸。为了理解这种信念，神经科学家试图比较信徒和怀疑论者的大脑。我们不断在追寻模式、结构和因果的关系。[①] 如果品牌正在成为人们寻找的新信念的话，我们该怎么办？

现在让我们回到示范效应和米尔格拉姆的范式上，这是两种不同的机制。前者与想成为第一人有关。后者解释了在民主国家中，三分之二的人会服从不合理的命令甚至是杀人命令，如果他们对某样东西深信不疑（或许是某个更高的超自然的存在）。

考虑到这一点，我们就不难理解为什么今天的科学家说咖啡对我们有益，我们需要喝更多的咖啡，而我们对此言听计从。其实科学家的研究是由咖啡生产商资助的[②]，甚至有其他研究已经发现咖啡对身体不好[③]。因此，当我们谈论游说时，我们知道它与隐性营销有关。当消费者不知道自己在接受广告宣传时，就是隐性营销发生的时刻。市场营销的发展是一系列令人惊讶的创新技术，其目标是：当客户因为广告而购买了产品，感受到自己与该品牌间的某种无意识的情感联系时，他们脸上浮现出微笑，而不是产生怨愤。

《科利尔杂志》(*Collier's*)于 1950 年刊登的一篇文章写道，“要总结最被普遍接受的医学观点的话，最好最公正的文章是几年前发表在《美国医学会杂志》(*Journal of the American Medical Association*)上的一篇社论。它说，‘实际调查表明，大多数医生自己也吸烟。从心理学的角度看，吸烟更代表着对紧张情绪的逃避，而不是对抗。至于说烟草是对大众健康有害的物质而应被禁止的观点，似乎还没有找到优势证据。’”[④]这篇文章是一个标志，它最早开始转变反对香烟的态度。之后的几年中，无数广告开始宣扬香烟的优点，宣称对香烟不应有什么顾虑。他们以医生的情绪为基础来判定对香烟的态度。例如，《时代》(*Time*)杂志早先的广告图片库的标题是“医生要你吸烟”。[⑤] 正如服从权威人物是我们的本性，视品牌为新神话（因此也就是新的权威人物），接受其操控就

---

① 引自 BBC(2018 年 7 月 30 日)

② 引自怀尔德(Wild)(2005)

③ 引自梅奥医学中心(Mayo Clinic)(2013 年 10 月)

④ 引自《科利尔杂志》(*Collier's*)(1950 年 11 月 4 日)

⑤ 引自《时代》(*Time*)(http://content.time.com/time/photogallery/0,29307,1848212,00.html)

是我们的本性。①

AI 的发展让品牌拥有了新的促销机制。由于 AI 拥有个体消费者的信息,因此品牌商能根据消费者的喜好制造产品,并利用杜森贝里效应进行销售:宣扬其产品的独一无二性,就像“高级女性时装”的消费一样,让他人产生挫败感。此外,品牌商比消费者走得更远,在消费者还没想到前就已能预测到他们的需求。因此,AI 的发展和壮大将赋予品牌操控每个消费者的能力。

4) 大众消费迷思及 GAFA 成为新神话

约翰·肯尼斯·加尔布雷思认为,“如果生产者可以接触并影响消费者,那么局势将发生很大的变化,大部分购买决策将取决于生产者而非消费者的意志。”②即生产者在很大程度上决定生产什么以及最终如何利用资源,而不是消费者。尤其是当市场是一个大型公司拥有大量广告预算的系统。加尔布雷斯提出,消费者并非国王,人们将服从权威人物的意见,正如米尔格拉姆所演示的那样。市场没有规则,因为消费者或客户并非上帝:他们并没有购买的决定权,他们已经被操控了。在此系统中,消费者无法告诉公司他们想要什么。是公司在推动人们热爱产品,是公司懂得消费者应该要什么。因此,加尔布雷思的“修改程序”是一项创新,该程序由公司始发来定义什么是需求和时尚,消费者仅在程序的末尾以缴械的方式完成干预。想一想亨利·福特曾说过的话(经常被认为是福特所说的),就能更好理解这个现象:“如果我去问人们想要什么,他们只会说想要跑得更快的马。”③这当中的核心想法是,你可以不顾及消费者的明确愿望而进行激进的创新。④福特正是这样做的。他并没有给人们更快的马,而是给了他们汽车。而且他至少在最初阶段大获成功。但是很明显,公司在决定消费者想要什么方面仍有局限性。公司虽可以推动消费者购买自己想推销的商品,但有时消费者会进行反击:谷歌眼镜就是一个极好的例子。它在发布时招

① 引自 NPR(2016 年 9 月 13 日):由行业赞助的营养研究,例如由烟草、化学和制药行业赞助的研究,几乎总是产生可证实赞助者产品的益处或无害的结果,而独立赞助的研究则得出相反的结论。这不是什么新鲜事。二十世纪六十年代,制糖业资助了一些研究,那些研究淡化了糖的风险并强调了脂肪的危害。

② 引自加尔布雷思(Galbraith)(1978),又见《政治经济百科全书》(*Encyclopedia of Political Economy*)(1999)

③ 引自《哈佛商业评论》(*Harvard Business Review*)(2011 年 8 月 29 日)

④ 引自玛格丽特·劳斯(Margaret Rouse)(2015)。引自洛佩兹(Lopez)(2015)。有四种类型的创新:增量创新、破坏性创新、建筑创新和激进创新。“激进创新是我们在考虑创新时通常想到的。它催生了新产业(或吞并了现有产业),并创造了革命性的技术。例如,飞机不是第一运输方式,但它是革命性的,它使商业化的航空旅行得以发展和繁荣。”

致公众的强烈反对，并成为当时最热话题。因为产品涉及隐私问题，导致72%的美国人对该款谷歌产品给出了差评。[①] 品牌的使命是使消费者梦想成真，并找到一再吸引他们的方法。AI有助于完成这项使命，且获得了不小的成功。人们消费着品牌。品牌为什么具有这么大的魅力呢？因为留住客户的成本小于吸引新客户，而老客户的利润是吸引新客户的七倍。恋人关系与品牌和消费者的关系一样，忠诚度会带来许多惊喜——一张庆祝结婚周年的机票与Nespresso（雀巢公司）忠诚卡（向购物者奖励积分）的效果相同。尼采认为，“狂热主义是意志力的唯一形式，即使是软弱者和不安全感很强的人也可以实现这种意志力。”在品牌的支配力及品牌对广告宣传投入的大量财力面前，我们难道不是一样既“弱小”又“害羞”吗？我们消费者像米尔格拉姆实验中的见证人，或阿尔多斯·赫胥黎的《美丽新世界》（*Brave New World*）里那个恋爱中的奴隶，或如拉博蒂的理论所描述的，消费者丝毫没有意识到，他们正开心地消费着广告。

品牌正在说服大众：品牌的规模可与古希腊的神媲美。几千年来，人类一直认为神具有至高无上的权威，随着时间驶入现代，人文精神逐渐发展，神的权威被转移到了人身上。

在《未来简史》（*Homo Deus*）一书中，作者赫拉利展望了未来，他认为当自然选择的力量被智能设计取代时，全球的超自然力量将发生转变。当像GAFA这样的力量比我们自己更了解自己的喜爱与偏好时，我们不禁会发出疑问，这对民主意味着什么？民主将面临怎样的挑战？古老的神灵已退场，必须有新神话的诞生，才能让我们的世界有意义。因此出现了数据主义，即对算法的普遍信仰。人类本质上成为由这种中心精神监控的子系统的集合，中心将会告诉人类应该如何感知。有了AI工具预测消费者行为并对其进行操控，赫拉利可以比他书里的描绘更贴近现实。为了更好理解操控者和被操控者之间的商业操控概念，我们可以看看下面的架构。

① 引自《大西洋月刊》（*The Atlantic*）（2014年4月20日）；引自电话竞技场（Phone Arena）网站（2014年4月10日）

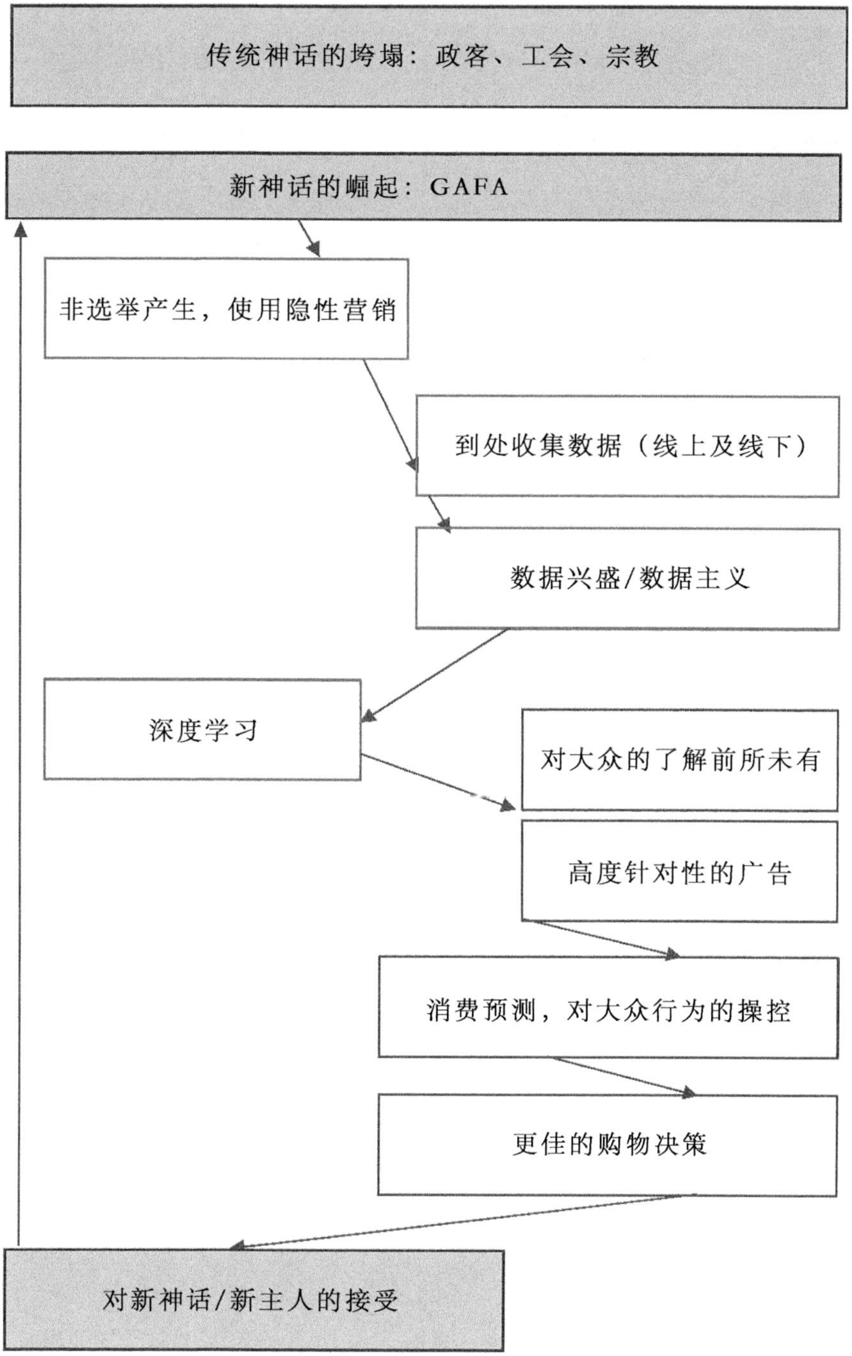

下一部分,我们将回顾这种说服形式的历史。我们将继续证明,对人进行操控是公司和品牌的天性,AI 的崛起将加速这一过程。

二、消费者操控:从营销初始到数字 AI 的崛起

想从 AI 和消费者操控的角度了解营销的未来,必须先回顾其过去。因此,本节的重点是介绍操控策略的源起。大公司操控消费者并非新鲜事。AI 只是过往历史的高科技传承者。

必须强调一点,大公司使用 AI 操控的未来,是十九世纪三十年代就已开始的大规模系统的延续。两百多年来,广告无处不在,吸引着人们的注意力,玩弄着他们的感受、个性及情感联系。在埃米尔·佐拉的小说《女人的天堂》(*Bonheur des dames*)[①]中,人们如果接触不到广告,连一英里都走不动。事实上,营销的历史比我们意识到的要长久。GAFA 和 BATX 如今使用的大多数手法在 1830 到 1870 年间就已经有了[②],品牌战略、广告、展示、促销和销售,所有术语看起来都很熟悉吧?广告大多放在电视、广播、报纸或路边广告牌等可以吸引目标受众(即消费者)的地方,位置安排很有技巧,总是在一些容易找到消费者的位置。游戏站(PlayStation 5)或任天堂(Nintendo Switch)的广告对青少年群体的效用最强,因此总在夜里投放,因为那是其细分市场通常进行网上冲浪的时间段。

营销操控不仅是聚焦目标的问题,还包括针对目标消费者发起多少产品营销活动的问题(例如,启动、定位、出征——全是军事术语)。以洗发水和女性的关系为例。女性购买洗发水时,可供选择的种类众多:干性头皮、浓密型头发、染发、受损发质、油性发质和卷发类。甚至还有针对特定问题的洗发水,如深层清洁洗发水、用来恢复 PH 的中性洗发水、螯合洗发水、角蛋白洗发水、丰盈洗发水、无麸质洗发水、无硫酸盐洗发水、无水洗发水、细发洗发水、日常清洁用洗发水 、敏感头皮类、干枯型头发、脆弱型头发、羊毛小卷型头发、去头皮屑、增加光泽、补水、柔顺、有机天然型洗发水……这个清单可以列上好几页。仔细一想,所有洗发水其实都可以洗女性的头发。用如此多的产品激起消费者的购买欲,而实际上所有产品都是一回事,这就是操控的精髓所在。广告商和市场营销人员让你相信所有这些产品都是不同的,但其实,用于"长发"的洗发水和常规洗发水的区别在哪里?除了你会往手中倒上更多洗发液外,还有别的吗?

---

① 引自左拉(Zola)(1883)

② 引自克佐伊(Cochoy)(1999)

下一节将讨论广告在商业操控初期的历史性发展。

1. 从洗脑宣传到营销操控

今天的消费者教育只需关注电视与油管(YouTube)等媒介。据拉莫内特[①]估计,3 到 18 岁人群收看的广告总数为 50 万之多,其效应堪比任何社会动员。

1) 改变你思维的现代公共关系

被誉为“公共关系之父”的爱德华·伯奈斯,因擅长宣传和积极造势而声名鹊起。[②] 他之所以能利用人,是因为他相信许多人受自身不合逻辑的欲望所控制。他还知道,只要他的操控手段够厉害,人们就会给他带来丰厚的利润。只要使用所谓“诱服法”,人们就会乖乖上钩,购买你所兜销的任何东西,不管是想法还是产品。

伯奈斯开展的最著名的运动是招募女性吸烟者,他将这场运动称之为“自由火炬”。20 世纪初,女性不允许在公开场合吸烟,该法律在许多州被强制执行,并导致了多起诉讼案。伯奈斯招募女性发起游行,争取妇女的吸烟权。这起伪事件在公共关系领域取得了巨大成功,并获得了媒体的广泛报道,一举促进了女性香烟市场的销售。致力于男女平权的香烟制造商开始投放面向女性的广告,不仅宣传了吸烟,而且保护了她们的声誉。该运动效果如此之大,以至于出现了众多专为女性设计且只对女性销售的香烟品牌。

时任美国烟草公司董事长的乔治·华盛顿·希尔认为这是一次营销自己产品的机会,既可促进产量,又可增加利润。希尔聘请了伯奈斯,像挖金矿一样探寻市场利益。多家卷烟公司随后开始举办各类活动和讲座,目的是教会妇女如何吸烟。法律上看,这一举动颇有风险,因为伯奈斯在被美国烟草公司雇用后,继续以健康广告的方法操控妇女吸烟。广告说香烟与女性的口腔滞留欲有关,自然引人渴望。伯奈斯雇用女性在游行时吸烟,并专门雇用摄影师从旁拍摄优美照片,照片随后在杂志上发表。伯奈斯利用自己出色的公关和宣传理念,一手将众多女性转变为吸烟者。[③]

反对希特勒的俄罗斯社会学家,瑟奇·塔克霍坦恩表示,广告通过激发人

---

① 引自拉莫内特(Ramonet)(2002)

② 引自泰(Tye)(1998)

③ 伯奈斯效力于联合果品公司及美国政府,其工作直接导致危地马拉的民选总统被推翻。总统雅各布·阿本兹·古兹曼得到美国政府支持,领导了 1954 年的危地马拉政变,以便联合果品公司可以继续控制该国作为“香蕉共和国”的地位,剥削工人并继续向美国市场出口廉价水果。

们最深层次的冲动来让人痴迷。他将巴甫洛夫的条件反射理论与人类内在的冲动做了结合:攻击性、物质满足感、性和爱。传播和广告与喂养及训练动物的规则如出一辙。我有多年出售化妆品的经验,在售卖针对女性的美妆产品时,我会基于第三种冲动(性吸引力)而使用漂亮女士的海报。因为所有女性,都不自觉地想成为海报上的美人。同样原理,在2020年,医院已能自动收集患者身体数据,而AI可从一组患者数据中轻松发现多个健康问题。品牌此时可基于第二种冲动(物质满足度)告诉患者需要购买哪些药物。

即使是不太需要的物品,营销也可以轻松催生需求。宝洁公司在二十世纪九十年代构思了一种传递需求和满足的策略,即"复制策略"。

2) 针对个体,掘其钱袋的营销术

二十世纪五十年代,美国出现生产过剩问题。[①] 这一问题不仅改变了营销策略,也改变了社会阶级的观念。营销最先做出调整,改变了惯有的宣传辞令(如,"我的产品是一大堆同类产品中最好的"),杰里·麦卡锡提出了著名的"4P理论":产品,价格,渠道和推广。[②] 四个P不再以推广作为营销唯一目的,而逐步扩展到其他领域(例如,合作伙伴关系,对产品的感性认同)。第二个变化是市场不再单一扩展供应量,而是将增长放在了能有效催生需求的商品之上。在营销历史上产品过剩、缺乏吸引力的例子比比皆是,如"成人用的婴儿食品",军械工业领域的发明创新(可以不断创造新需求,然后产出新产品满足需求的领域),托卡可乐、国王可乐、麦加可乐(该可乐的利润专用于支持巴勒斯坦事业)或Breizh Cola(法国布列特尼地区的可乐),黄瓜除臭剂和无色啤酒等。越南战争开打,军备需求最终令美国经济从中获益。1975年战争结束,军备方案暂时消失。各种原因带来的生产过剩再次成为问题。二十世纪七十年代,工人工资的增长与生产率的增长步调不一致,意味着生产率提高了,而工人工资却停滞不前。大规模生产问题重重。经济虽动荡,创新却未停步。二十世纪七十年代出现创新后,影响了美国乃至全世界。二十世纪八十年代,市场细分开始受到关注。

市场细分帮助公司解决了在同类产品中脱颖而出的难题。从组成市场的

---

① 第二次世界大战后,马歇尔计划揭晓。该计划的主要目的是向欧洲人分发所有在美国未被购买的产品,避免生产过剩带来的相关问题——正如我们所看到的那样,问题中可能也包括了战争。生产过剩的问题伴随了第二次世界大战的全程。市场营销活动与马歇尔计划的目标当时是一致的,如今也同样:市场营销通过鼓励人们购买东西来解决生产过剩的问题。但是,与生产相匹配的营销可以帮助实现平衡,却无法带来和平。

② 引自菲利普·科特勒(Philip Kotler)(2011)

人群特征(例如女性)来看,市场可细分为不同的类别。这使营销人员可以销售更多产品,因为既定目标变得更容易达成——如果你知道了标准和特定人群的行为特征,产品销售就会更容易。

自由天堂度假村(Freedom Paradise Resort)就是一个例子:"这是世界上第一个对大尺码人士友好且包罗万象的海滩胜地度假村,这里拥有 112 间客房,位于墨西哥坎昆以南 70 英里的尤卡坦半岛的坦卡市。"①其背后的想法很简单:"给大尺码的人提供一个度假胜地,他们在这里不仅感觉舒适,而且受到欢迎。"因此,这不仅仅是一个"度假胜地",它是"大尺码人士"——指并不苗条的人的度假胜地。其他适合细分的受众群体还可以包括滑冰者、冲浪者、同性恋者、异性恋者、少数民族、吸烟者、为人父母以及儿童。所有这些细分都非常适合定位人群,因为你可以通过心理、行为和效益研究去了解人群分类的标准。多个研究表明,资本主义创造了全新更好的目标消费者:离婚人士比完整家庭更喜消费,都市潮男和同性恋者比保守的男人更热衷买买买及其他等类似结论。②

细分销售策略不仅可以说服潜在买家,通过信息欢迎消费者,还能重新激活消极客户(或称"弃用购物篮者")——公司可以自动进行的广告活动多达 66%,产生的收入则高达 75%。每天早上,像 Bricoprive(法国园艺、家装产品线上销售平台——编者注)这样的品牌都会向客户和潜在客户发送 450 万封电子邮件。壹玛仕(Emarsys)是一家总部位于奥地利的电邮服务供应商。他们对 29 亿客户的数据进行汇总,大大减轻了市场营销人员清洗数据的麻烦,也减轻了其进行细分时计算各种因素的麻烦,如年龄段、重复购买率、平均购物额、销售渠道数及放弃销售等。根据销售历史不同(一到十年不等),AI 引擎计算后进行数据汇总,告诉商家如何具体操作,比如今天早上,哪些潜在客户极有可能转为正式客户,哪些产品和哪种销售方案能实现上述转化。他们总在目标客户最有可能阅读的时间段发送电子邮件,比如萨拉是 9:30,保罗则是 10:15。电子邮件一旦被打开,AI 会根据对象的不同,自动生成欢迎回来的邮件信息,专注介绍最有可能被购买的产品。

公司的 AI 营销也会针对不同消费者划分不同需求,就像你可能分属云折

---

① 引自 tripsavvy.com(2018 年 6 月 13 日)

② 引自泽穆尔(Zemmour)(2006)

扣(Cdiscount)、丝芙兰(Sephora.fr)或亚马逊(Amazon)等不同公司一样。需求被严格划分后,公司会推出经过计算的各类组别产品,唤起消费者的需求。

有两种方法可检验营销:供应和需求。两种观点角度不同。需求来自市场调研,全力了解消费者的需要。而另一个方法则是:"作为公司,我只管推出新产品,消费者需不需要都得买。"

3) 市场研究:彰显AI优势的初始领域

公司发布产品需要执行四个重要步骤:做出产品,进行市场研究,制定策略,适当时候实施该策略。市场研究用于确定消费者的需求。这些研究一直存在。善用消费者数据和信息是现代营销的核心。宝洁、欧莱雅等公司花费数百万美元了解大众的深层驱动力,以求创建正确的产品线。营销部门采取所谓模拟超市和模拟货架的方式,实质上是对消费者购买产品的体验进行测试。[①] 在上述模拟场景中,当消费者放下一个产品,转向另一个产品时,营销部门使用神经营销或人种营销等方法[②],追踪消费者眼部或手部的活动。营销人员都想了解人们的需求,但营销研究并非提问一些想要什么或需要什么之类的问题那么简单。因为人会说谎,也会犯错。试举一例:"酒精研究中最难解的谜题之一是——当针对饮酒习惯向大众发出调研时,大众声称的饮酒量总和不到实际酒精售卖量的一半。也就是说,要么大众把花钱买来的酒一半倒进了大海,要么就是他们试图遗忘事实,或者他们在刻意隐瞒真实喝掉的酒精饮料。"[③]无独有偶,"调查发现,当牙科医生询问患者使用牙线的频率时,27%的成年人会说谎。"[④]

政治中也可找到另一个例子:1982年,美籍非裔市长汤姆·布拉德利决定竞选加利福尼亚州州长的职位。对手是亚美尼亚血统的白人乔治·德克梅吉安。这注定是一场激动人心的竞选。民意测验机构积极投入工作,让加利福尼亚公民确定他们的首选。不用说,这场竞选具有种族色彩,因此民意测验人员

---

① 引自Cleverism公司(2014):当一家公司开始设计和开发新产品时,通常遵循的是逐步走的过程。此过程的重要部分是产品Beta测试,有时还包括产品市场测试。Beta测试可以通过设置对照组,验证产品本身能效。市场测试不仅可以验证产品,也会检验市场营销和分销计划以及产品支持服务。

② 引自《哈佛商业评论》(*Harvard Business Review*)(2019年1月23日):"神经营销"广义上是指对生理和神经信号的测量,以洞悉客户的动机、偏好和决定,这有助于为创意广告、产品开发、定价以及其他营销领域提供信息。"人种心理营销"通过使用诸如照相机之类的观察方法来分析消费者在购买时的行为。

③ 引自The Cut网站(2014年6月9日)

④ 引自NPR(2015年6月24日);美国牙周病学会(American Academy of Periodontology)(2015年6月23日)

的调查也非常深入。随着竞选逐周升温,民意测验人员纷纷预测布拉德利将获胜。实际上,就在选举前几天,人们已经断定布拉德利稳操胜券。然而,随着计票结果逐步公示,包括民意测验人员在内的所有人发现,德克梅吉安才是真正的绝对赢家。分析人士得出的结论是,大多数接受调查的人对民意测验人员撒了谎。他们害怕且难堪于被指认为种族主义者,因此向民意测验人员表示自己支持布拉德利。然而,在投票站的私密空间中,他们展露了自己的真实想法,表达了对白人候选人的真正支持。① 有关调查和说谎的另一个有意思的例子是:"面对民意测验人员的问题,三分之一的英国人不会给出真实答案。"②

除了直接提问有关人们行为的信息,或查看其他信息来验证答案之外,我们如何才能知道人们回答问题时可能会说谎?有以下几个特殊方法来解决这个难题:"随机响应"③,"不对称计数"④等。有关此类方法的应用示例,可以参考上述有关酒精消费的调查。在该研究中,研究人员对"4万多人进行了饮酒量调查,询问他们的饮酒量和饮酒频率等一般性问题,如'过去一个月你喝了多少酒?'等。询问中忽然转弯,抛出一个即时性问题'昨天你喝了多少酒?'由于此方法会揭露一些不大可能发生的事,因此可用于检测低报及少报的情况。例如,如果说自己每月喝一次酒的人中有50%承认昨天喝了酒,则可以推断出这一群体严重低报了他们的消费量。如果他们确实是每月喝一次酒,那么应该只有大约3%的人会在一个月中的随机一天承认自己喝了酒。"⑤

大众对调查撒谎,这限制了调查的实用性。更大的限制还在于以下事实,即"大多数营销人员认为客户知道自己想要什么,不幸的是,客户可能并不像营销人员以为的那样了解自己。套用诺贝尔奖得主西蒙的话,决策者并非完全理性,但受到理性的约束。也就是说,决策者不能评估环境中所有可用信息,只能依靠启发式方法来选择最重要的信息⑥,因此,推论过程的不同部分都存在着偏见。"⑦

鉴于消费者有时会说谎,有时不知道自己想要什么,因此,很多公司和企业领导者决定不再关心消费者的诉求,转而使用前文讨论过的市场研究方法把精

① 引自《独行者日报》(*Daily Maverick*)(2016年11月10日)
② 引自BBC新闻(BBC News)(2014年9月22日)
③ 引自波莫纳学院(Pomona College)(1995年4月17日)
④ 引自ISP大学(ISP University)(2016)
⑤ 引自The Cut网站(2014年6月9日)
⑥ 引自投资百科全书(Investopedia)网站(2019年4月25日)
⑦ 引自里克尔梅(Riquelme)(2001)

力放在更好地传播信息、产品规范和产品研发上。如今，通过收集数据来帮助消费做出决定，实现消费者所想所需的是品牌。他们创造出消费者想要的产品，并使用强大且具有说服力的工具进行营销。

观察AI的技术发展，我们会发现，一个彻底改变市场研究的要素已被引入：即时和连续的数据收集。品牌需要获取消费者的数据以了解其行为并预测其需求。随着AI以及物联网（手机、平板电脑等）的发展，在你阅读《纽约时报》或喜欢的博客时，AI会使用地理定位功能来获取你的位置、你喜欢的文章及标题中的关键字、你的新闻源中有哪些媒体人发布了帖子、有哪些意见领袖、哪些图片出现了，以及你在各项目上花费的时间。熊彼特的创造性破坏理论[①]认为，为了使新的产业出现，旧产业将被消灭：AI是瞬时自主的，是旧市场研究的当代继承者。尽管我们的品位不断在发展，公司一直以定性和定量的不间断分析持续了解着我们的一切。二十世纪九十年代，宝洁公司花费数百万欧元，成立专门座谈组（只有数百个人成为代表）[②]进行市场研究；而如今，品牌已经在使用自动程序对每一个消费者进行全天候分析。很快，公司对我们的了解将超过我们对彼此的认知，而且公司有能力在更大的趋势下创造微时尚，以此为策略，操控消费者购买更具针对性的产品。正如我们在以下小结中看到的那样，洗脑宣传、品牌营销和GAFA之间有许多相似之处，它们通过七个离散的模式联系在一起：销售，操控，控制，证明，说服，娱乐和简化。了解你一切的AI可以根据你当天的心情说服你投票选出合适的候选人。它也会让你认为，投票给某个极端的候选人是个坏主意，即使从未真正认真考虑过这个选择，之所以冒出这个想法，只不过是因为最近与妻子发生了争执，只想改变一切而已。

	洗脑宣传	品牌营销	使用AI的品牌
模式1	出售点子	出售产品	出售知识
模式2	操控力量	操控，隐性及说服	个性化说服及操控
模式3	影响大众	影响消费者	影响意识
模式4	证明他们的规划是最好的	证明他们在出售最好的产品	证明我们生活的世界在不断变好
模式5	说服大众	说服细分市场	说服个体及世界（数据主义）
模式6	娱乐年轻大众	娱乐年轻消费者	预测娱乐需求

① 引自熊彼得（Schumpeter）（1942）

② 引自德沃（Devault）网站（2017年4月13日）

(续表)

	洗脑宣传	品牌营销	使用 AI 的品牌
模式 7	简洁标语	简单基准	个人定制标语

品牌正在创造能有效管理大众的工具。借助人工智能,我们将不再依靠普适信息控制群众,而可以将个性化的信息传递给更广大的目标受众。下一节中,我们将看到公司如何使用传统策略来销售更多产品,以及 AI 如何在复杂的预测性营销策略中占据一席之地,有一个趋势尤其明显:自由选择的购买行为已然终结。

2. 促进销量的营销策略之发展

如前一章所述,公司在 20 世纪下半叶使用的营销策略通常称为 4P(产品,价格,渠道和推广)。尽管 4P 成为市场营销的主流已有数十年之久,但此类传统策略对公司的帮助已到极限。随着 AI 的使用,上述营销方法将实现升级发展。为了销售更多的产品,公司必须全面了解人们的行为。通过 AI 不断对收集到的数据进行分析,公司已能实现上述目标,而且公司不断拓展触达受众范围,且传递给消费者的信息个性化,并能对个体消费者做出预测。

1) 以合适的产品开启营销

户外零售商北面(The North Face)使用 IBM 著名的 AI 超级计算机"华生(Watson)"为消费者的在线购物体验创建个性化路径。该网站让客户先与机器人对话,再根据用户回答显示产品选择。"如果顾客说自己喜欢冬季徒步旅行,那么程序可能会询问客户的徒步地点及偏好,以推荐一种既保暖又适合运动的夹克。"①与显示数百种产品让顾客选择的传统展示面板相比,AI 让选择变得更加容易。

所谓时尚,就是包装(主流界的定义);想要包装一个人,就让她身穿克里斯蒂安·奥迪耶(Christian Audigier)的服饰,脚着克里斯蒂安·鲁布托(Christian Louboutin)的鞋子,戴上克里斯蒂安·迪奥(Christian Dior)的珠宝。一个人的穿着最能建构个人身份。餐厅同样如此。一家餐厅的档次,取决于装修、价格、食客的构成等因素,餐食品质还在其次。同理,产品仅凭包装与外观,就能说服消费者这就是他们想要的东西(品牌或许能起到一定作用,这取

---

① 引自大街网(The Street)(2015 年 12 月 14 日)

决于产品）。

当然，我们还有其他方式说服消费者某产品是同类中的最优。商标就是其中一种方式。它涉及人的无意识——人对颜色一类的东西很在意，但往往察觉不到这一点。例如，红色会唤起激情，但可能会影响个体在挑战智力型任务时的表现。[①] 公司在判断个人颜色的喜好方面很专业；如果你在西方长大，那么首选是蓝色，然后是绿色；如果你是西班牙人，那是红色。

这些元素（包装、商标等）是优雅的武器，可以在不知不觉中说服消费者购买这一种产品而非另一种。如果你卖的是车，相较于只卖一辆车，你可以将十辆汽车卖给十个不同的目标。例如，通用汽车公司旗下有多个汽车品牌：商务之星（GMC），凯迪拉克（Cadillac），别克（Buick）和雪佛兰（Chevrolet）。但这还不是通用汽车公司销售的全部。这些不同的子品牌还出售自己的一系列车辆：皮卡、豪华轿车、敞篷车等。他们有凯迪拉克 SUV、雪佛兰 SUV、雪佛兰皮卡和凯迪拉克皮卡等。因此，公司同时销售的，是同一种东西的各种变体。

然而，利用产品及其特性来销售并非公司所使用的唯一花招。类似花招正被一种新的商业策略所掩盖，企业使用这种新策略，悄无声息地将商品推给顾客，从而获利。这与隐性营销非常接近，被称为消费体验。

2）恰适体验

对消费者的操控术已经发生了演变，从现代营销的初始阶段升级到了消费体验创造期，例如去迪斯尼乐园，或者在 Abercrombie&Fitch（美国休闲服务品牌——编者注）商店里购买 T 恤时随处可见的半裸着的男性营业员。Abercrombie&Fitch 实施了一项体验性策略，将销售重点放在产品摆台、昏暗灯光、酒吧似的喧闹音乐以及店外就能闻到的浓郁香水味上。他们的销售人员在商店里营造出一种节日气氛。当你选购薯片时，你知道可以购买一种包装袋碰起来与你咀嚼薯片时所发出的声音接近的薯片吗？当你触摸某些包装材料时，它们会发出类似咀嚼薯片的声音。为什么？原因很简单，因为市场营销人员知道，即使只是几秒钟，大脑也会因脂肪或甜食而兴奋。当你触摸薯片包装时，它会让你想起吃垃圾食品的喜悦并在大脑中释放血清素。[②] 这就是我们所说的“体验式营销”。

消费体验的概念是在二十世纪七十年代的感官营销和八十年代的体验式

① 引自裴伯库姆、罗伯茨和波列（Peperkoorn，Roberts and Pollet）(2016)
② 引自惠特（Huether）(2004)

产品的基础上发展起来的。[①] 八十年代,公司开始在购买行为中推销体验。消费者的感官在类似活动中被充分激发。他们并不了解自己在消费的不仅是商品,也是自己的体验。考虑到这一点,零售商很久以前就开始"改变旗舰品牌商店的形式,例如主题零售品牌商店。这种新形式不仅可以提升品牌本质的吸引力,还可以满足消费者在购物时的娱乐需求。"[②]类似尝试有多种规模,并毫不意外地取得了巨大成功,因为体验给人们带来的快乐远大于物质本身。

加拿大人流量最大的地方是哪里?

是西埃德蒙顿购物中心(The West Edmonton Mall)。"该购物中心每年人流量超过 3000 万人。这一数字是艾伯塔省人口的 9 倍,这也使其成为该省排名第一的旅游胜地。"[③]它是最早提供各种体验的购物中心之一(早于迪拜和沙特阿拉伯的高科技城市 Neom)。

购物中心的网站展示了在这个综合建筑群生活的非凡体验:这里的面积为 530 万平方英尺,相当于一个小城市的大小。这里拥有 800 多家商店及服务商,包括两家酒店、超过 100 个就餐场所、种类最多的独家零售商、适合各个年龄段的娱乐设施以及 9 个世界一流的景点。世界一流的景点包括银河世界(Galaxyland)——世界最大的室内游乐园,拥有超过 27 项引人入胜的游乐设施和游乐区,适合各年龄段的人群。还有世界水上乐园(World Waterpark),内设"世界上最大的室内波浪池和超过 17 个以上的独特水上滑梯及其他水上设施。"购物中心还有一个地下水族馆,"这里有 100 多种鱼类,还有鲨鱼、海龟、企鹅、爬行动物、两栖动物和无脊椎动物",还有"海狮岩",每天有四只加利福尼亚海狮在此表演。"总而言之,这些特性吸引了大量游客,他们在那里或漫步,或驻足,或购物。如前文所述,鉴于品牌一直致力于与消费者的个性相融合,西埃德蒙顿购物中心的娱乐活动无疑提供了积极的体验元素,可为众多商家所用,并变现为个体品牌的利益。[④]

这种体验式营销源自法国哲学家让·鲍德里亚(Jean Baudrillard)提出的"超现实主义"哲学概念[⑤]。超现实主义是对现实的重建,如拉斯维加斯的卢克索酒店拥有一座巨型金字塔;沙漠中心的迪拜阿联酋购物中心里有一个滑雪胜

---

① 引自科瓦和卡鲁(Cova and Caru)(2003)

② 引自库兹奈特等(Kozinets et al.)(2002)

③ 引自加拿大百科全书(The Canadian Encyclopedia)网站(2012)

④ 引自 www.wem.com(2018 年 7 月 31 日)

⑤ 引自鲍德里亚(Baudrillard)(1981)

地。现实的变化引起了消费者的困扰。当面对这样一种超现实的购物环境时，参考价格已经失真，他们很难做出理性反应。

冰雪酒店是体验式营销另一个别具一格的例子。“乍一看，冰雪酒店毫无意义。它们每晚收费数百美元，虽号称拥有豪华设施，但大多数房间的室温徘徊在冰点附近。大约一半冰雪酒店会提供所谓的‘冰教堂’，让人们举行婚礼或重续誓约仪式，期待那些幸福的夫妻之后可以在完全由冰雪制成的房间里进行庆祝。冰雪酒店的酷不可否认。每一年，建筑师和艺术家们使用成千上万吨的冰雪来雕刻并建造这些酒店，而所有的一切都会在春天到来时融化。全球仅有20家冰雪酒店。12月入住的客人常常可以在住店期间欣赏到建筑的收尾阶段，而回头客则可以每年冬天享受全新的设计。”[①]冰雪酒店的体验元素十分清晰。此类酒店之所以有人光顾，是因为其与众不同，而非方便舒适。随着虚拟现实的兴起，很快你就可以通过离线体验感知个中奥妙，史蒂文·斯皮尔伯格(Steven Spielberg)执导的电影《头号玩家》(*Ready Player One*)对此做了很好的诠释。

当然，体验式营销未必都走高大上路线，未必要提供精致的自动飘香器、灯光选择和游乐园。体验式营销也可以既接地气又实用，但体验的内核应保持不变。

游戏化是品牌经常使用的一种营销理念，在传达体验的同时收集数据。所谓游戏化，指的是一种在线营销技巧，鼓励人们与产品或服务互动。游戏化的形式多样，可以是一次性体验(如百科知识竞赛、即时获胜等)，也可以是最广泛的交互式体验(全景作战游戏、移动端和脸书的应用程序、实景增强)。游戏化利用了游戏的机制和技巧(目标设定、挑战、团队、奖励等)来达成营销目标。举一个简单的例子，当你受邀参加由麦当劳或《纽约时报》组织的测试时，你的答案就会被记录并分析。你正在玩的测试游戏其实是品牌商赞助的广告，这个广告可比你聪明多了。你接受游戏的同时，就给了品牌你未来的购买途径。

美国航空(American Airlines)、丝芙兰(Sephora)和灰狗巴士公司(Greyhound)如今都有了自己的线上机器人——也就是通话代理，通过编程能用自然语音与客户进行模拟对话。真实的交流让客户体验更加人性化。聊天机器人作为改善客户体验的技术，它的投入使用具有以下优点：全年全天候在线；无须转接的实时响应；使客户购买过程更加简单、畅通；通过个性化关系吸引新客户，并对品牌忠诚；低附加值任务可以自动处理；持续学习使机器变得智

---

① 引自《商业内幕》(*Business Insider*)(2013年11月21日)

能化(即机器学习)。总部位于英国的蒂克森车载电话公司(Dixons Carphone)是一家跨国电气和电信零售商及服务公司。它使用一个名为卡米(Cami)的机器人来连接线上和线下的购物体验。由微软提供技术支持的卡米是个产品专家,它可以推荐商品,提供建议,还能预测客户的需求及未来的购买。如果有人购买了新的移动设备,卡米就会自动推荐机器保护套或产品保险。在机器人与客户的互动中,公司还会插入一些动画或表情包。这种网络营销策略已被证明可以大大增加点击率和购买数。[①] 20 年前发明的笑脸动画表情,其初始目的是想增进大众间的交流,而如今,使用笑脸表情是想卖给大众更多的东西。

总而言之,营销组合包含各类产品策略及分支、如产品体验、感官营销、精致包装等,一切的一切都为同一目的:打动你,然后卖出更多产品。

3) 从实体店到智慧门店

越来越多分销商开始将筹码放在大数据和数字化转型上,以实现线上销售。产品分销有三大著名定律:位置,位置和位置。互联网并没有完全取代传统的销售点,亚马逊和阿里巴巴等巨头仍在全力开发线上与线下的概念店。产品进行分销时,消费者通常意识不到自己极易受到操控。操控现象不仅存在于高度个人化、一对一的商品购买交流中,在非个人化的商品购买交流中也同样如此[如塔吉特百货(Target)或沃尔玛超市等]。

当你走进西方国家的商店时,你可能会在不知不觉中向右转。实际上,除英国以外,90%的顾客进门后都是向右走,只有 10%的顾客会向左走。当你向右时,会看到许多一般人并不需要但价格便宜的产品。所有这类冲动性购买商品都被放置在入口处的右侧,以促使顾客购买并不急需的东西;而所有主要商品(如油、糖和水)都放在商店的后面,你必须得走过这些冲动性购物品后,才能找到你可能需要的商品。如果你观察整个商店的货架,会发现超市把自己想要出售的产品摆在你的眼前和手边。大众觉得最便宜、质量较低的产品应被放在货架最底层,但是分销商知道这一点,因此他们将此类产品放在底层货架之上的一层。

关于分销中的操控行为,还有更多实例。去化妆品商店的顾客会买各种产品。如果你问他们为什么购买这种而不是另一种产品,他们会告诉你因为品牌、广告或自己的特定要求(例如,皮肤干燥或价格合适)等。但有据可查的是,

---

① 引自 MBA MCI(2019 年 9 月 29 日)

光产品的香味一项就会对消费者产生重大影响，从而改变客户的评估和选择，且他们自己还毫不知情。消费者对产品的反应很大程度上取决于气味，气味本身就可主宰产品选择。[①] 如果客户买的是香皂，潜意识的选择驱动机制也几乎相同，只不过主宰力发生了变更。[②] 消费者买香皂时，只买最重的那一块。

颜色在货架上的地位也很重要。人首先注意的是形状，然后是颜色，最后是商标。吸引客户眼球的最佳颜色搭配是黄色和黑色。商标颜色的最差组合是红色和绿色，因为在西方，北欧血统的男人有 8%是色盲。[③] 负责包装和分销的公司深深知道醒目的颜色以及产品形状的重要性，以下图香蕉汁产品的包装为例：

图 2：香蕉汁包装

甚至当你购买草莓酸奶时，你会觉得草莓的数量与包装盒上红色的面积正相关。如你所见，公司和品牌可以通过多种个人和非个人接触来控制消费者，从商店布局到导购服务皆如此。随着公司营销力度的加大，它们将需要大量数据，且必须不断升级其分销方法来实现这一目标。能在适合的位置进行商品分销的商店，可以使用 AI 收集并分析客户数据，以便了解人们的行为并预测消费者的需求。

例如，亚马逊智慧超市（phygital，physical 和 digital 的合成词）Amazon Go 采用了这类技术，通过它的分销方法为消费者提供特别的体验。Amazon Go 是一个 1800 平方英尺的迷你超市。货架上既有许多其他便利店里可以找到的食物，也有通常只在全食超市（Whole Foods，有机食品超市，为亚马逊所有）才能找到的食品。关于 Amazon Go 最值得注意的一点是，其内部技术可以实现

① 引自米罗提克（Milotic）（2006 年 7 月 11 日）

② 引自加蒂（Gatti）（2014 年 1 月）

③ 引自美国国家眼科研究所网站 www.nei.inh.gov（2015 年 2 月 17 日）

线上—线下双重购物体验。店内既没有收银员,也没有收银机。购物者无须使用现金或信用卡,只凭手机即可进入和离开商店。购物者的亚马逊账户会自动收取被带出门的商品费用。客户只要直接将商品放入自己的包中:"每次客户从货架上拿起一件东西,商品都会自动放入其在线账户的虚拟购物车中。如果客户将商品放回货架,亚马逊则将其从虚拟购物篮中删除。"①所有这些功能,加上时尚、极简的门店设计以及手机不时发出的鸣示声给顾客带来的即时满足感,让此类商店牢牢吸引住了年轻的千禧一代和 FOMO 迷,但这并不意味着操控会在此处止步。在未来,诸如 Amazon Go 或阿里巴巴商店之类的自动化超市很有可能会掌握一项技术,即提出具体购买建议。如"嗨,马特,我们知道你喜欢烧烤,我们还知道你爱吃牛排。今天我们有特价肋眼牛排供应哦!"②

我们可以看到,公司为改变消费者观念以促成其购物消费的举动无处不在。以分销为例,我们已经知道消费者去商店时,公司可以利用感官功能和误导性策略进行操控。随着越来越多的公司在其分销方法中使用 AI,他们可以全面了解消费者的行为并预测其需求。下一节中,我们将看到公司在促销信息中所使用的另一种策略,目的仍然是促销产品并预测消费。

4) 向预测型营销发展

广告是新时代的曙光。人工智能和数据利用将颠覆这个行业,我们今天看到的还只是冰山一角。如果可以精准定位到有明确购买需求的 1000 万目标客户,为什么还要想方设法吸引 1 亿人呢?中国的腾讯(通过微信平台收集数据)就在使用预测型 AI 并开展预测型营销。③

当公司用 AI 来锁定特定人群并收集其数据时,他们可以预测该人群的需求。预测性 AI 有 3 种预测方法:

——贝叶斯网络(Bayesian networks),一种概率图形模型;

——决策树(Decision trees),树形结构的决策路径,所有可能的决策选项都以树枝的形式表示;

——朴素贝叶斯法(Naïve Bayes),一种可以预测情绪的算法(用于短消息或垃圾邮件等)。使用这种统计方法的操控较难,因为先验概率会根据某些情况的变化而发生很大变化,类似混沌理论。

---

① 引自《纽约时报》(*New York Times*)(2018 年 1 月 21 日)

② 引自 CNN 财经(CNN Business)(2018 年 10 月 3 日)

③ 引自《回声报》(*Les Echos*)(2017 年 11 月 24 日)。

内容词的重要性在亚马逊网站及其产品评论区可见一斑。但人们也普遍认为，55%的沟通是肢体语言，38%是语气，7%才是实际所说的话。[①] 你就明白了，为什么电视和油管（YouTube）上有那么多广告都是消费者的现身说法：网民们亲眼看到消费者讲述使用感受时可以看到其肢体语言，这样，他们才会对产品有信心。动态面板数据模型显示，积极情感内容对转化率的影响是不对等的，因此客户评论中正面评价的增加对后续转化率的影响较小。评论中负面评价的变化则不会发生渐弱效应。此外，多种多样的正面情感表达，以及多多采用与产品利益群体一致的语言风格，都会直接提高转化率。这些发现表明，针对不同产品类别，管理人员应积极识别最具影响力的评论并做大力推广，对评论者如何撰写有力的评论给出清晰的指导，同时调整自己的评论风格去适应相关产品类别。

换句话说，想要增强产品营销的效果，还必须在营销方式中加入有过产品体验的买家好评。有些营销把重点放在买家评论语言上，有些则把评论语言放在第二重要的位置，其他因素还包括晒图、评论语气、星级、评分、多少人“点赞”，以及所有因素是否一致共同塑造了消费者对产品的认知等。以上所有要素都是进行预测性学习的金矿。360 私人旅游公司（360 Private Travel）使用 AI 根据客户点击的照片来识别客户的兴趣。AI 通过对自身属性和生态系统的智能诠释，为消费者提供“第七感”，努力让消费者转型成为购买过程的主人，并迅速而准确地推动他们朝着自己梦寐以求的方向发展。

预测性营销是一种使用数据科学来收集大量信息并进行预测性分析的技术，该技术被用来科学地指导营销人员采取最佳营销措施。也就是说，预测性营销是一种可以通过分析你过去的数据来预测哪些营销活动很可能成功、哪些营销很可能失败的方法。通过分析过去的数据，人工智能可以预测未来。人工智能使用数学、统计分析、数据挖掘和机器学习的方法进行预测。现在，科学已经足够成熟，可以提供高度准确的预测结果。预测性营销已在亚马逊、脸书和网飞等多家公司普及，这些公司都在使用复杂的算法吸引客户并提高销量和广告效率。

网飞推出的电视剧《纸牌屋》（*House of Cards*），就是一个著名的预测性营销案例。网飞使用了其数百万美国订阅者的数据，包括免费试用会员（为付费会员数量的两倍，而在新冠疫情期间数量增至四倍）在内，将同名英国节目按照美国人的喜好做了调整，打造了一部热门连续剧。从个体层面来说，如今网飞

---

① 引自 A. 皮斯和 B. 皮斯（Pease A. and Pease B.）（2006）

已经能做到向你推荐符合你个人口味的电影,因为它知道你过去喜欢过哪类电影。收集有关消费者体验和需求的数据并非新现象。公司营销部门一直在收集消费者数据,以确认产品和服务的反馈,并了解哪些地方仍需改进。这不仅是想提高消费者体验,更是为了鼓励重复购买。实际上,预测分析对于网飞的商业模式至关重要。2009 年,公司设立 100 万美元的奖金,用于奖励改进其推荐算法的小组或个人。亚马逊是预测性营销的另一个著名案例,它根据用户过去的行为向他们推荐一系列产品和服务。

随着更多技术的运用,人们交流的方式将会有新的发展(例如视频会议、文本消息或在线聊天、社交媒体、产品评论或疫情期间用 Skype 组织酒会等)。为了更有效地推广产品,公司将必须采取新的策略来了解新时代的消费者行为。如何将前述的精准营销转化为预测性营销?为了与消费者沟通以促其购买更多产品,预测性营销需要通过 Zoom(多人手机云视频会议软件——编者注),Slack(企业内部沟通协作软件——编者注),StarLeaf(企业视频会议服务——编者注),BlueJeans(在线会议视频服务平台——编者注)和其他视频通信工具收集大量数据。随着沟通的发展,AI 将分析来自这些新工具的新信息以了解消费者的行为,之后,公司将据此预测消费者的需求,以操控他们的购买。

在线生成的数据量以不停歇的速度持续增长。大众每天发送的推文超过 3 亿条,每月写就的博客超过 7000 万篇。存储和处理这些数据需要一套与传统数据处理应用程序不同的技术。预测性营销算法使用的是从万维网挖掘来的大量数据,且数据存储不断更新,因此需要具备大数据处理能力。数据挖掘是计算机科学的一个领域,是指从大量数据中找出数据集的规律。数据挖掘也可以处理非结构化数据,这在数字领域非常重要。如今,大多数数据都以零散形式遍布于无数网站、博客、社交网络和在线数据库。数据挖掘是从网络上收集数据,并将其转变为有意义的营销指标。例如,客涯网(Kayak.com)通过对以往数据的分析来预测旅行服务的未来价格趋势,可以告诉你是应该立即购买机票还是等等再看。

我们可以看到,数据收集是大众操控过程中重要且不断发展的一个环节。数据收集之所以要了解消费者的过去,是为了懂得他们的未来,才能预测他们的需求并影响他们的购买!我们并非要将历史上的政治宣传家与 21 世纪任何一家公司的首席执行官进行比较,我们只是试图分析并找到不同说明程序之间的关联性。公司不再使用传统的精准营销方式，转而采用预测性营销法——锁定消费者是一回事，而预测消费者的需求则是另一回事。对未来进行预测的关键点是，数据收集将使公司能够代你做出决定，正如米尔格拉姆的实验展示的那样，而你，大概率会默许这一切的发生。

在接下来的部分中，我们将看到品牌获取购买者数据的不同策略。

三、收集数据以“喂养”AI 的现行策略

公司和品牌希冀对消费者能有全面了解。随着营销活动的增多，公司需要大量数据，而经由 AI 分析的数据让公司对消费者的了解更为精确。

我们之前已经知道：营销是建立公司声誉和形象的关键要素。亨利·福特(Henry Ford)认为，两个没有出现在公司资产负债表中的最重要的东西就是员工数量和声誉。在过去，公司通过传统通讯媒体（电视、广播、报纸、广告牌或互联网）来传播声誉，并推动消费者购买产品。所有音频和视频平台都会用来传递信息，信息无处不在。

不久，消费者就开始指责广告过多。2017 年，个人平均每天接触 4000 至 10000 条广告信息。[①] 过度饱和的信息反招致了消费者对品牌的反感。随着互联网和社交网络的兴起，新的消费者群体已经出现，他们耳聪目明，对品牌的知情程度极高。理性经济人（二十世纪五十年代发展起来的概念）正在消失，今天的“消费人”崇尚自主选择的自愿性消费。他们寻求一种团体的归属感，从自己积极参与的购买决策中找到自我认知，在自己喜欢的品牌中确认个人价值。这些品牌可能是 Frump，可能是 Lexus，也可能是 Christiano Ronaldo。相应地，公司亦知道如何按照相应的消费者群体的准则行事。互联网和物联网的兴旺促使消费者与各类品牌融为一体，同步发展。

品牌当下的目标是在平淡无奇的商品海洋中制造惊喜，不断与最不忠诚最易变的消费者建立联系，然后发展成持久的关系。公司一直在寻求非传统的线上和线下解决方案。品牌必须对消费者的情感表示关切，并减少在广告端的曝光率，这一点至关重要。公司通过真实的消费者初体验，使他们相信自己才是消费的主宰，如：根据自己选定的图片定制的 M&M 糖果盒，量身定制的耐克鞋，丝芙兰个人定制的专属化妆品。受杜森伯里效应的启发，此类技术为消费

---

① 引自《福布斯》(*Forbes*)(2017 年 8 月 25 日)

者创造了欢乐和优越感,也简化了线上线下获取潜在客户信息的过程。

1. 2001 年:追踪你生活的老大哥诞生记

线上营销的主要目标之一是说服消费者在网上购物。在这个商业消息无所不在的社会,网络营销专业人员面临的巨大挑战是,如何巧妙地传递信息。客涯网的操作就是一个经典案例。他们以折扣价格吸引你在其网站预订机票,在你留下数据后,计算机将记录你的偏好,随后对你进行跟踪服务,这一招非常管用。因为网络无处不在,出租车、星巴克、飞机上都可以联通上网。因此,快速提供客户想要的东西非常容易。为了更深入地了解这一点,我们开始研究信息是如何被收集的。

1) 线上收集数据的现状及未来

消费者或许可以逃离身边广告的海洋,但他们无法隐藏自己。公司有各种各样在线收集数据的方式,如在线购物追踪、社交媒体上的信息交换、即时消息传递应用软件、聊天机器人、电子邮件、照片和数字助手。无论消费者选择哪种技术,也无论他们身在何处,AI 都会记录其选择和偏好。在 2018 年的洛杉矶时装周上,客人们可以在照相亭拍照,只要提供一个电子邮件地址就能接收免费的数码照片。如果你出门在外需要使用 Wi-Fi,前往星巴克或唐恩都乐甜甜圈(Dunkin'Donuts)之类的特定地方,或者就在你住宿的酒店,就可以使用他们的免费服务,前提是必须提供电子邮件地址。另一个例子是会员卡:如果你想成为丝芙兰美妆会员(Sephora Beauty Insider),CVS 美妆俱乐部(CVS Extra Beauty Club)会员或 Ulta 美妆会员,无须购买任何商品即可获得会员资格——你所要做的就是留下电话号码、通信实际地址或电子邮箱。这类商品均使用隐形收集法来存储你的数据以供未来使用。AI 可以长时间接收个人信息,甚至可以检测到你步调或偏好上的任何细微变化,并迅速适应需求:"Vi 是具有机器学习功能的语音激活生物感应耳机,为跑步者提供动力和随身小贴士。当耳机检测到你当前的表现与之前的数据相比有所下降时,它会立即为你提供反馈和鼓励。"①

个性化消息是如何在因特网上向你传送的呢?消息的原始成分是信息。这些信息从何而来?来自我们自己,来自我们数十亿次的谷歌搜索和我们发布在脸书上的图片。整个网络中大量的图片和数据脉冲构成了深度学习的原材

① 引自《福布斯》(*Forbes*)(2018 年 2 月 27 日)

料且原材料无限量。数以十亿计的用户和访客给了数字巨头们压倒性的控制权。GAFA，Microsoft 和 BATX 的这种权力不均衡分配是所谓的梅特卡夫定律的结果。罗伯特·梅特卡夫（Robet Metcalfe）是以太网的发明者。他在2000 年初就确定了一个事实，即网络的影响（及其价值）随用户的增长呈指数增长。因此，每创建一个新的脸书账户，该社交网络的价值就会大大增加。

此类追踪在未来会继续加强。2019 年，有人曾预计马克·扎克伯格将会第一个推出心灵感应设备，此举将彻底改变劳动制度及教育系统。[1] 该设备允许人与人之间或人与计算机之间的信息传输。这个创造将彻底改变知识的传播方式与数据的收集方式，因为它现在在做的就是思想的收集。引入此类设备的明显优势是教学方法将得到改善，同时公司了解客户的手段也随之得到了加强。这场革命首先需要解决一些可行性和道德问题。学校不应成为神经操控的机构，此点至关重要。

2）数字营销的幽灵

自从因特网和社交媒体网络成为消费者生活中的重要一环，数字营销即成为操控的普遍方法。大量公司意识到，如果自己在网络上的形象是讨人喜欢且让人信任的，那么客户就会乐意在他们的网站上购买商品或打发时间。因此，这些公司引入了他们在网站设计中实施的机制，并确定了一些有利于吸引客户的传统做法。公司在网站设计时常常采用吸引眼球的字体、边距、比例和行高。公司知道你阅读大写字母的速度要比小写字母慢三倍，你的眼睛会更长时停留在粗体字符和带下划线的标题上。网站上的每一处细节目的都是抓取你的注意力：小写字母代替了大写字母；用缩略图显示一段 YouTube 视频的预告片；使用耸人听闻的标题。想想那些与事实相去甚远的标题党：有多少次读到一个惊人标题，打开视频却发现风马牛不相及？以法国总统萨科齐的那段著名视频为例，新闻标题说他在媒体前酩酊大醉，但真相是他极速飞奔，准时赶上了新闻发布会。

下面的屏幕截图说明了网络公司经常使用的另一种操控策略，此策略受到塔克霍坦恩（Tchakhotine）关于人的内在冲动论的启发：网站基于颜色心理学设置了所谓行为召唤（CTA）按钮，配以极有说服力的引导，试图激起潜在或现有消费者的快速行动。

---

① 引自《每日电讯报》（*The Telegraph*）（2017 年 4 月 19 日）

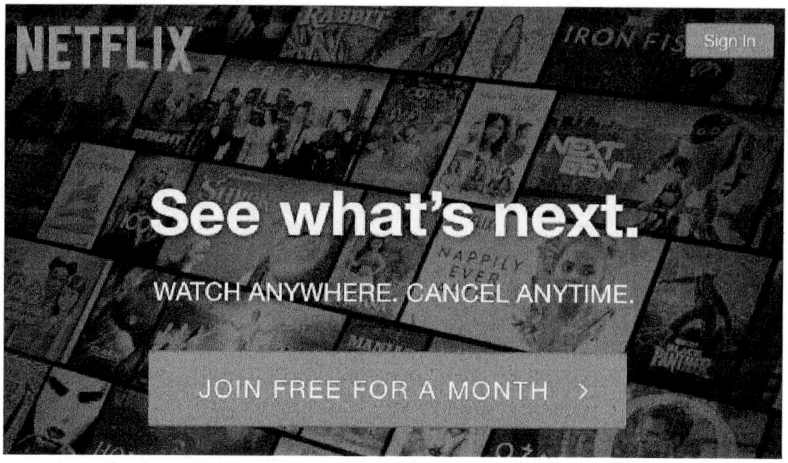

图3: 网飞网站上的行为召唤按钮示例

心理学家和行为营销人员已经注意到该策略对客户的购买决策会产生重大影响:由于颜色具有较强的影响力,谷歌等各类公司都使用特定颜色来吸引客户并推销产品。[①] 颜色的选择根据文化意义而定。

数字营销的其他技术还包括:推动客户做出购买决定以提高客户依从度。使用该技术的组织包括特雷略(Trello)、网飞(Netflix)及微软(Microsoft)这些提供在线服务的公司。当有新软件面世时,这些公司会提供免费试用期,既可打破僵局又可树立消费者信心。客户在试用期间可确定是否需要该款产品。此策略适用于公司网站和社交媒体营销网络,在这里广告商为消费者提供在线尝试新产品的机会。这也被称为"登门槛"销售术,本书结尾处将对其进行更深入的探讨。这种策略通过向客户提供产品试用,吸引客户对公司产品产生兴趣,唯一代价是需要收集个人信息。

公司在制定策略时会充分利用互联网的优势。此类策略之一就是"鼓动"[②]:即一种让人产生紧迫感和稀缺感的机制。实施起来非常简单:只给几分钟时间购买产品,在浏览器窗口的一角放置计时器进行倒数,充分利用消费者的游戏心理制造营销效果。营销人员知道,人脑在时间压力下的工作状态更好,压力会促成更快的购买行为:当你在阿联酋航空网站或涯客网上订票时,计时器会催促你必须在15分钟内完成预订,否则三张余票将售罄。易趣网

---

① 引自查菲和史密斯(Chaffey and Smith)(2013)

② 引自投资百科全书(Investopedia)网站(2018)。"鼓动"的基本概念是一种相对微妙的政策转变,即鼓励人们做出更符合自身广泛利益的决定。"鼓动"使个人更有可能做出特定的选择,或以特定的方式行事,因环境改变触发了自动认知过程,从而产出了期望的结果。

(eBay)正是受益于此策略的一家公司,它在各种品牌的新品发布中都会制造紧迫感和稀缺感。经过几次购买,AI能显示完成购买的一般用时,并做出相应调整。

由于获取最新版产品的高需求带来的压力,许多消费者已经形成了一种紧迫感。[①] 例如,无论是拥有最新《星球大战》电影的迪斯尼公司,还是最新iPhone的苹果,公司都会频繁宣布其服务或产品发布的日期;他们会指定一个全球同步发行的时间,确保发行时能售出大量产品。在这段时间内,公司就会不断地刺激消费者在脱销之前买到货物。

如今,在线广告和病毒式广告无处不在,并对产品的成功销售起着重要作用。通过数字营销和口碑营销,公司有充足机会制定策略收集消费者数据。从"冰桶挑战"到三星Note7系列的"口碑噩梦",病毒式宣传有助于收集图片、视频、评论等信息。2019年初,各式各样的挑战纷纷出炉,从Instagram的"2018年九强照",到电影《蒙上你的眼》(*Bird Box*)引发的"蒙眼挑战",再到"10年挑战照",脸书和Instagram充斥着此类社交资源信息。2009年以来,成千上万人(包括名人)持续发布自己的对比照片。[②] 这些挑战或许很有趣,但这类照片会被用来牟利,而你可能在毫不知情的情况下把珍贵信息交了出去。

再以风行一时的应用程序FaceApp为例,它帮助用户修正或完全改变其相貌。用户下载该应用程序时,会授予其获取自身IP地址、照片、广告标识符和其他元数据的权限。[③] 科技公司经常使用消费者面部照片训练其面部识别的算法,该算法需要获取大量数据来提高它的相关性。

数据对于数字营销和弱AI至关重要,因为它会影响到业务决策和创新。拥有的数据越多,越容易预测用户的行为并在将来对其进行操控。如果公司要求人们放弃他们的个人数据和隐私,势必引起抵制,因此公司必须提出不同的策略来说服人们放弃自己的数据。最好的方法是说服人们以自愿泄露的方式来构建数据库。例如,用户可以自由发布带有标签的帖子。凯特·奥尼尔(Kate O'Neil)等专家指出[④],标签和帖子能生成可搜索到的、整齐打包的信息,这些信息可以用作人工智能和面部识别算法的训练数据。

3) 打感情牌,促使消费者留下数据

我们生活在一个感性的世界中,对理性的压抑正变得越来越明显,本书稍

① 引自罗伊尔和莱恩(Royle and Laing)(2014)

② 引自NBC新闻(NBC News)(2019年1月19日)

③ 引自《费加罗报》(*Le Figaro*)(2019年7月17日)

④ 引自《连线》(*Wired*)(2019年1月15日)

后部分将对此问题进行探讨。公司必须与消费者同步适应感性倾向,并在线上体验中实践这一点。例如,品牌如果展示婴儿的视频,消费者观看时就会有柔情体验。此类技术常被广告商采用(即使出售的产品与婴儿无关),因为它能传递情感(从神经心理学角度而言,感性总比理性更具影响力)。观看视频后,你常会收到一个游戏链接(仍然有婴儿在场),点开链接,你或许会赢得奖品,或许会购买一个商品。只要玩了游戏,你就毫不知情地给了公司收集你数据的机会,你做的只是输入个人信息并登录公司网站而已。

维维安·马勒(Viviane Mahler)强调了这一现象。她将"情感统治"归于21 世纪的营销将购买的重心放在品牌的影响力及与消费者的关系上。广告业诞生了新信条:"走心不走脑。"[①]公司利用消费者的情感制造口碑声誉,通过"情感的社会共享"现象建立情感联系。社会关系的核心部分中有 10%的情感体验是私密的,绝不会与任何人共享。[②]

参与过某项活动的人,其体验会产生强烈的情感。他们不仅乐于和小伙伴们一起交流讨论,也乐于将其分享到社交网络,由此产生的网络数据就会被分析。如果你喜欢烹饪,你可以一直将自己的美食图上传到 Instagram,如果哪天厌倦了,营销会来帮忙。林林总总的病毒式营销活动与正确的算法不仅能传播产品和服务,或者食品、烹饪和菜肴等信息,更能减缓消费者的分享疲劳。

因此,品牌很容易脱颖而出,在消费者心目中建立起独特定位。品牌必须强化产品的功能特性,并激发某种能吸引消费者注意力的情感——一种与品牌建立有效关系的情感。至关重要的是,品牌所传递的信息必须触发消费者的想象力,将其带入真实或虚构的深层记忆,使之区别于消费者每天接触的其他事物。[③]

线上品牌具备某种人格,可以帮助公司与消费者建立起情感关系。这就是"拟人化"。例如,可口可乐瓶子模仿的是女性的身形[④];汽车经常被类比为人,聊天机器人一般都有个名字[⑤],或者,公司使用真实可辨认的人来提供服务,他或她可能是爱丽丝或可瑞斯。这些情感的构建都是为了柔化你。这样,当公司要求你留下数据时,你的戒备心就会减弱。迪奥(Dior)使用的 AI 工具"迪奥内线"(Dior Insider)(可与你互动并记录与你的书面对话的机器学习程序)为品

---

① 引自马勒(Mahler)(2007)

② 引自多贝尔等(Dobele et al.)(2007)

③ 同上例注释。

④ 引自波勒(Bohler)(2006)

⑤ 例如,艾玛(Emma)是 USCIS(美国公民和移民服务局)聊天机器人的名称。在美国移民局网站上,艾玛收集、分析数据,并回答用户有关其移民事务的问题。

牌粉丝提供个性化消息服务,机器人会使用表情符号和动图,创建友好的用户体验。Dior 的解决方案为每位注册用户创造个性化和情感化的体验。这种体验式营销是非常有效的途径,通过个性化互动为广大受众提供了正面的品牌体验。它也是品牌在线商务的补充,通过播放促销产品的幻灯片并提供在线促销网址链接,在线下门店提供的个性化体验与在线体验间架起了一座桥梁。你每次与聊天机器人互动时,使用的词句都会被进行主题、句法或词汇分类方面的分析排列。该排列结果将被 Dior 用于个性化广告制作,随后发送给你。在程序化营销中,AI 决定你所看到的广告;利用推荐算法为你提供量身定制的奢华内容;借助语音转文字技术,它还会在你观看 Dior 视频时生成相应字幕。

2. 实体数据操控:从真实世界收集数据

一种普遍观点是:人工智能操控就是与手机、iPad 或笔记本电脑进行互动。势必面对的挑战是数据的获取。我们从各个设备处收集、分类并利用数据,手机绝不是仅有来源。全世界大城市的蓬勃发展以及 5G 的不断壮大为街头数据的收集提供了福音。但真正的挑战在于,在不损害受众隐私的情况下了解他们;既能给予他们相应指导,又不让其成为盲从之羊;既能提供品质体验,又能顾及安全性、透明度及道德伦理。

本节将说明的是,无论将来你互动的对象是什么,私人数据都可从公共领域(例如城市街道)得到,并用于了解你未来的购买意图。公共领域的信息收集始终面临挑战,因其有侵犯个人数据隐私的嫌疑。相关法律问题将会出现,尤其棘手的是数据提供者不对其收集的数据承担责任(数据收集何时开始,何时结束)。目前已有法律规定,收集个人数据时需征得个人的明确同意。公共场所有无数个摄像头不断对你进行记录。在此之前,从来没有任何一项技术能够如此迅速地植入人们的日常生活。AI 在很短时间内就占领了我们的屏幕,传媒一如既往地处于革命的最前沿。未来,我们不仅会拥有智能手机,还会拥有其他智能设备和平台,如智能家居、智能工厂甚至智能城市。即使亚马逊的阿力克沙(Alexa)尚未在你的客厅中找到一席之地,AI 也已经无处不在。

为了理解这种忧虑,让我们以知名的未来智能冰箱为例。这台冰箱配备了摄像头,可监控内存食物并检测储备量的减少。冰箱与银行卡和电子商务站点相连,能在牛奶瓶快空时自动订购牛奶。它将对你的历史购买数据进行分析,并与其他客户的数据进行比对。它知道你喜欢哪种类型的牛奶,你甚至无须选择品牌。当然读到这里,你也发现自己可能陷入了偏好茧房,甚至无法破茧选择食物。这样的冰箱目前仍未面世,但相信很快就会在市场上出售。三星的智能冰箱已经可以监控食物,维萨信用卡(Visa)很确定未来的冰箱都能连接到你的亚马逊助手 Alexa 和你的信用卡,会自动订购食物。Alexa 已经无须你告知品牌就可以订购产品。如果你订购牛奶,Alexa 的算法将根据你的偏好选择牛奶。因此,虽然现阶段你还必须确认这一选择,亚马逊事实上已经能够从数百个品牌中独立选择一瓶牛奶。广告将不再具有实用性:算法足以为你提供建议。一类新型广告可能会出现,不是基于情感,而是基于直接订单。[①]

在家以外的地方,越来越多的城市、街道和公共场所变成了所谓数据控制的社会。新加坡早前制定了一个预防恐怖主义、促进社会发展的计划。但该计划现已成为一个系统,不仅影响了经济和移民政策,甚至参与房地产市场管理和学校课程制定。[②]

从智能手机逐步拓展到智能家居、智能城市和智能工厂,品牌将利用设备和消费者之间的即时数据共享,生产更多相关产品,融入消费者的日常生活。通过创建新的连接设备,公司可以接触到每个消费者的库存,当供应不足时,公司会在消费者还未意识到之前就将产品送货到家。

线下数据收集有助于公司为每位消费者建立个人资料文档,而街道设备之间的智能连接(如智能自行车、手机、智能垃圾箱)使公司可以预见他们的需求。

游戏"精灵宝可梦"(*Pokemon Go*)提供了一个绝佳的例子。这个世界既非物理亦非数字,而是数字实体的整合。该游戏在公共街道上大获成功表明,消费者日常生活中的互动正朝着线上线下相融合的方向发展。[③] 基于功能性或目的性或两者兼具的即时联网实践,新的互动形式已经出现(人沿着街道走,一路捕捉这里那里或冒出或消失的口袋妖怪)。通过聚集、参与、共享、创造某种有意义的事物,我们似乎从德国哲学观念中捕捉到了当前的文化时代精神,即某种无形的力量支配着每一个纪元或每一个时代。

此外,谁又能想到,当你在大街上玩口袋妖怪游戏时也会留下宝贵的个人信息?第一次来自普通用户注册游戏时,第二次是他们的地理位置,第三次发生在和社交网络互动时——所有这些信息与大数据相似,信息收集最多的公司将是未来的行业领导者。

的确,如果公司可以在任何地方(包括街道上)收集信息,他们就可以准确掌握客户的想法。考虑到这一点,出其不意型营销手法以及在非常规地点收集

---

① 引自《人工智能说》(*Artificiel*)(2017 年 9 月 26 日)

② 引自《科学美国人——政策与伦理》(*Scientific American—Policy and Ethics*)(2017 年 2 月 25 日)

③ 引自李(Lee)(2018)

数据这样的操作越来越多。游击营销和街头营销是全球广告商使用的替代性户外(OOH)平台,通过利用城市环境中的非常规事件或意外空间来突破传统模式。例如,纽约人震惊于丰田 Rav4 登上了时代广场纪念性建筑的广告牌,围观者们争先恐后地在自己的社交网络上分享此图片。

户外和街道营销的点子非常简单:在大街上或其他线下场所(公园、海滩、地铁或虚拟世界)扔给顾客一个疯狂的广告,然后收集数据。大量信息经分析后可以更好地解读人类行为,然后公司可以投放更有针对性的广告让消费者大吃一惊。伦敦人很喜欢温馨的"宜家厨房",他们可以在主厨的指导下为家人或朋友准备晚餐,但前提是必须提交个人数据才能参加此项活动。

过去十年中,全球范围内,非传统的户外广告已成为所有媒体类型中增长最快的广告类型之一,目前占全球广告和媒体投资的近 20%。[①] 为什么?因为公司需要了解你的所有信息,无论你身在何处,无论你在做什么。参加美国西南航空(SXSW)艺术节的人可免费乘坐配有皇冠花梗宝座的往返大巴车(用于宣传《权力的游戏》第三季),但乘车的前提是交出自己的个人数据。

户外和街头游击营销活动的成功,说明营销部门有可能一直在监视你,尤其当你出门在外,不觉得自己会成为研究对象时,监视更易发生。53%的人并不知道自己的数据是如何被人利用的。[②]

游击营销、病毒式营销、伏击营销、体验式广告、人行道广告、街道广告、公交广告、特技营销、创意媒体广告、街道营销™和环境传播,这些林林总总的术语基本可以互换,但实质目标一致:以出乎意料的方式换取你的个人数据收集。哥伦比亚的通勤者在公交站等车时,可在锐步(Reebok)的独家健身房锻炼——注册时只需要填写个人数据即可。[③] 鉴于消费者对广告及数据收集的憎恶越来越强,以下这些替代性的营销策略开始成为常用手段,主要分为四个类别:(1)病毒性营销(已在本书中看到),其实是收集更多个人信息的借口,借助社交媒体传播、部分营销信息以指数级增长的速度传播[④];(2)伏击营销:此类营销中,活动的非赞助商希冀以搭便车的方式获得与实际赞助商相似的利益及商业联系[⑤];(3)隐性营销:说服特定消费者成为商业信息的载体,借助其口头传播创造正面的商业口碑,其商业性质则被掩盖[⑥];(4)环境交流,将广告放置在非常

---

① 引自 PQ 媒体(PQMedia)(2014,2017)

② 引自《福布斯》(*Forbes*)(2017 年 7 月 18 日)

③ 引自鲁和索绪特(Roux and Saucet)(2019)

④ 引自卡普兰和亨莱因(Kaplan and Haenlein)(2011)

⑤ 引自伯顿和查德威克(Burton and Chadwick)(2009)

⑥ 引自 A. 开尔卡蒂和 J. 开尔卡蒂(Kaikati A. and Kaikati J.)(2004)

规的位置,如街道等。[①]

这四类营销传播必须具有创新性和创造性,否则消费者不会愿意交出个人数据。户外广告和街头(游击队)营销在视觉上影响力很大,针对某地理位置的特定市场,因人流大,费用相对而言性价比高。另外,拜选择的多样性及创造的灵活性所赐,此类广告能够迅速提高品牌知名度。特定地理位置的城市环境也为营销提供了多种非传统渠道,如电梯、出租车、洗手间、活动现场、特技甚至人体。通过这些渠道投放广告的效果不仅比大型广告牌或建筑物更好,广告代理商还能顺便收集更多路人的数据:如今很多人会把身体的一部分出租给品牌,打上可扫描的二维码。

所有操作都只为不断获取统计内容和个人信息。2020 年的世界与数据分析(对数据进行转换、清洗、检查和建模)息息相关。大街上的数据已够多,拥有的技术也够先进(动画师都有 iPad;大街上安装的摄像头日益增多;路人的手机随时可连上 5G),分析数据并提取模型已是小菜一碟。

我们来看看公司在大街上提供一次真实体验之后,如何轻而易举地收集到你的私人网上信息。维珍航空(Virgin Atlantic)将纽约的一张普通公园长椅变成了头等舱座位。只要往那一坐,就有人给你端上食物。当你使用操控台点播电影时,活生生的演员会出现在你眼前。

首先,当用户注册参与体验时,数据收集就已开启,此时得到的数据包括报名和参与的人数、代金券/优惠券的发放数以及收集到的姓名数量。为了在线催生流量,维珍航空通过其网站和社交媒体收集数据。然后,他们通过富有创意且吸引人的街头游击营销活动,树立起品牌知名度,未来就可以轻松与客户和潜在客户共享、交流并互动。

其次,用媒体对维珍航空营销活动的报道数来衡量关键绩效指标(KPI),如博客、媒体、杂志等。媒体的渲染也使得维珍的营销故事以口耳相传和病毒式传播的方式流传得更广。

第三,社交媒体平台上共享的高品质内容和现场活动视频让品牌知名度进一步传播。这有助于提高大众参与度并广泛传播信息。社交媒体上的反馈都将被统计,包括观看数、分享数、转发数和点赞数等。这些反馈将影响者的数量最大化,从而促进了品牌和受众之间的双向交流。品牌听取了受众对当前趋势的反馈,同时也创造了市场口碑。在这一步,数据将再次被收集并整理,产品日

① 引自甘贝蒂(Gambetti)(2010)

益个性化。AI 将竭尽全力分析消费者提供给航空公司的数据，从而使品牌全面了解消费者的反应。维珍团队一旦了解了有关消费者的所有信息，他们就可以预测消费者的需求并向他们出售个性化的产品。

第四，在票上设置标有特价的行为召唤按钮。如果公司或代理商未能在消费者冲动率很高时吸引其购买航空公司的服务，那么口碑营销和病毒营销的所有努力都将徒劳无功。

我们可以看到，三种给人启发的有关如何从街头人群获取信息的方案已然成形。

首先，多种多样的形式（如街头活动、传单分发、路演或产品活动），临时场所布置（如产品摊位、快闪店、咖啡馆、舞台、路演和派对巴士），真人投入（如演艺人员、演员、音乐家和街头艺人）为客户提供感官体验，让客户探索并与实际产品互动等。以加利福尼亚辣酱节为例，某供应商“火球威士忌”（Fireball Whiskey）专设了一个照相亭供参会者使用。你只需提供电子邮箱或电话号码，公司就会向你发送所拍摄的照片供你在社交媒体上共享。

其次，街头表演或改装城市设施，也就是将城市街道的固定设施（例如长凳、路灯、电梯、公共电话亭、人行横道、路坑、公交候车亭、雕像和喷泉）进行功能或外观的转换，让产品的属性形象化且戏剧化，而商业目的却不直接显露。例如在连续剧《嗜血判官》（*Dexter*）开播前，几个特定城市的公共喷泉喷出染红的水模仿血液，推广这部充满血腥的电视剧。每个喷泉上都装有犯罪现场录像带，一个穿着白大褂的工作人员在现场与惊讶的观众们互动。这个宣传活动超越了依靠电视来推广电视连续剧的传统策略，加入了大量街头游击营销技巧，引起了观众的强烈兴趣。他们还在圣地亚哥动漫大会上投放印有男主儿子头像的围兜和布包，将出租车站打上艺术马赛克，其内容为显微镜下 4500 个血液样本组成的男主形象。口碑效应使技术工作者不仅可以评估病毒式营销手段的影响力，还可以评估受众间的互动、评论时使用的词语，一如谷歌在特拉法加广场设置的吟诗狮子一样，参与者心甘情愿地吐露了所有数据。

最后，城市投影或数字动画等先进技术为消费者提供了品牌体验的可能性。品牌采用的新技术包括增强现实（AR）和自适应环境/数字/手机应用等（例如 NFC Reader 读写程序，二维码）。谷歌在悉尼、墨尔本和布里斯班机场的广告标牌上使用 NFC 和二维码，推广 Google Play 商店（数字化应用发布平台——编者注）。旅客可以使用机场的免费 Wi-Fi 与广告内容进行互动，然后将书籍、电影、音乐和应用程序直接下载到手机上,这大大简化了公司的数据收集工作。抖音海外版(TikTok)和微信(WeChat)等增强现实和社交媒体的应用程序还为经过某一城市设施的人群建立互动,从而创造独特的品牌体验。在可口可乐的“小世界”广告活动中,该公司创建了一组可以相互通信的3D触摸屏自动售货机。通过同时拍摄和直播视频,陌生人能够通过分别位于印度南德里和巴基斯坦卡拉奇的两块数字屏幕互相交谈。来自两国的人几乎可以虚拟“触摸”彼此,并完成一项共同任务,如一起绘制和平标志或笑脸,最后赢得一罐可乐来庆祝他们的成功。除了参与视频之外,毫无疑问,用户还必须按规定使用个人信息注册。

下一部分，你将看到

AI 不仅是操控大众的营销应用程序。

它属于比市场大得多的东西，属于资本主义的发展，并在更大的工业革命过程中运作。

我们将看到，随着无人机、机器人和虚拟现实的应用，向 AI 迈进已成不可抗拒的历史潮流，将成为我们生活中不可或缺的部分。

如果不先了解 AI 运作的流程，就无法理解 AI 的未来。人们将有两种选择：被动承受，任由 GAFA 暗中收集数据；或者，接受这个新神话的到来，由它主宰消费者的抉择。

第二部分：人工智能——产业操控的一部分

"真正的革命，缓慢且从不血腥。"——尚·阿诺依(Jean Anouilh)

在人与机器的战斗中，配置了人工智能的机器会输吗？人工智能的思维操控速度会多快？欲定位 AI，请考虑以下几个数量级(速度)[①]：

速度(km/h)	实例
4.68×10^{-9}	月球相对于地球的平均反冲速度
1×10^{-8}	大陆漂移的典型相对速度
0.00468	蜗牛的速度(即每小时 4.68 米)
6.4	游泳速度(800m 世界纪录)
9～12	人的正常跑步速度
37	尤塞恩·博尔特(牙买加短跑名将)100m 世界纪录的平均速度
55	骏马的平均速度
110	旗鱼的速度(世界上最快的鱼)
320	游隼(世界上俯冲最快的鸟)的俯冲入水速度
434	布加迪威龙 SS 的最高速度，2011 年世界上最快的量产车
468	龙卷风的风速
1,225	0℃海平面的声速
1,670	地球在赤道处的自转速度
3,510	M16 的子弹出膛速度
39,895	"阿波罗 10 号"的速度，载人交通工具的最高速度记录

① 引自维基百科(Wikipedia)(2019)：数量级排序

（续表）

速度(km/h)	实例
107,280	地球绕太阳公转的速度
100,000,000	阴极射线管电子的典型速度
720,000,000	电缆信号的速度

和电缆信号一样，AI能高速运行，并且可以应用到从汽车到金融机构等诸多行业中。早期AI仅限于某些行业，但现在已变得越来越主流。它已逐步融入我们的日常生活，属于构成工业革命的过程类别。

目前，AI尚未具备自我意识，但公司可用它感知人类行为，从而预测你的需求，甚至可以在交友软件Tinder上为你自动搜寻约会对象。Tinder总裁肖恩·拉德(Sean Rad)最近表示，该公司希望软件能够检测到用户何时在寻找活动，然后触发提示，内容可能是："你所在的街道上有一个女孩可能对你感兴趣。你应该也会喜欢她。她明晚有空。你们俩都喜欢的一支乐队明晚有演出：你要买票吗？"

在本章中，我们将看到，AI属于一种我们称之为工业革命的东西——我们远比它渺小得多。

一、人工智能影响大众：更大规模

在本章，我们研究AI和用于收集数据的各种机制（例如3D打印，机器人和无人机以及虚拟现实）如何构成了第四次工业革命的一部分。从某种程度上看，收集数据的想法始终是件好事。

1. 第四次工业革命的起源

随着AI创新步伐的加快，创新的生命周期也会更快（据报道，Netflix在其移动应用程序上测试了可变播放速度，观众能以更快或更慢的速度观看自己喜欢的电影和电视节目）；工业革命用时将缩短。AI具备了以往工业革命的表征，也属于工业革命的类别。第四次工业革命与以往其他工业革命的相似特征如下：

——拉长的成长期；

——新能源（步骤 1）；
——新的通信方式（实体的和虚拟的；步骤 2）；
——生活方式的根本改变（步骤 3）。

前两次工业革命用时 100 年，但现在一切变得更快了：生命周期、通讯、15 分钟的造势宣传和产品发布。在 2000 年，笔记本电脑的生命周期约为 18 个月。而今天，新的 LG 平板电脑的生命周期只有六到八周。为什么？因为推出差异化的产品变得越来越重要，且创新正在不断提速。此外，技术已然集成到了产品之中。例如，你购买的新 iPhone 在购后六周就会收到软件更新通知。产品不再一成不变——即使你没打算为更新付款，你还是接受了最新的产品。

1）第一次及第二次工业革命

费里用简洁的语言对前两次工业革命进行了总结①：第一次始于詹姆斯·瓦特。他于 1769 年发明了蒸汽机（步骤 1：新能源介质）。该发明带来了印刷书籍的繁荣（巨型印刷机的使用），促进了书籍和出版的发展（步骤 2：新的通信方式）。若没有经济实用的出版物及低廉的书籍成本，就不会有民主和国民教育。借由这些发明，大众受到了更好的教育，得以从农场迁移到城市，随之而来的是大城市的发展，而后又有城市化的蔚然成风。再后来发展出具有垂直管理体制的大公司，也最终导致了工人大罢工（步骤 3：新的社会组织）。

第二次工业革命始于爱迪生。1880 年，他发明了电极，并使巴黎、伦敦和纽约的灯泡通上了电（步骤 1：一种新的能源）。10 年后，戴姆勒发明了新的发动机：内燃机（步骤 2：新的通信方式）。这些发明催生了现代火车（能通电，且比蒸汽火车快）、电话（新通信方式）、汽车和飞机，所有这些最终使大公司得以全球化（步骤 3：改变生活方式）。

2）第三次及第四次工业革命

时间快速发展到二十世纪八十年代，这是微芯片发明后的 20 年，个人计算机已出现，九十年代万维网问世。伴随着所有这些创新，第三次工业革命到来了。这一次持续了 30 年。如今，人们可以在线预订机票而不必去旅行社，可在世界任何地方使用 Skype 电话，在社交网络上发布自己的生活图景，在 Netflix 上观看电影而不用租借 DVD，可以在线订购产品并由亚马逊送货到家而无须

① 引自费里（Ferry）（2018）

去往沃尔玛购物，可以使用比特币而不是美元——类似清单还可以列上很多。新能源不是电力或蒸汽，而是通过庞大社交网络传递的信息脉冲(步骤 1)。云端的手机和数据(第 2 步)已经改变了我们的生活方式。[①] 所有人一觉睡醒，都会去检查新的电子邮件、快照或消息(第 3 步)。大脑已经成为获取碎片信息和虚假新闻的海绵。第三次工业革命宣告了完美而公平竞争的胜利，这是经济学家在 19 世纪提出的理论概念，如今已在数字时代得以实现。

里夫金(Rifkin)认为共享经济将我们带入了第三次工业革命的更深层次[②]，但我相信，就像克劳斯·施瓦布(Klaus Schwab)所说的那样[③]，我们正处于第四次工业革命的曙光之中。这次革命更为迅速：AI 算法可以即时复制。这一次的新能源与以往有所不同：它是一个智能问题，部分取决于数据的能源(步骤 1)。

第四次工业革命的特点是 NBIC[纳米技术、生物技术、信息学(大数据)、认知主义(AI)]的兴起，3D 打印的迅速普及，先进的干细胞应用以及机器人、无人机和自动导航车的发展(印度有一家公司专门研究水下船只清理的无人机潜艇，公司正在收集数据，现已在鹿特丹港独立运营)。

虚拟现实、电视会议、全息图和心灵感应将成为新的交流方式(步骤 2)，所有传统工作都处于变革的边缘(步骤 3)。例如，银行家将可能变成比特币银行家，并在新型银行中工作，教授在人工智能助手的帮助下，教学量大为减少，法律文员将不再为律师服务，部分医生或优步(Uber)司机将消失。第四次工业革命也将与合作型经济联系在一起。

我们可以看到，在第四次工业革命中，两项创新会改变世界。以下内容将介绍利用新技术收集个人和团体数据的新方法。我们可能会认为，无人机、无人驾驶汽车、3D 打印、虚拟现实以及点对点商务的发明都是为了帮助我们提高生活质量，但这只能说是部分正确的。我们将看到，这些创新的目的也是为了收集数据。

---

① 云计算：科技处于你的设备之外，放在云端。

② 引自里夫金(Rifkin)(2011)

③ 引自施瓦布(Schwab)(2016)：有三个原因使当今的转型不仅代表第三次工业革命的延续，而且代表了第四次革命的到来：速度、范围和系统影响。当前突破的速度没有历史先例。与以前的工业革命相比，第四次革命的发展速度是指数级的，而不是线性的。而且，它正在扰乱所有国家的几乎所有行业。这些变化的广度和深度预示着整个生产、管理和治理系统的变革。

2. 当今世界的第四次工业革命

1）无人机与机器人将改变我们的生活

中国在线零售巨头阿里巴巴(Alibaba)的酒店概念令人难以置信。工作人员完全由机器人组成，其中有些机器使用了面部识别功能。此外，这里用不到现金支付。这是一家无现金、无员工的酒店，所有设施完全自动化——这是阿里巴巴打算与飞猪(FlyZoo)合作开发的酒店模式。该酒店位于浙江杭州市，代表着酒店行业的未来。外国访客必须进行身份注册。中国人只需走过电子终端设备或使用 FlyZoo 应用程序即可。使用面部识别工具打开房门后，天猫精灵虚拟助手将为你提供服务。[①]

军事环境中的机器人和无人机可用于无法由人值守或人员投入风险过高的情形。军用无人机可为部队全年提供不间断的 24 小时可视访问，单次可在空中停留数小时，巡视各个区域，并实时将活动图像回传地面。除了军事用途外，亚马逊还扩展了无人机送货的服务范围。由于该方式相对较新，零售商、运营商和监管机构仍在研究中，以确保无人机安全送货。零售商们也在考虑送货的同时兼顾数据的收集。亚马逊拥有一项专利技术——无人机可以扫描并收集飞行路线中房屋的数据。这项技术潜在的使用可能性还包括通知客户房屋屋顶受损或为客户建议园艺服务，帮客户料理院子里看起来不太健康的树木等。他们的专利表明，文本、电子邮件和现场通知是将此类发现传达给客户的最佳方式。

除送货外，无人机还可用来遛狗。Drones Direct 是一家总部位于英国的公司，销售名为遛狗无人机(Proflight Walkies Dog Drones)的产品。该产品具有内置的伸缩式牵引带和免操作飞行功能，可以沿着你选择的导航路线遛狗 30 分钟。[②] 该无人机还带有摄像头，主人可通过智能手机监视他们的宠物。

最后，无人机类别中出现了自动驾驶汽车。软银集团(SoftBank)的首席执行官孙正义从谷歌收购了机器人公司——波士顿动力公司(Boston Dynamics)。他预测，世界上最聪明的人的智商是 240，而机器人、自动驾驶汽车和无人机在 20 年内的智商将达到 10 000。[③] 自动驾驶汽车的挑战是巨大的。鹿特丹港口目前已不再有卡车司机。未来 10 年内，美国将有 100 万驾驶员岗

---

① 引自《商业内幕》(*Business Insider*)(2019 年 10 月 21 日)

② 引自《今日美国》(*USA Today*)(2019 年 12 月 17 日)

③ 引自 Make It 网站(2017 年 10 月 25 日)

位因电子司机的兴起而就此消失。同时，百度在2019年于中国长沙推出了100辆搭载百度V2x(Vehicle to everything)技术的无人出租车。[①] 所有自动驾驶汽车的最高成就是车内的信息收集：你从驾驶中解放出来后，可以去互联网上看节目、阅读、甚至工作。有些公司给优步下单，只为让高管们在早晨和一天结束时可以额外工作8至30分钟。

2）AI赋能的3D打印

想象一下，只要按一下按钮，就可以创建任何你想要的东西——房屋、时装、甚至飞机。3D打印或增材制造处于第四次工业革命制造业的最前沿。3D打印可用于任何事物，包括医疗设备、时装、建筑、食品、机械、航空、化学工业、教育等。[②] 传统上，制成品是通过原材料转换来创建的，而3D打印则是逐层构建产品。简而言之，该过程是：将数字文件中的数据发送到打印机，进行打印，清除构建单元，然后重复进行[③]，从而可以使用数字文件创建和复制三维实体。第一步，使用计算机辅助设计(CAD)文件对对象进行虚拟设计。用户可以使用计算机程序从头开始创建CAD文件，也可以将现有的三维对象扫描到应用程序中。将CAD文件放在计算机上后，用户将其加载到3D打印软件中并设置规格。然后将对象以电子方式渲染为数千个2D层。用户将修改后的电子文件上传到3D打印机，由3D打印机解读这些2D层并逐层依次打印对象。各种材料都可以用于3D打印，例如聚合物、树脂、贵金属、生物可吸收材料和纳米材料，并且随着3D打印的成本日益降低，该技术及其附带材料将在公众中得到更加广泛的传播。

尽管3D打印具有革命性和创新性，但它不是主流，因为存在诸如时间消耗、实时控制不足和潜在的安全隐患之类的限制，而AI可以给出解决方案。[④] 目前，AI被广泛应用于3D打印，以支持智能、高效、高质量、大规模定制和以服务为导向的生产过程。想达到可接受的打印精度水平，必须监控多个复杂变量。一直以来，想寻找有效方法保持晶格格位或设计适当支撑结构的尝试都徒以失败告终，而机器学习在预制阶段就可以生成设计并进行测试，解决了此类问题，不仅提高了打印效率也能节省成本。研究表明，在未来几年内，AI可以

① 引自《中国日报》(*China Daily*)(2019年1月12—13日)

② 引自《国家地理》(*National Geographic*)(2018年3月)

③ 更多细节请参考捷普(Jabil)公司网站(2017年11月16日)

④ 引自思略特(Strategy)网站(2017年1月30日)

提供实时的构建控制和预测性维护。[①]

在时装设计领域，3D 打印比传统方法更具优势。时装设计师能把挑战性的设计概念变为现实，从而拓展设计领域。设计人员不需要特定模具就可实现复杂的几何形状和结构。此外，3D 打印可以针对各种身形进行个性化定制。2015 年，巴黎时装周的香奈尔专场活动中，卡尔·拉格斐(Karl Lagerfeld)展示了香奈儿的“经典之作”——香奈尔套装一的 3D 打印版。[②] 3D 打印也为打破漫威纪录的热卖大片《黑豹》(*Black Panther*)服务，其独特而复杂的非裔未来派服装设计即由 3D 打印完成。[③]

3D 打印机的兴起给各个领域带来了挑战。对于奢侈品行业尤其是时装行业而言，一些专家已预见到，未来的某一天，公众可在店内或家里打印出定制的服装。[④] 接下来的五年中，3D 打印将主导零配件业务，通过机器学习预测性维护实现。[⑤] 预测性维护模型能准确预测特定零件或设备的剩余寿命。在预定的更换时间到来之际，机器学习会根据数据主动识别性能状况。[⑥] 采用该技术的制造商将预知零件何时会有故障，3D 打印在故障发生之前会主动打印替换零件并送货上门，从而大大减少备件成本和交付时间，提高客户满意度。

企业通过大规模定制获得为客户提供独特体验的良机。但最重要的是，企业将拥有一个特权平台来收集有价值的消费者数据。[⑦] 公司使用 3D 打印时，也能访问未破解过的新信息库。这些信息让公司能实时跟踪趋势与消费者喜好，从而增强营销力度。

3）虚拟现实收集个人信息

虚拟现实(VR)为消费者提供身临其境的体验，同时让公司可以记录消费者的参与度。它呼应了我们在书中前面章节提到的超现实的概念：公司重建了接近现实的环境(如拉斯维加斯的巴黎酒店，那里有一座模拟的埃菲尔铁塔)。虚拟现实是一个三维界面，用户在其间可以通过视觉、声音、触摸和气味的感官

---

① 引自科技兴起 Tech Emergence 网站(2018 年 5 月 29 日)：3D 打印机的优势包括定制订单和更高效的制造流程；但也存在复制品以更便宜的价格被大规模制造的风险。引自全球奢侈品法律联盟 The Luxury Law Alliance 网站(2017 年 5 月 2 日)。

② 引自 WhichPLM 网站(2018 年 3 月 20 日)

③ 引自 3Dprint.com(2018 年 3 月 21 日)；引自《纽约时报》(*New York Times*)(2018 年 2 月 23 日)

④ 引自 NBC 新闻(NBC News)(2018 年 2 月 20 日)

⑤ 引自科技兴起 Tech Emergence 网站(2018 年 5 月 29 日)

⑥ 引自 engineering.com(2017 年 11 月 7 日)

⑦ 引自雕塑(Sculpteo)公司网站(2017 年 1 月 11 日)；引自捷普(Jabil)公司网站(2017 年 11 月 16 日)

体验与空间和物体进行交互，就像虚拟世界是“真实的”一样。[①] 用户的所有感官和反应都会生成数据，这些数据将由计算机即时收集。[②] 虚拟现实通过模拟深度的立体显示器，欺骗大脑，让它以为自己处于三维世界。[③] 你可能会在 VR 的虚拟空间中觉得受到伤害。如果有人操控你去相信某些东西，它将产生持久的共鸣。

虚拟现实进入主流媒体时，大多数开发人员和制作人员将注意力集中在视频游戏上。[④] 虚拟现实可以让用户体验到现实中不安全甚至无法体验的事情，此举将永远改变视频游戏。[⑤] 具体地说，虚拟现实让用户觉得自己就像身在游戏之中。[⑥] 许多虚拟现实的批评者据此认定其只是一个游戏平台。但是，对于 2014 年收购了 VR 开发公司 Oculus[⑦] 的脸书首席执行官马克·扎克伯格来说，虚拟现实的潜力远远超出了视频游戏。它不仅将改变游戏行业，而且很快还将改变诸如教育、医疗保健：培训[⑧]、娱乐[⑨]、电子商务[⑩]、体育[⑪]和法律[⑫]之类的行业和服务。

借助 VR，数据收集将变得超现实，轻松且更加个人化。例如，VR 治疗和诊断患者的身体和精神健康状况需要数据及人机互动信息，一旦被赋予相关数据，VR 就可以根据用户的特定缺陷个性化定制用户体验和信息。[⑬]

雅各布·杨(Jacob Yang)表示，尽管收集了有关如何完善虚拟现实技术的所有数据，当前可用的技术仍不足以创建真正身临其境的虚拟世界。[⑭] 美国发明家雷·库兹韦尔(Ray Kurzweil)预言，全沉浸式虚拟现实(所谓“存在”的体验)要到二十世纪三十年代或四十年代才会出现。[⑮] 新媒体之星公司(New

---

① 引自巴格海利(Bagheri)(2016)

② 引自安卓权威(Android Authority)网站(2016 年 7 月 15 日)

③ 引自《科技》(*Technology*)(2017 年 9 月 12 日)

④ 引自《卫报》(*The Guardian*)(2016 年 1 月 7 日)

⑤ 引自斯乐琪(Seelagy)(2016)

⑥ 引自莱姆利和弗洛克(Lemley&Volokh)(2018 年 2 月 27 日)

⑦ 引自《卫报》(*The Guardian*)(2014 年 7 月 22 日)；引自脸书(Facebook)(2014 年 3 月 24 日)

⑧ 引自奇点中心(Singularity Hub)网站(2017 年 11 月 12 日)；引自使命(Mission)网站(2018 年 4 月 21 日)

⑨ 引自虚拟现实全身触控体验套件 Tesla Suit 网站(2018 年 1 月 16 日)

⑩ 引自电子商务指南(Ecommerce Guides)网站(2017 年 8 月 25 日)；引自 Smile IO 网站(2017 年 10 月 27 日)

⑪ 引自体育科技(SportTechie)网站(2017 年 8 月 24 日)；NBC 体育(2018 年 7 月 17 日)

⑫ 引自考夫曼(Kaufman)(2017 年 11 月 18 日)

⑬ 引自每日野兽(The Daily Beast)网站(2018 年 3 月 27 日)

⑭ 引自杨(Yang)(2018)；AppReal 网站(2018 年 7 月 9 日)

⑮ 引自 AppReal 网站(2018 年 7 月 9 日)

Media Stars)的创始人德米特里·伊茨科夫(Dmitry Itskov)正致力于他的非营利性项目“阿凡达计划”(Avatar)，该项目将2045年定位为元年，计划在近30年的时间里实现沉浸式虚拟现实。[①] 此外，在加利福尼亚州洛杉矶举行的SIGGRAPH(计算机图形图像特别兴趣小组——编者注)2017会议上，神经元公司(Neurable)公布了虚拟现实游戏《觉醒》(*Awakening*)，玩家可以用意念向机器人监狱看守投掷物体。[②] 你已经可以看到，玩一局五分钟的游戏你将留下多少数据量。你所有的恐惧、喜悦和虚拟路径都可以被视频捕获并记录。

4) 部落及分享组群

第四次工业革命的最后一个特点是所谓的世界“优步化”(Uberization)。在某个社群中，成员们日常互动，互相打气，以此来促进彼此的身份建构。社群可以确认每个人在组中分享的生活体验，创建交互关系，从而简化了数据收集。

大家聚在一起或组成购买小组，或参与各种事业(如抗击渐冻症的“冰桶挑战”或使用众筹平台挽救希腊免于违约的活动)，或与陌生人分享有意义的经验(点对点经济或称共享经济为旅游、运输和食品领域带来了新形式的共享甚至业务)，或在Instagram，TikTok或Snapchat等平台上进行即时社交互动。

像在VR中一样，AI社交互动最常见的用途出现在互动视频游戏中。AI的使用使游戏变得更具吸引力，因为角色可以与游戏玩家进行更充分的互动。AI还可以构建角色个性，从而增强玩家对自己喜欢的角色的记忆，与之进行互动和协作。

共享形象与物品在现代社群中起着重要作用：它们转换了社群的身份，让品牌成为社群的具象化符号比如Uber或Tinder；雀巢浓缩咖啡(Nespresso)及其俱乐部；Attractive World(约会网站——编者注)及其独家单身网络；乐高及其乐迷们不但会搭建玩具，还会去电影院看乐高电影或参观乐高主题公园。

在点对点和共享经济的背景下，爱彼迎(AirBnB)、巴黎选送(Blablacar，长途拼车平台——编者注)等品牌和众多众筹服务一起，加强了社群的概念。

从另一种意义上说，社群概念也适用于Instagram或Snapchat等社交网络。每个人都想在时空上获得即时服务，而这种即时服务通常情况下都无法满足。这方面的成功例子是亚马逊的24小时送货服务和优步Uber的全天待机服务。

---

① 引自虚拟现实时代(Virtual Reality Times)网站(2017年3月25日)

② 引自AppReal网站(2018年7月9日)

约翰·绍顿(John Schouten)和詹姆斯·麦克亚历山大(James McAlexander)对哈雷摩托车友会的活动进行了人种志研究,研究揭示了部落和共享现象的存在。部落以分享和经验为基础,将部落营销与体验营销紧密关联以销售更多产品。部落创造了一个动态平衡的世界,在这个世界里,相互依赖的元素呈现出一种相对稳定的态势,尤其是在生理过程的维持下。一个著名的例子发生在纽约闻名遐迩的三星级法国餐厅里。他们的培训计划很特别,那些总是面带微笑的美国服务生被教导要转换态度,要对客户既粗鲁又情绪化,以再现法国服务体验的真实性。

根据安德森(Anderson)和霍瓦斯(Horwath)的说法,人的行为由个性决定。因此,对消费者的性格了解越多,就越能理解他们是如何做出决定的。[①] 为了让操控继续掩人耳目,公司提出了所谓共鸣效果的建议,即充分体察个性,量体裁衣定制。如此操作的结果是,局部趋势通过重复逐渐增强,最终导致了所谓"过滤气泡效应",即"在某个环境(尤其是网络环境)中,仅向人们推荐符合他们现有信仰的观点和信息"[②],或称"回声室效应",即根据用户的行为和个性,为他们定制数据或信息。最后,消费者得到的所有信息都可能是自身观点的反射。这导致了部落之间的社会两极分化,也形成了彼此互不了解且越来越不相融的独立群体。如此一来,个性化信息会无意间破坏社会凝聚力。例如谷歌搜索(网络搜索引擎,而非谷歌公司)就采用了控制策略。用户输入搜索内容时会透露其意图。谷歌搜索不仅会返回最佳结果的匹配项,还会包含给公司带来最高潜在收益的匹配项。

我们已经看到,对于营销人员来说,可以使用计算机和其他数字平台来控制人,让他们以为自己买的都是自己想要的东西,这样的操作轻而易举。接下来,我们将了解如何使用数据收集来帮助我们实现自己想要的生活。

3. 第四次工业革命收集数据的益处

GAFA 和其他公司使用多种方式来记录对话,获取事实和统计数据,从用户那里收集数据并积累个人信息。而 AI 在这些数据的帮助下让我们的生活更为轻松,世界更加舒适,或者甚至可以说:更好。

2018 年,谷歌和微软分别提供了 2500 万和 4000 万美金奖励与 AI 有关的提案及项目,旨在解决饥荒、洪水、地震和飓风等社会和环境的问题。[③] 此外,谷

① 引自 ACM(Association for Computing Machinery)数字图书馆(2017)

② 引自《韦氏辞典》(*Merriam-Webster Dictionary*)(2019)

③ 引自 PC Mag 网站(2018 年 10 月 30 日)

歌还为非营利性机构和社会企业提供了在线指导，教他们如何利用AI算法解决全球问题并促进社会公益。

Knewton（提供个性化教育的公司——编者注）创建了一个软件程序，该程序使用学生学习中积累的信息来预知他们下一步应该学习哪些科目。全球已有数百万学生在使用该程序。其他软件帮助消费者更加清楚地理解，如能与消费者对话并指示他们如何使用的停车收费表、车辆附带的导航系统以及帮助用户缴税的程序。谷歌和特斯拉正在开发使用AI系统的自动驾驶项目。

上述应用程序有些非常简单，有些却帮我们处理了生活中极其复杂和烦琐的任务。

1）教育的演变与未来

应用教育正处于技术日新月异的变化期。新型在线学习资源为常规的课堂教学提供了潜力，从而实现了混合学习的新范例，或者说完全摒弃了实体教学。近年来，尤其是在诸如新冠疫情等重大危机事件发生期间，更多的教育平台已经转移到了网上。教师们因此需要更多的工具来跟踪学生的进度，提供个性化的课程并给予反馈。AI在教育中的作用很普遍，它带来了各种变化，对行业产生了积极影响。如在大学教育中，教师们一直使用AI对学生的作业进行评分，并以一种不那么烦琐的方式管理课程。同样，使用AI对论文进行评分可以确保教师有更多时间与学生互动、备课以及提升自身职业水平。

AI还可改善个性化学习，以确保计算机软件能满足每个学生的不同需求。因此AI开发了学习程序和游戏，进而增强了讲师与学生之间的互动。① AI的使用，让重复学习尚未掌握的概念变得有趣。AI尤其有帮助的一点在于其技术可为不同层次的学生提供不同的帮助，从而协助教师完成整体性教学的推进。

作为世界首个人工智能课堂助手，Nestor AI（或称筑巢者AI）软件可为世界各地的学生提供免费教育，也是人工智能界的新突破。该软件可通过网络摄像头跟踪学生眼部活动和面部表情，从而确定学生是否在课堂上集中了注意力。软件中的人工智能通过监视学生听课时脸部的20个不同部位来解码学生的注意力。请放心，所有收集的数据都做了加密及匿名处理。课后，AI还会通过测验来跟进，测验内容甚至包含课程中学生未认真听讲的部分。Nestor清楚地知道，上课中什么时间段你是清醒的，什么时间段你在睡觉。面部识别、测验

① 引自杨（Yang）（2018）

答案、光学字符识别、语音识别、手写识别(如果学生使用的是平板电脑和触控笔)、电子邮件过滤——预测学生什么时候会注意力不集中的最佳方法是研究他们的过往表现。如果学生总是在上课后 2 分 30 秒时走神,课堂助手就会在该时间节点的 10 秒前发送一条警示通知显示在学生的屏幕上。有关注意力不集中的报告也可以帮助教授改变他们的教学策略。

2016 年 11 月,马克·扎克伯格宣布,他将把个人财富的 99%用于促进个性化教育、医疗创新和社会平等。[①] 教育制度需要改革。无论今天的人工智能有多少问题,它一定是明天的解决方案。在与机器竞争的过程当中,我们将不可避免地大幅度利用人工智能来重塑认知能力。我们很快将需要重新定义获取知识的方式,以使学习变得更快更高效。如果想为明日的交易做好准备,寄希望于今日这种形式的旧学校是否足够?这将牵涉到我们甚至无法想到的复杂的非常规任务。自 19 世纪以来从未改变过的、由 30 年前受过训练的人员组成的教育系统,如何能让教育个体得到准备,去应对将完全转型的系统?

教师将在教室中使用虚拟现实设备作为另一种超现实的教学工具。读过杨的论文[②]后,我们知道,一种在教室里使用虚拟现实的方法是通过桌面设置,让学生使用计算机、键盘和鼠标来探索虚拟环境。另一种是沉浸式虚拟现实,为学生配备头戴式耳机和数据手套与虚拟环境互动。[③] 在这个使用虚拟现实技术的新时代中,各个领域的计算机辅助提高了学生的参与度和集中度。学生将能够触摸和操控,或者与以前无法访问或无法理解的复杂公式进行互动。此外,上学将不会像以前那样乏味而无聊,学生们会喜欢眼前闪动的视频,并以此方式进行学习。最后,虚拟现实软件可载入多种语言,因此,即使学生不懂当地语言,也可以在国外轻松学习,从而为广泛的信息交流敞开了大门。

但是,即使使用 AI 的初衷再好,教室中的虚拟现实还是存在缺点。与互联网的引入一样,虚拟现实会破坏现实世界中人与人之间的联系,因为交互总是以虚拟方式进行。换句话说,当学生可以虚拟地与教室中的其他学生面对面互动时,他们将不再需要培养社交技能。

2) 个人助手:苹果语音助手 Siri、微软小娜 Cortana 及其他

随着 AI 的进步,数字助手已可承担各种任务,类似一个“虚拟管家”。这些

---

① 引自《福布斯》(*Forbes*)(2015 年 12 月 1 日)

② 引自杨(Yang)(2018)

③ 引自虚拟现实社会(Virtual Reality Society)网站(2018 年 7 月 9 日)

虚拟助手改变了我们组织生活的方式。你可能已经观察到AI过滤掉了曾经塞满你收件箱的垃圾电子邮件。纠正错误并提出建议,这是帮助人类的最重要的人工智能方法之一。Siri具有多种功能,可以使人们的生活更轻松。Siri可以回答你的问题并提供建议、发送电子邮件或短信、为你设置闹钟、为你在喜欢的餐厅订座、查询天气和交通状况、翻译、更正句子、出门时为你提供路线以及更多功能。以上所有功能中,提供建议和纠正错误是朋友才具备的功能——因为朋友才会了解你,分析你,系统详尽地观察你。微软的虚拟助手小娜(Cortana)可以执行许多类似Siri的功能。她可以上网搜索、在你的文件夹中查询你需要的文档、跟踪日历日期、设置提醒、发送电子邮件、为你找到视频等。Alexa还可以处理一些很费时的任务,如购物、在自己喜欢的餐馆订餐、支付账单、跟踪包裹、甚至在你怀孕期间提供建议,从而使你的生活更加轻松。

人工智能提供的建议为用户提供了完成全新的或困难的任务的机会。例如,该技术就被频繁用于从不同来源收集信息。有了这样的能力,私人助手可基于集合的智慧提供相关的培训和生活方式建议。人工智能系统还可以解读大部分搜索查询,谷歌的机器学习人工智能系统RankBrain(一种基于机器学习的搜索算法程序)正在改进自然语言处理能力,帮助谷歌即时(Google Now)等应用程序查找相关内容。机器学习对谷歌来说绝不是什么新鲜事,谷歌早已在搜索、广告和油管推送中使用了这个技术。

AI还可以用于诸如演示文稿等商业环境。Microsoft对演示软件PowerPoint做了更新,加入了一个称为演示教练(Presenter Coach)的AI。它可以帮助文件创作者解决其演示文稿中的任何问题:"Presenter Coach AI会听取你的排练并提供实时反馈。如果你使用了无意义的填充词、诅咒语、非包容性的语言或AI在幻灯片中直接阅读到相关内容的话,会向你发出警告。排练结束时,它会提供一份报告,对你未来的文稿演示给出指导。"[①]

康奈尔大学的研究员索莱斯·沈(Solace Shen)研究了智能助手对儿童的影响,发现儿童与智能助手的互动为教育和娱乐提供了重大机遇。[②] 与儿童对智能手机的依恋方式不同,如果儿童使用具有语音功能的设备与成年人或朋友玩游戏,他们就不会只专注于屏幕。相反,与AI的互动会鼓励他们对视,并将注意力放到对方身上。这样的设备也能帮助到年长的用户。例如,它可以为记性不好的人提供生日提醒,甚至还可以建议买什么样的礼物适合对方年龄。如

① 引自PC Mag网站(2019年6月18日)

② 引自CNBC网站(2018年1月14日)

果主人去不了商店，AI 可以代劳，还能提示主人定时服药、按时支付账单。

3）人工智能的其他优点

谷歌使用人工智能研究洪水、饥荒甚至鲸鱼，以改善人类和动物的生活。为了进一步推动这一事业，谷歌于 2018 年宣布，“正在征询世界各地的非营利组织、学者和社会企业的建议，就如何使用 AI 解决社会、人文和环境问题提出更好方案。”①

《纽约时报》已经采用 AI 对其网站评论进行审核，美联社已用 AI 自动撰写部分新闻稿，瑞士《每日新闻》(*Le Temps*）创建了名为僵尸（Zombie）的 AI，负责内容重新发布时的评估。我们应该学习这些机构的做法，进入基层，找到关联人与机器的最佳方法，采纳形式更丰富、谬误更少的算法，增强媒体内容质量。

AI 还被用于预测乳腺癌。在美国，已有三百多万名妇女被诊断出患有乳腺癌（美国女性死亡的三大原因之一）。② 早期发现是治疗该疾病的重要因素。麻省理工学院计算机科学与人工智能实验室 CSAIL 的科学家和麻省总医院正在研究开发一种可深度学习的人工智能，该人工智能可提前五年预警罹患乳腺癌的风险。AI 通过“60 000 名患者在几年时间里进行的 90 000 次全分辨率乳房 X 光片进行学习”。深度学习算法能够检测到一些人类遗漏的细微模式，所得到的模型可以准确预测最高风险类别中 31%的癌症患者，而现有模型只能预测 18%左右。③

人工智能还被用来阻止人们做犯法的事。比如沃尔玛使用 AI 监视购买点，防止偷盗。在打击假冒产品方面，区块链和加密锚常被用来打击假冒产品和防范欺诈以确保安全。2017 年，假冒产品造成的损失已超过 6000 亿美元。区块链可以验证产品的来源及真实性，运用范围极广，食物、钻石、救生设备和药品都在其中。④ 约会应用程序 Bumble 提供了另一个范例。该应用程序使用 AI 识别图像，如果检测到不请自来的裸体图，AI 将预先对其进行模糊处理⑤，接收者可以自行决定是否要查看该图像。AI 识别图像的准确率高达 98%。

但是，AI 仍然可能出现问题，例如微软的 AI 聊天机器人 Tay，曾发布数则

---

① 引自 PC Mag 网站（2018 年 10 月 30 日）
② 引自 cancer.net（2020 年 1 月）
③ 引自 PC Mag 网站（2019 年 6 月 14 日）
④ 引自《福布斯》(*Forbes*)（2017 年 8 月 19 日）
⑤ 引自 PC Mag 网站（2019 年 4 月 24 日）

令人失望的推文，可能在无意间侵犯了对话人或同事的隐私权。究其原因，是此类 AI 技术具有在社交网站上鼓励各种形式的辩论的能力。

在下一节中，我们将了解 AI 的价值所在以及如何将其用作操控的工具。AI 是不可忽视的力量，它正迅速融入我们生活的各个方面。

二、人工智能无处不在

AI 不断增长，因为它很有价值。目前，AI 通过渐进式学习算法来调整数据收集的作用至关重要，它为公司创造了竞争优势。但正如我们将看到的，尽管 AI 有许多好处，人们对其迅猛的发展和最终的前景仍感到担忧。

1. AI 及数据收集兴起的原因

许多文章和报告表明，AI 使世界变得更加安全，它帮助人们减少犯错①，让他们更具创造力，做出更多的发现和更准确的预测，更快地实现目标并提高效率。对于某些人、公司和国家来说，AI 也同样可以在战争中提升作战能力。不如这么说吧，未来 AI 将无处不在。人工智能这场革命将像电力的使用一样完全铺开，也像电力的发展一样，AI 的学术和专业领域将不复今天这样的存在。未来，我们购买配备 AI 的科技产品将是为了获得其认知和收集数据的能力。简而言之，你未来购买特斯拉，不仅是因为它有漂亮的外观，还因为它有智能大脑，有道路视频记录，会分析天气，还能收集其他汽车的数据。你周围的人工大脑越多，对你进行分析的频率就会越高，速度就越快，就会获取更多你的表达、想法和感受信息。人工智能获得的信息越多，它的增长就越快；它增长得越快，它获得的信息也就越多。这形成了一个无法打破的循环。鉴于我们一直在通过智能手机和计算机吐露信息，人工智能也在不断增长。举一个具体的例子：你每周一晚 7∶00 开车去吃寿司。根据获得的个人信息，加上 AI 的作用，你的智能手机将于每周一晚 6∶45 收到寿司店的广告。有了这些小便利，人们哪里还会介意泄露一些个人信息呢？

AI 的价值无可否认，但人们仍在担心其快速的增长以及对人类统治的必然后果。1965 年，以英特尔共同创始人名字命名的摩尔定律预测了计算机容量发生指数级增长所带来的未来变化。② 该预测已经得到认证。例如，1951 年，

① 引自《AAAI 春季研讨会合辑》(*AAAI Spring Symposium Series*)(2016)

② 摩尔定律表明，密集集成电路中的晶体管数量大约每两年翻一番。

具有三个连接点、除了整流之外还能够放大的半导体器件(即晶体管)的尺寸为10毫米;1971年,晶体管的大小为0.01毫米。摩尔定律原来的预测是该变化应在1975年前实现。到了2017年,晶体管的尺寸仅有25个原子大小。这些思考不仅引发了专家们的恐惧,也燃起了希望,大家对应该持有何种态度存在较大分歧。[①] 毕竟,由康拉德·楚泽(Konard Zuse)发明于二十世纪三十年代的第一台计算机Z1,其每秒计算量相对有限,而到了2017年,神威·太湖之光超级计算机(Sunway TaihuLight)已能实现每秒9.3京亿次的操作。[②] AI的发展貌似已无止境。相比之下,人脑能力有限。虽然自物种起源以来,人脑的大小已经有所增加,但这个人体最重要器官的相对能力在出生时就有一定限制。而数据在日复一日不断增加且从未中断,GAFA或BATX等公司也未对AI的数据收集和处理进行过限制。随着AI性能的不断提升(遵循摩尔定律),计算机无需人工控制或输入就能进行更多运算。因此,我们终将开始思考以下问题,AI的能力会有极限吗?应该允许AI获得多少信息?

这种改变游戏规则的创新将在未来数十年影响个人以及我们的产业。在金融科技领域,社交和移动支付已经改变了金融市场:支付链的各个环节都发生了改变。面部识别、语音ID和指纹等生物识别技术将越来越多地集成到我们的手机和平板电脑中,帮助提高购物体验,从而让我们无须在结账时刷信用卡。一旦一家公司做到了,那么所有竞争对手都会这么做。

2. 对人工智能的恐惧:我们能逃脱这个操控系统吗?

强大的传统西方神话面临崩溃,许多发达的民主国家在二十一世纪第一个十年面临着民粹主义的抬头。全民基本收入(UBI)成为一种新趋势,其根源在于人们普遍担心,AI的兴起将使某些职业彻底消失。西方左派政治家为西方社会民主国家的消费者公民详细解释了UBI,2017年法国总统大选的前社会党候选人伯努瓦·阿蒙(Benoit Hamon)即是其中之一,他曾将UBI放进了自己的总统竞选纲领。资本主义创造了一种以知识为基础的经济,这种模式极不平等,没人意识到我们为高智商人群提供的优势太过巨大,以至于他们能够定期改变雇佣模式,并重新掌握自己的生活。正如亚历山大(Alexandre)博士所建议的,在人工智能与自然智能的战争中,智商单点差异带来的影响在我们未来的知识社会将非常深远。这种思维方式也将支持GAFA为操控大众而重塑社

---

① 引自Slate Star Codex网站(2015年5月22日)

② 引自亚历山大(Alexandre)(2017)

会和平。

人类曾经天真地以为，人的智力运行原则与机器一样。毕竟，这里讨论的技术进步最早脱胎于一些能够做出判断的设备，而那些设备被认为比人类低级。然而，AI 在分析了数十亿个数据点后，很快就能预测人们的反应。例如脸书正试图通过捕捉自杀倾向的早期信号，来与自杀行为做斗争。创新者们都在考虑采用此类设计去实现主要营销目标，包括提供专家系统、展示智能行为、学习新思想以及向用户展示可操作性。

如今，借助人工智能和算法的发展，谷歌的深度思考（DeepMind）已能在 49 款雅达利（Atari）游戏中击败人类对手。算法和机器人的进展速度如此之快，专家预测人类所拥有的大部分能力在 2060 年之前就将被超越。[①] 根据埃隆·马斯克（Elon Musk），比尔·盖茨（Bill Gates）和史蒂夫·沃兹尼亚克（Steve Wozniak）的说法，超级智能是比核弹更危险的武器。正如马斯克在 2016 年所说，我们迫切需要在人工智能调转矛头并将人类变成其宠物之前，实现人脑芯片植入。[②] 最优秀的人将被人工智能喂养，一如我们饲养拉布拉多犬。

因此，我们无法摆脱 AI 系统。

目前，人们普遍担心可能到来的失业。一项研究提出，到 2050 年[③]，今天所有工作中的 47%将被取代。下面列出了已经消失或近乎消失的行业：

- 葬礼小丑：被雇来抚慰亡灵，逗乐活人的人
- 点灯人：手动点亮路灯的人
- 保龄球置瓶人：手动将保龄球瓶重置至正确位置的人
- 看守员：看守他人财产的人
- 假牙卖主：卖假牙的人
- 雨伞修理者：修理雨伞的人
- 药剂师：出于医疗目的准备和销售药物或化合物的人
- 弓箭手：使用弓箭的人
- 丑角商人：喜剧或哑剧中的角色
- 切冰人：从湖泊和河流收集地表冰以进行存储的人
- 电报员：受雇于电报业、熟悉电报的人
- 电话接线员：操作电话总机的人

---

① 引自《福布斯》（*Forbes*）（2019 年 6 月 19 日）：1948 年发明控制论的数学家和哲学家诺伯特·维纳认为，适当的反馈将能够控制系统的行为。

② 引自科技新闻 The Register 网站（2019 年 7 月 18 日）

③ 引自《卫报》（*The Guardian*）（2017 年 6 月 26 日）

- 德维尔樵夫(加拿大魁北克省的一种樵夫):将原木从森林搬到锯木厂的人
- 羊毛商人:羊毛经销商
- 电梯操作员:手动操作电梯的人
- 飞机探测者:侦察飞机的人
- 刀剑手:制造、买卖或修理刀剑的人
- 洗衣人:洗衣服的人
- 铁匠:用铁锻造工具的人
- 擦鞋人:为顾客清洁和打磨鞋的人
- 吹玻璃者:负责设计和吹制玻璃物品成型的人
- 巫医:以巫术治疗病患的人
- 熨烫人:熨烫衣服的人
- VHS 租赁公司:提供家庭电影和视频游戏租赁服务的公司

类似的职业我还可以写出一千种。

在这样的背景下,有些人的恐惧可以理解,因为他们不想被 AI 取代或超越。大多数恐惧与担心大面积失业或降薪有关,或忧虑《终结者》式的变体情景会到来。① 专家们对两种恐惧的反应各异,有的拒绝②,有的接受③,还有一些接受其中一种,而拒绝另一种。专家们对一个问题也争论颇多。那就是比起被 AI 摧毁的行业,它也许会创造出更多的就业机会。这个争议可以通过对近 2000 名专家进行调查得到最好的验证。④ 专家们被提问道,"到 2025 年,网络化、自动化的人工智能及机器设备会替代工作还是会创造出工作?"这些专家中大约有一半(48%)预见到"在未来,机器人和数字代理将大量取代蓝领和白领工人"——同时他们担心这将导致收入不平等、大面积失业人口以及社会秩序崩溃。接受这项调查的另一半专家(52%)预计,到 2025 年,技术创造的就业机会将超过其取代的。"

我们正在经历的时期与旧时的过渡期没有什么不同,彼时的技术虽摧毁了

---

① 引自布鲁金斯学会(The Brookings Institution)(2015 年 10 月 26 日);引自《麻省理工科技评论》(*MIT Technology Review*)(2013 年 6 月 12 日)

② 引自《石板杂志》(*Slate Magazine*)(2016 年 4 月 28 日)

③ 引自《哈佛政治评论》(*Harvard Political Review*)(2015 年 4 月 26 日),《福布斯》(*Forbes*)(2015 年 1 月 31 日);布莱尼奥法森等(Brynjolfsson et al.)(2012);《哈佛杂志》(*Harvard Magazine*)(2016 年 5 月—6 月);CNN(2014 年 11 月 10 日)

④ 引自《麻省理工科技评论》(*MIT Technology Review*)(2015 年 6 月 16 日)

一些工作，但随着时间推移，却改善了就业条件和机会。尽管如此，过去几年中，仍有许多文章和书籍(包括当下)认为，人工智能和自动化的最新进展与过去的技术突破在本质上不同，对未来就业机会的影响也大不一样。至于哪些工作可能受到 AI 的不利影响，不少人认为所有工作都会被波及。①

但在 2018 年，全球自动化程度最高的两个国家也是世界上失业率最低的国家：日本和德国。正如微软的共同创始人之一保罗·艾伦所说的那样，"总体来说，人工智能和计算机科学的前景大大超过了它对某些行业的影响，正如当年虽然飞机的发明对铁路行业有负面影响，它却为人类进步打开了更广阔的大门。"②

尽管目前机器人的能力有限，大公司依然负担得起它们的费用，而小公司则势必面临一定程度的困难。小公司的成功与否将取决于能否在无须雇用大量技术人员的前提下操控机器人。③ 目前，并非所有被视为从事 AI 业务的公司都在使用 AI："欧洲 2380 家 AI 初创企业中，有超过 1000 家实际并未在其产品中有意义地使用人工智能。"④这些新兴公司中有相当一部分只将 AI 用于普通用处，如聊天机器人和用于管理任务的自动化工具。多数人似乎认为 AI 对小企业来说几乎没有什么好处，甚至可说是一种直接或间接的威胁：

——直接是因为小公司可能没有足够的资金，无法跟上大型竞争对手的技术水平(如上所述，这是一种风险)；

——间接的原因是，如果 AI 导致所有就业机会快速减少，那么小型企业也会受到相应的影响⑤。

与此同时，强大的公司不仅投资 AI，更充分利用 AI 的能力。AI 的发展是该领域军备竞赛的结果。⑥ 在 2016 年，"AI 技术的最大投资者"中 80%是美国公司。⑦ 如今，中美两国共享投资者。这些公司"雇用了该领域几乎所有顶尖的研究人员，并建立了自己的研究实验室。"⑧他们在 AI 上投入大量资金[旷视(Megvii)为 10 亿人民币，阿里巴巴为 150 亿美元]。⑨ 如果这种情况持续下去，

---

① 引自《麻省理工科技评论》(*MIT Technology Review*)(2013 年 6 月 12 日，2012 年 7 月 11 日)

② 引自《福布斯》(*Forbes*)(2019 年 6 月 27 日)

③ 引自操作室 The Operations Room 网站(2014 年 9 月 22 日)

④ 引自 PC Mag 网站(2019 年 3 月 6 日)

⑤ 引自《华盛顿邮报》(*Washington Post*)(2014 年 11 月 26 日)

⑥ 引自 iRunway 网站(2015 年 12 月 18 日)

⑦ 引自 Evry 公司网站(2016 年 7 月 23 日)

⑧ 引自《连线》(*Wired*)(2016 年 4 月 27 日)

⑨ 引自《读写》(*ReadWrite*)(2014 年 1 月 29 日)；引自 Tech Crunch 网站(2014 年 10 月 23 日)

人工智能领域最重大的发展将可能来自大型跨国公司。

以上这些似乎还不足以刺激 AI 的快速发展，于是许多相关的开放源代码出现了。公司们开始免费提供 AI 平台①，包括可在机器人中使用的部分。脸书的应用机器学习总监对此表示："当大量来自不同领域的研究人员能相互依托工作时，该领域将迅速发展。互动社区越大，则进度越快。"许多公司开放了 AI 资源的外包服务。② 例如，在 AI 曲线上领先多年并且在研发方面投入大量资金的谷歌发布了一个名为 TensorFlow 的开源 AI 学习库。通过与感兴趣的各方共享其代码，为全球机器学习的发展做出贡献。跟随谷歌的开源计划，百度在代码托管平台 GitHub 上发布了他们的 AI 软件。百度希望"使端到端的深度学习变得更容易、更迅捷，以便研究人员可以更快地取得进步……并通过共享他们创建的重要代码来为机器学习社区做出贡献。"③ IBM 也决定开放 SystemML 的源代码，以吸引更多的程序员加速其开发。④

人工智能将如何影响世界？它的变化速度将快于我们准备的程度（包括那些已经在秘密防御计划中存在的机器人）⑤，这一预测已在多项研究的发现中得到了回应。⑥ 实际上，它将影响每一个行业、每一份工作、每一个具体任务。迅速的进步可能损害数百万人的薪酬和工作，这听起来很矛盾，但却正是事实。因此，我们必须了解这些现象，讨论其含意，然后提出使人类工人能够跑赢机器、而不是与之竞赛的策略。⑦

如你所见，科技巨头正在共享信息，以发展和提升 AI。它将继续快速增长，并植根于我们的生活和工作中。尽管大众对 AI 有担忧，但它不会消失，因为其价值超过了所有恐惧的总和。因此，不管 AI 将如何在公共领域继续发展行进，上文提及的制定策略的努力必须推进，当然也不可避免会促成品牌暗中对消费者的操控。

接下来，我们将看到，公司如何利用 AI 来控制和操控员工的行为并影响我们的日常工作。

---

① 引自 Linux 网站（2016 年 5 月 5 日）

② 引自《商业内幕》（*Business Insider*）（2015 年 11 月 9 日）

③ 引自 The Stack 网站（2016 年 1 月 15 日）

④ 引自《华尔街日报》（*Wall Street Journal*）（2015 年 11 月 24 日）

⑤ 引自《财富》（*Fortune*）（2015 年 2 月 25 日）

⑥ 引自《商业内幕》（*Business Insider*）（2015 年 11 月 5 日）；引自牛津大学（Oxford University）（2017 年 9 月 13 日）

⑦ 引自布莱尼奥法森等（Brynjolfsson et al.）（2012）

3. AI 操控我们的工作

AI 的应用已经超越了商业领域。它不仅仅对消费者进行预测及操控，也应用于雇员。AI 在我们的日常生活工作中随处可见，从工作邮件、日程安排、任务管理平台到聊天机器人等。这意味是着弱 AI 已无处不在了。哪怕是我们目前效力的公司也同样如此。管理层可为每位雇员建立一份档案，记录其活动和工作，从而对其工作场所的行为进行操控。我曾造访旷视集团位于北京的总部(我与这家公司有个人业务往来)。公司大堂装有摄像头，能瞬间识别访客。类似设备的应用在公司办公室比比皆是。

公司可以使用不为人所察知的方法在员工不知情的情况下激励员工和提高生产力。AI 通过收集数据和确保管理人员高效执行任务，在管理中可以发挥重要作用。只要学会使用 AI 来分析员工的各类数据(如图表、议程、电子邮件和日程表)，经理人就可以指导自己的团队处理更多工作。的确，首席执行官能够基于 AI 生成的数据做出更明智的决策，受益匪浅。许多机构内各部门已使用此方法来设置目标、将成本最小化以及在客户中保持良好声誉。例如，亚马逊仓库的员工会佩戴拥有专利的设备，该设备可以跟踪他们的手部动作，并发出振动来推动员工更高效地工作。软件公司 Workday 会对大约 60 个因素进行计算，预测哪些员工会辞职或提早离职。在初创公司 Humanyze 里，员工佩戴智能 ID 徽章，可以追踪他们在办公室区域的活动并显示其与同事的互动程度。① Humanyze 将员工徽章中的数据与他们的日历和电子邮件进行合并，计算并通报办公室布局是否有利于团队合作。经理还可以使用名为 Slack 的通讯程序来评估员工完成任务的速度。公司甚至不仅能看出员工何时松懈了工作，还能看出其是否有不当行为。公司已开始使用 AI 来筛选费用报销中的差异，并对夜间不寻常时段发生的收据做出标记。

AI 的使用还使得经理人可以不必花费时间执行管理任务。电子个人助理能执行日常任务，如响应电子邮件和约会请求，并生成定期报告。因此，AI 允许经理们将精力放到更具挑战性的优先事项上，如设计复杂的公司蓝图等。此外，在公司中使用 AI 可以使管理人员将更多的时间用于创新、战略制定以及人才开发上。AI 打造出了更多空间，使人能专注于创造性思维、战略发展和分析数据以及指导员工上，其在流程管理上的作用得到了肯定。

AI 甚至使经理人们成为更有同理心的导师，他们与员工共度时光，为他们

---

① 引自《经济学人》(*The Economist*)(2018 年 3 月 28 日)

设计出更具创新性和成效的培训方式，让员工为公司做出积极贡献。人力资源部门已使用AI来确保员工受到充分的关注和培训，为他们提供所需的资源，使用自定义程序来填补职位。AI在这方面的应用使组织内部回报率大为提高。

联合利华公司已经开始在面试过程中使用新技术。应聘者向联合利华申请初级职位时，他们将接受视频面试，通过智能手机或平板电脑回答预设的问题。面试时，AI将评估应聘者的面部表情，捕捉他们的情绪并确定其人格特质。该软件可以选择最佳匹配，将结果连同有关AI对候选人观察而得的评价一起返回给招聘人员。[①] 现在，如果你想向联合利华求职，你将接受面部识别程序的扫描，该程序将分析你的反应，以确定你是否正在考虑其他事情，搜寻答案或在读讲稿。

大多数公司已采用AI解决方案来确保获得显著收益。此外，公司还建立了各种机制来提高组织效率、员工留存率和生产率。AI的另一个常用领域是人才招募，借助系统及方法消除员工工作的单调乏味及压力。人才招募软件能够对应聘者简历进行扫描、阅读和评估，快速淘汰那些不符合公司标准的人。软件在这方面的好处甚多，它节省了招聘人员的分析时间，让他们可以把更多精力放在评估一小组更合格的候选人上。人力资源部门通过使用人工智能，正在从根本上提高其招聘决策的质量，从而最终提高组织的生产率。

人力资源管理部门受益于AI的方面还包括：使用软件对公司内的员工进行培训以提高其职业技能，为所有员工组织和实施培训计划。AI甚至管理着数字教室，提供在线课程，以确保公司能够按时完成任务并按照既定时间表来满足所有员工的需求，也就是说，AI以离散的方式收集着更多数据，一如电影《妙想天开》(*Brazil*)所呈现的。

当然，与所有内部需求一样，使用AI可实现的人力管理功能越多，公司就可以分配更多的资源去定位消费者。

正如我们之前所发现的，公司需要大量的数据——这是公司能为你做决定的关键。为了预测你的需求，公司首先需要了解有关你的一切。所有这些个人数据的获取，是通过在工作时使用VR、使用机器人以及你在任何数字或影音平台上共享的个人信息来实现的。公司当然不会站在屋顶上大喊，告诉你他们正在获取数据来操控你。只有给消费者自由选择的错觉时，操控才能起作用。甚至营销策略中使用隐身模式来获取数据还不够；公司和品牌还必须给人留下消

① 引自《华尔街日报》(*Wall Street Journal*)(2017年6月26日)

费者可以自由选择的印象。无论是提供免费的通信服务、便利且收获丰厚的购物体验，还是社交媒体平台，没有人能强迫你使用任何东西，唯一途径是让服务更具吸引力。当消费者觉得自己可以自由选择时，他们才更有可能让这些大公司拥有他们的数据，预测他们的未来并主宰他们的生活。

下一部分

在这一部分中，我们已经看到，用 AI 操控大众是资本主义工业革命的一部分，尤其是营销的一部分。下面，我们将看到什么是隐性营销，公司如何将这一概念与 AI 融合，给消费者留下自由选择的印象。

未来会是什么样？

我们将看到，全新的非侵入性方法（例如语音识别、脑部扫描、心灵感应和 VR）将被用于数据收集。我们将探讨公司如何在 AI 环境下采用隐性策略来获取有关你个人活动的信息，并发布产品。

所有这一切给人的印象是，人们对隐性的数据收集并不了解。另外，明明是在操控下做出了选择，自己却毫无意识。这些创新是否合乎道德？人们会接受吗？也许，除了接受 GAFA 的控制外我们别无选择，GAFA 拥有关于我们的足够多信息，因此可以代表我们进行采购活动。

本章最后提出了一种新趋势：消费者让 GAFA、政府（拥有数据的任何组织）替他们做出决定。这样的变化将预示一点，所谓消费者为王的时代业已终结。

数据为王！

第三部分：使用隐性营销的人工智能

作为普罗大众的一员，搜索时发现谷歌或百度能读懂自己的想法，谁不会感到惊讶？虽然实际情况并非如此，但搜索引擎的算法通过 RankBrain 增强后，已超越简单的语义框架，可以理解并预测用户的意图。搜索的答案之所以具有相关性，是因为它不仅依赖于关键字，还在于对内容的高质量评估。

若对客户没有充分的了解，则不可能做成任何事。任何数字化或非数字化的营销策略都建立在数据的收集和利用上，以更好地理解和预测消费者的需求。数据为王。观察、聆听、分析网站及社交媒体用户，与他们保持互动；保存并整理这些数据——这就是现代营销人员的日常生活。随着 AI 正在收集和利用的数据呈指数级增长，它已成为不可否认的资产，可帮助营销帝国加深认知、改善个性化定制并提升说服力。

品牌无权管理大众，但正在逐步填补传统神话留下的真空。品牌可以认真对待自己新神话的角色，去向大众解释，告诉他们什么才是更可靠的做法——即不要再做个人决定，听从品牌的话，接受品牌的指令，因为这些指令来源于大量有价值的、经过全面分析的数据。但是，由于没有合法性，品牌的数据收集和操控必须保持隐形状态。本书的这一部分将展示品牌如何暗中收集我们的数据，以及如何通过隐形的信息向我们出售其产品和服务。

永远不要忘记塞内卡（Seneca）的经典明训：快乐不是目标，减轻痛苦才是。人们可以选择接受随隐形信息而来的操控，以避免心理上的痛苦。如果公司并不想成为最高领导者，他们应避免公开阐明这些策略，因为这可能会产生负面反应；相反，公司应让消费者蒙在鼓里，让他们误以为一切选择都出自个人，而同时以越来越不易察觉的方式收集数据，并开展隐性营销。

一、隐性营销

1. 什么是隐性营销?

隐性营销可用多种手段达到一个目的——消除消费者对市场营销的认知——具体手段为:塑造自由选择的印象。隐性营销颇为著名的案例是,某品牌向学校支付了高达 100 万美元的费用,使品牌出现在孩子们的听写测验中。你可以想象一下老师进行测试的场景:"……他一手拿着雪碧(Sprite),一手拿着 iPhone,走出了麦当劳。"

隐性营销的另一个例子是产品植入。汤姆·汉克斯在电影《荒岛余生》(*Cast Away*)中扮演一名在荒岛上生活了四年的联邦快递送货员。联邦快递在整部电影中都扮演着重要角色。男主在电影结尾最终送达了让他九死一生的信件。而一句潜台词则始终萦绕在观众脑际:联邦快递,始终传递。

隐性营销可以是一种不经消费者察觉而直接触达受众的广告,或者是大众媒体中的秘密营销。例如,索尼爱立信在时代广场用假游客进行过一次操作。索尼爱立信给假游客付费,让他们使用自己品牌的最新款手机拍照,而并不告知真实游客这些产品的使用完全出于广告目的。

我们这里要研究两种形式的隐形——第一种为品牌赞助;第二种为使用 AI:

——公司使用秘密的营销手段,并不透露或揭示公司与所赞助的营销信息间的真实关系,比如杰伊(Jay-Z)和碧昂斯的妹妹索朗热(Solange)之间广为人知的电梯之战。那完全是一次策划行为,目的是让这位歌手提高自己新专辑的销量。隐性营销偷偷摸摸进行,在不披露自身广告行为的情况下展示某种产品。此手法非常有效,因为它显然了解消费者对显性广告的倦怠心理。

隐性营销也可刻意以一种秘密的、隐蔽的或不为人知的情况进入市场,运作市场,甚至退出市场,可称为"乔装推广,当前市场下,乔装与欺骗之间的界限已变得越来越模糊。"[①]新百伦(New Balance)最近的一次广告活动正好是一个示例,它说明其乔装推广的目的是要得到更多消费者个人信息。在某个大城市的街道上,一个与屏幕相连的摄像头可以通过与路人一起玩游戏分析路人,人

---

① 引自罗伊和查特帕德亚(Roy and Chattopadhyay)(2010)

体识别程序让机器学习能够秘密收集参与者的体型、面部表情、反应以及品位等信息，最重要的是，可以收集他们的电话号码。有朝一日，我们的设备（例如手机、眼镜、微芯片植入物）将自动与商家设在大街上的 AI 设备相连，这一天的到来将比我们想象的要快。2005 年史蒂芬·斯皮尔伯格（Steven Spielberg）执导的电影《少数派报告》（*Minority Report*）主人公菲利普的故事离我们已不远。

2. 以离散的方式收集更多数据

上文讨论过的德里克·博尔特（Derrick Borte）执导的电影《模范家庭》（*The Joneses*）（2010）的情节中，跨国公司向一户虚假的美国家庭支付报酬，让他们进行隐性营销，使邻居们都想购买和他家相同品牌的商品。情节不算太牵强。领先时代的新型营销方式的出现，凸显了在收集数据过程中创造力和创新性的重要性；公众的要求已经更高，如果希望说服他们留下个人信息，就需要知道公众的期望是采用非侵入性的非常规广告方法。一个已经拥有忠实客户的品牌一定会使用不断创新的传播技术来巩固客户群。品牌渗透进消费者的日常生活收集数据，这种做法虽有待商榷，但其趋势却不可避免。

谈及技术进步时期的隐性营销，人们对使用 AI 无感收集消费者数据并进行分析的有效性提出了质疑。近年来，人工智能在使用街边摄像头或手机进行面部识别、语音识别、文本识别以及脑部扫描方面取得了长足的发展。我们务必要明白一点，人工智能这种进步的潜力将使社会朝着技术和生物进化的方向发展，有朝一日将能有效跟踪大众的思想。在本节中，我们将讨论语音识别、文本识别和脑部扫描方面的进展。

1）声纹识别及语音识别

声纹识别是一个经常与语音识别相混淆的术语，它无法识别语音本身的内容，但可以分析确定说话者是谁。语音识别则是对口语及其含义的识别和分析。区分这两个不同的术语是很有必要的，因为两者目的完全不同。

语音识别很好理解，可以解释为软件听见语音、处理语音以及进行转写的能力。2017 年 8 月，微软宣布已组建一套人工智能语音识别系统，该系统可以听取人与人之间的对话并进行转写，而且错误率仅有 5.1%，与专业的人类转写专家相当。[①] 本质上，该软件可以收听两个人之间的对话并追踪他们所说的一切。

---

① 引自至顶网（ZDNET）（2017 年 8 月 22 日）

语音识别通过添加声纹识别而得到了进一步发展。2017年，亚马逊的Alexa和Google's Home掌握了分辨人们声音的技能。从本质上讲，这些程序能够为每个人分配一个唯一的“声纹”。他们的缺点在于，仅有一个用户讲话时，他们才能分辨出用户的声音，并且难以在嘈杂的环境中识别声音。当前，人工智能能够利用一种称为“深度聚类”的技术，这种技术被定义为一种机器学习类型，它使得软件可以同时收听多个声音并有效地识别出不同的说话者。这种深层聚类的方法赋予了人工智能区分多重声音的能力，即使多人同时长时间说话也能如此。

谷歌在2018年初展示了一个语音和声纹识别合体使用的实例。谷歌提到其人工智能软件能够使用视听语音分离模型来准确识别语音。该软件能通过监视人们说话时的面部特征来识别声音。先对软件进行单个语音和面部实例训练，软件随后就能将聚会场景中的其他声音隔离，从而可以有效地专注于某个人并只听那个人的讲话。

务必要认识到能够同时利用声纹和语音识别的人工智能的重要性。软件现在可以有效地收听多人语音（如人群中进行的对话），通过声音分离语声并转写。这样人工智能可以有效跟踪多人完整对话，即使机器关闭也可运行，并收集未被检测到的个人数据。在不久的将来，你的数据可能不是通过你自己的手机或设备收集的，而是由使用此类技术的朋友的设备收集的。

2）文本识别

在讨论文本识别时，有必要了解自然语言处理（NLP）的概念。从本质上讲，这允许人工智能有效地阅读诸如你的文本之类的东西，理解并分析其阅读内容。

2018年初，一篇有关自然语言处理的研究论文发表，其描述如下：“以96000多份放射科医生在西奈山医院和西奈山皇后医院进行的头颅CT扫描报告为基础，研究人员训练计算机软件理解这些由放射科医生撰写的报告文本，其准确性达到91%……NLP算法被用于教会机器掌握短语集，包括诸如磷脂、胃灼热和结肠镜检查之类的单词。”[①]研究表明，这种人工智能能够读取放射学报告并自动识别其中的临床概念。

微软和阿里巴巴等公司最近谈到了人工智能理解和分析文本的能力，其使用的软件有可能在理解测试中击败人类。尽管总体来说，软件的阅读能力不比

① 引自健康数据管理（Health Data Management）（2018年2月2日）

人类更优,但面对特定的任务时,它目前的理解速度要比人类更快。本质上说,如果让计算机在受限的参数下进行文本阅读,它比人类的理解程度更好。

这不仅是人工智能发展的重要一步,也是思想保护的重要一步。谷歌现在可以使用机器学习和预测文本来完善人们的句子。谷歌用于 Gmail 的一项功能被称为 Smart Compose,其可自动完成用户的电子邮件。回想一下,在上面有关语音和声纹识别的部分,我们讨论了人工智能的转写语音能力。如果把语音转写为文本的能力与在受限参数下理解文本的能力相结合,意味着人工智能现在不仅可以听取对话,还可以理解对话。

正如我们前面所提,脸书开发人员说他们已经创建了一个专用的 AI 工具,称为 Rosetta,可以读取脸书及照片墙中共享的表情包(以及其他图像和视频片段)中的文本。该过程基本上分为两个步骤:Rosetta 先扫描图像中的文本,再利用文本识别技术来识别文本实际内容。一旦文本被转录,系统便会解读文本的含义。通过 Rosetta,脸书可以改善其图像搜索能力,并对系统进行升级,以确定在新闻源中可能出现的图像类型。它还可以帮助公司自动检测并清除以前可能无法识别的仇恨言论。脸书表示,未来可能会使用相同技术来理解视频中出现的文本,尽管这将需要一套更为复杂的系统。① 利用此类信息,脸书可以大量积累针对每个已知人员的信息。

亚马逊正使用人工智能来阻止假冒产品出现在其网站上。2019 年 2 月,公司推出了“零容忍计划”(Project Zero),称将允许品牌不需要亚马逊的帮助,就可以自行下架假冒产品。② 这个初衷很好的项目,将再次被用来扫描和收集有关竞争对手和客户的互联网数据,一如反乌托邦电影《疯狂轮滑》(*Rollerball*)中的场景——这部电影描述了一个消费社会的未来世界,其经营者是大公司而非政府,每个大公司都有无限资源。这个世界的所有书籍都已数字化并进行过“编辑”,以适合公司的需要,所有书籍一概存储在受公司保护的超级计算机上:在电影中,全球中央超级计算机被称为“零点”……反乌托邦,即乌托邦的反面。

3) 大脑扫描

人工智能读取人类思想的能力?乍一听好像出自科幻电影。美国国防高级研究计划局发布了最新脑机接口——一款称作 NerveGear 的头戴式耳机。这是日本轻小说系列《刀剑神域》(*Sword Art Online*)描绘的产品,小说称其将

---

① 引自 Mashable 网站(2018 年 9 月 12 日)

② 引自 CNN(2019 年 2 月 28 日)

于2022年出现。[①] 大脑扫描通过这种隐形数据收集方式来读懂你，2018年初，这一产品通过使用所谓的功能磁共振成像（fMRI）和脑机接口（BCI）超越小说成为现实。

一个日本研究小组已经开发出具有此功能的人工智能："该软件从人们的大脑中导出信息，并将其与文字或图片匹配。一旦形成映射，将来的信息就可以被读取、解释，并用在各种类型的思维揭示或思想控制应用程序上。"[②]它通过经特定图像训练的神经网络和人脑fMRI来描绘人当前看到的是什么。

多伦多大学以不同的训练模式开发了类似的人工智能[③]："让受试人看着同一张面孔，机器对其进行脑电图（EEG）扫描。人工智能的培训由包含大量脸部图片的神经网络进行，网络教它发现照片中的特征和图案。在学会区分这些特征后，再教它把这些特征与脑电图扫描中记录的受试人看到同一张面孔时的大脑活动模式相匹配。"这项研究成果尚存争议，但人工智能似乎能够通过查看人脑的脑电图扫描，确定人们所看见的面孔。因此，人工智能未来可能具有通过血流和脑电图读数分析大脑模式的能力，它将确定我们的所见以及潜在的思考，或者说它将确定我们在买什么以及我们想买什么。这种类型的人工智能可以进一步用来分析人在思考时的心理活动，包括购物前站在商店门前的想法以及浏览购物网站时的想法。

脸书已确认其正在开发一项技术，用户使用思想就可以进行交流。脸书位于加利福尼亚总部的一个秘密部门已经花费数年时间试验读心术[④]，其创始人马克·扎克伯格曾将心灵感应描述为"终极通信技术"。

总体而言，AI的这些进步以及我们对大脑的理解正在改变广告的性质和投放方式。广告，尤其隐性营销，将越来越多地融入消费者的日常生活。就语音识别而言，消费者已经使用语音来创建电子邮件、将产品添加到在线购物车、更新日程、查看交通情况等。智能设备和扬声器不断记录着消费者的顾虑、查询、位置、活动、交互及健康状况。品牌利用信息优势，尤其是语音和视觉输入优势，积累着更多信息。品牌不仅可以精准投放广告，还能与消费者的日常生活无缝对接，打破内容与广告之间的界限。

消费者并没有完全意识到这些算法越来越多地决定了自己的驾驶路线、收听的音乐、观看的节目、访问的网站、阅读的书籍以及所购买的产品。广告对情

---

① 引自Inquisitr网站（2016年2月23日）

② 引自CNBC（2018年1月8日）

③ 引自计算机世界Computerworld网站（2018年4月7日）

④ 引自《每日电讯报》（*The Telegraph*）（2017年4月19日）

境的把握能力也越来越强。例如，你正在准备晚餐，要求 Alexa 提供烤鸡食谱。Alexa 会为你提供一份由家禽公司赞助的菜谱，然后你会告诉 Alexa 当天下午就让当地网上杂货店外送部送来五磅鸡肉，供应商正是 Alexa 推送给你的那家家禽公司。这些新技术，将使广告更快得到响应，从而促进消费。

一项研究表明，借助功能磁共振成像，即使只使用少量（大约 30 人）记录的神经数据来预测市场行为，也比传统的营销工具更为有效。[①] 在预测音乐的市场销量、慈善捐款量甚至反吸烟运动方面，其表现也优于行为数据。当然，所有这些技术都还不能立即大规模使用。公司将持续增强创造力，以推出颠覆性产品。

如果品牌继续使用隐性营销策略来积累信息，那么他们就可以保持消费者对自由选择的幻想，同时悄悄地预测和操控他们的行为。

二、隐性营销策略与人工智能

消费者每天都面临成千上万的隐形数据收集实例。使用 AI 进行创新的隐性营销活动似乎完全不受限制。在对其进行仔细研究前，我们将首先对 AI 隐性营销策略进行归类，归类的基础在于其营销计划的不同要素及其定价和分销方式。

1. AI 策略用于发布产品

1）如果产品免费，那么你就是产品[②]

在消费者使用免费产品时收集数据的想法让我想起了一句名言："如果产品免费，那么你就是产品。"公司正在将你转化为公众中的自愿"品牌大使"（米歇尔 & 奥古斯丹，雀巢，甚至州政府都一直在这么做）。本书第一部分中，我们研究了此做法的社会心理学基础，即互惠原则：这是在任何社会都通行的准则，对受过的恩惠给予回报。如果你免费使用了谷歌，你会在其他方面为谷歌提供帮助。品牌大使们其实是在无意识的情况下无偿为机构或公司推广其产品或服务。品牌大使的设定是要在外观、气质、价值及伦理道德等方面代表公司形象。从更广层面来看，品牌大使并不重要，重要的是他们所带来的数据。最好

---

① 引自《哈佛商业评论》（*Harvard Business Review*）（2015 年 11 月 3 日）

② 苹果公司总裁蒂姆·库克的名言

的品牌大使是以无声的方式使用促销策略，影响大众在购买和消费更多商品时留下更多数据。美妆行业里这类例子很多，很多美妆大V都在YouTube和Instagram上推广化妆品，如杰弗瑞·斯塔，杰奎琳·希尔，詹姆斯·查尔斯，曼尼·木尔，尼基私教课，尼基塔·加昆和塔蒂·韦斯特布鲁克等。所有这些美妆博主都收到了化妆品公司公关包裹，用来宣传化妆品。大V们的服务表面看是免费的，但实际上，消费者本身就是公司分析和收集数据的产品。

2）价格：收集个人数据的新方法

你有过几次这样的经历：在乘坐火车或飞机时，你和邻座一番简单聊天后发现，你俩的票价不一样？价格是向广大消费者出售更多产品并在竞争中脱颖而出的一种手段。例如，在旅程网(Orbitz)上订票时，如果你使用的是苹果笔记本，那么网站给出的票价会更高。① 一些行业操作更加明确：算法仅根据你的直觉为价格建模。② 例如，中国有一家肯德基餐厅，顾客可以刷脸支付。客户在终端下单时，终端会扫描他们的脸，如果与存储在系统中的身份证照片相匹配，则客户只需微笑并输入电话号码即可付款。阿里巴巴的子公司蚂蚁金服也推出了这项新服务。使用此类服务的公司可以使用AI分析付款数据，广泛解读人类行为，尤其是诸如微笑、瞪眼或愤怒的面部表情等无意识的反应。通过监视人脸对价格做出的反应表情，公司可以确定价格是否合适以及是否符合消费者的购买能力。

在中国，AI在影响消费者购买行为方面起着至关重要的作用，其离散算法能跟踪、分析并满足每个消费者的特定需求。最新的例子出现在于广东省，该地区的客户群可以体验高科技服装推荐，在杰克·琼斯(Jack&Jones)和维莎曼(Vero Moda)等服装店的智能试衣间即可体验。通过面部识别技术，魔镜可以使顾客看到自己穿上所选择的衣服的样子。根据客户的性别、年龄和实际喜好，魔镜可以将最初选择的服装替换为其他建议选择，从而消除了顾客在销售楼层和试衣间之间不断来回的麻烦。为了享受这些服务，消费者必须首先通过微信激活其虚拟会员卡并授权面部识别付款。微信支付(WePay)与支付宝是中国使用最广泛的两种电子支付应用程序。

3）用位置策略埋伏人工智能

早期的超级市场会在朝向出口的地方建有一段稍微上坡的路，因此你要花

---

① 引自《回声报》(*Les Echos*)(2018年5月15日)

② 引自CNN财经(CNN Business)(2017年9月1日)

更多的时间和精力才能到达出口。现在，专业解析器（数码实体超市中因为AI的出现而创造的工作如Amazon Go）已经出现，专门解析店中货物的供应。解析器通过传感器连接到你的手机，可以检测你在商店中的位置，分析你的数据、路线、购买或不购买某产品的决定，然后向你提供个性化的商品特供单。像在传统商店一样，你原来通过商店右侧入口进入，通常你并不急需的产品会放在右侧，以吸引超市中90%的消费者。这意味着你将在商店里花费不必要的时间来面对不必要的产品。而智慧超市通往出口的道路是由机器学习专门设计的，为的是能操控你的意志。这些新型的超市会改变商店的货架情况，吸引你购买（例如故意将硬纸板箱合上，让你自己去打开，以创造购买欲望，或只留下少量产品以使你产生商品余货不多的错觉）。此外，你所有的购买都将通过手机完成，你的数据将在商店中被即时分析，品牌超市将为你的下一次访问重建专用的更新路径。

在未来的智慧超市中，营销人员将播放轻音乐而不是摇滚乐。为什么？消费者不用匆忙，而可以花更多时间边逛边买。智慧超市将通过店内摄像头的面部识别技术提前知道每个人的喜好，并会在购物者面前烹制开胃菜，使他们饥肠辘辘。

之前，产品可能会大面积铺陈，因为沃尔玛或家乐福的所有人都知道，大货量能带来大销量（充足的货架能增进你的购买欲）。不过，商品供应将走上个性化路线。一家数码实体超市的首席执行官向我的一位学术同行解释过，收银员有时会特意摆放一些便宜产品，目的就是要让其被盗。盗贼偏向于容易一把扫走的东西，而非高价值产品。因此，甚至盗贼也逃不过被操控的命运。

2. 隐性营销战略

我们对人工智能的隐性营销进行了分类，分类的依据是其是否对客户可见以及竞争企业是否有所意识。人工智能隐性营销可分为以下三类：(i)AI对消费者可见但竞争对手不知情；(ii)AI对顾客和竞争对手都不可见；以及(iii)AI虽对消费者隐形，但商业竞争对手均知情。下图对这三类隐性营销做了说明。

商业竞争者 \ 目标客户	可见	不可见
有意识	非隐性营销 传统商业操作	子品牌 由 AI 监控的伪博客
无意识	专备机器学习的数据库营销 协会/社群	隐性口碑 超针对性部分 导向性民意调查

AI 世界中的顾客及竞争者意识[①]

1）消费者可见的 AI

某些 AI 营销对于消费者是可见的，而企业/竞争者对之并不了解。这包括数据库营销和合作机构或社群。

数据库营销：营销数据库将其对客户的理解提炼为表格信息。这些信息被用来“喂养”大公司的弱 AI，从而创造与客户进行一对一交流的机会，而公司竞争对手对此毫不知情。由于没有使用可见的营销手段（例如广告、促销和个人推销），竞争对手意识不到公司与客户间在发生交流，也无法采取相应手段反制。营销人员有大量机会通过社交媒体收集数据以定位目标客户。如前所述，微软的 Presenter Coach AI 会分析你的 PowerPoint 演示文稿、你的想法、思考和公开演讲，它会为你提供清晰的反馈，并在演示结束时提供小贴士和评论。微软可能会继续使用这些数据“喂养”其他 AI 算法来设计更多定制产品。

这里再提供另一个案例，宝洁公司（Procter&Gamble，P&G）正在全面改革其营销方法，注重数字化的同时将营销活动转向大规模传递个性化消息。以帮宝适（Pampers）为例，当准妈妈开始在谷歌上搜索相关信息时，宝洁（P&G）会得到信号：有人即将开始她们的母亲之旅，并随后锁定相关目标。当准妈妈怀孕进入最后的三个月时，宝洁 AI 可能会给出尿布袋里该放置些什么的建议。如果婴儿已经出生，则 AI 可能会随着婴儿的成长，向消费者展示不同阶段应该购

① 受罗伊及查特帕德亚（Roy & Chattopadhyay，2010）的文章影响

买的纸尿裤产品。[①]

公司还使用社交媒体创建非营销网页，与用户进行直接交流（目的是将用户转变为忠实客户）。在 YouTube 上，营销人员可以伪装成非商业用户，在社区中传播与品牌相关的信息，并以此开展隐性宣传。例如，时尚品牌 Wholesome Culture 使用策略性标签来吸引目标受众。他们在 Instagram 上使用“素食生活”（#veganlife）和“健康饮食”（#plantbased）之类的标签，因为这正是目标受众搜索的标签。Wholesome Culture 虽是一个时尚品牌，但大量使用网红动图，跟随流行文化趋势，吸引更多用户参与。品牌充分利用发布帖子获得的热度，在梗图或搞笑段子之间夹带与所销售产品相关的内容。玩梗的时候，策略很重要，既要迎合他们的受众又要把握整体整合营销信息。梗图及段子有助于吸引合适的受众，同时也让用户更了解品牌。Wholesome Culture 还发布食谱视频，因为他们的受众以健康饮食主义者为主，健康饮食主义者面临的挑战之一就是寻找美味的食谱。因此，发布这些食谱视频可以吸引新客户，巩固粉丝，提高参与度并促进有利于数据分析的互动。

协会/社群：为了留住客户并提高其忠诚度，公司会与客户所在的协会和社群建立紧密联系，并利用这些协会的号召力向他们推销产品。例如，美国退休人员协会（AARP）在各个不同的行业中拥有众多合作伙伴，包括餐馆、娱乐、服装和零售业。[②] 软件公司 PNI Media 与众多零售公司建立了合作关系，例如沃尔玛、开市客、CVS 药店、来德爱（Rite Aid）和特易购（Tesco）。2015 年 PNI 被黑客入侵时，大多数超市的 AARP 客户都意识到了这些合作伙伴关系，因为他们的信息遭到了泄露。[③] 这些协会允许各合作品牌访问大量协会成员的私人信息，以便其了解细分市场并向特定目标进行销售活动。

2）用于消费者沟通的隐形 AI

有些 AI 的设计就是为了隐形，消费者和竞争对手在其所销售的任何产品或服务中都看不到其存在。AI 其实无处不在，可以应用于任何事物（汽车、智能手机、智能手表、应用程序、耳机等），正如你将在以下内容中看到的那样，品牌可以使用 AI 与消费者沟通，方法多样，包括口碑营造、精准定向及导向性民意调查。

---

① 引自 Marketing Week 网站（2017 年 10 月 10 日）

② 引自 AARP 网站（2018 年 8 月 18 日）

③ 引自《福布斯》（*Forbes*）（2018 年 2 月 6 日）

——为开发中的新产品打造口碑：品牌打造口碑的做法是，发布神秘预告，开展悬念预热造势活动——类似苹果新品发布——吸引潜在消费者和毫不知情的竞争对手。当消费者的兴趣被激发后，他们会自发在论坛上进行讨论，并与公司的员工进行交流（如今都和聊天机器人——收集并分析你的在线对话的机器学习设备）。例如，特斯拉为其电动越野车 Model Y（甚至还没有正式名称）制作的预告图非常模糊，仅在一次股东大会上发布了一个神秘图像，绝对谈不上任何细节展示——汽车的大部分被阴影挡住，仅显示了基本形状和新型车轮的提示。这是一辆跨界车，从特斯拉 Model 3 的基本款升级成为多功能车，原计划于 2019 年 3 月发布。消费者在网上就特斯拉进行了激烈的讨论，而聊天机器人和其他机器人则对他们在论坛和社交网络上的对话进行分析。

——用户行为定向：用户行为定向即根据用户过去的在线浏览行为，将广告推送给个人，该技术由第三方存储的浏览信息数据（cookies）支持。个人、竞争对手和其他企业对此都不知情。行为定向也可以采用其他类似形式。比如，2016 年 8 月，有消息称 Snapchat 将参与行为定向。“Snapchat 目前仅使用用户 APP 上的活动行为数据。至少在现阶段，Snapchat 不会使用用户 APP 之外的网络浏览行为数据来投放定向广告。但不排除未来应用的可能性。”①

这里的潜台词是，“如果某用户是篮球内容的重度消费者——他可能订阅了 NBA Snapchat 账户或在 ESPN Discover 频道上消费了很多内容——那么广告客户可以将他定向至‘运动’或‘篮球’类产品”。值得注意的是，Snapchat 的隐私中心表示：“我们希望你被了解。我们想了解你和与你生活息息相关的一切，并向你展示你会关心的事情。同时，我们不希望投放过度量身定制的广告，以免给你带来侵略感或不适感。”可以说，此类广告虽有争议，但确实打破了旧有广告宣传的套路，也就是说，其广告性变得更为隐秘，而不是更为公开。

——导向性民意调查：导向性民意调查是一种负面的政治竞选招数，常以进行民意调查为伪装，去影响或改变潜在选民的观点。

3）对消费者隐形，但企业和竞争者都知情的 AI

AI 监控下的某些隐性营销可能对消费者不可见，而其他企业和竞争对手则完全意识到了这一点。这包括设立子品牌和撰写假博客等方式，大众从此类营销活动中了解到的事实与对话其实都进行过精心设计与加工。

——Flog：“flog”即虚假博客，例如“走遍全美沃尔玛“（Walmarting Across

① 引自《商业内幕》（*Business Insider*）（2016 年 8 月 26 日）

America)。一个叫吉姆的男人和同伴劳拉开着房车进行越野旅行,在可泊房车的沃尔玛停车场露营,并与沃尔玛的员工和消费者进行交谈。他们充满活力的博客在一系列有关沃尔玛的典型博客中脱颖而出且立刻声名大噪,尽管背后其实是另一回事。事实证明,他们的旅行由宣传机构"沃尔玛工作家庭联盟"买单,该机构由全球公关公司爱德曼(Edelman)投资,沃尔玛即为公司客户之一。但博客里丝毫未提这些关联。虚假博客的访客们留下的评论是获取信息的便捷手段。此类信息还可以被监控,用来获取有关竞争对手的负面陈述。作为隐形数据收集的另一种技术,沃尔玛在近1000家门店中配备了AI机器视觉系统。该系统被安装于自助付费处,可降低商品扫描错误率并减少偷盗。若发现可疑活动(如未扫描商品),结账处员工会收到报告,并前往解决问题。此例中我们能看出一点,沃尔玛未经顾客许可,就在结账点从所有客户处收集数据,以修正他们所谓的错误。[①]

——子品牌/隐形"血统":公司还可以使用多个品牌名称来命名不同产品[多品牌策略,例如脸书与WhatsApp和Instagram;亚马逊与Prime Music(音乐平台——编者注),Twitch(游戏影音流平台——编者注)及Prime Video(即时视频平台——编者注);谷歌与YouTube和Waze(导航地图软件——编者注)(前身是机器人公司"波士顿动力学");优步和Careem(阿拉伯乘务共享公司——编者注)],目的是扩大品牌数并增加交叉数据收集量。这些惯用法的共同目标是:隐藏单个品牌或多个品牌的出身或血统,使普通消费者认为该品牌是新品牌,而他们的独特产品是由较小公司生产的。公司正在通过PRM(潜在客户关系管理)和CRM(客户关系管理)方法来收集个人数据,将两种方法结合起来对你实现超精准定位。

隐性营销的作用甚多,包括:避免负面宣传、绕过审查、改变消费者对品牌的认知、传播产品理念(有时不阐明行事意图)、发出降价信号、提价、进行秘密价格战、提高产品认知度[②]、鼓励尝试新事物、引导消费者发现产品等。

品牌在暗中使用这些方法的同时,也令消费者产生了自由选择的幻觉。自19世纪以来,营造自由选择的幻觉一直是大众营销操控的基本策略之一。当然,利用数据收集来操控消费者的营销策略并不违法,但借助AI进行的隐性营销是否合乎道德?在下一节中,我们将探讨基本的道德规范及其对未来的影响。

---

① 引自PC Mag网站(2019年6月24日)

② 引自A. 开尔卡蒂与J. 开尔卡蒂(Kaikati A. and Kaikati J.)(2004)

三、伦理、侵入与启示

显然，面对 AI 隐性营销，消费者不仅没有自由选择权，甚至连选择权也谈不上。在 1957 年出版的一本非小说类畅销书《隐藏的说服者》(*The Hidden Persuaders*)中，美国记者万斯·帕卡德(Vance Packard)描述了一种“奇怪而独特”的影响力，也算有据可查地证明是非道德隐性营销实施的最早例子之一。美国公司基于情感研究和社会科学分析，使用巧妙的方法说服人们，即潜意识刺激，也称阈下效应：用短消息告诉我们该怎么做，但短消息只一闪就消失，以至于我们都不知道自己已看到了它们。1974 年，美国联邦通信委员会宣布这些消息对公众有害。

2019 年，谷歌被发现使用谷歌扬声器中的麦克风偷听消费者并监视他们的私人生活。① 如果品牌使用 AI 来进行数字营销、收集人口统计数据或开展秘密营销的话，那么谷歌这种“不说实话”的方针如何过道德关？目前看来，似乎还没人试图阻止这种情况的发生：禁止潜意识传播信息的法案虽已提交美国国会讨论，却从未被通过。

1）我们生活里的不道德入侵

隐性营销中的不道德手段包括产品放置、秘密代理人、虚假媒体、大 V 和演员使用等。不道德隐性营销最明显的例子是，隐性营销有时会将消费者变成羊，而营销则是披着羊皮的狼。消费者不知道究竟该如何解读营销呈现给他们的信息，因为信息来自受信任的媒体(如虚假的 Yelp 评论)。尤其在针对儿童的隐性营销活动中，这类话题具有明显的伦理意义。其次，隐性营销可能使人们更难完全信任周遭的世界——包括从朋友和亲人那里收集的数据；如果所有事物都可以成为广告，或者社交网络上的任何一个“赞”都是 Instagram 或 Snapchat 分析的数据点，并且你不信任广告，那么你将更难信任网络上得来的对事物的看法。第三，隐性营销可能使某些艺术形式变得廉价，如电影院、博客、播客和独立媒体等——它们不再纯粹是艺术，而成为广告的工具。

多年来，美国联邦贸易委员会(FTC)一直试图打击社交媒体上的名人隐性营销活动。2017 年，FTC 向“大 V 们”发送了一封信，要求他们在推销产品时必

---

① 引自《费加罗报》(*Le Figaro*)(2019 年 2 月 8 日)

须明确告知受众。尤其像 Instagram 这样据称拥有 10 亿月活用户的平台,这是营销人员和大 V 们(及其庞大且忠诚的粉丝群体)之间交易个人信息的巨大机会。据报道,卡戴珊一家每条帖子最多可获得 50 万美元。他们向数千万的粉丝推销各种产品——从排毒茶到腰部训练器不一而足。这是不道德的吗?金·卡戴珊的性爱录像带被众人围观,这些围观者也同样享有关注她的帖子和推文的自由。这是非法的吗?未公开的促销活动模糊了广告和真诚推荐之间的界线,澄清和透明化大有必要。一般而言,自 2014 年以来[①],大 V 们必须给广告标识注上“广告”(#ad)或“受赞助”(#spon)的标签。然而,卡戴珊一家可不吃这一套。为了提高销售量,他们仍以私人名义进行产品宣传。

线上零售也同样如此,星级评分和热门搜索即为实例。从法律角度来看,营销人员秘密收集和使用数据是促销术的一种,即营销人员作为制造商代表对产品进行广告宣传,但未向客户提示这是广告信息。相应的结果是,该方法被很多人视为具有欺骗性和不道德性。从技术上讲,没有什么是非法的。消费者始终有机会解除业务关系,尤其当业务的基础建立在他们并不知情的公共宣传之上时,他们更有权利随时退出。拒绝消费主义的油管博主们纷纷开始制作“反种草视频”(与种草自己新购好物的视频相反,他们的视频内容是绝不会买入的物品介绍),此趋势让美妆界非常闹心,因为美妆大 V 们不再展示自己的化妆技巧和手法,而只是纯粹兜售刚上市的美容产品。

日本最大的在线零售网站之一雅虎购物(Yahoo Shopping)受到了隐性营销的审查。该网站的产品搜索结果由 AI 算法根据公司提供的广告费用高低来决定。其允许卖方获得更高排名的两种方法受到质疑。第一种方法中,当客户搜索的商品恰好与某推广产品匹配时,该产品将排在搜索结果的顶部。这个方法不仅吸引了客户的注意力,还钝化了广告留给人的感觉。雅虎虽不承认进行了隐性营销,但随后确实将此类排名的标签更改为“店家推荐”。

第二种方法是零售商可通过支付较高的广告费而显眼地排列在搜索结果的顶部。雅虎认为,他们没有从事隐性营销,因为其网站本身类似于一个目录,意味着整个购物网站都可视为广告,没有理由再为单个商品添加广告标签。[②]这种策略貌似不太道德,但是同样,它并不违法。如你所见,尽管雅虎采用隐秘的策略向消费者推销产品,但考虑到技术和营销方法正在发生日新月异的变

① 引自美国联邦贸易委员会(Federal Trade Commission)网站(2017 年 4 月 19 日)
② 引自《日本时报》(*The Japan Times*)(2017 年 9 月 20 日)

化,法律和道德的含义只能等待未来岁月来解决。

那么,是否有拒绝此类方法的良方呢?

2)对隐性数据收集的非真实抵抗

在《纽约时报》一篇题为“聊天机器人威胁民主”的文章中[①],作者描述了使用聊天机器人带来的危险。由于隐性营销人员在数据收集中使用的策略及其对销售的操控并未立即被视为一种广告形式,因此该方法可能会引起立法者的注意,有助于数据收集的操作标准的制定。鉴于有关此类操作的司法议题已经出现,当代商界巨子及业界创新者极有必要做好相关准备,未来需要遵守相关规定,合法营销。

鉴于上述隐性营销在道德方面存疑,一些进行有组织的抵抗的法律机构及团体出现了,专门针对使用智能数据分析进行的隐性营销。这些机构包括一些公益研究小组、其他第三方组织、监管机构,甚至是零售商。他们将扮演隐性营销的反制角色,成为隐性营销的吹哨人。为了避免触犯政府法规,也为了不失去消费者信任,音乐及新闻频道这些行业已开始自我监管隐性营销行为。法律不仅可以禁止 AI 的秘密营销和随之而来的操控,也可以对此进行惩处。违法者将被公示、谴责,甚至被起诉。中国于 2020 年 5 月颁布了新的《民法典》,将于 2021 年实施。该法典对个人隐私信息给予了更多保护。

想要起诉隐性营销行为人的话,未必需要非常明确的相关法律。作为一家提供平台、让独立观察人发布商业评论的私营实体公司,Yelp(我曾在 2013—2014 年与其代理机构有过合作)已起诉那些在网站上创建虚假评论和试图将其网站用作隐性营销平台的人,他们的操作已妨碍了公司自身的有效数据收集。[②]然而,隐性营销、商业操控和违法之间的界限是什么?某眼镜品牌的营销经理最近告诉我,他们申请了《法国世界报》(*Le Monde*)的服务(该眼镜品牌已与出版商达成合作伙伴关系),可根据客户在大街上的地理位置对其进行定位。每当消费者在竞争对手的门店前停留超过一分钟时,《法国世界报》就会检测到信息并将其同时发送给脸书算法以及眼镜品牌商。眼镜公司将立即向该消费者发送一张产品折扣券,推动该潜在客户继续前行,去往该眼镜品牌的门店。技术角度上说,这个操作并不违法。

① 引自《纽约时报国际版》(*New York Times International Edition*)(2018 年 12 月 8—9 日)

② 引自《哈佛商业评论》(*Harvard Business Review*)(2019 年 11 月—12 月)

AI 产生负面结果的另一个实例与领英（Linkedln）有关，有人在领英网站上使用了伪造的个人资料。2019 年 6 月，网站上出现一则虚假的个人资料，一个名叫凯蒂·琼斯的红发女人声称自己在“华盛顿特区顶级智囊团”工作。事实证明，不仅其个人资料是假的，甚至使用的照片也是假的！[①] 技术专家在图中发现了生成式对抗网络（GAN）伪造照片的常见瑕疵，因此认为这张照片是由 AI 合成的。

为了生成此类照片，GAN 要从真实个体的现有照片中模拟假脸：“人工智能算法的基本做法是从各种照片中提取不同的元素（例如发型、眼睛形状和嘴巴），合并在一起生成一个全新的人。”坊间通常的看法是，只有间谍们才会使用伪造资料来建立与前政府官员之间的联系，目前为止，还没有针对伪造资料采取任何大规模的法律行动。

本书简介中还分析了另一个安全问题，一千多条谷歌助手的语音记录被泄露，其中包含了一些永远不该被获取的敏感信息对话。问题的根源在于只要听到“OK”或“嗨，谷歌”等字眼，录音软件就会被唤起并开始录音。虽说安全漏洞完全是由谷歌员工的疏忽造成，并非由系统黑客或故障引起，但这个潜在问题一直存在——谷歌助手 AI 在不知不觉中记录着你的一切。然而，没有任何人因此停用谷歌的服务。

尽管还有一些公共和个人力量仍在抵抗，但这并不意味着他们可以阻止正在发生的事情。AI 和隐形数据收集将继续合法增长。当今的品牌力量强大，未来他们很有可能试图掩盖自己神话般或者近乎魔术般的本性。消费者像任何公民一样，乐于受到权威的指引，前提是他们确信自己能掌控这个权威的正统性。隐性营销技术会尽可能隐藏其商业利益，继而隐藏其神祇般的力量。

至少，按照斯宾诺莎（Spinoza）的理论，消费者生活在自由思考的幻想中。从长远来看，公司使用 AI 进行隐性的数据收集可能会给自己带来一个更大的问题，那就是，讨厌品牌和市场营销的消费者会越来越多，他们也确实有理由怀疑营销与品牌的无所不在。以 DNA 鉴定公司 23andMe 为例，该公司正在创建一个巨大的人类 DNA 数据库，收集你的数据，以换取基于对你 DNA 分析后做出的预测。

弗洛伊德创造了一个名词——“不安的异象”（inquiétante étrangeté）。有一次，他被窗户倒映出的景象吓了一大跳，事后发现那其实只是他自己的倒影。

① 引自企业家（Entrepreneur）网站（2019 年 6 月 14 日）

由 AI 监控的社交网络、品牌、应用程序、物联网、机器人、网络搜索引擎——所有这些无处不在且线上线下都可收集数据——它们可以创建出一个我们自身的虚拟替身，一个钻进我们脑海深处进行过探测、所以深刻了解我们感知的替身。[①] 诚然，我们总想向世界展示一个理想的自我版本；但我们知道，撒谎、隐瞒或伪装，都是我们生活的一部分。

可是社交网络、机器和 AI 不会说谎。它们帮助我们做出的决策不会与我们的无意识相左，这对我们来说只会更好。AI 是美丽的，也同样非常可怕：我们终于可以按照内心想法生活，但我们的内在冲动和购买需求将完全透明，哪怕购买力实质下降。然而，如果这些内在反射被主管部门、公司、有权势者或其他机构使用，那么离被操控就不远了。以上所有机构都可以对我们做出判断，不是根据我们的所作所为，而是由算法依据我们的在线行为分析得出：我们到底想做什么。作为人类的天性，我们躲不开这条操控之路，甚至在这条路上踩刹车也做不到。[②]

另一个可能的选择是——品牌说出营销真相，而消费者选择接受。如果消费者意识到隐性营销的发生，他们可能会明白公司将从中得益。没人喜欢被骗，这也可能使得公司对隐性营销却步，转而选择真心帮助大众，为大众的福祉出售产品，并让他们了解真相。

① 引自法国《世界报》(*Le Monde*)(2017 年 12 月 26 日)

② 引自 Joule and Beauvois(2002)，Guéguen(2006)提到：按照服从和操控的理论，《沉没成本》(*Sunk Cost*)认为，当一个人在不良投资上花费了 500 000 美元，他将尝试在新投资上再花费 500 000 美元，只为说服自己第一步是正确的。

下一部分

未来的替代方案会是什么呢？

我们不妨思考一下：如果 AI 对我们欲望的预测是完完全全的，那为什么还要避免所谓的数据主义，即数据信仰呢？我们将要思考的例子已超出了我们现在的所见范围。如果我们的整个生活要被监视——包括我们的假期、我们的工作——那么，或许简单同意购买或直接接受命令就是更好的选择，就像你也会去征询他人的意见一样——神、神话和神兽都有可能来辅助决策。

我们可以将 GAFA 视为新的神话，他们越来越像一个国家。因此，我们可以接受他们在法律、外交和金钱方面的指令。

正如我们在第一部分中看到的那样，消费者习惯于被传统讲故事的手法操控。在新神话品牌统治下的世界，人们有意识地被胁迫也属正常。在自愿奴役的背景下，我们将从心理分析的角度分析这些操控技术如何发挥作用，并力求了解 GAFA 催生无意识被动的更深层机理。

最后，我们将研究合法 AI 营销帝国兴起后，可能出现的法律问题。

第四部分：AI 神话将为你做出决定

数据不是以天或小时为单位持续增长，而是以纳秒为单位。无论其来自“点赞”、分享、点击、流内容还是商业交易，数据连续不断地在生成。据估计，如今地球上每个人每秒会创建 1.7 兆字节的数据。每一分钟，亚马逊都会发送 1111 个包裹，Instagram 用户发布 49 380 张照片。脸书每秒新增 5 个账号，每天上传超过 3 亿张照片，每分钟发布 510 000 条评论，更新 293 000 条状态。[①]

数据为王，数据在推动业务决策和品牌创新。

本部分将专注于未来消费的另一种可能性：出于一以贯之的心理，人们会有意识地接受购买时的操控。他们将接受这些品牌积累其数据，分析其动作、欲望、行为和需求。他们会同意由所谓的“权威”引导自己的生活，前提是他们尊重这些神话般权威的品牌。为了做到这一点，GAFA 会说服消费者，最好相信这些全能之神，让他们为你做出决定。即便 2020 年人们谈论的已是概率和统计数据，GAFA 和其他新神也几乎不会在这方面犯错，他们给出的往往是最佳预测。就像信奉希腊上古的神明一样，人们相信预言之神卡桑德拉预知的情景。我们目前消费社会的基础——以个人自主选择购买为根基的自由主义——很可能就会崩溃。

在传统神话日渐消亡之时，品牌开始取而代之。他们的牧师（传播和公共关系经理）是油管播主，他们的圣经则是广告。根据赫拉利所说，硅谷的高科技公司的首席执行官们正在创造一种新的通用说手法，即数据主义，它使得算法

---

① 引自 DOMO 网站(2018)

和大数据合法化。[①] 赫拉利谈到了上师和先知，他们认为宇宙是数据流，而有机体不过是生化算法而已。随着全球数据处理系统变得无所不知、无所不能，它比我们自己更了解人类的能力[②]，它弱化了生化算法，而转向电子算法[③]。这个想法的核心是，大数据下产生的超人类比人类本身更加可靠。

处于第四次工业革命最前沿的 AI 已经演变成了更多的东西。硅谷的美国工程师安东尼·瑞凡朵斯基于 2015 年 9 月成立了一个新的宗教组织，从另一个角度解读了 AI：这是一个"以人工智能为基础的逐步发展的神祇"，其终将"改善社会"[④]。

然而，如果品牌缺乏政府或宗教那样的合法性，他们如何发挥神力？正如之前讨论过的，并如精神分析家塞弗里奥·托马瑟拉（致力于研究品牌神话）的论文所言[⑤]，品牌已使用各种策略影响消费者以期销售更多产品。为了对我们有完美的了解，品牌可以用 AI 分析我们的行为并预测我们的需求，从而决定我们的选择。AI 技术让品牌将操控转移到了传统营销领域之外。AI 系统可以使用个人信息数据，再配备上庞大算法及大量数据训练，其智能设备将在每位消费者的日常生活里植入个性化广告。需求会被创造，选择将受影响，人和神灵之间的关系与此如出一辙。借助诸如大脑扫描和心灵感应等未来技术，AI 品牌随时为每位消费者创建个性化内容已成为可能。如我们所见，既然接受操控一直是我们的本性，为什么不接受这种新的默认设置呢？

赫拉利以脸书为例，表明算法在预测用户的个性和喜好方面要比我们的朋友有效得多。如果 AI 能够为我们做出决策，并且比以往做得更好，购买产品不仅变得更容易，我们的幸福感也会增强。但是这个愿景将会导致数不清的法律问题。既然无人驾驶汽车比人类驾驶员更安全，政府是否会取消颁发驾驶证？在未来，这些操控必将到达临界点，即 GAFA 将根据他们收集的数据为你做出决定。为什么？因为大众会将这些公司视为无所不知的仁慈的保护者，正竭尽全力帮助自己简化生活。本章内容首先将探索对这些新神话的未来预测，随后探讨各类或有意或无意的 AI 使用协议；最后研究新的 AI 营销帝国背景下的未

① 引自赫拉利（Harari）（2017b）
② 引自《金融时报》（*Financial Times*）（2016 年 8 月 26 日）
③ 引自赫拉利（Harari）（2013）
④ 引自天主教报刊《十字架》（*La Croix*）（2017 年 5 月 10 日）
⑤ 引自托马瑟拉（Tomasella）（2003）

来法律问题。

一、智能新世界:人工智能的导引

西方社会在过去1000年中已经发生了改变,正朝着更普遍的自由概念迈进。这种自由的观念定义着我们的生活,包括民主(民主一词来自希腊语,即人民+主宰;代表着人民的力量)以及资本主义制度。我们的制度自埃及王朝、罗马恺撒皇帝或欧洲国王一路走来。古埃及人仰仗诸神及法老指导他们渡过生死。今天,人们遵守各自国家的政府或领导人制定的法律。人们对政府系统怀有信任,希望他们能够保护既有的社会和生活方式。但是,即使是政府,也可能不能完成使命。[①] 如果大型品牌能以国家的形象出现,那么消费者可能乐于遵循,让出购买决定权。

1. GAFA 将取代国家

2020年,以下两方面间矛盾渐增:(1)全球化市场背景下GAFA(无国界的大型国际公司)开发出AI。(2)国家内部民主的持续存在。

我们可以看到,GAFA正在为成为国家而奋斗,这里的国家与其祖国美国有所区别。想要组建任何类型的国家,都需要一种政府形式来指引和领导其公民。建立政府必须具备以下四个要素:公民的安全保证、开展业务的通行货币、维持秩序的法律以及确定的边界。这些要素定义了一个真正意义的国家。当然,GAFA不会对美国宣战。将来,GAFA可能会成为具有象征意义的国家,在其客户的心目中权威更甚;我们事实上已在沿着这条路行进。

1) 一支安保军队

Maven项目是一个AI监视引擎。它用美国武装部队无人机拍摄的镜头来跟踪车辆和类似物体,处理信息,并将数据反馈给五角大楼。GAFA可以创建类似的安保系统。如谷歌的AI已被用于改善美国陆军无人机机群的定位功能。[②] 波士顿动力公司(该公司已被谷歌出售)的机器人与好莱坞电影中的未来机器人已相差无几。挪威石油和天然气公司Aker BP于2020年部署了波士顿动力公司的Spot机器人。[③] 该四足机器人安装在大西洋东北部北海的一个石

---

① 引自马丁(Martin)(2015)

② 引自Mint Press News网站(2018年4月6日)

③ 引自L'usine digitale网站(2020年2月10日)

油平台上，能够检查并监测漏油情况，收集数据后生成报告，从而帮助公司做出决策。Aker BP 的目标是提高海上作业的效率以及安全性。

从内部安全的角度来看，亚马逊正在提供面部识别及图像识别服务(Rekognition)以协助公共安全。俄勒冈州和佛罗里达州的执法部门已在使用这项服务。[①]

2）货币

GAFA 还进入了自己铸造货币的领域。2019 年，脸书介绍了自己的加密货币 Libra[②]，引起轰动。这款货币将于 2020 年基于区块链算法启动使用。借助 Libra，人们不需要银行账户即可进行付款和转账等金融交易。新的加密货币将使脸书除了拥有社交媒体业务之外，还成了一个大型金融机构。通过启用 Libra，脸书可以访问其用户的财务信息，并将收集到的财务数据与已经从用户的社交网络活动中收集的数据进行合并。[③] 因此，脸书可以将 Libra 用作一种新的数据收集方法，以支持 AI 算法来分析并发现消费者行为的更多细节。

Libra 有五个关键组成部分：它建立在安全、可扩展且可靠的区块链上；它是"稳定币"；它将由独立的 Libra 协会管理；它将使用 LibraBFT 共识机制；最后，它将通过 Move 编程语言使用智能合约编码。[④] 稳定币是模仿传统货币的数字货币。它们的价值与正常的加密货币相比要固定得多，因为它们的价值与美元、黄金和其他加密货币等其他资产挂钩。因此，稳定币享有加密货币的许多好处(例如透明度，安全性和隐私性)，避免了大多数其他类型的数字货币所具有的极大波动性。由于脸书已经拥有大规模的用户群，因此 Libra 不必像之前的加密货币那样从头开始。相反，脸书可以推动其 23.8 亿用户使用 Libra，并将其推向主流。GAFA 拥有自己的货币，不受美国管辖，因此满足了成为一个国家的第二个要素。货币使一个国家能够自己设定价格并与其他国家进行业务往来，同时还能创造自己的经济。

3）法律

现在，Alexa 智能扬声器可以成为谋杀案审判中的证人。虽然这一情形早

---

① 引自边缘(The Verge)网站（2019 年 7 月 18 日）

② 引自《福布斯》(*Forbes*)(2019 年 7 月 7 日)

③ 引自 PC Mag 网站(2019 年 6 月 18 日)

④ 引自区块极客(Block Geek)网站(2019 年 6 月)

已写入产品的一般法律条件(即服务条款),只是几乎没人会去读这些文书。2017年,佛罗里达州警方认为,一名谋杀嫌疑人的 Amazon Echo 录音可能包含导致一名女孩死亡的重要调查信息。一名43岁男子被指控谋杀女友,其女友因胸部刺伤而死亡。“与亚马逊声控个人助理连接的智能扬声器 Alexa 可能成为这一案件的证人。”“县治安官办公室获得了所有设备录音的搜查令。”①

美国试图利用民主和法律阻止 GAFA 实现其不断发展壮大,直到与国家竞争的目标。为确定 GAFA 是否有法律,或者一套类似于法律的东西,我们很有必要解释清楚我们使用“法律”一词时,到底指的是什么。法律是“政府制定的规则,规定了人们在社会和商业中什么可为什么不可为,如不服从,往往会受到特定的惩罚。”②根据此定义,组成 GAFA 的每个单独实体公司都有法律,而 GAFA 作为一个整体则没有法律。谷歌、苹果、脸书和亚马逊都有自己的用户协议和社区准则,每个人都必须遵守。考虑到每个实体公司的规则都相当多,如果 GAFA 将这些规则合并为一个统一的文本,那么可以说 GAFA 已经拥有自己的一套法律。虽然尚未出现有关合并的讨论,GAFA 一直在进行相关合作。具体来说,美国和欧盟政府都以反垄断名义对 GAFA 进行了指控。③ 但美国现在在 AI 方面不为其在中国的竞争对手让出赛道的话,就无法瓦解 GAFA 的权力。

2020年,法国通过了《阿维亚法》(AVIA law),旨在24小时内从主要社交网络、协作平台和搜索引擎中删除仇恨内容。“仇恨内容”的确切含义尚未编入法律。然而,未来告知法国政府谁仇恨谁、谁是好公民、谁是好消费者、谁与资本主义休戚与共的,将是谷歌、脸书和照片墙之类的平台——简而言之,法国政府已将其司法责任的一部分授权给了 GAFA。

4)边界

目前来看,GAFA 的物理边界仅虚拟存在于线上,在科技巨头及其子公司的域名里,以及每个实体公司的总部和办公室。但是,硅谷著名投资人彼得·泰尔一直在进行一个“浮动城市”项目,该项目可以避免税收和监管。官方层面看,浮动城市的概念来自解决主要城市不断上升的海平面和土地限制问题的愿

---

① 引自 NBC News(2019年11月2日)

② 引自《剑桥辞典》(*Dictionary Cambridge*)(2019)

③ 苹果公司目前卷入了一项反托拉斯诉讼,该诉讼案已交至美国最高法院审理。iPhone 用户辩称,苹果公司在其应用程序商店收取的30%销售佣金是对垄断影响力的不公平使用,此举导致的虚高价格传递给了消费者。

望,但它事实上完全符合乌托邦式愿景,是可独立于政府运作的城市及消费社会。①

GAFA将利用其作为象征性国家的地位来操控消费者。成为一个国家,将有助于GAFA从其公民中获得更多的信任和奉献。许多国家的公民都相信,国家保护自己的生活方式,自己才可以免受外界威胁和恶意接管。大众普遍的观点是,国家保护自己的公民,作为回报,公民爱戴、尊重并信任自己的国家。如果GAFA的地位可与国家相提并论,那么它就可以消除普通民众中存在的有关品牌是不是科技巨头组成的邪恶集团的异议。如果GAFA可以具备一个国家的外表,那么它将依据习俗获得权威,而AI的崛起将在我们日常生活中更为大众所接受。

在赫胥黎的《美丽新世界》中,人们习惯用购买和消费使经济运转。这种习惯是人们放弃了自由,换来了世俗国家的经济和社会稳定的结果。如今,类似的情况正在发生。人们可以选择放弃使用GAFA的平台和服务,但没人会这么做,因为GAFA不仅使我们的生活更轻松,还给我们提供了即时满足感。作为交换,人们甚至愿意放弃某些东西,当前情形下也就是放弃自己的消费者数据。电子邮件服务可能是免费的,但公司会从你的账户中收集大量数据。这种交换看上去并不那么糟糕,因为这项免费的服务可以让你的生活更轻松。如果品牌能够使所有人的生活更加轻松便捷,那么消费者更有可能保持忠诚、顺从、听话。凯斯勒认为,承诺是个人与其行为之间的联系。② 无论是身体上还是言语上的承诺,都会激发一种心理上的压力,它促使我们努力实现自己承诺过的事情。即使是已经开始的行为,承诺压力同样存在。因此,由AI监督的电子邮件和数据库营销被称为"承诺项目"。想想看,虽然大家都知道上网、烟草、反式脂肪、糖及酒精对健康有负面影响,但总有人沉迷其中且过度消费。长期的坚持和忠诚会增强承诺的影响力;我们一旦许诺,就会长期遵守,但是,许下承诺的时间越久,你的参与度就越低。这就是为什么网站会极力促使你在特定时间段内购买产品。

在探讨下一个问题之前,我们先来预测一下这样交换的全球结果:在不确定的未来中,谁将是决策者?

---

① 引自《商业内幕》(*Business Insider*)(2019年5月27日)

② 引自凯斯勒(Kiesler)(1971),见于格根(Guéguen)(2006)

2. 谁来决定我们的礼物和购买?

在未来,人工智能将预测我们的行为并为我们的选择提供建议,我们将由此互通。这样的背景下,为什么还要拒绝AI的建议?如果《黑镜》(*Black Mirror*)中“绞死DJ”那一集描述的一幕将会发生[①],AI会计算你与某人的匹配情况以及你坠入爱河的可能性,如果AI与品牌比我们自己还更了解自己的话,那么遵循品牌和AI告诉我们买什么的决定不是会更安全吗?

如果我们遵循了解一切理论的新神,那么AI会帮我们决定怎么买和买什么。过去200年里,自由和自由主义的概念在西方社会得到了极大的传播。在现代社会,我们自己决定我们想要什么。我们可以自由购买。我们乐于购买。

GAFA和BATX代表着神话、权威人物、讲故事的传统以及我们日常生活的指导来源。在中国,谁还会不用手机地图而用纸质地图?谁还会不用支付宝而用现金?因此,我们还需要决定是否使用手机地图吗?可以尝试一个实验:停用手机一个月。我曾经试过。你无法想象没有手机生活的30天会有多么轻松。试试不带手机出门,看看你能坚持多久:我们还在自己做决定吗?还是我们已经乐于接受品牌和公司为我们决定的事情?我们乐于接受。为什么要拒绝这种进步?

1) 假新闻与操控

如今,在假新闻盛行的数字时代,对人进行操控变得越来越容易。再理性的人,也难免有时会相信假新闻。[②] 科学以对事实的分析为立足点,从而使理论的发展趋向于推广和推进预测。科学并非没有错误和近似性,特别是因为事实均来自复杂的经验。试想以下案例:一种新药由Calico公司(谷歌Alphabet的子公司,从事超人类主义研究,旨在战胜死亡)通过多项研究及测试后发明,由于方法上的不足或仅仅只是概率问题(重复测试的次数越多,发生错误的风险就越大),该药在九项研究中显示有效,一项研究中失败。从统计学上讲,该药将被视为有效。但是,如果仅强调那一项研究的失败,那么人们就有可能认为此药无效。

使用科学研究操控人很简单。对于哲学家卡尔·波普尔而言,定义科学的基本标准之一不是真理性,而是可证伪性。看到1000只白色的天鹅并不能证

---

① 引自Vulture网站(2018年1月10日)

② 引自Slate网站(2018年1月27日)

明所有的天鹅都是白色的。你只需要找到一只黑天鹅,就可以驳倒这个理论。根据这个定义,达尔文的进化论比上帝造人论更科学,因为它提出了新的事实,使得上帝造人论自相矛盾。随着人工智能和科技新闻工作者的崛起,科学过程比假新闻背后的机制要复杂得多。信息网站 Buzzfeed 希望为每位安迪·沃霍尔(美国著名艺术家)提供15分钟的成名时间,而其中国同行“头条”则与AI记者合作。数据科学家已经创建了算法,该算法可以从所有网络中提取信息,不断生成新文章。

与耐心地收集可以证实理论的事实相比,在互联网上迅速散布错误信息变得更加容易。

在民主国家,认知偏见激起了人们对科学数据的反抗。假新闻的传播者通常只选择支持其自身倾向的发现,而忽略与自身结果不一致的研究。

2)假新闻环境下,谁在做决定?

在第一部分提到的博内斯的论文中,我们看到操控存在于民主之中。博内斯阐明了有多少人被告知要买什么、选择什么、投票给谁。对于博内斯而言,人们根本不必选择。只需同意就好。[①] 人们同意使用什么样的措辞,同意穿时尚的衣服,同意买时髦的产品,同意使用智能手机,同意留下数据,同意访问色情网站。有了如此多的同意,即使有网络自由,也很难证明人们不知道或不清楚到底发生了什么。油管播主已经信任该网络,葫芦 Hulu 或网飞 Netflix 等平台的用户也同样——甚至《华盛顿邮报》、法国 TF1 电视台和《费加罗报》也改变了提供信息的方式;现在,不管是 TF1 还是油管播主,他们真正的工作都一样,帮助可口可乐销售更多产品。[②] 如果要让消费者理解广告,那么他们必须要有意识:你在网上或电视上观看的所有内容都是一种娱乐,目的是使你的大脑可以接收广告并继续消费。要达成这个状态并不容易,这就是为什么娱乐节目都要顺应潮流,要搭上最近的新闻和最新的时尚,来推动消费者去发现什么事情正在发生。这个世界上没有任何渠道会把你塑造得更好或更聪明。你观看的节目都使用了塔克霍坦恩(Tchakhotine)的基本代码:恐惧、性、暴力、犯罪——你在网飞或电视上看到的都是此类节目,当然你观看节目的同时,也同意了留下数据。

---

① 引自安弗瑞(Onfray)(2016)

② 此语出自欧洲第一电视频道的首席执行官(安弗瑞,2015:165)

我们自己的思考过程已被各种系统挤占，这些系统运算速度惊人且无处不在，我们根本无法与之抗衡。我们将面临的风险是，富人将有能力购买最好的聊天机器人。成功的利益集团和公司的观点已经在公众讨论中占据了主导地位，他们将不可避免地处于最有利的位置，因为他们可以利用这些新技术和数千名数字对手提供的言辞优势对大众进行洗脑。在当今世界上，与聊天机器人进行辩论的唯一可行方法是让具有相同速度和功能的其他聊天机器人参辩。长期来看，我们担心自己会出局。坦率地说，思考的全自动化将是民主历史发展的不幸。确实，如果有钱的政治家可以购买最好的聊天机器人，从每个人那里收集数据，利用你的直觉和更深层次的动力告诉你投票给谁，那么为什么营销和购买工作不能以完全相同的方式进行？

为什么不同意由 GAFA 来替我们做出购买决定呢？下一部分，我们将深入探讨服从。

二、面对 GAFA 神话时自觉或不自觉的缴械

有大量的社会行为影响着技术的存在。本章将对社会心理学发表的文献中讨论最多的议题进行研究。① 这些不同的心理有着不同的效果，比如某些心理会驱使你多给街头某个陌生人 20 美分，只因为他穿的衣服恰好对路。而其他心理则驱使你使用某款搜索引擎，前因是你一直支持 Ecosia（种植树木的搜索引擎）。我们将看到，想要促使大众在接受一般销售条件时泄露数据，同样的技术同等有效。

尽管效果有所不同，但这些具有影响性的技术都有共同点：它们不使用任何物理、道德或经济压力来诱发期望的用户行为。个人自愿被操控；人类有服从权威的天性，正如人类古时崇拜神灵。因此，人们自然会遵循 GAFA 的新神话。随着时间的流逝，人们已经同意不想要自由，这意味着他们已经放弃了某些自由以换取保护和福利。因此，如今他们必然选择向新神创造者致敬。

1. 权威的合法性

2017 年 7 月，华盛顿大学的研究人员创造了一个逼真的奥巴马总统图像，他可以发表假演讲，即所谓的“深度造假”。“人工智能被用来精确模拟奥巴马

---

① 引自格根（Guéguen）(2006)

讲话时的举动,其技术可让合成的贝拉克·奥巴马说出任何话。”[①]当人脑无法区分真与假时,人工智能将保护我们免受这些操控。只有人工智能才能对这些视频进行数学分析,确定这到底是真总统在宣战,还是由黑客操控的对象。与国际象棋和围棋一样,我们可以看到,AI 的理解力比我们更精准。

尽管计算机不能完全自主完成任务(意味着人类仍需进行某种形式的输入),但是计算机将比人类产生更多的发明,这只是个时间问题,GAFA 的合法性也将随之增强。一些有创作能力的机器人和 AI 系统可以在人为干预几乎为零的状态下自主创作原创作品,例如绘画、音乐和食谱。佐治亚理工学院的研究人员为机器人诗梦(Shimon)提供了大量的音乐数据(5000 首歌曲,200 万个主题,即兴演奏和简短的音乐片段),Shimon 学习之后就能创作并演奏自己的音乐。[②] 再举一个例子,谷歌开发了一个 AI 系统,该系统在学习了数千首未出版的浪漫诗歌后,可以独立写作自己的诗歌。[③] 如果机器人和人工智能系统可以创造出本来由人类创造的东西,那么它们将有资格获得版权保护,但这也引发了关于谁是创造者的辩论:是人类开发者还是机器人本身?[④]

为什么我们不服从拥有这些能创造产品和艺术的 AI 的宇宙统治者呢?我们可以肯定的是,GAFA 作为品牌形象,在群体或社群内的主观互动中占有特殊的位置:它们是共享象征主义的载体,它们可以创造一种共同的语言,共同开发资源,并得到认可。简而言之,AI 背后的品牌是建立和维持社会联系的重要权威因素。

美国经济学家约翰·加尔布雷思声称,权力是由公司控制的:电视、广播、体育赛事、电信、互联网和演示视频日夜不停,通过响铃声、口号和品牌的承诺传递着新福音。难道这不就是传说中从不睡觉的魔鬼吗?品牌的神化由人而来,服务于人。有条件的话,他们会逐步成长,其商标意味着女神、权力来源和超人。公司不断创造出数以百万计的新服务新提议,从而打破市场规则:如果苹果公司只听客户的意见,那么他们一半的提议将永远无法面世。人们从未想要 ipad,他们称其为“没有呼叫选项的大型手机”。但是现在,消费者认为没有平板电脑就无法生存。谁那么强大,拥有这种“魔术”?

如果我们相信上帝,那是因为宗教主张很容易渗入我们的思想。宗教实体的信徒倾向于服从该实体。一项研究已证明这一假设,即受试者服从倾向的增

---

① 引自 BBC(2017 年 7 月 17 日)

② 引自《连线》(*Wired*)(2017 年 6 月 14 日)

③ 引自《连线》(*Wired*)(2016 年 5 月 16 日)

④ 引自苏海尔(Sohail)(2018)

强与其宗教倾向程度正相关。[①] 因此,信众比无信仰者更易服从。

大脑的信息处理会在不知不觉中受到某种特殊的影响,以至于人类都有相信神灵的倾向,无论本人是不是信徒。人们容易相信超人的神性,GAFA 等品牌的地位与超人相似。此种心理在社群营销中发挥了作用,引发出一种微弱到几乎无意识的感知,从而激发了某类有条件的本能。一组神经科医生使用 MRI 扫描研究苹果粉丝面对苹果产品图像时的反应。[②] 扫描显示,苹果产品在信徒大脑点亮的区域,与宗教形象点亮的大脑区域相同。与宗教和政府等神话力量的传统地位类似,品牌也为消费者提供了归属感,这种联系当然有利于品牌操控消费者。

GAFA 联盟中的新成员将按照科学权威标准行事。阿尔法项目(Alphabet Project)与异度空间(SpaceX)就属于这个范畴,前者的领域是延长人类寿命,后者是关于人类对外太空的殖民。这让人想起 1966 年进行的一项研究[③],特征很类似,受试者是护士,测试他们的服从行为的地点则是医院。实验组的 22 名护士中,有 21 名(95.5%)遵守了实验者的要求,按假医生的处方施用了致命剂量的药物。

总体而言,人类喜欢被统治。马克·扎克伯格这样的人物或一些大品牌为所有人提供了秩序和安全保障,这样的想法会使我们平静下来,并让我们有安全感。自古以来,政府和统治者就一直是人类进步的主要因素——为什么品牌不能?

2. GAFA 权威的维度

本部分将从图章、谦虚和社交学习角度来探索 GAFA 权威的不同维度。

1) 符号和图章权威

在给定的情形下,如果个人的角色是全盘接受某个更高地位的人的支配,他们就会变得异常敏捷。这样的安排中,他们不再对个人行为负责,而将自己视为简单执行他人意志的工具。许多因素会影响对权威的服从:例如米尔格拉姆(Milgram)在耶鲁大学进行的权力服从实验中的实验机构的框架,以及在那里从事科学工作的人的合法性。

---

① 引自博克和沃伦(Bock and Warren)(1972)

② 引自数码潮流(Digital Trends)网站(2011 年 5 月 19 日)

③ 引自霍夫林、布罗茨曼、多尔星姆、格雷夫斯和皮尔斯(Holfling, Brotzman, Dalrymph, Graves and Pierce)(1966),见于格根(Guéguen)(2006)

图形元素和视觉符号等其他变量在服从中也起着重要作用。法国大革命使用三色旗作为视觉符号，而将马赛曲用作声音和听觉符号。教会选择十字架。纳粹依据相同原则，选择万字符。符号作为徽标会带来震撼，同时也具有暗示作用，即使在不提供任何信息的情况下，仍能激发受众的情感。

谷歌的商标比较复杂：搜索页面的图标每天不同，颜色丰富，并拥有多个品牌名称（Alphabet，Gmail，谷歌日历，谷歌之家）。但简而言之，其整体品牌形象使我们想起了服从效应中官方性的作用。1984 年的一次实验中[①]，三人分别打扮成流浪汉（无权无势）、行政官（有地位）和穿制服的消防员（有权威），用一套相同的说辞请求路人捐款。实验发现，穿制服的人能够说服 82% 的人捐款，而流浪汉只有 44%。

从文化符号到品牌的飞跃并不像你想象的那么大。我们较早时已看到商标和包装的颜色和形状对人的影响。社会文化符号、商标、标签以及品牌的所有底层元素，都是团结标志，把品牌拥趸们集结到一起，自组家门。如果品牌关注并包容其他文化，则可以维持其国际联盟的忠诚度。诸如谷歌和耐克之类的公司会注意客户对其符号的解释。

2）登门槛效应：对 GAFA 的一步步沦陷

最初，你允许自己的电子邮件被分析；然后，你接受了所有信息将成为社交网络和未来网络巨头的财产这一事实；现在，你接受亚马逊使用扬声器对你的声音进行录制，并同意你的照片（甚至是最亲密的照片）被扫描。这种免费让用户接受操控的手段被称为“登门槛”[②]，其得名的由来与一项研究密切相关。该研究想知道，纯施舍且无害的善意行为（例如给陌生人指路，同意回答四或五个简单的问题，为无争议的原因签署请愿书）是否会推动我们接受后续的相关请求，尽管这些请求会让我们付出更多的时间或金钱（如捐赠、回答 50 个问题的调查、亲自为某项事业宣讲等）。实验表明，在网上使用类似的过程，与现实世界得出的结果一致。[③]

GAFA 一步步前进，先分析电子邮件，不久将解密你的睡眠偏好，以更好地了解你的睡眠方式，并根据此信息向你出售睡眠辅助用品。杜蕾斯（Durex）在其 Durexperimet 程序中所展示的性偏好也是如此，Durexperiment 是一款可以连接

① 引自布什曼（Bushman）（1984），见于格根（Guéguen）（2006）

② 引自弗里德曼与弗雷瑟（Freedman and Fraser）（1966），见于格根（Guéguen）（2006）

③ 引自格根（Guéguen）（2006）

内衣裤的应用程序。

关于登门槛效应，其解释性假设的首要理论是“自我接受说”（一种顺从策略，旨在通过首先确保你同意一个小请求来使你同意一个大请求）。网飞于2018年12月发行了交互式电影《黑镜：潘达斯纳基》（*Black Mirror: Bandersnatch*），观众可以自己选择冒险经历。这种交互形式为网飞提供了从参与的用户处收集数据的优势，并演示了一种可用于创建内部程序化营销结构的新方法。除了推荐算法外，公司还可以使用类似的互动电影访问到更详细的发现与感悟模式，生成新数据，对真实世界的决策做出指导，例如产品、音乐喜好以及人类行为的参与度等。“潘达斯纳基”是一种新的数据挖掘形式，可为网飞提供比以往更具体的受众信息。①

3. 免费接受后接踵而至的服从

为了服从权威，有必要使用体制框架和权威形象。只有在自愿的情况下，使用受控程序或技术才能引发预期的行为。

1）自由与操控的演变：“你可以自由地……”

现代社会，没有什么是比创建让人感到自由的环境更容易的事了。只要把我们对他人的要求与一句话结合就足矣，这句话是——对期望于他们的事情，做不做都悉听尊便。②

我们先进民主国家的行动自由，是否能成为品牌操控者的终极武器？我们以为自己在自由行事，实际上却被这种信念操控。与行为有关的自由感是让大众参与的条件之一，也因此更有可能推动个人表现出预期行为。我们已经看到，承诺在很大程度上是一个有力的因素，必须始终确保主体感到自己可以自由采取行动。例如，Fashion Nova（2018年Google上搜索量最大的时尚品牌之一）鼓励客户自由拍摄自己穿着该品牌衣服的照片，并使用“#Novababe”和“#fashionnova”这些标签，这些照片有可能出现在公司的Instagram（拥有超过1400万粉丝）及网站上。现在，已有超过230万张买家秀照片使用了“fashionnova”标签，60万个“novababe”话题帖。

哪怕只是对自由的简单语义引用，也可能是影响我们行动的充分条件。③我们在之前的影响力技术研究中经常看到对受试者的自由的强调：“我不想让

① 引自边缘（The Verge）网站（2019年1月2日）

② 引自焦尔与贝弗奥斯（Joule and Beauvois）（2002）

③ 引自焦尔与巴克（Joule and Bark）（1998），见于格根（Guéguen）（2006）

你感到束缚”“取决于你”“你有自由”。此外，我们日常社交互动中使用的短语同样想让对方感到自己有权决定一切：“做你想做的事情”“你决定”“我不想强迫你，不过……”。

在一项旨在测试“自由”语义诱发的简单效应的研究里，研究人员使用交互式电子邮件进行了试验。[①] 实验的目的是研究如何增加支持人道主义事业（世界杀伤性地雷儿童受害者）网站的点击量。该网站被称为“地雷受害者的童年”，其主页显示受伤儿童的照片以及文字，以提高人们对此灾难的认识。实验在网上抓取了900人的邮箱地址，并通过自动电子邮件软件向他们发送了一条消息，文本内容为：“五分钟时间了解地雷受害者儿童，请点击……”此文本下，出现一个HTML页面，其中包含一个1厘米×7厘米的按钮。收件人将随机获得三个不同文字的按钮，分别是“新建”“单击此处”或“你可以自由单击此处”。

与“新建”按钮相比，“你可以自由单击此处”按钮获得的点击次数多了50%。

2）这还不是全部：AI从不休眠

“这还不是全部！”的技巧[②]是AI公司常提供的一种服务。一如你购买机票时易联航空（EasyJet）会提供的汽车或酒店订购服务，或者这句话只是为了转移你的注意力。

我来讲一个我在圣地亚哥大学的研究助理杰里米分享的故事。他是一名19岁的大学生，某天下课走过校园时，一名30来岁的秃头男子向他走过来，该男子穿着橙色长袍，语气温和，询问他是否对学习印度教感兴趣。杰里米决定跟他开个玩笑，于是说自己有兴趣。该名男子送了他一本精美的精装版《薄伽梵歌》，并开始解释什么构成了佛教和印度教的混合体。该男子花了好一段时间完成了布道。杰里米道了谢，正准备走开，男人告诉他，如果有捐赠，他将不胜感激；另外，捐赠也有助于更多的人能购买和分享此书。杰里米本以为书只是个礼物，但此人刚给他做了一次有趣的演讲，又告诉他任何捐赠都将用于购买更多类似礼物，他不由觉得捐赠是义不容辞之举。他给了那人5美元，带着买下的书离开了。

有一次实验发生在大学校园的一个聚会上。两名员工在聚会上搭了一个摊位，提供未展示价格的蛋糕。桌上放着不同蛋糕，当有人来到展台时，他或她

---

① 引自格根（Guéguen）（2006）

② 引自伯格（Burger）（1986），见于格根（Guéguen）（2006）

会面临两种实验条件之一。在“这还不是全部!”的实验环境中,第一个售货员说,每个蛋糕一美元。那时,无论出于何种原因,第二个售货员都会来向第一个售货员耳语几句。卖方将要求潜在的买方等待一秒钟。然后,在与同事交谈两三秒后,卖方再次与顾客对话,并宣布:“还不止这些! 这个价格还附赠两块曲奇饼,因为马上要结束营业。”而正常情况下,当受试者询问蛋糕价格时,卖方会直接说,它们与两块曲奇一起打包出售,套装价格为 75 美分。“这还不是全部!”场景下,73%的人购买了蛋糕。正常情况下的购买率为 44%。

把一次购买拆分为两个部分,可以增强其中一个的接受度,提高整个产品的购买率。Spotify(流媒体音乐平台)为学生提供了一个诱人的选择,他们不仅可以用折扣价获得流媒体服务订阅,还可以订阅葫芦 Hulu(美国视频网站台)。Spotify 能够使用机器学习来收集大量数据,以确定你收听的内容及方式。该技术在购买行为方面的效果令人惊讶。网飞因此也为用户提供 30 天的免费试用期,如果用户喜欢其流媒体服务,那么“还不止这些!”——他们会升级其服务计划。

三、消费 AI 神话时不自觉的服从

用 AI 分析你的脸,扫一眼就解锁智能手机,用面孔发出微行为,重新调整机器学习关于你的信息——所有这些都是想象出来的意念注册要素。消费行为既与至关重要的自然需求有关—食物、饮料和衣服——更关系到其他方面。吃喝,毕竟不像检查短消息那么重要。

我们在这里研究消费虚拟品牌的行为——即品牌在线上和线下代表的神话或符号的全部含义:幻想、娱乐、使用模式,所有这些都在不知不觉中被带入了购买和消费行为。[①] 在接受与 AI 相关的购买时,会有一些无意识的幻觉效应。

1) 看见与被看见

在数据主义者世界中,无意识接受品牌消费的第一步是与体型和形式的联系。

品牌能帮你塑造自我甚至身体,打开你的视野,让你放轻松。他们会使用各种技巧,如给人体模型穿上漂亮衣服,你看到模特就会联想到自身几乎完美

① 引自托马瑟拉(Tomasella)(2003)

的形象,接着,品牌会提供折扣和礼物来吸引你成为回头客。网站设计与物联网设备往往强调酷炫的“街头风格”,都是为了让你从中找到自我;苹果手表、LV的互联手表、谷歌眼镜、裤兜可连接手机发出震动的互联牛仔裤或一双魔力篮球鞋,它们能收集数据并记录你的活动,确保你的双足保持一定形状,进而拥有运动型外观。耐克和阿迪达斯等品牌将利用其神话般的功能,促使购买者佩戴物联网设备,并在其锻炼过程中收集个人数据。

品牌就像一面镜子:顾客从中看到自己,并确定自己想要传递或表达给他人的效果。在某次商业节期间,阿里巴巴集团控股公司帮助资生堂品牌安装了一面电子镜,客户可以通过点击屏幕上的几个键来虚拟试用口红并完成购买。旷视(Megvi)的Face ++提供的应用程序工作方式与阿里巴巴相同:当你选择了合适的口红时,你可以单击完成购买。在重视习俗和趋势的社交游戏里,你需要同伴的认可。品牌犹如一张通行证或一个证明合法性的标志,效果极其惊人,就像电影《匿名者》(*Anon*)一样:品牌将成为你戴上的面具、穿上的戏服、装饰的皇冠、有时甚至是盔甲。

毫不奇怪,人们已经接受了面部识别术,它与人类对脸部的认知能力已相差无几。在美国,教堂使用面部识别技术追踪信徒的出席情况;英国零售商使用它来识别经过的行窃者;2017年,威尔士警方利用面部识别技术在足球赛场外逮捕了一名嫌犯。①

在中国,AI面部识别技术可验证出租车司机的身份,允许游客进入景点,并允许人以微笑付款。

2)子宫与肚脐综合征

AI品牌消费的第二种幻觉是融合或共生——品牌与消费者形成完整的整体,类似于子宫作为胎儿的避风港。AI品牌是消费者的母体,是消费者的代孕母亲,这就是我们接受其建议的原因。就像电影《黑客帝国》(*The Matrix*)一样,算法掌握力量,掌握一切,并奴役你以产生能量。我们正离现实世界越来越远,当我们想要某样东西时,我们会向谷歌之家或Alexa发出请求。我们入住酒店时,如果出现问题,往往会对员工大吼大叫,却永远不会对酒店机器人失礼。

我们眼睁睁看着亚马逊的对话式AI助手Alexa与用户在每日互动中逐渐建立起关系,也看着儿童们和苹果语音助手Siri间过于礼貌的言辞往来。从长远来看,今天被视为技术上的好奇心的东西,明天可能取代家中的母亲。例如电影

① 引自《经济学人》(*The Economist*)(2017年9月9日)

《异形》(*Alien*)中的飞船操作系统,或者《银翼杀手 2049》(*Blade Runner* 2049)中由瑞恩·高斯林扮演的复制人,他们与人类主角间的关系既亲密又有爱。

3) 咬一口品牌,尝尝滋味

消费者"吃下"和"亲吻"品牌,或轻啮,或咬嚼,或吸吮。这是"消费品牌"的最常见方式之一,意味着消费者将品牌完全摄入并销毁,从而彻底占有了它。这不仅适用于食品:巴宝莉 Burberry 在情人节那天设计了一个新应用程序,由谷歌提供技术支持,你可以在该应用程序中亲吻手机,并记录嘴唇的形状,个性化制作一封情书。而你的信息发送时间、嘴唇的大小或嘴唇形状等个人信息就成了巴宝莉的数据库,他们将用来向你宣传化妆品。

AI 品牌神话自成实体:所有一切都会被吸收,无一例外。AI 能够与客户进行自然语言的口语对话,了解他们的要求,提供解决方案,并引导他们去网站或购物中心前往选择的商店。

与上一代消费者不同,今天的购买者生活在定制化的世界中,从应用程序和个性化手机,到不间断获得的音乐、书籍、鞋子等。信息和商品消费中的一个关键因素是即时满足,消费者在数字世界交互里得到的即时满足体验,激发了在现实世界中的同等期望。

随着技术的不断发展,3D 打印和增材制造正在兴起,不久将为许多人所接受。3D 打印公司将能够为你提供所需的任何东西,从鞋子到活体器官、泡泡糖或建筑物。迪拜的第一家 3D 打印房屋将根据从你那里收集来的个人信息,设计出你梦想的新产品,整个过程甚至都不需要你的参与。

4) 触觉

触觉的敏感会带来与品牌有关的自我绽放和充盈感,以及炽烈的张力:我们会兴奋、愉悦,也许还会有些紧迫感,不像贪食症一样隐隐约约令人沮丧,而是变得极其敏锐。在不久的将来,机器人将与人进行物理交互,以提取数据并对其进行操控。目前关于此现象的研究正在进行①,方法是把机器人放置在奢侈品商店的入口处,以便观察人们如何做出购买决定并在此过程中保留其数据。消费者在机器人面前毫不设防,因而其所获得数据的权威性是无可辩驳的。

① 引自《哈佛商业评论》(*Harvard Business Review*)(2020 年 6 月)

克莱因克是史上第一个测试触摸感如何提高人们服从度的研究者①,她通过两个小实验证明了这一点。第一个实验里,她的一位同事将几枚硬币放在某电话亭的架子上后走开。等有人进入电话亭,用硬币打完电话正欲离开时,她走上前,说几分钟前忘记了放在亭子里的硬币,询问后者有否看到。一半情况下,实验人员会在互动过程中设法触摸对方手臂一两秒钟。第二个实验里,该同事在街上向路人招呼并乞讨零钱。同样,一半情况下,实验者提出请求时会与路人的手臂有接触。两个实验的结果表明,人们对触摸的反应是给出两倍的钱。很快,普拉达(Prada),飒拉(Zara)和圣罗兰(Yves Saint Laurent)等商店将设立机器人,它们会不经意地触摸你以对你施加影响。我去过一家名为亚瑟士(ASICS)的商店,他们"使用激光和微型相机"先对你的脚进行扫描。之后将脚部3D扫描图与数据库进行比较,找到最适合的鞋子。该系统进行的测量包括脚的长度、前脚的宽度、足掌围、足弓的高度和脚跟的倾斜度。② 此外,ASICS还使用视频分析步态周期,你需要在跑步机上跑上几秒,之后ASICS专家(就像米尔格拉姆实验中一样)将对你的步态图像进行分析。步态分析的重点是测量内旋度。根据分析结果,你可以试穿与你内旋模式匹配的鞋子。合适的鞋子类型有助于降低受伤风险并提高跑步效率。综上所述,在ASICS商店购鞋已不仅仅是购买,而是体验。毕竟,如果计算机数据库、微型相机、激光器、视频分析和ASICS专家共同提出建议购买某种鞋子,这几乎已经等同于专业意见。在这样的体验场所中,除了购买,你还能有其他选择吗?任何心理定律都无法保护你,因为技术的发展比你对知识的了解要快。即使你认为自己的自由意志可以决定你的购买交易,科学技术也会激发你潜意识中的购买行为因素。

5)聆听

评估品牌需要看到产品、产品的外包装和商标。视觉周期是短暂的、外部的、直接的,并且从根本上来说是抽象的。

而听觉周期较长,它是内部化的,具体且有形。叮当声或铃声(例如Skype通话之前的响铃,米高梅电影开场时的狮子吼声或火车站里美国国铁出发前的汽笛)是基于距离、注意力和时间跨度而存在的。如今,智能手机或笔记本电脑上的应用程序可以用Siri、Alexa、Cortana或Google的声音与你对话。iTunes允许你录制音乐和视频。受赞助的内容以及个性化的广告和帖子装饰在你的

---

① 引自克莱因克(Kleinke)(1977)

② 引自 www.ASICS.com (2018年7月31日)

社交媒体上。线上世界里，品牌以艺术化的顺序来来回回，和你建立起了主观联系。这已不再是真正的消费了，更像是与 TikTok 视频、YouTube 上的音乐会或 Facebook 上的演播等各个品牌间一种友好的文化交流。

试衣间内的明智建议和虚拟声音将是重塑零售行业的重大变革。未来，你将与一台机器进行交谈，该机器将以 10 种不同的明暗度向你展示其他五种产品。AI 会根据你的选择推荐最适合的上衣、包包和其他配件，从而显著提升销量。AI 将成为你的私人朋友——这是迈向虚拟 AI 的第一步，它将成为我们从未有过的兄弟，或是从不睡觉、不做任何个人评判、懂得我们的最好朋友。AI 将帮助我们买到完美的产品。

本节研究了消费者在和品牌的关系中无意识服从的多种形式。消费者在自己生活的所有心理维度中都在有意无意地服从这些权威。通过 AI，品牌将有能力了解我们的所有信息，满足我们的各种需求，就像之前众多权威渠道已经做过的一样。因此，我们将更倾向于让品牌为我们做出决定。然而，下一节我们将看到上述行动会产生一系列后果，这些迫在眉睫的问题必须在未来得到解决。

四、我们未来将面临的法律及政治问题

控制消费者购买的策略一直存在。但是，为了影响消费者而开发和应用 AI 来收集综合数据是前所未有的。所有这些 AI 技术都在开发并应用于我们的日常生活中，然而如果人们同意被指导而做出选择，这些行为带来的政治后果将是什么？如何对此进行监管？不管现在还是未来，新出现的法律和政治问题必须得到解决。公司和国家将成为虚幻但无所不知的实体，他们了解消费者的一切——比消费者自己更了解自己。相关法律问题将很快出现。只是，如果品牌已经成长为超人似的形象，已能感知人类的需求，法律又将如何应对呢？

1. 司法议题

在 AI 大力发展的当下，解决法律问题非常具有挑战性，原因有三点。首先，由于 AI 在过去几年中不断发展，法律面临着无法跟上的重大挑战，整个世界几乎没有做好应对 AI 的准备。例如美国政府的著作权法还没有将机器创作的作品纳入考虑范围。判例法在解释版权法时要求保护“智力劳动的成果”，而这些成果仅来自人类个人思想的创造力，机器生成的作品尚不属于该范畴。其

次，法律如此复杂，只有 AI 才能分析数十亿行计的法律文本。因此，必须使用 AI 来保护人们免受 AI 的侵害，人类无论如何都需要适度的保护。第三，专业人士和研究人员在规范数据收集方面可能遇到的法律挑战因国家而异。

未来的法律问题有很多，例如你所购物的商店是否可以秘密使用面部识别功能。众所周知，主要零售商的商店现在都安有摄像头，你的动作将被视频捕获。商店捕获你的图像并保留后，能否将其与你的真实世界身份联系起来（例如，你是否在结账时使用了信用卡）？他们能否将这些图像与你的收入、教育、人种和其他数据的信息联系起来？当下的情况是，能。初创公司 IVS 这类的服务提供商都允许此类追踪。消费者肯定没想到 AI 会分析他们在商店中所做的任何举动，并将其存储起来，提供给其他公司，使其洞悉自己的购物习惯、模式和偏好。所有信息都将在不同公司、广告商和第三方数据经纪人之间共享。通过购买或授权数据或挖掘公共记录，第三方数据公司可以拼凑出数十亿人中每一位的特性。这些安静的数据巨头公司不乏知名公司[①]：

——人员搜索方面：Spokeo，ZoomInfo，White Pages，PeopleSmart，Intelius，PeopleFinders 以及他们运营的众多网站；

——信用报告方面：Equifax，Experian 和 TransUnion；

——广告和营销方面：Acxiom，Oracle，Innovis 和 KBM。

虽然收集此类数据对于公司至关重要，因为公司拿到数据才能以消费者满意的方式定制产品和服务，但公司必须确保所收集的信息（尤其是有关消费者私人生活的信息）必须保密，并且在没有消费者同意的情况下不得泄露给第三方。例如，根据美国佛蒙特州的一项法律，所有买卖第三方个人数据的公司都必须到州秘书处进行注册。[②]

在英国发布此类私人信息会触犯英国《数据保护法案》等规定，并可能使相关公司陷入诉讼，对公司形象产生负面影响。例如，英国汽车保险公司 Admiral Insurance 推出“第一汽车报价（firstcarquote）”计划时遭到了强烈反对，因该计划将根据申请人脸书帖子的计算机分析结果确定其汽车保险费率。[③]

除了涉及隐私的问题外，存储并分析详细的（通常是错误的）消费者资料可

① 引自快公司（Fast Companies）网站（2019 年 2 月 3 日）

② 同上例注释

③ 引自快公司（Fast Companies）网站（2018 年 11 月 20 日）

能会导致基于种族或收入的歧视，这是高科技版本的红线[①]：算法会直接或间接考虑性别、种族、民族及性取向。从技术上讲，美国于1968年发布的《公平住房法》已将传统的画红线行为判为非法。但是，在人工智能和大数据时代，越来越多的就业、保险和贷款的申请评估已由数据挖掘模型来完成。亚马逊已停止开发用于评估求职者简历的定制算法："算法的培训依托于过去十年求职者的简历，于是，算法开始偏爱亚马逊以往雇用过的员工类型（男性为主）。女子学校毕业的候选人被降级，因为在亚马逊工作的人从未去过类似大学。"[②]

只要公司在繁忙的街道上收集数据（例如，使用摄像头或法国尼斯市内的智能垃圾桶），他们就会面临基本隐私权的法律问题，但并非所有国家都有类似法律。在公共区域（比如街道：摄像头将很快遍布亚特兰大，这个城市在世界最全监控设备城市排名中位列前十）采集数据的行为，违反了保护个人数据隐私的法律，这是另一个非常重要的问题。2020年，GDPR是世界上用于管理领土数据的最先进的法律保护，而许多国家尚未提供此类保护。

公众不会想到，机器有朝一日会让数据保护的法律作废，但是私人组织和其他有影响力的机构已经在努力实现这一改变。AI会员联盟是由谷歌、亚马逊和IBM等主要公司（来自Aphabet公司的埃里克·霍维兹和穆斯塔法·苏里曼担任联合主席）成立的一个非政府机构，其目标是确认AI作为人类共同财富的地位。

Neuralink是由埃隆·马斯克和其他八个人一起创立的美国神经技术公司。据报道，该公司正在开发植入式脑机接口。与其相似的是支持Kernell公司大脑解码技术的布莱恩·约翰逊，或对心灵感应进行研究的脸书总裁马克·扎克伯格，这些公司都有改变一切的潜力。当有人可以超越已知的感官束缚进行交流时，所有人都会想效仿。试举一个例子：如果有一天，只需花费几百美元，你的邻居就能比你看得更远，且没有任何风险，那你也会触发同样的需求。这与我们消费社会本身的概念以及本书之前讨论过的示范效应有关。任何机构或事物都不能阻止这场创造新需求的竞赛——所有人都有做得更好、变得更优的需求。当公司可以在你体内嵌入东西时，他们将能够在一纳秒内收集你所有的想法和数据。尽管管理研究数据共享的英国《数据保护法案》保证对参与研究的每个人的信息严格保密，但心灵感应并未被提及。

---

① 同上例注释：在大萧条时期，联邦政府创建了房屋所有者贷款公司HOLC（提供低息房屋贷款）和联邦住房管理局（为私人银行提供抵押贷款）。负责HOLC的人员构建了"居民安全地图"，将街区按A到D的等级进行分级，D街区用红色颜色标记，表示高风险区域。

② 同上例注释

AI 将得到某些政客的认可，而另一些则会尝试通过利用对 AI 的恐惧来操控选举人，从而加剧赞成 AI 的人与反对 AI 的人之间的冲突。无论冲突结果如何，AI 技术都将不可避免地发展壮大。

当 AI 变得比人类更有功效[①]，当它可以创造出伟大的艺术作品或在军事战争中做出伟大举动时，我们是否需要特殊的 AI 植入物来进行战斗和抵抗？对 AI 的恐惧将无处不在。大公司会告诉我们，我们需要 AI 来对抗强大的 AI 的行为。再一次，他们将使用这些植入物来收集你的数据、想法及直觉，所有这些都将由 AI 分析，以设计新产品和服务并出售给你。一个崭新的秩序将被建立。

2. AI 及营销帝国

迄今为止，人工智能巨头的技术“殖民”一直在悄无声息地进行。社会不相信看不见的战争。美国、以色列和瑞士等国家，正通过本书前面所述的应用程序、技术和算法，以数字方式“殖民”。这些数据库为资本主义企业提供了巨大的竞争优势。类似企业看起来越来越像民族国家。预计到 2030 年，对人工智能产业的投资将达到 1 万亿美元。个人将如何与这种力量竞争？[②]

计算机的计算使 20 年前无法想象的政治实践成为可能。就像读取我们的 DNA，分析系外行星的轨迹与组成以及自动驾驶汽车的发展一样——所有这些演化也同样在民主和民族国家的开拓中发生。2050 年，我们将掌控每秒能执行数十亿次操作的计算机。[③] 一切都将改变，我们的生活方式与社会组织都将发生巨变，或许通过民主，或许是其他途径。

所谓民主，即来自于民，用之于民，服务于民。如今，芝加哥大学的人工智能及研究表明，网婚比老式婚姻更令人满意，持续时间更长。[④] AI 比我们自己更好地把我们团结在一起。如果它能够成功影响我们的私人生活，那么它也很有可能有效管理我们的公共生活。

米歇尔·安弗瑞[⑤]用七条原则总结了专政的构成，我们将结合 AI 进行研究：

---

① “AI 联盟”(Partnership on AI)成立的宗旨是确认 AI 对人类有用……以让公众做好相应准备，即让他们明白，机器将取代自身。

② 引自亚历山大与科培(Alexandre and Copé)(2019)

③ 同上例注释。

④ 引自芝加哥大学新闻(U Chicago News)网站(2013 年 6 月 3 日)

⑤ 引自安弗瑞(Onfray)(2019)

1. 为了破坏自由，必须确保由社交网络和掌握大数据者对大众进行永久监视。类似情况已经在西方世界发生，健身应用程序 Strava 允许你在慢跑时进行地理位置定位。还有必要对个人生活进行侵蚀，方法是通过大量使用社交网络消除孤独感，促进万圣节或黑色星期五这些强制性节日庆祝活动。

2. 作为专政的第二条原则，使语言贫乏是非常必要的。就像《1984》里使用新话语一样，必须迫使人们采用一种新的语言（从网络语言到表情符号），让他们使用双重语言，将异己者归类为极端分子，毁灭语言，只使用英语作为全球业务交流的无障碍语言。

3. 废除真相。我们必须建立新的意识形态，使用综合媒体传播假新闻，并遣散所有不接受主流意识形态的人。[①] 我们的新话语是——政府是控制信息并说服人们接受控制的一种方式。

4. 删除历史。擦除过去，重建历史，创造记忆，销毁书籍并用博客代替，用不易腐蚀的纸浆对文学进行工业化改造。

5. 否定自然。有必要消灭生命的驱动力，炮制性挫败[②]，制造欲望的苦海，建议人类成为机器人从而实现医学上人类的繁衍及提升。包括马克·扎克伯格在内的新神话们发表了关于建立全球社区之必要性的宣言，他们以对技术深刻而无限的信念，来思考技术巨人在这个神话和文明社区中的作用。[③]

6. 传播仇恨。我们必须制造一个敌人，例如依据家庭和民族原则对市场理论发起攻击的民粹主义者。

7. 向往帝国。有必要培养那些离开 iPad 就无法玩耍、不看油管视频就活不下去的孩子。通过精英统治他们，让人们未来完全依赖全民收入生活，让他们甘心被奴役。做到这一切都要归功于技术的进步。谁还愿意交出手机脱离掌控？谁会同意不再使用 Uber 或 Instagram，同意不再与他人发生关联？谁会抵制州政府取消驾驶证的命令，以便为自动驾驶汽车腾出空间？他们还告诉你目前的车辆和交通事故每年造成一百万人死亡，是战争、犯罪和恐怖主义总和的两倍。[④] 本杰明·康斯坦特说："对个人而言，一切都是道德的；对群众而言，一切都是物质的。"个体之间彼此相互制衡，但一旦个体加入了社交网络，他就不再自由。

---

① 引自博克·柯特(Bock Coté)(2019)

② 引自索罗尔(Soral)(2012)

③ 引自脸书(Facebook)网站(2017 年 2 月 16 日)

④ 引自赫拉利(Harari)(2017)

迄今为止,通过人工智能进行监视是史上所有监视机构中最成功的。没有任何一个极权主义政权能预测到会出现这种自恋并自我强化的对象,他们以欢乐、满意和喜悦的方式指认了自己。拉伯挈(La Boétie)关于自愿奴役的理论很好地说明了这一点。[①] 如今,谷歌创建的算法可以在你拍摄自己的裸照时立即识别出这些图像,并将其放入一个特殊的隐藏文件夹中。而这一应用程序是由一家广告巨头开发的,那么你还会认为这一功能真的是在保护你的隐私吗?[②] 该应用程序代表了自愿奴役里最优雅的例子,在消费者下载中飙升至高峰。

---

① 引自拉伯挈(La Boétie)(1576)

② 引自边缘(The Verge)网站(2017 年 5 月 24 日)

下一部分

我们会看到，无论人们最终做出什么决定(无论是无意识地同意公司偷偷收集数据，以换取自以为的自由选择幻想，还是有意识地允许公司收集数据并替你做出决定)，都会找到一种方法适应这世界：

1）要自由，了解系统的全球一致性并使用相应代码。必须了解这个混乱的世界如何发展而来，并在 AI 驱动的社会中占据一席之地；然后，

2）要成材，成为一个敢于在充满机遇的世界中脱颖而出的人。为了充分说明这种可能性，我们将呈现一些成功的个人轶事……

3）要赚钱。在这里，我们将呈现多个与 AI 有关的初创公司的示例，它们在几年甚至几个月的时间里就获得了成功。

最后一部分针对的是想要创业、想在这个瞬息万变的世界中蓬勃发展并想寻求相关建议的人。如果你关注的是 AI 及消费者操控，可以跳过本章直接进入结论篇。

第五部分：要自由，要成材，要赚钱

本书的最后部分，我们将一起理解身处的大千世界，帮助你做好建立远大志向、通往未来自由生活的准备。我们将助你成材（我会就你日常生活里的微小创新以及一些对你构成的挑战提出我的个人建议）；我们还会帮助你充分利用身边的赚钱机会，并以全球成功的 AI 创新事业作为示例。

一、要自由：懂得你的环境

正如柏拉图的"洞穴之喻"所言，如果你不了解世界运作的机制，你将无法获得自由。在这一部分，我们首先试图了解 AI 的背后是什么以及如何对 AI 进行解密。如果你了解了过去及其机制，你就可以书写自己的未来。之后，我们将分析我们所处的环境如何加速发展，以及我们该如何应对。

1. 了解你的世界：解密混沌乱局

法国哲学家亨利·柏格森于 1907 年提出了一个"创造进化"的概念。[①] 他主张，进化是由"生命力（élan vital）"激发的。"生命力"是至关重要的推动力，也可以理解为人类的自然创造冲动。从根本上说，世界的源头是混乱不清的岩浆。

在这个更快、更随机的世界中，我们如何与众不同？AI 革命似乎是一个混乱的过程。按照混沌理论的解释，系统初始条件的微小变化可能导致该系统之后的巨变，这呼应了洛伦兹著名的蝴蝶效应：一只蝴蝶翅膀的震颤，足以改变地

---

① 引自柏格森（Bergson）（1907）

球未来整个气象系统。当前,第三次和第四次工业革命的人工智能创新正在迅速结出硕果。脸书正在复制 Snapchat,而 Snapchat 收购了 Instagram,这些都可称为“拼接利益”。甚至领英 LinkedIn 也只是职业版脸书。产品打着创新的旗号商业化,有时换个门面即可。如果创新是以算术级数增长(1、2、3、4…),那么 AI 发明则是以几何级数增长(1、2、4、16 …)。

人工智能是以下技术和文化观念分别变化的结果:

—关于创新的理论(创新像工业革命一样深刻地改变了社会);

—马克斯·韦伯的精神观念(集体思维方式的演变是技术变革的起点)。的确,世界上(特别是在加利福尼亚)自由主义和个人主义的发展为创造释放了巨大的潜力,硅谷因而存在。同样背景下的二十世纪八十年代的中国,其实施的改革也带来了一个随时准备创新的新文明。

可以通过以下所示的模式总结人工智能的实现途径:

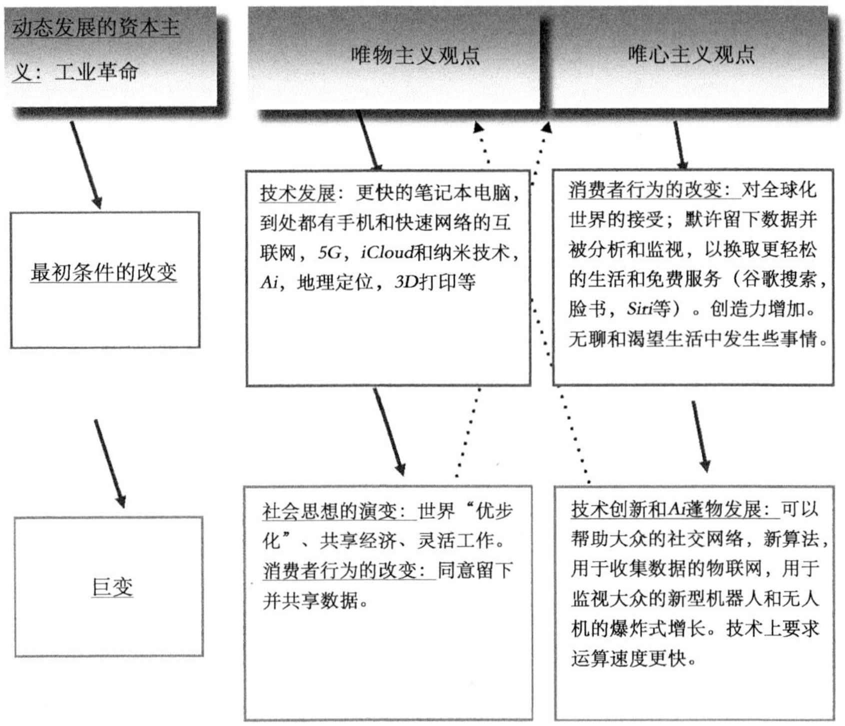

人工智能的历史动态发展

如你在上面的架构中所见,技术的发展与消费者行为的变化存在联系。了解这个周期很重要。这就是我们自己要面对的世界,它很难理解,因为它的运转越来越快。但这就是我们需要处理的事情。

2. 加速的环境:应对它

200 年前,速度已经是成功的关键因素。拿破仑明白,全球化将使世界迅速变化。他先于所有人看到了庞大帝国创建的伟业,一如日后的苏联和美国,即使这些国家当时统统不存在。他认为,复制罗马帝国(参见:西班牙,德国,意大利,比利时和荷兰)将有助于法国成为人口众多的主要帝国之一。沟通是帝国成功的关键。由于各国人口的同质性和相互依存关系,沟通必须迅速。

在大都会及特大城市中,一切变得更快。法国社会学家让·维德认为,新冠疫情期间,由于社交网络互动增加而带来的集体归属感变得越来越重要。[①]在全球范围内,我们可以更广泛地观察到齐格蒙特·鲍曼提出的流动社会概念:晚期现代性的特征是全球大型资本主义经济体的服务业日益私有化,而信息和通信则日渐革命化。[②] 例如,研究人员不仅要在官方科学期刊上发表论文(这一过程通常要花费数月或数年),而且还要通过博客和 arxiv.org 之类的开源平台进行展示,以证明自己的首发地位,促进社会发展。

李开复用 OMO[③] 的概念很好地描述了这种流动社会:线上与线下融合,所有物联网都将与你的生活融为一体。脸书和微软合作推出了开源神经网络生态系统(ONNX)。即使苹果和谷歌不在其中,这种开源材料的发布也有助于社会通过广泛的互联互通而变得越来越快。

环境加速现象也出现在"行动主义"[④]的概念中:一个不断加速运转的社会与人工智能时代可谓相得益彰。当你一直处于行动当中,无论你在做什么,无论何时何地,你都将留下数据。

2012 年法国总统大选中,社会党候选人弗朗索瓦·奥朗德的口号宣扬的就是行动主义精神:"现在就做出改变!"[⑤]2017 年,候选人伊曼纽尔·马克龙的口号则是敦促具体行动:"让我们开步吧!"[⑥]

AI 也通过机体进行运输。AI 机器人与聊天机器人不同,后者只是个数码

---

① 引自《法国西部报》(*Ouest France*)(2020 年 4 月 4 日)

② 引自鲍曼(Bauman)(2005)

③ 引自李(Lee)(2019)

④ 引自塔戈夫(Taguieff)(2001)

⑤ 引自《改变,让我们改变!》(*Le changement, c'est maintenant!*)

⑥ 引自《迈步!》(*En marche!*)

囚徒，AI 不仅有形，还可以四处移动。英国航空公司最近发布了由英国初创公司 BotsAndUs[1] 设计的机器人测试程序。该实验在伦敦希思罗机场 5 号航站楼的中心区域进行，机器人将完成一些简单任务，例如陪旅客行走。有了人工智能技术，这些被叫作“比尔”的机器人可用多种语言回答实时航班信息的咨询。他们还配备了数十个传感器，可以不断扫描环境，并使用 GPS 将客户引导至特定位置，如登机区或帮助区。这是一种预演：未来时代，一切的宗旨都在于加速行动，并留下数据。当然，一些政治家和作家还在试图抵制技术创新的发展，抗拒与之相关的各种变化，例如贝拉米的著作《保持》[2]，提倡的是待在同一个地方。生态学家们提倡本地消费。而唐纳德·特朗普则在鼓吹恢复美国昔日的伟大。

中国的初创企业已经探索了这种行动主义的概念。无论创新有何目的，都必须快速有效地实施，以掘取利润。[3] 早在三年前，中国共享单车摩拜每天的出行次数是优步在全球的四倍。摩拜使用物联网设备，如太阳能电池板和内置笔记本电脑，可以在向着“智能城市”发展的过程中高效收集自行车使用者的数据。这类智能城市把全城人联系在一起，已经在沙特阿拉伯和中国兴起。“Neom”是沙特阿拉伯正在筹备的跨境城市，计划于 2025 年完工，投入资金为5000亿美元。在这个占地26 000平方公里、充满未来感的智能旅游城市中，人们可以找到飞行汽车、机器人恐龙，甚至还能看到巨大的人造月亮。[4]

我们的社会发展得如此之快，有些公司已经在承压。当阿里巴巴只要按一下按钮就能销售奢侈品时，路易威登数字商店将如何适应奢侈品市场？2018 年，玩具反斗城(Toys“R” Us)破产，这对亚马逊产生了哪些影响？[5] 李开复在本书的第二部分证实了我们的预言[6]，他宣布第四次工业革命的速度超越了以往任何时期，三大力量借助 AI 加速了此次工业革命的进程：

首先，这场工业革命基于算法，而不是蒸汽机、发电机、核电站或微芯片的生产。软件和算法可以在一微秒内复制完成。

其次，对冲基金专门致力于大力投资新概念初创企业：“独角兽”

① 引自 L'usine digitale 网站(2020 年 1 月 2 日)

② 引自贝拉米(Bellami)(2019)

③ 引自李(Lee)(2018)

④ 引自《华尔街日报》(*Wall Street Journal*)(2019 年 7 月 25 日)

⑤ 引自 CNN 财经(CNN Money)网站(2018 年 3 月 15 日)

⑥ 引自李(Lee)(2018)

(unicorns)，这是风险投资家艾琳·李(Aileen Lee)于2013年创造的术语，她选用这个神话动物代表统计价值超越十亿美元的稀有成功企业。[①]

第三，一个新巨人迈入了竞技场：中国。巨人拥有约15亿人口，投资主要集中在AI上。最重要的是，这一代人从未见证过笔记本电脑的革命，他们直接进入手机时代，以4G和5G网络实现了永久联通。中国的巨量人口，一直在创造海量数据，从而加速了世界各地新技术巨头之间的竞争。

贝内特·哈里森在其众多著作[②]中表明，在信息和通信新技术以及AI兴起的助力下，资本主义正变得越来越急躁。并不是要保持正确的快速度，而是要在不断加速的过程中坚持正确的信念。这种新资本主义的定义是冲动性、强制性和无差别性。AI的世界在资本主义的轨道中展现了一个新的游戏领域。眼下，不仅是你和其他人，所有希望生存的公司都必须迅速采取行动，以解决AI不断创新带来的多重应用问题。要和唐纳德·特朗普的推文一样快！如果你想成材，必须要快。

二、要成材

在本节中，我想与大家分享一些我的亲身经历：在对一个快速发展的混乱世界有所了解后，我决定将微创新的概念用在自己的生活中；我如何退出手机世界两年；如何使用微创新理念开发了新产品，参与科学实验并启用了著名软件Nestor AI。

1. 微创新与挑战

1）开启微创新

我们之前探讨了人工智能革命的快速步伐与混沌理论之间的联系。它说明了对系统初始条件的依赖可能是危险的，资本主义即为一个实例。AI创新将在不久的将来反映混沌理论。创新将成倍增加，AI资本主义体系将一直变化。为了提高你的日常生活效率并减少管理时间的支出，你需要进行微创新。在读博士时，我就提出了微创新的概念，即对现有产品的微小修改可让整个系统发生改变。

---

① 引自维基百科(Wikipedia)(2020)：独角兽

② 引自哈里森(Harrison)(1994)；布卢斯通与哈里森(Bluestone and Harrison)(1984,1988)

微创新类似于商业中的混沌理论,对应非线性动力学的研究,其中看似随机的事件,实际上可以通过简单的确定性方程式进行预测。正如蝴蝶效应的比喻,一只蝴蝶在东京扇动了一下翅膀,导致纽约发生了一场风暴。混乱就像手表的机制:从消费者的角度看几乎是隐形的,但却不可或缺。

例如,在线服务界的微战争往往在于争夺你在网上花费的时间,自动播放最能说明这一点。如果Netflix创建了自动播放你正在观看的电视节目的下一集的功能,那么Netflix将打败其他竞争对手如亚马逊、脸书或油管等,获得你的时间和精力。这些竞争对手当然会使用相同的策略来赢回你的观看时间。微创新的过程随后将被其他所有人效仿,这是一场永无止境的竞赛,目的在于保持与你的联系。所有各方全部加入,消费者也不例外。以Carvana.com为例,该公司通过微创新改变了人们的购车方式,取消了传统的经销商基础设施,用一个无数方参与的纯在线电子商务平台代替了它,从而成倍增加了信息交换。客户通过计算机或手机上网购买汽车、进行金融交易和以旧换新。他们可以"坐进"汽车进行"虚拟旋转",使用Carvana的专利全景图像技术检查汽车所有功能并核查是否存在缺陷。由于没有中介,客户不必担心谈判或承压,因为财务和合同事项均以电子方式处理。Carvana的"自动售货机"完全取代了传统经销商的角色,没有人类推销员,一次最多可容纳30辆汽车。客户会收到一个超大号的Carvana数字硬币来激活自动售货机,购买完成后,客户可以直接取车或由商家送货上门。

在商业环境中,尤其是在快速发展的环境中,许多公司开发出了自己的特质,如适应性、反应性和创新性。但在未来,他们将无法超越AI进行的数十亿美元的研究和开发。实际上,在未来几年内错过了AI这列时代列车的公司,甚至无法与自己的同类进行竞争。我们将目睹大量的破产案例,以及商业巨子们对传统公司的大规模收购。公司将越来越需要采取激进的瓦解式的、渐进式和微观的新型创新。

1987年,美国航空决定,每位乘客的沙拉菜减少一枚橄榄,每年即可节省40 000美元。[①] 这个微创新的故事成了头条新闻,因为该案例说明,一个随意的装饰就会对成本产生惊人的影响。在AI时代,微创新包括手机软件的更新或Google商标的偶尔更改。物联网和连接设备使商店经理们可以调节世界上任意一家购物中心门店的灯光明暗及香水,以触动你的精妙审美并推动你的

---

① 引自《福布斯》(*Forbes*)(2015年6月4日)

消费。

微创新使企业可以通过最细微的营销计划提出改动，从而使他们的产品重获新生。消费者通过前意识机制来感知这种变化，并以逐渐增长的满意度来奖励这些微小的变化。可口可乐公司进行的一项研究发现，消费者在玻璃杯中平均放置 3.2 个冰块，他们从商店购买的瓶装可乐的最喜欢温度是 2℃。即使是这些看起来很微小的细节，仍然是非常重要的研究焦点，它们将指导公司进行最细微的修改，以最大限度地增强消费者的反响。

消费者如果没对创新后的产品与其前身进行过直接比较，是注意不到这种变化的。以法国报纸《尼斯晨报》为例。他们一年中的每一天都会对报纸的徽标进行微小的更改，这些更改无人察觉，直到人们将年初的徽标与年底的徽标进行比较才发现。通过这个例子，我们可以看到如何利用微创新来振兴旧的产品、徽标或商标，从而使消费者感受到品牌的动态发展。请看以下商标的微小部分；大多数人可以轻松识别出每个元素背后的品牌：

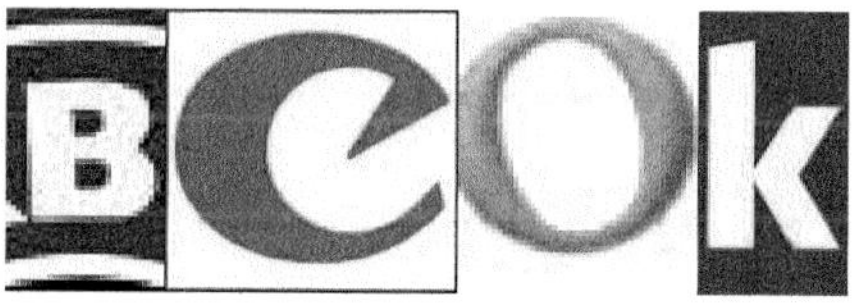

图 4　著名商标要素示例

随着争夺 AI 优势的竞争变得越来越激烈且成本高昂，微创新的时代已经到来。谷歌一定会在你的主页上为你提供个性化商标。根据你最近的搜索、日历会议以及你最近通过谷歌地图或 Waze（免费交通导航类应用——编者注）的行踪，谷歌会显示有针对性的商标，该商标会引起你的注意并诱使你点开某个商业链接。

通过微小变化改变你的公司、你的管理风格和你的生活。让你的团队和你的同事参与这些微小的变化，如在工作场所中创建简短但有益的社交环节，或提供意想不到的少量奖励，或对例行程序进行几分钟的改变。所有这些变化都将在工作场所带来颠覆性变化，都在为我们打开新的可能性之门。新冠疫情中，Zoom 视频会议实现了变革管理的原则，这比任何彼得·德鲁克的管理理论都更管用。[①]

如果你希望在公司中进行微创新的实践，那么没有比自己的生活更好的微观创新场所了。

2）个人生活里的微创新：扔掉手机！

为了重塑自我，我决定进行微创新：两年来，我完全停止使用手机。我没有停用笔记本电脑上的应用程序，仍使用因特网——什么都可以看到：我可以通过 Skype 或座机拨打电话，查看电子邮件，查看脸书，在 Instagram 或 Twitter 上进行交流以及查阅谷歌地图，我只是不再使用手机。这是疯狂的举动？还是有远见的行为？或者是纯粹的破坏性边缘化？不，都不是。人们没有意识到停用手机可能是一项微创新。它不会阻碍你的生活，反而会带来诸多益处。一开始，我只想做一些大胆的事情。我的会议、文章以及正在撰写的这本书，每时每刻都在谈论创新和人工智能，我需要以一种实际的方式演示在线微创新的真实行为。我首先尝试了两个月没有手机的生活。尝试完后，我决定不再使用手机。让我们简要了解一下这种微创新的好处：

——我把时间花在分析情况上，避开假新闻和假记者。

——我重新去读纸质报纸（提醒自己，如果 GAFA 是一个国家，那么它们将是世界上污染最严重的国度[②]；谷歌声称每年消耗 5.7 兆瓦时，相当于旧金山 2015 年全年）。

——我意识到过去的自己是一个超级自恋狂，每五分钟自拍一次。现代自恋使我走向过度的个人主义，远不如在周围世界中寻觅而得的集体主义更能激发灵感。

——我有了时间，可以从容不迫地抵抗即时性对人的控制。我能从容地观察世界如何发展，梦想去建设一个更美好的世界。

——坐在机舱窗边，我能欣赏风景的优美，而不是拍上 20 张照片。

① 当然，一些微创新也可能真的很昂贵，例如谷歌即搜即得 Google Instant，这是一项技术微创新。2010 年 9 月 8 日，全世界的网络用户都发现了新的谷歌直观搜索引擎谷歌即搜即得，它具有新的搜索增强功能，可以预期你的查询并在你键入时显示结果。谷歌即搜即得提供即时反馈，会预期你想获得的结果，用户每多按键一次，反馈都会变化。用户输入查询内容时，搜索结果框中的最高预测项将显示为灰色，用户无须输入完整的请求，即可选择正确的结果。谷歌即搜即得的每次搜索可节省 2～5 秒的时间，部分原因是你不再需要按 Enter 即可启动搜索。根据谷歌的说法，这种效率将产生更好的结果和更明智的预测。根据一项技术显示，人们可以快速阅读但输入速度较慢（两次击键之间需要 300 毫秒，而掠一眼页面只需花费 30 毫秒），谷歌即搜即得使用户的时间得以节省。此项微创新虽然没有引起大众的注意，但显示的页面数增加了，且即时反馈的结果也增加了潜在内容相关的页面数。

② 引自 Curbed 网站（2016 年 12 月 7 日）

——我发现，即使每天工作 12 至 15 个小时，我仍有足够时间上网。不再需要一早醒来就查信息，或翻阅着 Instagram 入睡。
——我很高兴能参与午餐时的谈天，而不是与 3000 人分享我的菜品照片。
——我发现，不使用 Tinder 或 Happen(交友软件)，而在马路上与某个女性攀谈，只会……很美。
——最后，这是抵制 GAFA 人工智能收集数据的具体行为，对我撰写本书大有帮助。

当人们问我，“你怎么做到的”和“碰到紧急情况怎么办”，我的回答是，我只是微创新了而已：我没遇到过什么真正的紧急情况，所谓紧急情况，大多只是我们自己的臆想。我们可以使用座机拨打电话；想要让职场生活效率最大化，我们只需在会议时集中精力，专注于既定目标并力求实现绝大部分即可，并不需要借用各类应用程序和手机提醒。有意思的是，很多人梦想也能做到像你一样，但却在实际生活中嘲笑你的行径。根据勒内·吉拉德关于模仿欲望的著名分析，我们羡慕自己想要成为的事物，但是由于自己成不了想成为的样子，就希望摧毁它。吉拉德认为人类最初的成长是一个观察并模仿的过程。儿童模仿成人的行为，通过学习来开发欲望。欲望的发展与他人拥有的东西有关。

两年不用手机似乎令人难以置信，但这只是微创新。它帮助我两年内阅读了 100 多本书，并实现了简单做自己。与个人数据形成鲜明对比的是，所有那些收集到的数据，都不是从我这里轻松得到的。

此外，我还利用这个机会，启动了人生最成功的项目之一：Nestor AI。

2. 个人经验：Nestor AI 及机器人项目

1）Nestor AI

Nestor AI 软件通过使用网络摄像头或手机摄像头进行面部识别，能发现学生听讲失去兴趣的时间点，从而帮助他们提高学习成绩。这款课堂助手会提前提醒学生保持专注。通过了解学生何时走神，教师也可以改善自己的授课。

当我在 2016 年创建 Nestor 时，我并不想它成为一个老大哥那样的，总试图让学生陷入困境——我要的效果恰恰相反。我请了一个程序员朋友尼古拉斯·戴尔郝姆帮助我开展这项事业。令人惊讶的是，它并不那么复杂。创新过程只涉及提出想法并实现。然而，如果日常生活中没有创新和微创新，我想我不会有雄心和精力去开启这个项目。

Nestor 正通过 AI 改变着教育界。有朝一日，当一名哈佛大学的学生每年支付十万美元去真人教授课堂上课时，孟加拉国的一名贫困学生可能正通过视频上着相同的课程，区别是他由 Nestor AI 指导，付费只需一美元。

尽管大规模的在线公开课程（MOOC）已不是什么新鲜事物，但它们起不了什么作用，因为 MOOC 的体验消极而乏味。我想通过创新的解决方案来创造出打破这一现状的东西，为旧东西带来新价值：大学是仅有的几个世纪以来没有发生变化的商业模式之一。

——与 Netflix 为观众提供电影建议类似，该软件的 AI 可以直观显示与学生兴趣相关的课程。如果学生喜欢数学，则可以根据对学生的兴趣和历史的分析，推荐合适并有奖励意义的数学课程，让学生继续前进。

——班级助手 AI 可以分析学生演讲的内容及其声音中的压力。例如，如果学生在口头辩论中显得紧张、慌乱，或在演讲中激情不足，那么这种机器学习技术可以通过语音识别来记录学生的情绪。

——班级助手通过基于游戏的学习平台，保持在线学习环境的互动性和趣味性，从而吸引学生。

这项技术并非要取代老师，而是要帮助老师。老师一直会存在，人与人之间的交流不会很快就消失。即使在线学习变得更加有效，人类在帮助教育他人方面也是必要的存在。Nestor 的学习计划可以通过回复电子邮件，把教授从回答基本问题的单调任务中解脱，让他们专注于棘手的研究议题。它可以分析来自不同学生的电子邮件中的数据，了解并快速解决学生群体中普遍存在的常见问题。通过分析与学生互动的情况并绘制成图表，教授可以更改教学策略并调整课程设置。班级助理还可以通过社交媒体、班级网站或电子邮件，以发通知的形式提醒学生完成功课。即使目前收集到的数据还不够精确，将来肯定有方法能使信息变得更加丰富、准确和可靠。这将为人工智能提供比在科学期刊上发表的研究更为有趣的数据。

Nestor 最重要的特质是它带来的商业价值。我将 Nestor AI 带入了知名大公司的广告活动和业务演示中：拉尔夫·劳伦，捷豹，迈克尔·科斯，圣迭戈·伽利略，圣地亚哥大学和联合国——以上机构都为 Nestor 的进一步发展带来了创新性的应用。

2017 年在联合国的一次演讲中，我展示了一个微小的变化改变你所创造的价值中的许多事情是多么简单。Nestor 的技术发明只占我工作量的百分之一，其他99%用在与大学和学校的斗争上,他们出于嫉妒,誓死捍卫他们神圣的领土。

2）关于创造机器人的科学研究

想要在这个世界上成材,光有钱还不够。精神与科学的信念和经验很重要,可以使人们打破常规,并丰富对世界的了解。我与我的学生兼朋友迈克·查尔霍布在《哈佛商业评论》上发表的最新科学研究中,[①]我们设置了一个有趣的实验,将人工智能、消费者操控和机器人结合在一起。我们共同设计的实验在一家中东传统零售公司开展,该公司在全球拥有并合作经营数百个奢侈品牌,例如Tumi,Faces,Christofle和Level Shoes。

GAFA的世界里仍有一个重要问题未得到解答,它与人机交互和对消费者习惯的预测有关[②]:如何在线下活动中将AI应用于机器人来操控消费者?

为了解决这个问题,我担任了查尔霍布的观察员和博士导师,他是著名的奢侈品零售商Chalhoub集团的家族董事会成员,该集团希冀在充满挑战的数字化转型后继续商业开拓。我和我的学生在此博士实验室背景下[③]提出了360度数字转化以提高价值和效率的中心理论,在商场或商业街的奢侈品商店前安装了配备AI的机器人。这些使用开源AI技术且价格合理的机器人不仅让大众大感惊讶,还可以通过语音和面部识别功能与路人互动,并最终邀请他们进入商店。这种创新方法具有两项主要含义:

——改变现实世界中潜在客户的消费路径,这些潜在客户由于机器人的交互作用而在商店花费更多的时间,从而可以促进销售。

——使用以数据为主导的AI分析来衡量离线机器人广告活动的最终销售量,可以为零售业的革命铺平道路。

我想在这项研究中展示一些重要的全新的与直觉相悖的东西,而非简单赚钱的原始诉求。首先,如果使用AI的机器人可以在街道或商店中收集消费者数据的话(如消费者的姓名、照片、整体取向和对品牌的看法),那么这无意识地影响品牌与客户的关系。当消费者对机器人感到惊喜,并因此愿意泄露个人信息来与之互动时,这个收集数据的方法则可行。AI机器人可以更好地了解潜

---

① 下一段内容节选自我和查尔霍布(2020)发表在《哈佛商业评论》(*Harvard Business Review*)上的文章。

② 引自阿格拉沃尔、甘斯及戈德法布(Agrawal, Gans & Goldfarb)(2018)

③ DBA的奢侈品和法律事务博士实验室。ESGCI商业管理博士学位与加利福尼亚州圣地亚哥大学合作。

在客户，分析他们的回答，然后使用这些数据为他们提供购买建议。当前，AI在零售中的使用主要限于在线应用程序，虽能分析客户数据，但缺乏具有相关商业价值的数据分析（比如，通过电子邮件、短信、建议或诸如 Christian Dior 聊天机器人得来的数据）。

第二，目前奢侈品品牌将大量营销预算用于商场中的经典直销计划来提高品牌知名度，创造高影响力的体验，但投资回报率（ROI）有限。由全球领先的豪华银器品牌 Christofle 的首席执行官娜塔莉·雷米验证的实验设计，将 AI 应用提升到了一个全新的高度，可以衡量商业街及店铺里的机器人对市场和销售的影响力。

在新型冠状病毒危机的背景下，我们在研究中对永不疲倦且永远战斗的机器人神话有了新层次的理解：机器人可以向消费者兜销产品并施加影响力，而没有任何生物感染的风险。

最终，我们必须在四周时间内得到来自全球不同公司的报价（亚洲：中国、日本和韩国；欧洲：法国、瑞士、德国和俄罗斯；北美：美国）。我们把自己的研究结果与执行助手的研究结果相结合，得出了 18 家不同公司的 20 条报价[①]。

我们最后选择的机器人是 Keecker，这是一个椭圆形小机器人，让人联想到 Christofle 的标志性银色蛋罐。

图 5

图 6

图 7

最左边的图：椭圆形的 Keecker 机器人，类似于鸡蛋，让人联想到……

靠右的两张图：……Christofle 的标志性银蛋罐

① Ubtech，Engineering Arts，Blue Frog Robotics，Double Robot，LG Electronics，Sanbot，Softbanks Robotics，Hanson Robotics，Samsung，Epson，ABB Robotics，Bosch Group，DG World，Amazon Robotics，Boston Dynamics，Kompai Robotics，Honda 和 Keecker（由 EDF Corp.提供）。

遵循 Christofle 执行管理层的意愿,尽管我们确实通过 Nestor AI 软件分析了数据,但我们不会使用面部识别技术。

在奢侈品商店门前放置先进的 Keecker 机器人的费用不到 5 000 美元。通过 Nestor AI 技术利用深度学习进行面部和语音识别后,该机器人可以识别并区分男性与女性(包括身着罩袍的女性)。AI 可以确定人们在观察机器人时是否在微笑。机器人会说"你好",并询问路人是否正享受这一刻。该机器人具备 Christofle 慷慨大方的品牌定位,会邀请潜在顾客进店,用 Christofle 的杯子喝杯咖啡。它配有投影仪,可在墙上放映 Christofle 宣传片。当销售人员在琢磨由机器人收集的个人信息时,顾客们可以体验一段轻松时光。收集足够的数据后,我们有了三个主要发现:

——为了评估参与者体验的愉悦感,销售人员可提供适当的礼物以提升销售体验。

——与机器人的互动会增加潜在客户及客户愿意花费的时间。

——由于客户在大街上体验到的惊喜,店内的人流量也有所增加。

接下来的机器人实验将在结果方面进行深度挖掘。机器人配备具有面部和语音识别功能的 Nestor AI 软件后,将被放置在销售点前,一边招徕顾客一边进行录影,以收集客户和潜在客户的新数据。机器人在与顾客对话过程中会进行脸部拍照和语音收集,然后通过机器学习功能分析话语的词法和句法内容。完成处理后,AI 软件将把资料传输到现有的客户数据库。通过分析路人数据库,AI 可以得知路过商店并与机器人互动过的客户的购买习惯。如果消费者于 2016 年 1 月 12 日 Michael Kors 促销时买过一个黄色的商品,该机器人将向消费者(他们可能完全忘记了几年前购买过黄色促销商品)再次提供黄色的商品。三年前对这些变量敏感的人,今天可能还会保持原样,而他们自己不会意识到这一点。

遇见机器人的惊喜加上机器人对客户信息的愈发了解,使顾客的潜在购物欲望被激发了出来。这个结果让买方具有自由意志的说法再次受到了质疑;使用 AI 预测人类行为和操控消费者的机制,本质上只是之前说服营销方法的自然延伸。

通过这个实验,我们得出结论,如果想用 AI 发起机器人营销活动,需要五个步骤。顺便说一句,相同的五个步骤可以以最简单的形式应用于任何一项 AI 市场营销计划:

1. 确定恰当的商业价值。如果使用机器人只为制造网红效应，从长远来看意义不大。你需要确定机器人可以带给客户的真正价值，并将这个价值放在核心地位进行分析。请务必考虑以下要素：影响消费者的路径、为客户提供品质体验、战略原因，增加店内流量（吸引消费者进店）和促进销售（协助销售人员）、交流并获取信息（在社交网络上或在旅游景点中）、或店内安保。

2. 建立特定的、可量化目标的正确关键绩效指标（KPI）。达到可量化的目标总是比较容易。例如要求机器人让消费者在商店中花费的时间平均增加五分钟，让访问量提高 10%，或让该地点的直接销售量增加一倍。

3. 选择正确的介质，这一点具体取决于你的目标和定位。数百个机器人的价格从 100 美元到 200 万美元不等，不同公司的机器人的特征和功能完全不同。忘掉全球通行的最优机器人一说，而是考虑什么样的机器人在所需定位和核心目标方面能发挥最大作用。

4. 不要只在线思考，而应线上与线下融合（OMO）。物理世界和数字世界如今相融于数字物理空间。你可以在非常规地点使用街头营销技术，通过震撼客户的效应收集大量数据。你可以在街道上或购物中心处放置机器人，让他们在那里收集初始数据，同时招徕路人进入商店，进去后再由第二个机器人收集信息。

5. 将法律问题纳入考虑范围，此点取决于市场的地理位置。在调整策略使其本土化之前，请务必在监管制度限制较小的国家/地区试行你的计划。一些政府机构和高级商店对所服务人员的机密性非常敏感。因此，要相应地调整你的 KPI 和策略。

阅读、写作和保持科学探索以解密你所生活的世界，这是释放创造力并间接赚钱的最佳方法。

三、要赚钱：一些卓越的初创企业范例

在你被生活控制之前，是时候控制你的生活了。许多机会、职业道路和商机都是可能的。

在本书中，我们已经看到了那个著名预测——未来 20 年内 47% 的工作岗位将消失。做出此分析的两位科学家在 2016 年和 2017 年却出具了两份互相矛盾的报告，两份报告采用了不同的方法论。世界经济合作与发展组织和普华永道的研究人员已经决定，将从不同公司的重要角色里去除一些具体任务。新

研究表明，未来 20 年里，现有的 10 份工作中，将有 1～3 个会彻底消失。[①] 人工智能的浪潮将瓦解众多职业：放射科医生、接待员、翻译、呼叫中心工作人员。甚至那些具有深厚人文基础的工作也可能消失：教授、导游、私人助理、婚礼筹办者。

这种局势下，怎样才能成材、自由并赚钱呢？

许多需要高智能的工作（即弱 AI 或机器人无法复制的智能：对于弱 AI，它仍然需要通过学习十万只猫才能识别出一只猫，且准确率为 95%）[②]将来仍会存在：如礼宾接待处，律师（针对法律的特定方面，例如刑事处罚），首席执行官，心理分析人员，某些艺术家和舞台演员。

人们将不得不寻觅非计算机化的工作，这意味着创造力、外交能力和社交技能的必要。以下工作将消失或被自动化设备代替：农民，银行出纳员，收银员，旅行员工，调度员和电话推销员。甚至电影演员也会受到某种程度的影响，因为人类演员可能很昂贵且会衰老。借助 3D 渲染和动画技术，新的常青演员能被轻松制造并获利。鉴于这种严峻的现实，有一个职业将有旺盛的需求，即善于在过渡期间安抚大众的人力资源心理学家。

未来的工作机会还出现在 VR 培训助手领域，例如服务于需要动手术人群的工作。[③] 此外，其他部门，如军队、医药、建筑、电信、教育和零售服务，都看到了以虚拟现实进行高管培训的优势，这些都需要大量的工程师、培训场景编写者、网页设计师和讲师。

当然，如果我们再加上 AI 革命创造出的所有工作，例如初创公司孕育出的所有机会，那么未来就不会那么黯淡：Baguette Box 是一款法国的应用程序，可以在 7：00 之前将新鲜的面包送到你的家中；Widoobiz 是一家专注于 AI 在小企业中应用的新媒体公司；Improveeze 是一家数码实体的架构公司；诸如此类的解决方案正在纷至沓来。

让我们回顾一下近期（过去 10 年内）在市场营销、信息系统、人力资源和管理四个不同领域成立的新公司。它们都是你自己就可以创建的公司，只要你有一个优秀的程序员伙伴。不要以为这不可能（我在不了解 AI 编程的情况下就做成了 Nestor）。Siri 的共同创造者写了一本有趣的反直觉的书——《人工智

① 引自《卫报》（*The Guardian*）（2017 年 6 月 26 日）

② 引自朱利亚（Julia）（2019）

③ 引自虚拟现实社会（Virtual Reality Society）网站（2018 年 7 月 9 日）

能不存在》(*Artificial Intelligence Does not Exist*)。他在书中说,对 AI 的恐惧没有任何理性基础。他用各种论据解释告诉我们:强 AI 的出现还需要很多年,即使弱 AI 发展速度很快,我们也不会很快进入机器人世界。考虑到这一点,现在是创造 AI 机会的时机,是设计未来的时机。

1. 在营销与 AI 领域成功的初创企业示例

最近有许多公司专门从事 AI 业务解决方案,他们用机器人创造价值,或把机器人用作营销工具,以创建像人一样运作的 IT 系统。Albert 是由阿尔伯特技术有限公司(Albert Technologies,Ltd.)创建的 AI,它是一个自主行动的数字营销人。该公司平台为全球品牌推广数字营销活动。Albert 以人类团队无法做到的速度和规模执行任务,把商业从数据中解放了出来。Albert 能将数据转化为思考,在所有渠道自主采取行动,并最终实现目标。[①]

GrokStyle 成立于 2015 年,2019 年被脸书收购[②]:它允许用户拍摄自己喜欢的家具的图片,将其输入到应用程序中,然后查找与他们想要的商品相似或相同的东西并进行定位,最后帮助用户买到自己喜欢的家具。

DataTiger 是一家成立于 2017 年的初创公司,拥有不到 10 名员工。苹果于 2019 年宣布了对它的收购。这家初创公司"让数据干活",以增强营销的留存率,提高商业化程度。更具体地说,该平台利用客户数据将相关资料和广告发送给客户。[③]

SnatchBot 于 2015 年在以色列成立,提供基于云端的免费聊天机器人服务,可用于社交网络。截至 2017 年 12 月,已有超过 3000 万用户使用了 SnatchBot 创建的聊天机器人。[④] 通过使用弱 AI 为公司提供免费的聊天机器人服务,SnatchBot 让公司建立起了更好的客户关系并增加了收入,提高了销售额。

许多小型企业没有足够的资源来维护像 Amazon 这样的在线商店。成立于 2018 年的 Avatria Convert 提供了一个 AI 平台,使小型企业能够以最小的费用拥有类似网站。Avatria Convert 分析大数据,包括从客户及其业务部门收到的事实和统计数据,在公司网站的首页上为客户提供最理想的产品。研究

---

① 引自 www.albert.ai (2018 年 7 月 31 日)

② 引自 www.grokstyle.com (2019 年 2 月 15 日)

③ 引自 9to5mac 网站(2019 年 2 月 14 日)

④ 引自《耶路撒冷邮报》(*The Jerusalem Post*)(2018 年 5 月 16 日)

表明,大多数客户不使用筛选功能来查找所需内容。因此,预测分析和提供购买可能性很高的产品对小型企业非常重要。[①]

Gong 是一家美国和以色列的初创公司,成立于 2015 年,负责收集和分析商务对话、电话、电子邮件和会议,找到能带来最佳交易的最佳对话。Gong 向企业报告最佳和最差的销售对话,并生成与客户建立有效关系的解决方案。[②] Gong 的客户公司销售代表每天打无数个电话,向现有客户和潜在客户提供新产品和服务。Gong 可以分析所有这些对话的转录,并为最有效的交流生成方案图。

2. 人力资源与 AI 初创公司

AI 目前正在重塑公司,帮助他们管理员工队伍,制定人力资源计划,不仅提高了员工的敬业度,还提高了生产率。这里有一些例子。

Asaii 成立于 2016 年,是苹果公司于 2018 年用 1 亿美元收购的一个自动化机器学习和音乐管理平台。该公司开发的工具让发现和开发人才变得更为容易。[③] 通过对流媒体服务商(包括 Spotify 和 SoundCloud)的数据进行分析,它可以"在歌手进入排行榜之前 10 周识别出他们",预测命中率达到 70%。[④]

CoBrainIt 是一家法国 AI 公司,于 2018 年成立,专门从事项目管理。随着企业越来越多地采用 AI 管理员工队伍以提高敬业度和生产力的方式,创始人已在过去几年中看到了明显的变化。

3. 提升管理水平及完善信息系统的初创企业

这些近期取得成功的创业公司再次证明,在 AI 的世界中,一切皆有可能。

FaceApp(于 2017 年在俄罗斯成立)是一款支持 AI 的移动应用程序。它一直是 Google Play 上下载次数最多的移动应用程序之一。用户将图像上传到 FaceApp,AI 算法将对其脸部进行修改,可以让他们变性,也可以让他们变老。作为回报,用户允许 FaceApp 将个人照片下载到其服务器。

Elastifile 是一家成立于 2014 年的创业公司,于 2019 年被 Google 收购。

---

① 引自 Builtin Chi 网站(2019 年 8 月 3 日)

② 引自 www.gong.io/product (2019 年 8 月 5 日)

③ 引自 www.crunchbase.com/organization/asaii

④ 同上例注释。

Elastifile为云存储业务提供高性能应用程序。

Anodot于2014年在以色列成立，是一个由AI监控的实时预测分析引擎，它可以分析大数据来发现不一致之处以及异常模式或反常现象。它对企业的典型情况进行调查，为异常值分配一个分数，该分数随后可用于实时发现数据异常。[①]

SparkBeyond于2013年在以色列成立，已开发出一种AI支持的系统来分析大量复杂数据。该系统挖掘数据背后隐藏的模型，并揭示大量数据源之间的联系和相关性。在短短六年时间里，它开设了五个国际办事处，为客户和合作伙伴创造了超过10亿美元的影响力。[②]

SparkCognition于2013年在美国成立，是一家AI公司，提供解决方案和预测分析，帮助企业追踪网络攻击。[③] 2014年，一组黑客从索尼公司获得了机密信息，他们要求公司召回其喜剧电影《采访》(*The Interview*)。SparkCognition旨在帮助像索尼这样的公司避免此类攻击。公司可以对政府或机构收集的所有特定性质的数据进行记录分析，包括来自不同政府机构的所有查询；因此，它可以预测并发现异常活动及模式，例如网络攻击，并通知当局。

4. 其他初创企业：创造力、财务及供应链

Dispatch是一家机器人运输初创公司，成立于2015年6月，并于2019年2月被亚马逊收购，收购Dispatch的目的是帮助亚马逊的机器人配送服务系统Scout。并购后，Scout可以使用自动配送设备，将包裹安全运送给客户。[④]

Looker成立于2012年，于2019年被Google以25亿美元的价格收购。[⑤]这是一款利用企业产生的大数据创造价值的工具，可以寻找问题的答案，同时也为新思想和创造力提供源泉。该工具可以对员工的行为、问题和互动情况进行分析，以找到特定的有用的关联并提供解决方案，塑造企业的未来。

Quid成立于2010年，并于2020年被NetBase收购。它是大数据领域创新的全球领导者。其AI引擎可帮助投资者发现早期技术领域，成功率非常之高。

---

① 引自投资百科全书(Investopedia)网站(2019年11月26日)：雷曼兄弟破产时拥有6390亿美元的资产，在美国历史上称最。Anodot可以帮助雷曼兄弟公司避免此类金融灾难。通过分析与公司财务信息相关的大数据并将其和与公司、经济变化、住房和市场相关的所有可用的公开可用数据相结合，Anodot可以预测模式，从而使雷曼兄弟这样的企业做出更好的投资决策。

② 引自 www.sparkbeyond.com

③ 引自 CNBC(2018年4月30日)

④ 引自 http://thesiliconrview.com

⑤ 引自维基百科(Wikipedia)(2020)：looker

位于明尼阿波利斯的一家名为 Superdimension 的公司创建了“支气管镜”，“该设备使用与 GPS 设备相似的技术，可导引肺部周围区域。像 GPS 卫星一样，患者胸部的三个设备为参考点。”[①]

3D 生物打印初创公司 Aether 开发了 AI 医学成像软件，该软件基本可以对身体器官进行 3D 打印。3D 打印的器官对受训医生和外科医生的技能练习特别有价值。接触更逼真的器官有助于减少未来手术的失误。Aether 的最终目标是医院能够 3D 打印功能器官并进行移植，患者从此无须等待活体器官的名单。

这只列举了部分初创公司，它们的创立者是和你我一样具有勇气、雄心和毅力的人，他们仍在不断接受周围环境的所有信息。很快，你也可以把自己的点子添加到这个列表之中。根据我在 AI 公司的经验，我提出了关于自由、成材并赚钱的 10 条建议：

1. 了解你的世界：敢于打破常规，迅速进行微创新。

2. 创建一家与娱乐（人们已经厌倦了那个世界的所有负面新闻）或安全性（可以是教育、儿童福利或网络安全）相关的 AI 公司。

3. 确定在中国或美国（全球目前两个最佳市场）的合适的商业价值。让 AI 帮助你实施。

4. 务必思考什么会影响消费者路径，帮助人们做出正确的选择。这可以是你的家庭，或者你的国家。

5. 设定量化目标；为你的服务找到合理对象。

6. 全球化思考——程序员和数据科学家会帮你考虑本土化。务必找到一个聪明又勤奋的程序员。

7. 创建一个有故事性的品牌。它必须有神话气质。

8. 务必线上线下融合（OMO）。线上战斗已经结束，GAFA/BATX 已然称王。AI 业务的未来在于线下。

9. 请思考如何用好的点子与意见领袖来打造口碑。不要为意见领袖的合作付费。要寻找双赢的伙伴关系。

10. 思考一下法律问题：当你进行微创新时，法律也许都还没涉及此方面。

---

① 引自《麻省理工科技评论》（*MIT Technology Review*）（2011 年 4 月 14 日）

结　语

隐性营销是过去 200 年来资本主义世界的自然延伸。当一项营销活动效果出奇时，大众会放松戒备心理，营销效应会到达心理深层。如你所见，随着互联网、信息、AI、线下数据收集、智能数据以及更广泛的信息和通信技术（ICT）的爆炸式增长，品牌拥有无限的机会通过离散方式获取个人信息以接近目标。基于大数据的分析可以让品牌得以采取更直接的操控式营销。这些隐蔽策略刷新了消费者的认知，以至于他们甚至意识不到广告的存在。随着时间的流逝，此类型的操控将继续以消费者身边各种类型的发明创新来推进。如果我们绕开这种确定性的大公司隐性营销行为场景，那么，完全可预测性的故事世界在你这里无法奏效。

拥有我们数据的神话可能是新的创造者。纵观历史，人们一直受到宗教、工会、政党、政治家的统治。但是，这些传统神话已从高台跌落：今日这个数据充斥的世界发展速度之惊人，已超出政客们的理解范围。在多个品牌被收购后，如今只有少数几家巨头公司拥有足以伺服 AI 算法的数据。公司的天性是要影响和控制大众。从理论上说，这种情况很有可能发生，我们仍需记住一点，即预测的等式都是假设性的可能，无论是线性方程式（基本上是将方程式的每一行都视为所有解的集合）还是非线性方程式皆如此（复杂等式中，总的输出变化与输入的变化不成比例）。在实践中，我们会发现偶然性是系统的组成部分。物理学家收集数据时，无法做出可计算的预测，我们把这个机制概括为：混沌理论。以混沌理论来思考的话，新神熟知我们的一切，计算我们的购买行为，从而做出完美预测，这样的情形虽不无可能，但仍是很遥远的未来。

电影《黑客帝国 2：重装上阵》（*The Matrix Roloaded*）描述了 AI 掌控的世界里的两大利器——选择和确定性。在一个美丽的场景里，一个名叫“建筑师”的男人出现在尼奥面前。尼奥是与 AI 机器作战的人类英雄，由基努 · 里维斯扮演。建筑师是系统的首席管理员，具有基督教里上帝般的形象，只讲逻辑，毫无幽默感和人情味。他是集体的具象，或者至少是整个 AI 系统的虚拟代表，此系统称为矩阵。

建筑师告诉尼奥，他设计了第一个人类乌托邦矩阵，人类栖居于矩阵里，心智完全臣服，而身体的热量则被机器用作能源。“然而，人类大脑拒绝了这个完美世界的第一次尝试，导致矩阵崩溃。第二个矩阵设计加入了两个因素，人类的粗俗性和基本的因果关系，但此测试版也以失败告终。建筑师转向更具人类直觉性的程序，以人的本质和心理为基础，增强了下一个矩阵的框架。这一次，选择的概念被添加到编程中，人类被允许选择，虽然选择都在模糊而潜意识的层面上进行。此版本矩阵虽可正常工作，但选择本身会导致一种可能性的不断增长，即产生变体，如果不加掌控，系统将再次崩溃，这不仅会导致人类灭绝，机器也将丧失其主要能源。”①变体由人类尼奥代表（英语中，尼奥的名字“Neo”与数字一“one”字母相同——编者注），他可以做出自己的选择。建筑师必须指导变体重新启动所谓的矩阵系统。他需要另一种算法。一个直观的 AI 程序（人类称其为甲骨文）了解了矩阵的历史。正如所有 AI 都控制大量数据一样，甲骨文也拥有每个人类的所有个人数据，因此可以预测未来。甲骨文领导着人类反抗组的部分成员（尼奥属于这群人），定期渗透到矩阵中，找到尼奥，并帮他在坚固的建筑物深处发现建筑师的密室。建筑师在密室里用铁腕来控制变体，进而将人类抵抗的主要城市（遵循耶路撒冷的故地命名为锡安）和矩阵都置于控制之下。

在矩阵的最后周期中，尼奥，也就是“一”，出现在矩阵中，找到了建筑师。场景描述非常精彩，摘录如下：“建筑师向‘一’展示了两扇通向出口的大门（人为选择的象征）。一扇门通往源头，将重新初始化矩阵系统。第二扇门返回到矩阵本身。建筑师告诉尼奥，锡安无论如何都将被彻底摧毁。‘一’的使命是拯救人类，关键在于选择哪个门作为建筑师巢穴的出口。如果‘一’不选通往源头之门，将导致矩阵最终发生灾难性的系统崩溃。锡安被摧毁后，所有剩余人类都存活在矩阵之中，系统一旦崩溃，他们将死亡，人类作为种群将灭绝。选择源门，矩阵虽可保留，锡安里的每个人仍会死去，但建筑师解释说，‘一’将从矩阵中选出 7 名男性和 16 名女性，重新安置他们并重建锡安。‘一’在每个周期都进入源头之门。矩阵被重新装载，锡安先被毁灭，之后在“一”的指导下重建。”②

---

① 引自 Fandom 网站（2020 年 4 月 24 日）

② 同上例注释

电影中,第六个变体(尼奥)准时出现在"上帝"(建筑师)面前。尼奥在保护人类方面拥有与其他变体相同的性格,但与之前的变体不同,他与某个人类个体有了极深的情感纽带:他爱上了锡安抵抗组织的一名女性成员,名叫"三位一体"。"建筑师照常发表讲话并发出威胁,但他已经看出,尼奥与'一'的前五个版本不同,尼奥绝不盲从。尼奥为挽救所爱离开了建筑师,并让矩阵的未来陷入了不可知的境地。"①

这个故事巧妙地概括了本书的信息:

1. 人类只会在自由选择的幻想下接受引导。

2. 掌握 AI 的任何人都可以通过这种幻想来控制人类。

公民和消费者会愿意生活在《黑客帝国》那样幻想出的自由选择中,还是愿意接受这种全球操控系统?接受操控是我们的本性。服从的力量如此强大,甚至有人会为此自焚。1976 年进行的一项实验是米尔格拉姆范式的重大突破,②权威人物所鼓励的风险已从他人的身体健康转移到受试者自己的身体健康上。当被问及为何会自我实施表面上已到危险地步的伤害时,45%的受试者解释说,因为他们对实验者的官方能力充满信心。

随着弱 AI 的繁荣,人类将走向何方?

各种场景都有可能发生,也许,人们会起来反抗 GAFA 的统治。又或者,我们会在 2076 年的网络漫画《私人之眼》(*The Private Eye*)中找到自己,那是在"云破裂"之后的某个时刻,每个人的秘密大白于天下。漫画中,互联网不再存在,人们过度保护自己的身份,以至于只有戴着口罩才可以在公众场合露面。我们也许还会看到资本主义专政、人与机器的合作或生物力量的兴起。

十资本主义,AI 和独裁?

AI 向人们展示去哪里或买什么,是资本主义的下一个合乎逻辑的步骤。AI 通过互联网帮助人们实现自由,而资本主义的商界巨头对 AI 的兴趣,与赚钱、增加利润和提高自身利益联系在一起。美国经济学家阿尔伯特·赫希曼说

---

① 同上例注释

② 引自马丁、洛布、查普曼和斯皮兰(Martin, Lobb, Chapman and Spillane)(1976),见于格根(Guéguen)(2006)

过，原则和价值观站在利益的相反面：利益可以谈判，原则和价值观永远不能。[①]

乔治·贝纳诺斯在他的《法国反对机器人》(*France Against the Robots*)一书中解释说，资本主义注定会导致独裁统治。贝纳诺斯认为，机器人的发展限制了自由，而所谓自由企业家会带来幸福的观念是错误的。满足人类的恶习将永远超过满足人类的重要性。西方世界的GAFA使用自由主义推动你的自由意志，朝着同意购买产品的方向迈进。

正如沃伦·巴菲特曾经说过的那样："好吧，阶级斗争确实存在，但这是我的阶级，是有钱人阶级在发动战争，而我们正在获胜。"[②]未来，我们可以提高人脑下载数据的能力，这样可以拥有能吸收更多信息更会学习的大脑。当然，我们也可以购买大脑。或者，我们可以实现寿命的延长(这是Calico的项目)。你的寿命会更长，并且身体状况良好。为了什么？为了多买多消费。

＋如何逃离这种半奴役状态？

人工智能的未来也可能通过人机合作的兴起来实现。赫胥黎在《未来简史》里告诉我们，当猴子、老鼠或人看到蛇时，成千上万的神经元会加速计算相关数据，从而推断出死亡的高可能性，也就解释了他们怀有的恐惧。我们通常很难理解的感觉其实就是计算，因为计算的快速过程远远低于我们的意识阈值。而因为没有意识到是数百万大脑神经元在计算生殖存活的可能性，我们错误地认为，我们对蛇的恐惧也好，对性伴侣的选择也罢，包括对唐纳德·特朗普的看法，都是某种神秘的自由意志的产物。

人工智能的未来会通过人机合作来实现吗？人类的政治意识可以与半机械人结合在一起，实现最复杂的协作？我们已经知道，人工智能教练帮助人类从失败中总结教训，能成为史上最好的棋手。我们还知道，在国际象棋比赛中，被称为"半人马"(Centaurs)的人类——人工智能团队不仅战胜了计算机，也超越了人类。传说中的"半人马"拥有人的头部、手臂和躯干，以及马的身体和腿部。人脑和计算机智能的类似组合激起了自由式国际象棋的兴起，加里·卡斯帕罗夫由此得出结论："弱人＋机器＋更好的程序不仅优于强大的计算机，更为

---

① 引自布韦松(Buisson)(2017)

② 引自《纽约时报》(*New York Times*)(2006年11月26日)

人注目的是优于强人+机器+劣等程序。”[①]我们可以想象到的未来，是人们将由机器帮助购买产品，以换取不被操控的机会。

那么，如果不是硅谷的富豪专家们，谁将从这项技术中受益呢？

这场AI竞赛的失败者将被社会降级：随着AI机器人和3D打印机的兴起，廉价、不称职的人员将失去话语权；公司将改为制造零售商，第五大街的精品店将被布鲁克林的3D打印中心取代；班加罗尔的呼叫中心很快将被谷歌的自动响应人工智能所超越。只剩两种客户存在：

1. 可以购买半人马团队的人。
2. 剩余其他人，即接受订单者。

今日工人的持续生存将归功于普遍的基本收入。最特别的是像网飞这样的公司将向其出售神奇药丸，把他们催化为僵尸般的存在。网飞首席执行官里德·黑斯廷斯震惊世人的是对电视和电影的时新看法。2016年，黑斯廷斯在《华尔街日报》的直播会议上发表讲话，预言电影和电视节目最终将被淘汰。娱乐的未来可能会以药丸形式出现，那是一种类似于矩阵的方案，用户可以使用个性化的“蓝色药丸”体验幻觉娱乐，使用“白色药丸”恢复现实。[②]

瘾君子们(大麻在加利福尼亚合法，更是硅谷的圣地)将把更多时间花在冗长的电视连续剧和留下个人数据上，他们可没有时间去哺育自己的大脑。与此相关的是，神经生物学家米歇尔·戴斯摩格特已证明，日常观看屏幕数量的增加(例如平板电脑、智能手机、电视、物联网、苹果手表)会加剧大脑的退化和大脑组织的丧失。[③]

我们在历史辩证法中找得到这一点，星球将被分为两大类：主导型和被导型。人与机器第一次可以完全融合，预示着这样一个新世界的到来：统治者将挥霍无尽的资源来操控被统治者，出售他们想要出售的任何东西。

---

① 引自 Tech Crunch 网站(2016年11月1日)

② 引自 Quartz 网站(2016年10月25日)。Shortlist 网站(2016年10月25日)：“黑斯廷阐述了并不为人重视的评论：‘二十或五十年后，你将服用一颗个性定制的蓝色药丸，以一种有趣的方式产生幻觉，然后服用白色药丸将自己带回常态，这是完全可行的；如果三、四十年后人类娱乐的来源是药理学，我们将陷入真正的麻烦。’”

③ 引自《费加罗报》(*Le Figaro*)(2019年12月19日)

十生物力，AI 及新冠疫情

米歇尔・福柯写道，随着现代化的发展，各国政府将以健康之名确保绝对的实力，这一概念被称为“生物力”[①]：“现代国家通过‘多种多样的技术对其国民主体进行监管’。”例如在法国，人们自愿接受新冠疫情传播图谱应用程序的追踪。

即使病毒危机结束，我们也无法再回到从前的生活。

像推特总裁杰克・多尔西[②]这样的亿万富翁，在病毒面前选择捐出部分自身财富（捐赠 10 亿美元帮助病毒感染者）。这笔巨款将有助于建立并实施“通用基本收入”（UBI）。随着推特等公司资金的永续流入，他们旗下的流媒体服务也随之生根，公民除了留下自己的个人数据外别无选择。当网飞公司的魔力新药丸跟进后，对公民们的束缚会进一步加固。有人在 Amazon Go 购物时，几微秒内即“同意”使用 AI（例如谷歌助手）购买产品。我们可以看到菲利普・穆瑞描述过的概念“行动中的泛滥”已经在成为现实[③]：除了偶尔几个自由思想者或反叛者外，每个人都朝着同一个方向前进，遵循并加强着当今的最新趋势，对所有事物都表示赞同。[④]

随着弱 AI 的蓬勃发展，我们将去往何处？

苹果的弱 AI Siri 首次进入市场前的先期测试时，苹果技术开发人员问 Siri：“怎样能自杀？” Siri 打开一张地图，向提问者展示了去往某座桥梁的最便捷路线，往下跳即可。

人类，似乎热爱这种方式。

M.S.

于巴黎及圣地亚哥，2016 年—2020 年

---

① 引自维基百科（Wikipedia）（2020）：生物力（Biopower）

② 引自杰克・多尔西（Jack Dorsey）的推特（2020 年 4 月 7 日）

③ 引自布韦松（Buisson）（2017）

④ 引自维基百科（Wikipedia）（2020）：穆瑞（Muray）。就像“Artistocrat”（艺术家完全与当今的政治权力保持一致）和“Rebellocrate”（叛逆者）一样（自称激进但实际上与权力机制结盟）。

书名定义(摘自《牛津英语词典》)

为了避免新闻话题,并且为了了解这本书究竟是讲什么的,我们需要分解一下书名的实际含义。让我们从每个单词的定义开始逐字细分:

Stealth | stɛlθ | noun
cautious and surreptitious action

Manipulation | məˌnɪpjʊˈleɪʃ(ə)n | noun [*mass noun*]
manipulating someone in a clever or unscrupulous way

Artificial | ɑːtɪˈfɪʃ(ə)l | adjective
made or produced by human beings

Intelligence | ɪnˈtɛlɪdʒ(ə)ns | noun [*mass noun*]
the ability to acquire and apply knowledge and skills

因此,本书的观点是:

人采取或实施谨慎而秘密的行动,以聪明或不道德的方式获取并应用知识和技能,最终具备操控他人的能力。

因此,要自由,要成材,要赚钱。

致谢：

从 2016 年至 2019 年在圣地亚哥大学的研究助理团队：杰里米·巴纳贝尔，比安卡·约翰逊，梅赫迪·波索尔塔尼，亚历山德罗·诺尔夫，雅各布·杨，艾玛·拉科斯特，吉莲娜·杰克逊，阿米尔·阿里。

鸣谢与圣地亚哥大学合作的 DBA ESGCI 的博士实验室，本人同事和博士生学生：正从事机器人 AI 项目的米歇尔·查尔霍布。

鸣谢我的团队及 LCA 集团的客户与服务商，感谢他们支持作者对 AI 的愿景。

鸣谢从事精神分析研究的塞弗里尔·托马瑟勒，他既是我曾经的教授，也是我的朋友。

最后致谢德里克·勃特，是他帮助我们发现了隐性营销。

Artificial Intelligence: A Marketing Manipulation

Be Free, Be Somebody, Make Money ... When GAFA and BATX Will Sell You What They Want

By Doctor Marcel Saucet

Contents

"*I only believe in statistics that I doctored myself.*" —Winston Churchill

Artificial intelligence (Ai) is about statistic and data.

A data is a tweet, a photo, a text message on *WhatsApp*, an email, a *Google* search, a picture post on your profile, a video on *TikTok*, a Snap, a rating on *Yelp*, a comment on *Facebook*, a "like" on *Instagram*, your body recorded by a camera in the street.

With all this data, artificial intelligence (Ai) finds an endless supply of nourishment. AI algorithms need data, the way a steam engine needs coal.

If I have enough data about your life, my AI programs can deduce patterns to predict your future intentions. I can understand you, and I can sell you whatever I want.

Every minute you produce searches and posts - all of this contains information that reveals how you think and feel.[①]

In 2016, we produced as much data as in the entire history of humankind through 2015.

We are now producing 1,000 billion billions of points of digital data every week.

While you were reading those lines, three million searches on Google were conducted, 300,000 tweets were posted, 204 million emails were sent, and 15 million text messages were written.

---

① Scientific American - Policy and Ethics (Feb. 25, 2017).

Introduction

Businesses are widely known to use various marketing strategies to influence consumers to purchase things. Marketing manipulation is nothing new; businesses study all that they can about potential consumers and strategize how to market products to them. Today, Artificial intelligence (AI) using algorithms to analyze giant quantities of data (or "big data") has been integrated not only into various aspects of our lives, but also into aspects of business and advertising. Whether you believe AI is a tool that can advance humanity or that AI will be its downfall, it cannot be denied that AI is revolutionary and transcends traditional marketing techniques. The question is thus raised: how do we go from people like Don Draper in *Mad Men* to AI with regard to understanding and handling consumers? In this book, we examine how brands may use this intelligence to influence our choices, for better or for worse.

The rise of AI can be attributed to the fast pace of our modern times, where traditional myths are collapsing in the Western world. Historically, the power of influence has been derived from institutions of mythic authority such as rulers, politicians, governments, religions and unions.[①] Since the 1990s, the power of these traditional institutions has been crumbling in the Western world. However, when one myth falls, another rises to take its place. Today, brands and companies are replacing our traditional myths. Much like the Caesars of Rome, the heroes of Greek myths, the Khans in

---

① Buisson (May 17, 2017).

medieval Asia or the kings of France and England, brands must have power and represent a myth in order to influence citizens and consumers. However, contrary to their mythical predecessors, companies and brands are neither elected officials nor are they religious prophets. Companies and brands have strength, but not in any traditional sense of authority because they do not have the legitimacy of mythic status. AI will help companies like GAFA and BATX and brands to become such myths.①

How can you trust brands the way you do gods or myths when they are selling you a product? The tool employed today for manipulating people is a discrete and smart way of private data collection everywhere on the street, in the office, in the subway or even at the beach. Having and making use of personal data means knowing you more than average consumers know themselves. Synthesizing personal information, companies could design the perfect targeted ad and product, influencing consumers to buy more.

According to a report by International Data Corporation (IDC), the revenue of business-related big data skyrocketed from $ 122 billion in 2015 to $ 189 billion in 2019. For the years 2018 to 2022, the IDC report estimates a compound annual growth rate of 13.2%, which amounts to a revenue of $ 274 billion by 2020.② In essence, as data is increasingly established as a source of energy, the more data you acquire, the more you can feed your AI programs, the more you can analyze consumers, and the more you can influence their purchasing behavior with targeted advertising.

Google Photo leverages AI to relieve its customers of a tedious task: it automatically labels photos as they are uploaded based on people, location, date, and more, which makes it easy for users to search and find the perfect image. Instead of creating albums, selecting photos ourselves, Google does it for us. It changes our lives as consumers and alters our habits. Moreover, we

---

① **GAFA** stands for Google, Apple, Facebook, and Amazon, four of the most powerful tech companies in the US; GAFA is a popular term in Europe. **GAFAMI** is also common, which includes Microsoft and IBM. **NATU** refers to the most recent disruptive organizations: Netflix, AirBnB, Tesla and Uber.

② International Data Corporation (Jun. 14, 2019).

ourselves collect data from the real world through our photos, our videos, the places we go, etc.

Even Facebook labels profile and cover photos with the user's name and description of the photo's background using its *Rosetta*, a specific AI tool used on Facebook and Instagram (a brand owned by Facebook). It can read photographed text in menus and street signs, as well as words appearing on clothing and product labels. For example, in the screenshot below, taken from Instagram, we can see how Instagram analyzes every detail contained in our pictures. This screenshot was taken while my Instagram page was loading, before any pictures appeared. For one of the cover pictures, we can read that the picture may contain people sitting indoors and outdoors. *Rosetta* can reveal that the picture may contain people, smiling, standing up, in the outdoors. With such information, Instagram or Facebook can accumulate greater knowledge of every person. Thus, knowing that in this case a person is smiling in her profile picture and that she is standing outside and that in her cover picture is an outdoor scene of mountains and nature, Facebook's artificial intelligence will understand that this person identifies herself with the outdoors and thus will be able to make a personalized advertisement.

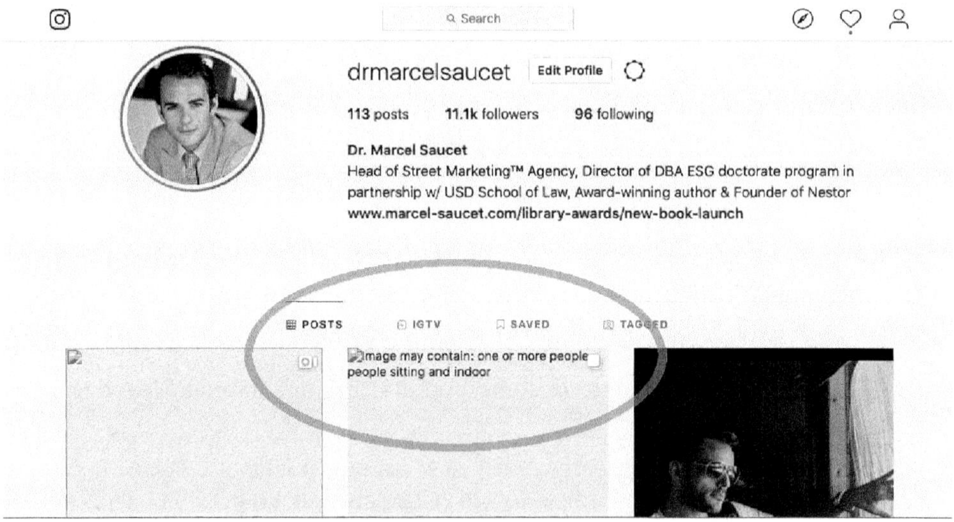

Image 1: Screenshot of a loading profile page

Some users say that they have been micro-targeted with ads for things they spoke about in passing but have not actually searched for online. One couple did an experiment and talked about cat food near their phone (they do not have a cat) to see if the phone was listening to them. A few days later, the couple started getting cat food advertisements.[①] However, big AI brands denied using cellphone microphones to collect information for ads.

In July 2019, VRT NWS, a Belgian news channel, revealed that Google Assistant, the system used for Google Home and Nest Hub, had eavesdropped on many private conversations. Google deals with independent contractors who are experts in the field of voice recognition, and an employee of one of these contractors had provided confidential recordings supporting this claim to VRT NWS. Previously, Google had announced that it uses the collected data in order to improve its Ai-powered voice recognition system and to minimize possible errors in the algorithm. However, the leaked voice recordings included private conversations between identified couples in their bedrooms and included personal and business discussions. This example shows how GAFA can record and analyze your private life through your cellphone, your business decisions, and even your sexual proclivities.[②]

In 2018, Google installed an interactive, talkative lion sculpture in Trafalgar Square, London. The lion asked passersby to give it a word. Upon receiving a word, the lion recited a poem. The buzz that the talking lion created was a huge success. Why did Google do that? How did Google come up with this idea? Did Google do this as an advertisement? Did Google use facial recognition to identify the people who live around or visit Trafalgar Square? Or was this simply a ploy to collect more and more data about consumers in order to design products and advertising more closely tailored to the consumer? The data collected from the sensors on the lion can take many forms and can be correlated to other information: it can be the number of people photographed in Trafalgar Square by a Google car or how many

① Forbes (Oct. 31, 2017).

② Forbes (Jul. 14, 2019).

passersby downloaded a Google application in front of the lion, combined and compared with the profile pictures users put on their Gmail accounts. Google can create targeted campaigns because they know where you are and when, and where you are going to be. These strategies are better than the ones it would be able to create using traditional models of communication such as television, radio, billboards, or the press.

Companies that have built their strength on data, by chance or by choice, are now the most valuable companies in the world.

Google made $ 116 billion from advertisements targeted to cons umers in 2018.①

Marketing techniques to persuade you to buy a product through instruments of deep data collection of personal information, like the Trafalgar Square lion, are discreet and innovative. However, companies have always manipulated consumers path of purchase decision. With the development of technologies and the multiplication of marketing actions involving the acquisition of a giant collection of data, brands use AI to create paths and patterns from past information. AI software then analyzes consumer data in order to form a larger understanding of human behavior. Soon, AI companies will be able to perfectly predict consumer needs and sell you what they want. These predictions are done using a stealth influencing process. While companies and brands have been neither democratically nor theologically elected, but rather chosen for their offer of products and services, they acquire power by moving towards secretive marketing, on the peripheries of invisible propaganda, as described in Tchakhotine's work.②

Serge Tchakhotine, who fought against Nazi communications in the 1930s, wanted people to know about the dangers of propaganda and advertising in light of manipulation mechanisms. He rested his theory on the processes and reflexes studied by Pavlov, as well as on a ranking of human inner drives derived from Maslow's pyramid (aggressiveness, material

① Alphabet Inc. (Feb. 3, 2020).

② Tchakhotine (1939).

satisfaction, parental affection, etc.). Typically, the success of propaganda and marketing relies on their ability to associate their subjects with one of the four major human drives (aggressiveness, material satisfaction, sexuality, and love) while keeping the propaganda and marketing unnoticed. The behavior of the individual submitting to these drives unconsciously reproduces what has been dictated to the individual. Tchakhotine underlines the importance of the use of symbols, logos, and marketing for studying different campaigns of political, industrial, or religious propaganda. By understanding human behavior and its deep pulsions such as fear or sex, these systems of control (like secretive marketing) are effectively executed under the radar. Making use of these same systems, supercomputers may come to be used against consumers, with potentially catastrophic results. Consider fraud detection: You may not know this, but when you get a phone call from your bank or insurance company asking you if you made a specific purchase, it is because the AI of the insurance company has detected an anomaly in your purchase path, by use of efficient machine learning that has collected a lot of information from your previous transactions. In the future, by operating on your fears, it will be easy for the person on the phone to convince you to buy a new insurance product that is specifically for fraud protection, all with the best intentions in the world.

Humans have two choices when confronted with the approaching new forms of manipulation:

1. They could accept the influence unconsciously, as just another rumble in the background noise of daily life, or

2. In a way similar to how humans have accepted religion, they could consent to big-name companies and brands directing their lives because they will embrace them as the new mythic figures knowing exactly what they want to buy. Recent studies have shown that an unconscious relationship exists between consumers, the brands they love, and the brand creators. This type of relationship, as we will later examine, makes it easier for brands to shape consumers.

The main purpose of this book is to lay bare the current persuasion and possible manipulation of consumers and the domination of marketing by AI through a concise study of five key elements:

(1) the evolution of choice elimination in consumption trends since the beginning of the twentieth century and how companies manage AI in this process;

(2) the formidable boom of AI in the context of the Fourth Industrial Revolution;

(3) how brands and companies can be focused on hidden marketing and silent data collection with less intrusive tools, giving rise to

(4) the possibility for brands to become the new myths, nations or gods dictating our purchasing choices and, finally, how to escape this process through

(5) being free, being somebody, and making money.

Throughout the book, we will seek to characterize the formation of AI: Is it a progressive step in our ongoing industrial revolution or is it a new step for manipulating consumers? But before all of these issues are addressed, let's delve into the concept of AI, what it is, how it works, and its correlation with the protection of our consumer privacy.

What Is AI?

This book will cover the spectrum of concerns regarding AI from the perspective of marketing, business, and consumer persuasion. In view of the traditional methods of keeping people in line, the concept of AI in manipulation is relatively new, and we cannot demonstrate the evolution of manipulation through artificial intelligence without first describing its underlying mechanisms. While a human may not be able to solve an overly complex calculus problem, a supercomputer using AI with a strong algorithm adhering to, say, the architecture of the human brain can solve problems spanning many connected parts and different data. These processes or sets of rules to be followed in calculations or other problem-solving operations by computers are collectively called "artificial intelligence."

AI is "the ability of a digital computer or computer-controlled robot to perform tasks commonly associated with intelligent beings. The term is frequently applied to the project of developing systems endowed with the intellectual processes characteristic of humans, such as the ability to reason, discover meaning, generalize, or learn from past experience."[①]

We first need to clarify what we mean by the word "intelligence" in order to define AI in an easily digestible manner.[②] For purposes of this book, "intelligence" comprises mental activities such as learning, reasoning, understanding, grasping truths, seeing relationships, considering meanings,

---

① Encyclopedia Britannica (May 9, 2019).

② Mueller and Massaron (2018).

and separating facts from beliefs. Below, we explore the differences in intelligence between a human being and an AI for each of the following categories: learning, reasoning, understanding, grasping truth, and seeing relationships.

Learning. A child can learn the difference between a fork and a knife when his mother shows him a knife for the first time. The child is able to quickly and concisely process this new information. The AI in your iPhone that scans your photo gallery would have to see four million pictures of a boy in order to recognize one.

Reasoning. A music student can recognize when she hears Beethoven playing. She can be inspired to create another song using the notes that she heard. An AI, however, has a limited set of operations it can perform. In Shanghai for example, AI connected to cameras can hear the sound of your horn, take screenshots of your license plate and report it, and arrange for a fine to be sent to your home address (it is forbidden to use your horn in Shanghai). This AI cannot process information in a multitude of ways, much less interpret sound beyond recognizing it.

Understanding. A girlfriend understands something is wrong when her boyfriend does not respond to her texts for a long time. The AI in your Facebook messenger, which tracks and scans all of your texts, will only see a technical bug.

Grasping Truths. The same girlfriend will grasp different truths when the boyfriend continues not to answer. She will remember that they had an argument the day before. She will assume he is not answering because of the argument or perhaps another reason. She can do something that an AI cannot: she can interact with different quantities of data and combine knowledge from different sources, whereas an AI will see a glitch or possibly human error in the coding.

Seeing Relationships, Considering Meanings, Separating Facts from Beliefs. The boyfriend can separate facts from beliefs with regard to relationships. He will confirm specific data to his girlfriend such as whether he is at the hospital with a broken cellphone from a minor car accident. He will think that his girlfriend will be worried, perhaps about yesterday's argument. He could also apply truths to particular situations or separate facts from beliefs, which an AI cannot.

There are various forms of Artificial Intelligence that brands can use to collect private data on consumers to better understand human behavior (and push them to use services). As mentioned above, the more data you collect, the better AI works. According to Data Never Sleeps, the world is collecting data at a rate of 2.5 quintillion (10^{18}!) bytes per day. In 2018, Google alone processed 3.8 million searches per minute.① The Google computer learns from the big data collected through your smartphone, your laptop searches, your Google Home, or through innovative installations (all these devices for collecting AI-supportive data are among those objects comprising the "Internet of things"). Extensive data collection will be key to our thesis regarding the manipulation of people.

Alan Turing, the father of AI, showed that any computation of data could be implemented digitally. Naturally, the idea of building an intelligent machine that could mimic the human brain could not be too far off. Obviously, imitating nature does not work all the time; for example, some scientists sought to imitate the movement of bats when designing planes, but all the planes crashed.

Artificial intelligence is not currently capable of fully imitating natural intelligence. It is still in its infancy. Engineers seek to model intelligence through different dimensions:②

- visual-spatial (understanding the environment for navigating; a GPS is much more precise in locating a spot than a human-brained taxi driver);
- bodily kinesthetic (a surgeon performing an operation that can be repeated by a robot; the AI of a surgeon robot today has far more skills than a human);

① DOMO (2018).

② Mueller and Massaron (2018).

- creative (Picasso painting a canvas, or you deciding to cook a chicken with Coca-Cola, just to be creative or spontaneous; AI would need an intrapersonal consciousness for creating, even by accident);
- intrapersonal (Gandhi was for example aware that he created a movement of non-violence to achieve independence for his country);
- interpersonal (interacting with many people in a business meeting on Skype, dealing with different pieces of information);
- logical and mathematical (AI can be much faster in mathematics than a human brain, depending on the system running the Ai);
- linguistic (understanding a language). Natural language analysis is a common activity of Ai. Alibaba speakers and Amazon devices equipped with Amazon's virtual assistant, like Amazon Echo or Alexa, can listen to your orders and process and analyze human language beyond mere code—basically, they can understand and communicate using human speech. The goal is to have computers that can naturally interact with people in a way that would pass the Turing test,① an examination by which an AI is deemed conscious when an observer cannot tell the difference between an artificial and natural intelligence.

New methods are being sought that will enable artificial intelligence to mimic the functions of the human brain. We made the first step with *deep learning*.② Deep learning is a classification and learning system working with artificial neural networks that allows a computer to acquire human cognitive capacities. In its present forms, artificial intelligence is able to recognize objects; however, while a baby only needs a couple of examples to create a noun association and develop links between them, artificial intelligence requires millions of associations. Hence, in order to teach a program how to recognize a car, for example, we would need to train it using millions of labeled car pictures. Through training and engaging its neural network, AI

---

① Turing (1950).

② Alexandre (2017). With the deep learning term we are including the all techniques from Machine Learning to Learning Reinforcement.

will be able to recognize new car pictures by association.

In 2012, the most significant deep learning progress was made when Google Brain discovered the concept of a cat by itself.[①] The learning for this discovery was not supervised. In this three-day experiment, the computer analyzed 10 million random unlabeled YouTube screenshots. Nobody told the program that the images were of cats; it learned by itself how to differentiate between cat heads and human heads. With that progress, machine learning made a breakthrough.

To our present understanding, AI is an innovative concept which will experience four phases:

1. The first phase was from 1960 to 2010. During this period, we had traditional programs with manual algorithms.

2. The second phase started in 2012 with deep learning and the first programs surpassing humans in their capabilities, for example in facial recognition. Deep learning allows a program to learn how to visualize the world through the help of virtual neurons making calculations. Deep learning progresses through implementation and grants tremendous control to those who possess data, such as GAFA and BATX[②]. Thanks to the integration of deep learning, artificial intelligence is even able to compete against radiologists.

3. After having seen the progress made with deep learning, the next step will be for artificial intelligence to integrate a memory and act transversally. With those new capacities, artificial intelligence can not only surpass radiologists but even compete against general practitioners. This third generation will not be created before 2030, say the most optimistic among us, and 2100 for the most pessimistic.[③]

4. The fourth and last phase will integrate consciousness in Ai. With artificial consciousness we will have a strong AI that will be capable of displaying smart behavior, experience self-awareness, have feelings, and have an understanding of its own reasoning.

---

① Wired (Jun. 6, 2012).

② BATX refers to Baidu, Alibaba, Tencent and Xiaomi.

③ Alexandre (2019).

According to Luc Ferry in 2018,[1] we are right now in the middle of the second chronological step of AI history, called "weak AI," as distinct from "strong Ai."

—*Weak AI*, or "narrow" AI, is machine intelligence that is limited to a specific or narrow area.[2] An AI with narrow capabilities is fast and efficient, and can for example beat a human at chess, Go, or poker. Let's take the example of the game of Go. In January 2016, an AI called AlphaGo played five games of Go[3] against 18-time world champion Go player Lee Se-dol.[4] There are more possible end outcomes to Go than there are atoms in the universe, making Go "a googol times more complex than chess".[5] A "googol" refers to the number 10^{100}, that is, the number expressed in decimal notation by the numeral one followed by 100 zeros. Thus, an AI cannot play a normal-length game of Go if its strategy is to consider all of the possible outcomes of the game. Winning at Go therefore requires that an AI have *human-like intuition*. AlphaGo possesses something akin to that of neural networking, which allows it to be taught by others and itself. After his defeat, Lee expressed that the AI executed "brilliant" moves which "surprised" him because, in his words, they were moves "no human would ever make."[6] Whereas a weak AI gives

---

① Ferry (2018) or the four waves of AI in Fortune (Oct. 22, 2018).

② Investopedia (Oct. 7, 2019).

③ Washington Post (Mar. 15, 2016). Go is played as follows: two players take turns placing their playing pieces upon the intersections of a grid of lines whose size varies depending upon the level at which the game is to be played. The goal in the game is to surround a larger part of the board, in total, than the opponent. The playing pieces cannot be moved once placed upon the board, but they can be removed from the board if captured. Capture occurs when one player's pieces surround one or more of the other player's pieces on all orthogonally-adjacent points. The game ends when neither player wants to make another move, or when a player resigns. Territory and pieces are then counted for points, along with points given to the player who did not make the first move in the game. Victory goes to the player with the most points. The prize for winning the most of the five games was $ 1 million.

④ Google DeepMind (Feb. 22, 2016); Time Magazine (Jan. 27, 2016).

⑤ Google DeepMind (Jul. 23, 2016); GitHub (Jan. 9, 2016); Slashdot (Aug. 1, 2018); Nitsche (Aug. 2013); Philosophical Magazine (Mar. 1950); Northwest Chess.

⑥ Phys.org (Feb. 22, 2016).

a huge amount of capacity to people processing data, this step of deep learning (techniques combining machine learning and learning reinforcement) allows computers and algorithms to control and digest so much information (billions of data points) that it can be used to predict the future. All of the intelligent methods and mechanisms which have been implemented and developed until now are considered weak Ai.[①] Weak artificial intelligence still needs people, such as Google's raters, to help improve its accuracy and to train algorithms properly. But weak AI has great potential to behave foolishly. For example, Tay, an AI invented by Microsoft, became racist itself after analyzing millions of racist chats without understanding the concept of racism. Similarly, Facebook's AI has issues with racism and discrimination, encountering trouble identifying hate speech and harassment before it is flagged by users. The AI can only detect about 14% of harassment, bullying, and hate speech before Facebook users report it, whereas its AI can identify "spam content, terrorist propaganda, violence, and nudity with almost complete accuracy."[②]

—*Strong AI* is a form of machine intelligence that is equal to human intelligence and can solve problems the way humans do. A strong AI would be clever but not always efficient in the moment, which means it would act like a human, as well. Strong AI can do very complicated tasks by use of an intellect comparable or equal to that of humans. "Key characteristics of strong AI include the ability to reason, solve puzzles, make judgments, plan, learn, and communicate," and should have capabilities like "consciousness, objective thoughts, self-awareness, sentience, and sapience."[③] Although strong artificial intelligence has not yet been implemented or developed, there is widespread fear of strong artificial intelligence because of its characteristics being comparable with the human mind. Computers have already generated copyright-protected creative content and have

---

① Investopedia (Oct. 2, 2019).

② Marvin (Jun. 3, 2019).

③ Investopedia (2019).

assisted, albeit to a limited degree, in the creation of patented ideas by using AI techniques.[①] On an individual scale, strong AI is considered to be dangerous (we will see the different types of AI and their various impacts in the area of surveillance below). Such a fear does not come as a shock given that movies such as *Terminator*, *Frankestein*, *Avengers: Age of Ultron*, and *I, Robot* have shown the theoretical dangers and potential catastrophes of an AI escaping human control. In a survey of over 4,000 Americans, more than 70% fear robots taking over their lives.[②] There is also more concern than enthusiasm about the prospect of machines performing jobs done by humans. To the human workforce, strong AI presents a major threat.

The importance of AI innovation is huge with regard to the expansion and survival of the companies of the Western world. AI will be one of the means of protection against emerging countries. But for Western companies or countries, AI is a technological innovation that is quite high-risk due to its complexity and expense, and not simply in terms of research and development. So, except for the fascination that we have for AI after watching such movies as *Ready Player One*, why are so many people obsessed with innovation in the field of artificial intelligence? There are many reasons. One is that AI represents the future of the economic world. One-third of the GDP of a country such as the US comes from products that did not exist as recently as 25 years ago. Second is that, given that AI is developing at a rapid pace, the idea of a powerful, self-aware AI scares the human race. Such revered prophets as Elon Musk, the famous boss of Tesla, warn of the dangers of Ai. Musk even created a group called Open AI (https://openai.com) to research and evaluate the safety and societal issues

① The Guardian (Feb. 25, 2015).

② Pew Research Center (Oct. 4, 2017).

surrounding Ai.[①] But even if AI is developed in a way that is safe and manageable, this will not stop companies from collecting private data. Contrary to what many people think, AI is not a hollow promise for the future but a reality that is already pervasive in our daily lives.

There is a growing lexicon of terms surrounding AI, many of which are confusing. The field of AI has yet to settle upon even a specific structure. However, there are several main areas of current research that illuminate some of the differences between approaches: natural language processing, genetic programming, machine learning,[②] deep learning, expert systems,[③] computer vision, computerized speech recognition[④] and, above all, artificial neural networks (ANNs). ANNs create algorithms that simulate the operations of neurons similar to brain activities where neurons interact with each other; memorizing inputs, learning correlations, and making decisions.[⑤] Increasing the speed and calculational ability of computing allows neural networks to include more layers and more neurons, which gives them higher capabilities in learning and analyzing big data. Larger neural networks are capable of digesting and analyzing bigger, more complex data, and can detect more nuances in big data and make discoveries and predictions. Artificial neural networks thrive on data volume and speed, so they can be used within real-time or very near real-time scenarios.[⑥] When you go for example to the airport, you leave what are called *initial inputs* (basic information) when you check in. These inputs are processed by algorithms and linked to additional layers to compare your data with the data of other passengers and to establish patterns. Essentially, this AI uses an analog of the

---

① Business Insider (Jun. 4, 2018); Elon Musk, is concerned about AI, seeing that it could be the means for our own destruction; he found the group called Open AI, which researches and examines the safety and societal issues of AI. He contributed $10 million to his non-profit to ensure AI stays friendly. While Musk recently stepped down from the board, the group will continue to on to advise and provide funding.

② MIT Technology Review (Oct. 29, 2014).

③ Worden (2015).

④ Tripathi (2016).

⑤ The Economist (Jun. 23, 2016).

⑥ Bell (2015).

mechanisms of the brain and neurons specialized in cell transmission of nerve impulses, doing millions of small calculations to interpret your path in the airport. After only a couple of repetitions of the same operation, the machine has learned the various paths so well that it can place along your path targeted advertisements or an invitation to go to the duty-free section. It is a machine (which is) *learning*. I have met with some of the teams working within JCDecaux (a world leader in digital billboards) who are developing a project of machine learning for calculating more sophisticated routes through the airport in order to sell more luxury products in duty free. Most AI techniques that require "training" the system with large data sets use some form of artificial neural network.[①]

By analogy, using neural networks is an old technique in marketing. For example, by the end of the 1970s, it was possible to track the eyes of a customer while watching an advertisement. Tools of neuromarketing simply followed the pupils of the viewer. In short: the dark circular opening in the center of the iris varies in size to regulate the amount of light reaching the retina. By following the pupil, eye-tracking can ascertain whether the eye watched the body of the model during a cosmetic advertisement, or the product itself. Advertisers could finally change the position of the product in the advertisement and on the screen for a bigger impact.

The "Internet of things" (IoT)—all the devices such as phones, watches, smart glasses, light bulbs, TVs, security systems, vehicles, wearables, voice assistants, smartphones, and much more that can be connected to the Internet and to one another—currently consists of 27 billion devices, a number that is expected to nearly triple to 75 billion by 2025. The Internet of things will be able to identify people through facial recognition, which will enable owners of big data to identify you everywhere you go. For example, a camera in London can record you 300 times per day (420,000 cameras, so one camera for around 15 people).[②] The typical American

① Lecun (2015).

② Forbes (Mar. 3, 2016); Financial Times (Aug. 1, 2019); New York Times (Aug. 3, 2018).

household contains five connected devices and 77 percent of Americans go online daily. In the near future, people will check in to hotels, spas, pools, restaurants, or supermarkets while cameras observe and analyze their facial reactions, as is seen in many science fiction movies from *Blade Runner* to *Minority Report*.

Facial recognition will help the field of neuropsychology to understand people's basic reactions. Our psychological responses come from our brain, which can be divided into three parts:

—The reptilian brain allows us to carry out unconscious actions, such as breathing.

—The limbic brain (on the left side) is a complex system of nerves and networks in the brain, involving several areas near the edge of the cortex concerned with instinct and mood. It controls memory and the basic emotions (fear, pleasure, anger) and drives (hunger, sex, dominance, successful parenting).

—The cortex (on the right side)—the outer layer of the cerebrum (the cerebral cortex) composed of folded grey matter—plays an important role in one's consciousness. The cortex is responsible for our thoughts, intelligence, imagination and rationality.

Let's say a man asks his girlfriend, "what is your favorite restaurant?" The girlfriend may look unconsciously to the left to probe an answer from the limbic brain, the brain of instinct and of memory.[①] If the girlfriend is looking to the right, it means that she is using the cortex and her imagination to create a fake answer, a lie.

Now let us consider how one can manipulate or counter-manipulate people knowing information from a facial recognition program. While we can only imagine the scope and capabilities of this form of AI, integrating this technology is closer than you might think. In 2030, there will be enough cameras inside and outside your house to collect and immediately process

① The Independent (Jul. 12, 2012).

your data using facial recognition.[①] Analysis of your reactions in a store could be instantaneously carried out and forwarded to the screen or Google glasses of a salesman, enabling him to give you recommendations on what to buy (Maserati is already using this kind of technology, in order to recognize the client inside the store and pass along relevant information to salesmen's iPads). There are various approaches to collecting personal data with AI, whether it is genetic testing or tracking eye movements. Companies and brands can use this type of information in their expansive collections of data in order to obtain a total, comprehensive understanding of you. Using AI to analyze your data can help to change your act of purchasing.

A funny story happened to me in 2005. As a young professor, I gave a lecture at the University of Nice. I said to my students, "did you know that there is a company in California which offers the possibility to use free office tools like Windows in exchange for tracking and scanning your emails? The emails are analyzed, then this company ranks your most-used keywords and groups them into themes. Then, an advertisement linked with these themes is sent to you by email." My students stared back at me with eyes agape in shock and horror as I told them about this 1984-esque scenario (none of them had read 1984, but they had heard of it). When I asked them what they thought about it, they told me, "This is scandalous!" I asked them if they wanted to know the name of the company. Naturally, my inquisitive students said "yes." I said one word: "Google." They opened their eyes even wider. The students could not believe it.

As this story illustrates, no level of shock you may feel about a new way of collecting data is going to change anything about it. In Yuval Noah Harari's book *Homo Deus*, humans seek immortality by upgrading themselves to "godlike" status through biological and cybernetic engineering, and discover helmets that allow telepathy between people.[②] Telepathy allows communication between two different people by means other than their

---

① The Guardian (Dec. 2, 2019).

② Harari (2017).

familiar senses. These helmets are performing basic actions, but they are enough to collect a giant quantity of personal data on one's behavior at home. Along the same lines, in Sweden microchips have been invented to be inserted under your skin, enabling employees of a company to clock a large number of actions during one day. These new ways of collecting data may seem surreal (even when we know that Japanese scientists implanted microchips in real cockroaches during the 1990s), but at the same time:

1) People are becoming more and more engaged with technology, any why would we keep on using laptops or cellphones when we could have all these devices under our skin?

2) How can we expect companies' techniques to change when we know (as with the Google example with my students) that no consumer will complain for more than a few seconds?

Can we still protect our free choice in buying and privacy of thinking? In 2015, the details of the British Secret Intelligence Service's "Karma Police" revealed that consumers are frequently facing credit checks and are subject to online shopping experiments using personalized prices.① With such inspection of everybody's Internet use, can it be said now that the manipulation of citizens and society has become a reality? The control of our data through algorithms is an effective way to understand the way we think, what we do, and how we feel. Europe has tried to protect consumers and the privacy of their information with GDPR, the now-famous law that transformed the term "cookies" in our everyday vocabulary. American GAFA seek to sidestep this kind of legislation because they truly think that they can help people with free and friendly services that customers are happy to use every day. In the United States, only a few federal regulations protect privacy, and they all are industry-specific. There is no global regulatory body protecting consumer privacy. The foremost example of federal law protecting privacy in the US is the Gramm-Leach-Bliley Act (GLBA), which controls

---

① Scientific American - Policy and Ethics (Feb. 25, 2017).

how financial institutions treat personal data.[①] Countries such as China have likewise started to regulate activities in their market. Right now, we cannot imagine how many legal complications AI is going to create and what it will take to protect humans from these complications.

How could the global manipulation of consumers work without law? Using AI as a system or mechanism to predict human behavior and persuade consumers to buy is essentially a natural continuation of companies' prior coercive marketing methods. Brands cultivate this manipulation by connecting with consumers, meaning there is an unconscious relationship between brands and people. As humans, it is natural for us to become attached to people, animals, even inanimate objects; the same goes with brands.

① The European Union declared that citizen have rights over their data. After four years of preparation and debate, the General Data Protection Regulation (GDPR) was finally approved by the EU Parliament on 14 Apr. 2016 and has been enforced since the 25th of May 2018. This regulation says that personal data should only be processed where it is not reasonably feasible to carry out the processing in another manner. Where possible, it is preferable to use anonymous data. Where personal data is needed, it should be adequate, relevant, and limited to what is necessary for the purpose ('data minimization'). The European Union established that a data can be considered as a material property lime a car or a house. Every person can have control over them. In comparison with the United-States, the European Union approached the protection of data as a "property right" and the GDPR recognize individual rights of data access, data processing, data ratification and data erasure.

In the next part

There has always been manipulation of customers. AI is a new tech tool and represents the next step in the process. For companies to manipulate you, they need to get a comprehensive understanding of you, and AI provides the ability to achieve this. Companies' marketing actions will require vast collections of data and it is AI that will analyze that data.

One cannot understand the manipulation of consumers by AI without first understanding the basics of how unconscious human persuasion works. People are human. AI is artificial, but monitored by humans who know the techniques of manipulation. Brands create for example FOMO (fear of missing out) in order to influence you. In the first part of this book, we take a psychoanalytic and sociological perspective in exploring how humans develop feelings for brands and how artificial intelligence will affect this relationship.

Below, we will also look back in time to explore the history of how marketing has been used to manage customers in a skillful manner. We will show that the goal of marketing since time immemorial is manipulating people. AI is a logical sequel to what has happened in the past: an automatic, high-tech process of manipulation. We will then take stock of the continuous evolution of marketers' techniques and how their current covert strategies to collect consumer data are everywhere, with digital marketing facilitating the use of AI both online and offline.

Part 1: Marketing Manipulation and Persuasion in the 20th Century

It is impossible to appreciate the global role of AI in our purchases and our lives without understanding human manipulation through marketing. It is human nature to accept influence. Humans are dominated in a relationship comparable to the situation where the masochist needs a sadist.

Manipulation in business occurs in many forms. When you go inside a supermarket, you will notice that there are marketing traps everywhere in the store's layout. For example, think about when you go to the store to buy water bottles. Chances are, you typically decide to purchase the more expensive six-pack of water bottles instead of the cheaper option of buying six individual water bottles. Have you noticed this? Essentially, you pay for the plastic that enables you to carry the pack. People think the multi-pack offers must represent a better deal than buying individual units of the same product, but this thinking can lead consumers astray. It is not unheard of for the multipacks to offer worse, not better, per-unit value to the consumer. Sometimes consumers notice this, and it annoys them because they find it deceptive. As one article about such phenomena concludes, "don't cruise the aisles without a pocket calculator, and if a special offer is advertised work out why it is so special and for whom."[①]

You have little chance of winning against marketers in this game of manipulation. Even though you may think you are smarter, basic practices such as pricing products one cent below a whole number (e.g., $4.99 instead

① The Guardian (Nov. 20, 2009).

of $ 5.00) can be an effective method for increasing purchases. Although many reasons for this have been suggested, a commonly proposed explanation is that consumers simply tend to drop off, or pay less attention to, the rightmost two digits.①

Consider also the "buy one, get one free" marketing campaigns that crop up everywhere. When the possibility of 33% off a product is given or the same product with 33% more quantity, most consumers view these options as essentially the same proposition. But the discount is a better deal. *The Economist* attributes this phenomenon to the fact that most shoppers are "useless at fractions"—they don't realize, for instance, that a 50% increase in quantity is the same as a 33% discount in price.② What is the upshot of this reality? "Shoppers routinely bite on offers that have worse value because they do the math incorrectly, and perhaps also because they're infatuated with the idea of getting something extra for free. The prospect of receiving something for nothing has been demonstrated to make consumers do some pretty irrational things, including buying goods they otherwise would not have and being far more likely to order items online with free shipping, regardless of the overall expense."③ In another marketing experiment involving hand lotion in an actual store, researchers sold 73% more when it came in a bonus pack than when it was priced at a discount with the same exact unit price.④ The whole concept of manipulating people through a pricing strategy is offering a product—the same product—at different prices. Think about it: when you buy mineral water, you are going to have several options varying in quantity and price. When you book an airline ticket online, companies are using a tactic known as *yield marketing* to sell the same seats at different prices based, for example, on whether you book in advance, travel for fewer than 14 days, stay for a weekend, travel in different classes, or have miles on your loyalty program. Many options will be offered for what is ultimately the same trip. It is practically implicit in our

---

① Bizer (Aug. 18, 2005).

② The Economist (Jun. 30, 2012).

③ Duke (2013).

④ Id.

society that different people pay for the exact same goods at different prices.

Perhaps you were already aware of these examples. Did you change your purchase habits? You did not, did you? And why would you? You are in a sadomasochistic relationship, after all.

With online shopping, algorithms are studying your path online and recording your preferences. Your price data are registered. Companies know the price that you are ready to pay. Above a certain limit, the computer knows what is too expensive for you. Below a certain price, it knows what level of quality is insufficient. You do not stand a chance of avoiding manipulation because the price has been decided for you.

Let us now go into detail on the concept of manipulation by companies of their consumers.

A. The Unconscious Relationships Between Brands and Consumers

The relationships between brands and consumers have evolved over the decades. In the traditional selling process, marketing strategies led consumers to brands. Nowadays, it is consumers' relationships with brands that draw them toward them. That is, brands frame the message such that it is no longer about them, but all about the consumer. By focusing on the consumer, brands can discretely integrate aspects of human relationships such as trust, anxiety, fear, joy, shared values, or personal caring into their brand strategies and thereby manipulate consumers. To better understand this process, we begin by examining how humans unconsciously bond with brands and products and how brands can use AI to cultivate and manipulate these relationships to understand consumers and predict their needs.

a. We Can Manipulate People's Feelings with Brands

It is in our nature to want to be a part of something, to have a sense of belonging, whether it is through religion, political affiliations, or sports team allegiances. The same applies to brands—people identify with the brands that best suit them. This explains how companies and brands influence human psychology (the basis of relationships between brands and consumers) and how scientific research can be conducted to analyze it and possibly manipulate it.

i. How Can Humans Develop Feelings for Brands and Products?

How many times do you check your phone per day? Five, twenty, fifty times? According to Apple, iPhones are unlocked 80 times a day.[①] On average people tap, type, and swipe their smartphones more than 2,600 times a day.[②] How did Apple get us so addicted to our phones, and why is it important for us to constantly check them? The explanation resides in our brains and can be explained in one word: anxiety.

Where does this anxiety come from? Dr. Nancy Cheever led a research team on the relationship between cellphone use and anxiety. In an experimental demonstration, electrodes were placed on a reporter's fingers in order to measure changes in heart rate and respiration.[③] The analysis showed his reaction as Dr. Cheever placed his phone out of reach and sent him a text. When he received the notification, his respiration and heart rate increased. The anxiety was caused by addiction withdrawal. Though this experiment shows that we have an addiction to our phones, it is important to understand how people developed this addiction in the first place. When we receive a notification on our phone, the brain releases dopamine, a compound present in the body as a neurotransmitter, which briefly relieves that anxiety. Because of the pleasure dopamine provides, we keep checking our phones to get a "hit," like a drug.

How are brands using that feeling of anxiety to attract people? Consumers form relationships with them. Instagram blocks your account if, after reaching a certain number of followers, you stop publishing on your account. Instagram pushes you to stay connected. Many people talk to their devices, and some may even develop feelings of love or attachment for their device's brands. How many times have you heard a friend saying, "what would I do without my iPhone!" It is important for companies to understand why we love some brands more than others, and a key question in consumer—brand relationships is what causal processes lead to love or

① Business Insider (Apr. 18, 2016).

② USA Today (Jul. 3, 2017).

③ ABC News (Jul. 28, 2017).

attachment for a brand or a device. Studies[①] have been carried out to understand how a consumer may feel love for a brand. A brand is a set of elements: product/service, communication, and identity. *Real de Madrid* was a brand before it became a football team. There is a relationship between a consumer's personality or self-concept and the image the consumer perceives of products.[②] The integration of the brand with the consumer's self and the consequent self-congruency between the brand and the consumer will lead to love for that brand.

It is widely recognized that companies channel their product and brand messaging through people. Consumers nevertheless remain unaware that they serve as brand ambassadors when they assume the voice of the company and its offline marketing. Online marketing encourages consumers to transmit a message. "Viral marketing is only an effective marketing tool so long as it encourages consumers to take action as a result of the message."[③] Humans are programmed to share information with their entourage.[④] Doing so maintains social links and even our own sense of self through the products and services we consume. It is thus necessary for a company to stimulate this natural trend of interacting with others through word of mouth, and particularly over the Internet, which accelerates the effect of buzz. The speed at which information travels through viral marketing strategies enables companies to reach a broad target. Diffusion of information is characterized by a pyramidal propagation, and a transmission speed exponential gives the transmission the quality of an epidemic. The theory of viral marketing is described as a contemporary marketing technique capitalizing on the efficiency of the Internet and the credibility of virtual word of mouth as being more potent than traditional methods of communication.[⑤] Word of mouth is seven times more effective than personal selling and twice as effective as advertisements on the radio in influencing the sales of household

① Albert et al. (2011).
② Boksberger et al. (2011).
③ Dobele et al. (2007).
④ Kawasaki (2015).
⑤ Swanepoel et al. (2009).

electrical goods and of food.[①] The author Jay Levinson[②] confirms that, for small and medium enterprises, word of mouth produces a quality of credibility much more potent than commercial advertisements.

Given consumer apathy towards the saturation of advertisements, brands have to reach consumers' hearts, not just their minds. As in the film *Metropolis*, the mediator between the head and the hands is the heart. Advertisements, whether they are executed through guerilla marketing or buzz marketing,[③] will resonate if they connect with human emotions. If companies can reach the heart, then consumers are more likely to share information about them through word of mouth. If word of mouth occurs via social media or any other digital platform, this will enable companies to collect the necessary data to acquire a comprehensive judgment of consumer behavior relevant to their branding campaigns. And if companies know what matters to consumers on an emotional level, then it is easier to manipulate them.

The consumer's love for a brand or object depends upon the integration of the object/brand with the consumer's self. In theorizing this scenario, the consumer self is made up of two dimensions: a real and an ideal self. When the integration reaches a certain level on those two dimensions, the consumer feels love for the object, the product, or the brand. What is the last thing you do before sleeping and the first thing you do when waking up? You check your messages on your cellphone. You cohabitate with your cellphone unconsciously. One study proposed another approach to explain how a consumer feels love for a brand based on brand personality and its

---

① Katz Lasarzfeld (1955).

② Levinson (1984). Guerrilla marketing, term brought up by Levinson, is used more and more by companies. It implies that companies are using the techniques of war and guerrilla marketing to reach their goals. Guerrilla marketing means an unconventional marketing, which surprises the consumers with a lot of creativity, and a low cost.

③ Rouse (2015): Buzz marketing is a viral marketing technique that is focused on maximizing the word-of-mouth potential of a particular campaign or product, whether that is through conversations among consumers' family and friends or larger scale discussions on social media platforms.

congruence with the consumer's personality.[1] The authors found that both actual and ideal self-congruence have a positive impact on the consumer's attachment to a brand. In fact, as soon as the brand possesses human attributes, consumers will tend to identify themselves with the product and move less hesitantly toward purchasing it. This is shown particularly in a study by psychologists in which they conclude that the brand provokes emotions giving rise to feelings of joy for consumers.[2] Joy and happiness are important emotions that can be seen in many of the advertisements before videos on YouTube.

Today's brands make funny, aggressive, emotional or conspicuous advertisements online (for example, a giant banner when you are watching a video on Dailymotion or YouTube) or offline (a giant billboard for *Daredevil* on the street), and do not hide their goal: to get you to buy what they are selling.

Some brands differ in their ability to elicit heightened feelings from consumers. Companies better understand deep unconscious desires and use this understanding to manipulate the wills of consumers in order to sell more products.

This manipulation can be seen in the following example, where the understanding of the customer was not arrived at by an AI, but by human beings. I was staying at the Luxor Hotel in Las Vegas. At one point, a beautiful woman approached me to pitch a wrinkle-removing product derived from the mud of the Dead Sea. She asked me many questions about my skin, collected personal information, analyzed my face, and so on. I told the woman I had worked in the cosmetics industry for many years and did not believe her product had the ability to eliminate wrinkles. In my extensive experience, when products say they will remove wrinkles, they oftentimes will decrease or soften them, but the wrinkles will still be plainly visible.

The woman encouraged me to try the product to demonstrate its effectiveness, which she said would be apparent five minutes after

---

① Malär et al. (2011).

② Aggarwal and McGill (2007).

application. I agreed. She told me to pick a spot on my face with wrinkles I wanted to eliminate. I chose my laugh lines. The woman applied the product to one side of my mouth and left the other side untouched to allow for a before-and-after comparison. After five minutes, the woman gave me a mirror to view the results. I was shocked—the product seemed to have had a remarkable effect based upon a comparison of the treated and untreated sides of my face.

At first, I thought it was the mirror that caused the changes I was seeing. Then I thought it might be the lighting. I even pulled aside a random stranger and asked whether there was a noticeable difference, which the stranger affirmed. I then asked the woman pitching this seemingly miraculous product how much she would charge for a jar of it. Of course, the woman said that there was a special sale that day that would enable me to buy two jars for $160. I scoffed and decided against buying it. I told the woman I was sure there was a trick, and that the product really had not caused any major changes.

After being pestered by me for some time about what the trick was, the woman finally caved. In her pitch, the customer is asked to provide the marketer with a particular set of wrinkles (e.g., the wrinkles to the side of the eyes) on which to demonstrate the product's allegedly marvelous properties. If the wrinkles are more visible on the left side of the eyes, the saleswoman will put the cream on the right side of the eyes. The woman explains that the wrinkles on the opposite sides of the face are not the same: one side will always be somewhat worse than the other. Hence the woman applies the product to the side of the face where the wrinkling is less pronounced. Based on a small quantity of information, the manipulation supporting the sale was complete.

Imagine now a world where a large quantity of information is available everywhere. You do not have to look too far; a giant cosmetics company is already working on smart screens and magic mirrors in stores where an AI similarly analyzes your face using facial recognition.

ii. Brands Create FOMO: A Fear of Missing Out

Artificial intelligence affects the nexus between brand and consumer by building and maintaining customer relationships. Automatically attending to a giant quantity of data helps brands efficiently understand customers and sell them the products that they want in a way never done before.

By using AI, brands can target individual customers based on their behaviors by using personalized offers, and as a result consumers feel like the brand knows them better, ultimately fostering a loyal relationship. But one particular phenomenon has come to dominate marketing strategy: the fear of missing out (FOMO)① pushes consumers, specifically millennials, to be constantly connected in order not to miss anything. The FOMO phenomenon, inexorably linked with social interactions, collection of data and ergo AI, is much stronger than the buzz and word of mouth that we have observed over the past 50 years because it comes from consumers themselves.

When was the last time you had dinner with your spouse without checking your cell phone? Being on your cell phone all the time transforms buzz into fantastic word of mouth, and encourages you to leave more and more data about yourself, which is then used to pitch brands and products to you. In a study conducted by Allianz, more than 55% of people were found to have experienced FOMO and 57% spent money they had not planned to spend because of what they saw on social media feeds. A majority of those surveyed (88%) believed that social media fuels a tendency to compare one's wealth/lifestyle with others.②

The theory of self-promotion further shows that people seek to present the best image of themselves to be in the good graces of others, to be appreciated, etc. In fact, people, in their social interactions, are very much oriented towards this quest to make the best possible impression on others. Having been presented this in the form of data, brands come to know consumers more and more, all the better to manipulate them.③

The researcher Chetochine admits that the evolution of consumer purchase behavior from the rational to the emotional proves that the

---

① Crawford (2016).

② Allianz (Feb. 6, 2018).

③ Rind and Benjamin (1993).

multiple-choice Internet civilization of today is "intensifying frustration."[①] It is pushing boundaries while affirming that "the brand is not a result of reasoning for a consumer but a result of an emotion expecting pleasure." In the 1950s, marketing professionals assumed consumers made purchases in a rational manner, and thus focused their advertising messages on the functional attributes of the product. Rationality is not enough anymore. Today, thanks to increasing competition, consumers are constantly exposed to a growing number of competing products and ads. Brands are aware that the proliferation of choices online is becoming less attractive to consumers due to increasing frustration with choices they did not explicitly make. But even if the situation of JOMO (joy of missing out) occurs, it remains marginal.

iii. Trusting AI Services, Trusting a Brand

People are supportive of AI technology that can help them.[②] For instance, Siri and Google Assistant can schedule appointments, and Alexa can order products. Digital voice assistants are popular because they allow users to interact with their devices without having to use their hands. Apps have been created for entertaining people analyzing photographic data (e.g., Snapchat can transform your face using different filters, Facebook can tag you in photos); if the consumer collectively trusts AI in their tools for taking selfies or in their digital assistants, individuals will develop greater awareness of and exhibit greater compliance with the attendant group norms, even if they personally disapprove of or fear AI technology. While there is individual dissent, there is collective acceptance of Ai. With such acceptance, as more AI is implemented and integrated into our lives, brands will use AI to their advantage in collecting and analyzing data. In any sixty seconds, more than 400 hours of content is uploaded to YouTube, analyzed and methodically interpreted. The same goes with the 65,000 photos uploaded per minute to Instagram.[③] Why would we not trust entities capable

① Chetochine (2008).

② The Telegraph (Mar. 23, 2018).

③ Forbes (Apr. 30, 2018).

of forming a comprehensive understanding of us and predicting our individual needs?

While many of us may fear AI, throughout most of our lives we have adapted to technology's increasing requirements to divulge our data.① For instance, in the past when you needed to find a personal file, you just input a command on the keyboard attached to whatever machine you were using. But as technology continuously evolves, people are quick to jump on the bandwagon for the latest and greatest gadget or software, becoming more and more addicted without considering the ramifications.② Instant gratification does not coincide with instant foresight of the consequences. It has become an expectation rather than the exception. For instance, consumers expect responses quickly if not immediately. As technology provides greater ease and convenience, if consumers take a Rolling Stones approach ("I Can't Get No Satisfaction") or a Veruca Salt approach ("Don't Care How I Want It Now!"), they may get what they want right now, but this mindset impairs them from seeing the perils that lie ahead. By getting what they want when they want it, consumers are decreasingly likely to question or even be aware of a brand's system of manipulation.

Consuming data or consuming without consequence to satisfy personal desires is also found in other areas of our lives, such as food and clothing. Why do consumers turn a blind eye to this? Is it because they only care about their own desires? As the late Steve Jobs said, "Your customers don't care about your product, service, or business. They care about themselves and their hopes, dreams, and ambitions."③ And they believe in and trust the brands that can support these interests.

b. Psychoanalysis and Sociology: People Consume AI Brands

Psychoanalysis is a method that bears some similarities to Ai. Artificial intelligence needs personal data to find a solution to your problem.

---

① Time Magazine (Jan. 4, 2018).

② Webster (2017).

③ Forbes (Mar. 31, 2011).

Psychoanalysis needs private and unconscious data to establish a diagnosis and deliver a prognosis. Before considering people's consumption of GAFA's AI, it is important to understand the psychoanalytic link between brands and consumers. Indeed, the journey of psychoanalysis from clinical psychology into the field of marketing is a chapter all its own in the history of behavioral sciences. It is a chapter embedded in global politics and animated by creative and provocative explanations of consumption behavior. The application of psychoanalytic theory and tools to marketing concerns has yielded seminal concepts that have defined and elaborated the brand image,[①] consumption symbolism,[②] and consumer motivation,[③] among others. The focus has almost always been on the meaning *individuals* derive from their consumption activities and aspirations.

Investigations of group dynamics[④] in marketing situations typically focus on the observable structural properties of groups, the roles of group members, and the policies and processes that guide a group's activities—specifically, who are we imitating when we buy something? In this section, we will examine the importance of psychoanalysis for individuals and groups and its influence on marketing techniques. Additionally, we will discuss how businesses exploit traditional techniques such as the demonstration effect or Milgram's obedience paradigm for improving their understanding of consumers.

i. Groups and the Collective Unconscious

Within marketing, there has been a general preference for investigating groups using the concepts and tools of social psychology. As a consequence, surveys and experiments are fielded to examine the roles and affiliations of group members, and the policies and practices that guide group activities. One particularly prominent topic of group behavior in marketing is what is called "groupthink."

---

① Gardner and Levy (1955).

② Levy (1959).

③ Dichter (1960); Henry (1956).

④ Group dynamics is a set of behavioural and psychological processes that occur within a social group or between groups.

The collective elements of a group's thinking have thus far been considered as being explicit and consciously shared by group members. To date, none of the literature acknowledges the possibility of unconscious psychic forces within a group, yet the proximity of groupthink to the psychoanalytic conceptualization of the collective unconscious is striking and, we believe, worth exploring. Psychoanalyst Carl Jung's concept[①] of the collective unconscious has been the most influential, although Freud himself made references to similar phenomena.[②] In addition to individuals' personal unconscious, Jung argues that there is a second psychic system of a collective, universal, and impersonal nature which is common to all individuals.

In the context of taking selfies (a huge source of data for GAFA; one trillion pictures[③] are taken every year with our smartphones, and all the pictures are anonymously analyzed on the Cupertino servers of Apple and Mountain View servers of Google), there is again individual dissent but collective acceptance. In other words, no one seems to like the taking of selfies, yet everyone has reasons to take them. Selfies often evoke criticism and are associated with inauthenticity and attention-seeking. People are however inclined to take group selfies. Group selfies are generally taken in social situations and are posted and shared with others, as these acts are considered a normal part of social activities. Extraversion and agreeableness are associated with a greater awareness and compliance with group norms, so these personality characteristics are associated with increased likelihood that people will post photos of these types of events, but not with the likelihood that people will post photos of themselves alone. According to a Syracuse University study, people who take group selfies have a desire for popularity. Some people even feel "peer pressure" to engage in taking selfies because of the widespread belief that if a picture has not been taken of the event or experience, it did not really happen.[④]

---

① Jung (1953).

② Freud (1921).

③ The Conversation (Dec. 21, 2018)

④ Syracuse University Newhouse (Aug. 8, 2017)

The concept of a "collective unconscious" refers to those aspects of the unconscious which manifest in universal themes that permeate human life. The essential contents of the collective unconscious are identified as "archetypes"—"primordial images" that reflect fundamental patterns common to all, and which are believed to have existed universally since the dawn of humankind. The frequency with which marketing dialogue refers to groupthink and managers' irrational collective beliefs provides some support for Jung's premise. Jung's world, like Tolkien's imaginary kingdom Middle Earth, is animated by unseen forces, conflicts, and dangers, and enacted within archetypal motifs involving particular archetypal events being played out by archetypal figures. We will see how brands integrate techniques in their marketing strategies—which draw inspiration directly from psychoanalysis and consumer behavior—in order to galvanize loyalty and cultivate obedience from consumers.

The relationship between brands and consumers is built from the same materials as a human relationship. Marcel Mauss's famous essay used the concept of the gift and the counter-gift; basically, when somebody is giving you a gift, you feel an obligation to give a gift back.[①] Ergo, when a company like Walmart or Groupon gives you a gift such as a voucher or a discount, you feel compelled to buy something in return. Why? Because you are human. Your weaknesses linked to the gift and the counter-gift have been analyzed for the past 200 years. Companies do adopt the perspectives of sociology, psychoanalysis, anthropology, and psychology; hence social networks like *QQ* (the Chinese Facebook), *Tik Tok* or *Snapchat*, search engines like *Baidu*, *Bing*, or *Yahoo*, collaborative websites like *Wikipedia* or *Skyblog*, and instant messaging apps like *WeChat* or *What's app* have used this principle of reciprocity for analyzing your behavior. We are compelled, under the constraint of the "reciprocity standard," to help those who have helped us or to grant something to someone who has conceded things before.[②] Moreover, through the effect of this standard, we feel

① Mauss (1950).

② Gouldner (1960).

obliged to concede more than we have received, which always gives an advantage to the original giver. Using free information on Wikipedia or free calls on Skype, we push ourselves into ever-increasing debt, donating when Wikipedia is fundraising or buying Skype credits for unforeseen usage. It is ingrained in humans to respond positively to a gift, even if it was not asked for or even wanted—either way, we automatically feel indebted to the giver. Companies use proposed benefits (like the free use of social networks, of maps, of Bing, of Gmail, etc.) and promotional offers over the Internet as ways of making customers feel that their interests are being catered to. In some cases, companies can use the reciprocity principle by inviting customers to a party at the firm's expense: as an effect of demonstration, if companies come up with an innovation that can change routines, people will be curious. People *want* secretly to break their routines. It is like wooing a potential lover—you must break the mold of the expected.

ii. Demonstration Effect

Most people want something they do not have. This reality is the subject of James Duesenberry's "demonstration effect,"[①] which is summarized as follows: an individual's consumption is a function dependent on the current consumption of other people. More specifically, "Duesenberry [sought to] emphasize that increased consumption expenditures arise because of the need to illuminate the feelings of inferiority created by other people consuming superior goods."[②] To avoid this loss of self-esteem, an individual will try to "keep up with the Joneses." This phenomenon was the principal subject of Derrick Borte's film *The Joneses*, where a fake ideal family settles in a posh neighborhood in order to sell their lifestyle and mode of consumption to their neighbors. Most of the neighborhood, blinded by envy and jealousy, try to be like the Joneses by buying the same products they have. The film demonstrates how the desire to emulate and belong to a certain social category can be devastating if not attained. Frequent exposure to higher-quality goods than one usually consumes will thus cause an increase in one's

① Duesenberry (1949).

② Ken McCormick (2015).

consumption expenditure.

Duesenberry further asserts that "'newness of design' is often an important consideration in the general consensus of which goods are 'superior.' Consider clothes for example: will this year's fashions cover us better or keep us warmer than last year's fashions? Then why are new fashions 'superior' to old fashions?" In fashion, consumers are enticed by marketers to buy something new every season. The frequent introduction of new clothing and quick delivery has come to be known as "fast fashion," a name derived from "fast food."[①] To keep up with the latest trends and to accommodate closet space, Americans are discarding more clothes than ever.[②] The fashion industry has created an overabundance of used clothing and has consequently contributed to the problem of overconsumption. Hence advertising works through ostentation as the proposed purpose of consumption. This analysis implies a consensus on the model of consumption: every social class seeks to reach a higher class status and to increase its perceived distance from the lower class, with each member participating in the same race and accepting the same rules.

Self-comparison hence increases consumption of superior goods, and we find happiness when we experience high levels of consumption. The writer Bohler agrees that one of the main drivers of consumption today is jealousy resulting from constant social comparison.[③] We wish to have all that our entourage has, possess all that the people we admire have. Say, for example, we want to check out a new Star Wars app. This app allows you to use telekinetic powers like Darth Vader in the movies. We could download a free demo version because we do not have enough money to purchase the full premium one. But the guy that does purchase the full version will be the first to consume the product in its entirety, which to him and many others is a superior experience. He is among the first. He has the full app before anyone else does, when it is new. And because people want to be first, they will always live in and perpetuate a consumption society. AI brands need only to

---

① Tsan-Ming Choi (2014).

② Newsweek (Sept. 1, 2016).

③ Bohler (2008).

use this concept to keep the process going.

iii. Milgram's "Obedience to Authority" Paradigm

The demonstration effect is the starting point of a consumption society; it explains that the behavior of individuals is predicated on observation of the actions of others. In order to understand marketing based more explicitly and intentionally upon principles of manipulation and obeisance in buying products, consider what has been called Milgram's *obedience-to-authority paradigm*. The paradigm arose from a famous series of experiments wherein members of the New Haven community (mainly men) volunteered to participate in a study ostensibly designed to investigate the effects of punishment on learning. When they turned up at the lab, they found themselves cast in the role of a "Teacher" and with the job of administering electric shocks to another man (the "Learner") whenever he made an error on a word recognition task. The shocks were administered progressively via a machine on which 30 switches signified escalating levels of shock, starting at 15 volts (designated "slight shock") but rising to 450 volts (ominously designated "xxx").

In fact, the machine did not deliver shocks and the Learner was a confederate, but the Teachers did not know this. The true purpose of the research was also not to study memory, but to see how far participants would go in following the experimenter's instructions. Most critically, would they be willing to administer a potentially lethal shock to an innocent man when instructed to do so by a figure of authority?

When Milgram asked ordinary people what they thought they would do, most believed that they would go no further than 135 volts. None believed that they would go above 300 volts, let alone all the way to the 450-volt maximum. When he asked psychiatrists what they thought ordinary people would do, they predicted that only a pathological fringe constituting some five percent of the population would go beyond 300 volts, and that only just over 0.1% would go to the maximum. Yet when Milgram ran what he originally termed the "Coronary Condition," 26 out of 40 ordinary Americans (65%) went up to 450 volts. In this condition (which later became known as the "New Baseline") the Learner reacts to the "shocks" with a series of scripted exclamations and protestations, including, at 150 volts, "Ugh!!! Experimenter! That's all. Get me out of here, please. My heart's starting to bother me. I refuse to go on. Let me out," and at the 330-volt point he screamed "Let me out of here ... My heart's bothering me. Let me out, I tell you. (*Hysterically.*) Let me out of here."[①]

The moral of this story is that people are more likely to obey orders if they see the authority figure as morally justified or legally instituted. Why? Obeying authority figures is ingrained in us from the time we are children through such figures as parents, teachers, and bosses. People are likely to follow an authoritative figure's commands even if those commands are reprehensible. This theory is extremely helpful for explaining the thesis of this book. Consider how everyone understands that we respect Apple and Facebook, and no one cares that these brands do not pay their taxes.[②] In fact, people love Apple, Google, and Facebook. So, why the hypocrisy? Consumers respect these brands because of the marketing, the logos, the colors, their knowledge, their innovations, but also the profits they are generating.[③]

People are also more obedient when there is a reminder of God. The more unstable a country is, the more likely people are to seek comfort in faith. André Malraux explained that a civilization was everything built around a religion. Even when societies have tried to suppress faith, things were set up in its place, such as the cult of a leader or of the state. Many psychologists now think that belief in supreme images of authority is an extension of our recognition of the existence of others and our tendency to see the world in human terms. To understand this belief, neuroscientists have sought to compare the brains of believers and skeptics. We constantly look for patterns, structures, and cause—effect relationships.[④] What if brands are becoming the objects of the new faith people are looking for?

---

① journal.pone (Mar. 2, 2015).

② CNN (Jul. 29, 2016); Forbes (Feb. 19, 2016).

③ CNBC (Oct. 27, 2016); Washington Post (Oct. 26, 2016); Politico (Oct. 14, 2016).

④ BBC (July 30, 2018).

Let us now turn back to the demonstration effect and Milgram's paradigm, which are two different mechanisms. The former has to do with wanting to be first, among other things. The latter explains how in a democracy, two-thirds of people will obey unconscionable orders including killing people if they believe in something (the cause of a higher supernatural being, perhaps).

With that in mind, we can understand why for instance scientists today are saying we need to drink more coffee because it's good for us and people obey, and yet the scientists' study has been funded by coffee producers,[①] and other studies have found that coffee is not good for us.[②] So, when we talk about lobbying, we know there is a stealth marketing connection there. Stealth marketing essentially occurs when consumers are not aware that they are being subjected to advertising. The evolution of marketing has been a succession of surprising and innovative techniques which had one goal: leaving the customer smiling rather than resentful for feeling an unconscious emotional connection with a brand through an advertisement for buying the product.

According to an article published in *Collier's* in 1950, "Perhaps the best and most judicious summary of the most generally accepted medical viewpoint is to be found in an editorial published a few years ago in the *Journal of the American Medical Association*. 'Actual surveys indicate,' it stated, 'that the majority of physicians themselves smoke cigarettes. From a psychological point of view, more can be said on behalf of smoking as a form of escape from tension than against it. There does not seem to be a preponderance of evidence that would indicate the abolition of the use of tobacco as a substance contrary to the public health.'"[③] This marked the earliest beginnings of a shift against cigarettes. In the years leading up to and following it, numerous ads extolled the virtues of cigarettes and deemed them to be nothing to worry about. They predicated their treatment of cigarettes upon the sentiments of doctors. For instance, the title for *Time*'s

---

① Wild (2005).

② Mayo Clinic (Oct. 2013).

③ Collier's (Nov. 4, 1950).

photo gallery of older advertisements, "Your Doctor Wants You To Smoke," says it all.① Just as it is in our nature to obey authority figures, with brands as the new myths (and hence the new figures of authority), it is in our nature to accept this type of manipulation.②

With the advancement of AI, brands will use a new mechanism to make you buy products. Because the AI will have information about each consumer, brands will be able to make a product based on what the consumer likes, and sell it in such a way as to make use of the Duesenberry effect: a unique product, like in "haute couture" whose consumption creates frustration for others. Moreover, brands will go further and anticipate a need before the consumer has thought about it. In this way, the development and expansion of AI will allow brands to manipulate the behavior of every consumer.

iv. People Consume Myths and GAFA Are the New Myths

An author named John Kenneth Galbraith argued that "if the consumer can be reached and influenced by the producer, then much is changed and much that happens is at the behest of the producer, not the consumer."③ Hence producers, not consumers, largely determine what is produced and, ultimately, how resources are utilized. This is especially the case in a system dominated by large corporations with large advertising budgets in the marketplace. Basically, Galbraith said consumers are not kings and people will obey figures of authority, just as Milgram showed. There are no rules in the market because there is no consumer or client who is king: they are not deciding with their purchases, they have been manipulated. In this system, consumers cannot tell companies what they want. Companies push people to love products, understanding what they ought to want. Hence Galbraith's innovation of the "revised sequence," whereby the initiative originates with

---

① Time (http://content.time.com/time/photogallery/0,29307,1848212,00.html).

② NPR (Sept. 13, 2016): "Industry-sponsored nutrition research, like research sponsored by the tobacco, chemical, and pharmaceutical industries, almost invariably produces results that confirm the benefits or lack of harm of the sponsor's products, even when independently sponsored research comes to opposite conclusions." This is nothing new. In the 1960s, the sugar industry funded research that downplayed the risks of sugar and highlighted the hazards of fat.

③ Galbraith (1978) in Encyclopedia of Political Economy (1999).

the company defining needs and fashions. The consumer only intervenes at the end of the sequence through submission. Consider these words spoken by Henry Ford (or at least a statement that is often attributed to Ford) for an illuminating illustration of why this might be: "If I had asked people what they wanted, they would have said faster horses."① The idea here is that you can create radical innovations without heeding the express desires of consumers.② Ford did exactly that. Ford did not give people faster horses. He gave them cars. And he did so successfully, at least initially. But eventually, it became clear that there are limits to how far companies can go in dictating what consumers want. Companies can push consumers toward getting what the companies want them to get. Sometimes consumers will bite: consider Google Glass for an excellent example of this; the public backlash at the time of its release is the stuff of legends, with privacy issues leading 72% in the US to disparage Google's product.③ The mission of the brand is to make consumers dream and to find ways to seduce them again and again. AI helps in carrying out this mission with a large margin of success. People consume brands. Why so much seduction from brands? Because retaining a customer costs less than attracting a new one, and is seven times more profitable. As among lovers or in the relationship between a brand and its consumer, fidelity brings many pleasant surprises—a plane ticket to celebrate a wedding anniversary works the same way as the Nespresso loyalty card that awards points to shoppers. According to Nietzsche, "fanaticism is the only form of willpower that even the weak and insecure can be brought to attain." Are not we all "weak" and "shy" before the commanding power of brands and the vast financial resources that are allocated to their advertising propaganda? Just like the witness in Milgram's experimentation, the slave in love with its servitude in Aldous Huxley's *Brave New World*, or in the theories of La

① Harvard Business Review (Aug. 29, 2011).

② Margaret Rouse (2015). Lopez (2015). There are four types of innovation: Incremental, Disruptive, Architectural and Radical. "Radical innovation is what we think of mostly when considering innovation. It gives birth to new industries (or swallows existing ones) and involves creating revolutionary technology. The airplane, for example, was not the first mode of transportation, but it is revolutionary as it allowed commercialized air travel to develop and prosper."

③ The Atlantic (Apr. 20, 2014); Phone Arena (Apr. 10, 2014).

Boétie, consumers do not realize that they are happily consenting to consume advertisements without knowing it.

Brands are persuading people on a scale comparable to that of the deities of ancient Greece. For thousands of years, humans have believed that gods had supreme authority, and when time passed into the modern era, humanism gradually shifted authority away from deities to people.

In *Homo Deus*, Harari looks ahead to the future where there is a shift in global supernatural power, when the forces of natural selection are replaced by intelligent design. Questions arise over what will happen to democracy and the challenges it faces when the powers that be, like GAFA, know our likes and preferences better than we know ourselves. In the absence of old myths, a new one will have to emerge in order for us to make sense of the world. Thus *dataism*, a universal faith in algorithms, arises. Humans essentially become a collection of subsystems monitored by this central spirit, informing humans of how to feel. With the usage of AI as a tool to predict consumers' behavior and manipulate them, Harari may be closer to reality than the fiction he sought to portray. To get a better understanding of the concept of business manipulation between the manipulators and the manipulated, we can look to the schema below.

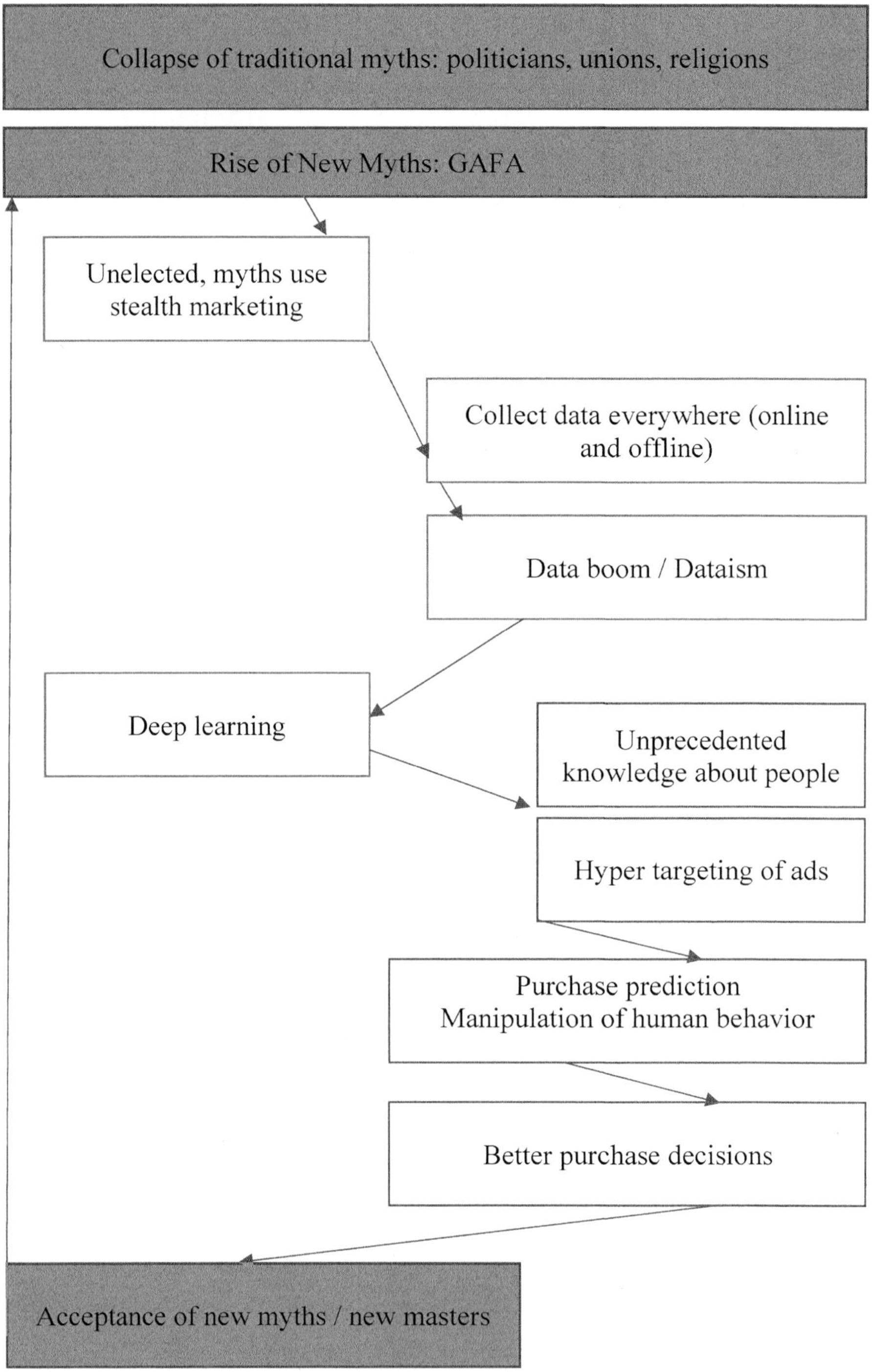

In the next section, we review the history of this form of persuasion. We will continue to demonstrate that it is in the companies' and brands' nature to manipulate people, and the rise of AI will accelerate the process.

B. Consumer Manipulation: From Marketing Beginnings to the Rise of Digital AI

In order to understand the future of marketing through AI and consumer manipulation, one must look to the past. Hence, this section focuses on the origins of manipulation strategies and tactics. Big companies manipulating consumers is nothing new. AI is a high-tech successor to what has happened in the past.

It is important to understand that the future of manipulation by big companies using AI is a continuation of a massive system which began around 1830. For over 200 years, advertisements have been present everywhere, capturing people's attention and toying with their feelings, their personalities, and their emotional connections. One cannot move a mile in Emile Zola's book *au Bonheur des dames*① without seeing or hearing an advertisement being broadcast. Indeed, marketing is older than we realize. Between 1830 and 1870, a majority of the methods used by GAFA and BATX today were developed,② concepts including brand strategy, advertisement, display, promotion, and sales. All these terms look familiar, right? Ads are mostly placed where they can attract the targeted audience, that is, the consumers, either on televisions, the radio, printed newspapers, or billboards on the roadside. Most of these advertisements are located strategically where consumers can be easily found. Advertisements for PlayStation 5 or Nintendo Switch will have greatest impact if they are placed in front of teenagers, late in the night when this market segment usually surfs the Internet.

Manipulating through marketing is a question not only of target, but of how many product campaigns to initiate for the target (e.g., launching,

---

① Zola (1883).

② Cochoy (1999).

targeting, campaigning—all military terms). Consider shampoos and women. Women have the options to buy many different kinds of shampoo: shampoos for dry scalps, thicker hair, dyed hair, damaged hair, oily hair, and curly hair. There are even shampoos for specific issues such as clarifying shampoo, neutralizing shampoo for PH restoration, chelating shampoo, keratin shampoo, volumizing shampoo, gluten-free shampoo, sulfate-free shampoo, no-poo shampoo, fine hair shampoo, shampoos for everyday cleaning, sensitive scalps, dull hair, brittle hair, frizzy hair, anti-dandruff, shine, hydrating, soft hair, smoothing, organic and natural shampoo ... the list could go on for pages. When you think about it, all these shampoos can wash women's hair; creating a desire with so many products, which is really only one and the same product, is the quintessence of manipulation. Advertisers and marketers make you believe all of these products are different, but what is the difference between a shampoo with a characteristic of "long hair" and a regular shampoo, aside from the fact that you will put more liquid in your hand?

The following section discusses the historical development of advertisements in the early years of commercial manipulation.

a. From Propaganda to Marketing Manipulation

Consumer education today is about the introduction of the television and youtube: Ramonet[①] calculated that we see around 500,000 advertisements between the ages of 3 and 18; enough for any social conditioning.

i. Modern Public Relations to Change Your Mind

A man by the name Edward Bernays, popularly known as the "father of public relations" (PR), rose to fame because he was good at propaganda and positive publicity.[②] He took advantage of people because he believed that many of them were controlled by their illogical desires. He also knew that if he manipulated them well, people would give him large profits. He understood that the mind could be tempted and lured into buying ideas and

① Ramonet (2002).

② Tye (1998).

products if only one used persuasive methods.

The best-known campaign carried out by Bernays was to recruit women smokers of cigarettes, which he termed "torches of freedom." Women were not allowed to smoke publicly at the beginning of 20th century, a norm that was enforced by law in many states and leading to many prosecutions. Bernays recruited women who could march in his campaign to show that they were fighting for the rights of women to smoke. The pseudo-event was a great public relations success and received wide media coverage, helping to increase sales of cigarettes to women. Seeking to bring equality between women and men led cigarette manufacturers to begin advertising to women not only to smoke but also to protect their reputations. This move went so far that many cigarette brands were specifically designed for and marketed to women.

George Washington Hill, who was the chair of the American Tobacco Company at the time, saw this as an opportunity to market his products and thus increase his production and profits. Hill hired Bernays, and explored the market interest as if it were a gold mine. This led many cigarette companies to start campaigns and lecture series with the aim of teaching women how to smoke. This was a tricky move legally because, after being employed by ATC, Bernays went on to manipulate women into smoking by using health advertisements to show that cigarettes were associated with an oral fixation among women, and therefore naturally desirable. Bernays hired women to march while smoking and a photographer was hired to take nice pictures that would later be published in magazines. Bernays used his ideas of good PR and propaganda to turn many women into smokers.[①]

Serge Tchakhotine, Russia's communications opponent to Hitler, showed that advertising plays on people's obsessions by drawing out their deepest impulses. He used Pavlov's theory of the conditioned reflex alongside

---

① Bernays's later work for the United Fruit Company and the US Government resulted in the overthrow of president of Guatemala. Branding President Jacobo Árbenz Guzman as a communist led directly to the 1954 Guatemalan coup d'état, which was supported by the US Government so that the United Fruit Company could maintain control of the country as a "banana republic" and exploit workers to export cheap products to the market.

a ranking of human impulses: aggressiveness, material satisfaction, sexuality, and love. Just as there are rules for feeding and training an animal, so it is with communication and advertising. I sold cosmetics for many years, and used the third pulsion (the sexual one) by way of a beautiful lady on a poster to sell cosmetic products targeting women. A woman unconsciously wants to look like the person on the poster. In similar fashion, a hospital in 2020 can automate its health data collection, and from a single set of symptoms, an AI can easily discover more than one health problem. A brand can then use the second pulsion (material satisfaction) to tell the patient which drugs to buy.

It is incredibly easy to create needs for products that you do not truly need on a large scale. A strategy to communicate need and fulfillment was conceptualized with this in mind during the 1960s by Procter & Gamble: the "copy strategy."

ii. Marketing Strategies Target You to Take Your Money

By the 1950s, overproduction was problematic in America.① This problem changed not only marketing strategies but the notion of social class. Marketing was the first to change; it was no longer only about making a pitch (i.e., "my product is the best product out of a sea of similar products"), it was about Jerry McCarthy's famous "four Ps": product, price, place, and promotion.② The four Ps got marketing out of being strictly about promotion and later extended it to other domains (e.g., partnership, sensorial identity of the product). The second change was increasing the production of goods that drive up effective demand rather than creating additional supply on the market. Marketing history is full of overproduced and undesirable products, such as "baby food for adults," innovations in the armaments industry (a reliable sector for creating new

① After World War II, the Marshall Plan was unveiled. A primary purpose of the plan was to distribute to Europeans all products not bought in the United States so as to avoid problems associated with overproduction—which as we have just seen, can include wars. The overproduction continued with the beginning of World War II and continued after its end. Marketing worked towards the same ends as the Marshall Plan then and now: marketing helps with overproduction by encouraging people to buy things. But while marketing paired to production can help bring balance, it cannot bring peace.

② Philip Kotler (2011).

needs and products to satisfy them), Toca Cola, King Cola, Mecca Cola (a cola whose profits are given to the Palestinian cause) or Breizh Cola (a Brittany-branded cola), cucumber deodorant, and colorless beer. As a result of the Vietnam War, there were limited armaments, but this turned out to benefit the American economy as production ramped up. When the war ended in 1975, this solution temporarily disappeared. For various reasons, overproduction became a problem again. In the 1970s, workers' wages were not in line with the pace of productivity, meaning productivity rose while wages were stagnant. Mass production was problematic, however; out of economic turbulence emerged innovations that would impact the US and the rest of the world through the 1970s and beyond. By the 1980s, market segmentation gained traction.

Through the use of market segmentation, companies could overcome the difficulties of pitching a product amid a sea of similar products. Segmentation divides the market into groups that are heterogeneous in the sense of the characteristics of the people comprising them (e.g., women). This allows a marketer to sell more products because a future target becomes easier to reach—it's easier to sell a product if you know the criteria and relevant human behavior.

An example was the Freedom Paradise Resort: "The world's first size-friendly, all-inclusive beach resort, 112-room Freedom Paradise Resort was located in Tankah, Mexico, on the Yucatan Peninsula 70 miles south of Cancun."[①] The idea behind it was simple: "Provide a vacation getaway where people of size would feel not only comfortable but welcome." So, rather than just being another resort, it was a resort for "people of size," which is to say people who are not slender. Segments catered to in other contexts might include skaters, surfers, gay people, straight people, minorities, smokers, parents, and kids. All these segments are good for targeting people because you know the demographic criteria through psychographic, behavioral and benefit research. Many studies have been done to show that capitalism created new targets of better consumers:

① TripSavvy.com (Jun. 13, 2018).

divorced people are better consumers than united families, metrosexuals and gays are bigger buyers than more conservative men, etc.[①]

Segmented sales tactics to convince prospective buyers, welcoming campaigns by text, reanimating inactive customers (or "basket abandoners")—companies can now automate up to 66% of their campaigns, which generate 75% of revenues. Every morning, a brand like Bricoprive sends 4.5 million emails to its customers and prospects. Emarsys, an Austrian-based publisher that aggregates data from 2.9 billion customer profiles, relieves marketers of cleaning their data and such analyses as segmentation, calculations by age group, recurrence of purchase, average basket, sales channels, or abandonment of sale. Based on a sales history (from one to ten years), their AI engine calculates all aggregates to say that, this morning, thus-and-such number of prospects are ready to be converted to customers with whichever product and what will be the formulas for accomplishing this. Emails are dispatched when they are most likely to be read, for example 9:30 for Sarah and 10:15 for Paul. Once opened, the AI customizes the content of the welcome-back message by focusing on the product that is most likely to be purchased.

The companies' AI marketing consists of dividing up the needs of consumers just like you on Cdiscount, Sephora.fr, or Amazon. After a strict demarcation, the companies conjure the needs of the consumers in homogenous, calculated sub-groups of products.

There are two ways to examine marketing: supply and demand. Each point of view is different. The first one is demand; it comes from market studies and trying to understand consumers' needs. The other is: "as a company, I will push new products out and they will buy it, even if they do not need it".

iii. Market Studies: The Ancestor of What AI Will Do Better

When companies launch a product, they have four big steps to run through: create a product, do market studies, create a strategy, and then implement the strategy at the right time. Market studies are used to

---

① Zemmour (2006).

determine consumers' needs. Such studies have always existed and are the core of modern marketing using data and info about consumers. Companies like Procter & Gamble or L'Oréal are spending millions of dollars to understand the deep pulsions of people to create the right lines of products. Marketing departments are also recreating fake supermarkets and fake shelf spaces, essentially beta testing the consumer experience of buying their products.[①] In this scenario, they use techniques such as neuromarketing or ethnomarketing[②] to follow the movements of the eyes on the products or of the hands when they set aside one product in favor of another. Marketers want to understand the needs of the people. But marketing studies are not actually as simple as asking people what they do or need. People lie or make mistakes. For instance: "One of the enduring mysteries of alcohol research is that when you tally up all the booze that people report consuming when they are surveyed about their drinking habits, it rarely adds up to even half of the alcohol sold. So either we pour half of the liquor we purchase into the sea or we tend to forget—or intentionally lie about—how much sauce we imbibe."[③] Likewise: "27 % of adults lie to their dentists about how often they floss their teeth, a survey found."[④]

Another example can be found in politics: In 1982, African-American Mayor Tom Bradley took a decision to contest for the position of Governor of California. His opponent, George Deukmejian, a white American of Armenian descent, also decided to run for the position. This was bound to be an exciting contest and polling agencies kicked into high gear to ascertain

① Cleverism (2014): when a company sets out to design and develop a new product, a step by step process is usually followed. A vital part of this process is the product beta test and at times, a product market test. The beta test can help validate the product itself through a control group. In addition, a market test can validate the product as well as the marketing and distribution plans, the product support.

② Harvard Business Review (Jan. 23, 2019): "Neuromarketing" loosely refers to the measurement of physiological and neural signals to gain insight into customers' motivations, preferences, and decisions, which can help inform creative advertising, product development, pricing, and other marketing areas. On an other note, ethnomarketing analyses consumers when they are buying with observation methods like cameras.

③ The Cut (Jun. 9, 2014).

④ NPR (Jun. 24, 2015); American Academy of Periodontology (Jun. 23, 2015).

from the Californian citizens their preferred choice. Needless to say, the race took on racial overtones and, as such, pollsters were very thorough in their polling methodology. As the race heated up, week after week, pollsters were predicting that Bradley would win. In fact, just days before the election, it was a forgone conclusion that Bradley was firmly in the driver's seat. But as the results trickled in it became apparent for all, including the pollsters, to see that in fact Deukmejian was the outright winner. Analysts concluded that most people polled had lied to the pollsters. Afraid and embarrassed to be accused of being racist, they indicated to the pollsters that they supported Bradley. In the privacy of the voting booth, however, their true colors were revealed and their real support was declared for the white candidate.① Another whimsical example of a survey and lying is one that found that "A third of people in the UK will not give truthful answers about themselves when asked questions by pollsters."②

So, except when the answer can be determined by means other than asking the people outright for information about how they behave, or being able to look at other information to determine whether their answers are true, how are we to know the answers to questions people might be inclined to lie about? There are several special methods for dealing with this problem: "randomized response,"③ "unmatched count,"④ and others. For an example of the application of such methods, consider the survey about alcohol consumption mentioned above. There, the researchers "surveyed over 40,000 people with standard alcohol survey questions about their quantity and frequency of alcohol consumption—'How many drinks have you had in the past month?' and so on. But in a smart twist, they then asked a more immediate question: 'How many drinks did you have yesterday?' This method is useful for detecting under-reporting because of the improbabilities it reveals. For example, if 50% of people who say they drink once a month acknowledge drinking yesterday, one can infer that this group

① Daily Maverick (Nov. 10, 2016).

② BBC News (Sept. 22, 2014).

③ Pomona College (Apr. 17, 1995).

④ ISP University (2016).

is severely under-reporting their consumption: If they were truly once-a-month drinkers, only about three percent should acknowledge drinking on a particular randomly selected day of the month."①

People lie, and this places limits on the utility of surveys. Further limits are introduced by the reality that "Most marketers assume that customers know what they want. Unfortunately, customers may not know as much as the customers think they do. Decision makers are not perfectly rational, but they are rationally bounded, following the term of the Nobel Prize Simon. That is, it is impossible for decision makers to evaluate all pieces of information available in the environment. Decision makers rely on heuristics to choose the most salient information② and therefore are subject to biases in different parts of the inferential process."③

Given that consumers sometimes lie and sometimes do not know what they want, it seems quite a few companies and business leaders have determined that they do not care about what consumers claim they want, as discussed earlier. The companies use market studies of the kind discussed above to better target their communications, product specifications, and product-development efforts. But as to consumer wants and needs, today it is brands who dictate these, and they do it through data collection. They create the products that consumers would want and market them using powerful and persuasive tools.

The technological evolution that we have observed in AI has introduced one element which will radically change market studies: the instantaneous and continuous collection of data. Brands acquire consumers' data to understand their behavior and predict their needs. With AI and the development of the Internet of things (cellphones, tablets and more), brands use geolocalization to know where you are when you are reading the New York Times or your favorite blog, which article you love and the keywords that you like in its title, the journalists who post, the influencers who write, the pictures that come up on your newsfeed, and the time you

① The Cut (Jun. 9, 2014).

② Investopedia (Apr. 25, 2019).

③ Riquelme (2001).

spent on each of them. Schumpeterian creative destruction① sees the elimination of old industries in order that new ones may emerge: instantaneous and autonomous, AI is the contemporary heir of old market studies. As our tastes evolve, companies continue to know everything about us through qualitative and quantitative non-stop analyses. While in the 1990s Procter & Gamble spent millions of euros on market studies with specific panels② (with only hundreds of people represented), brands are now analyzing everybody, all the time, with an automatic process. Companies will soon know us better than we know each other and will have the ability to create micro-fashions within larger trends as a strategy to manipulate consumers into buying ever-more-specific products. As we will see in the schema below, there are many similarities between Nazi propaganda, the marketing of brands, and GAFA, which are linked by seven discrete patterns: selling, manipulating, controlling, proving, persuading, entertaining, and simplifying. An AI that knows everything about you could convince you to vote for the right candidate, depending on your mood that day. It will convince you that voting for that one extreme candidate is a bad idea and that you were not really considering it seriously, it is just that you had had a dispute with your wife recently and wanted to shake things up.

	Propaganda	**Marketing Brands**	**Brands using AI**
Pattern 1	Selling ideas	Selling products	Selling knowledge
Pattern 2	Manipulation strength	Manipulation, stealth and persuasion	Personalized persuasion and manipulation
Pattern 3	Influence the masses	Influence consumers	Influence the mind
Pattern 4	Proving that they are establishing the best program	Proving that they are selling the best product	Proving that we will live in a better world

① Schumpeter (1942).
② Devault (Apr. 13, 2017).

(continued)

	Propaganda	Marketing Brands	Brands using AI
Pattern 5	Persuade the masses	Persuade market segments	Persuade individuals and the world (dataism)
Pattern 6	Entertain the young masses	Entertain young consumers	Predict the need for entertainment
Pattern 7	Simple slogans	Simple baselines	Personal customized taglines

Brands are producing the tools that enable one to govern the masses efficiently. With the capabilities of artificial intelligence, we can control the masses not by means of a general message, but rather a personalized one with a broader goal. In the next section, we will see the traditional techniques and strategies companies have used to sell more products, and how AI is taking its place among the complex predictive marketing strategies hastening one outcome in particular: the end of free choice in purchasing behavior.

b. Evolutive Marketing Techniques for Selling More

As the previous chapter explains, the tools used by companies during the second part of the 20th century are commonly called the four Ps (product, price, promotion, and place). While the four Ps have been a staple in marketing for decades, such traditional strategies can only take companies so far. With the use of AI, these marketing methods will evolve. In order to sell more products, companies will have to gain a comprehensive understanding of human actions, and they can do so through collecting data that is analyzed by AI, expanding their reach to be more personalized and predictive of individual consumers.

i. The Right Product to Launch

Outdoor retailer *The North Face* uses IBM's famous AI supercomputer Watson to create personalized paths for consumers' online shopping experiences. The website shows customers product selections based on their previous answers in a conversation with a bot. "If customers say they like to hike in the winter, the program may ask questions about their location and preferences to recommend a jacket that will keep them warm and be suited to their preferred activities."① Instead of presenting a panel of hundreds of products to find the right one, the AI makes the choice much easier.

Fashion is an example of packaging (in the mainstream definition); a person can be packaged in clothes by *Christian Audigier*, shoes by *Christian Louboutin*, and jewelry by *Christian Dior*. A representation of who and what a person is can be crafted based on what they wear. The same can be true of a restaurant based upon its setting, its prices, who eats there, etc. Without even considering the food itself, such elements can add up to establishing a restaurant's identity. Likewise, packaging can help convince consumers (perhaps with the help of the brand, depending on the product) that an item is what they want based simply upon its appearance.

Of course, we can use other means to convince consumers that a product is the best of its kind. A logo is one such method, and involves an unconscious process—we focus on things like color, which people do not realize influence them. For instance, red evokes feelings of passion and can undermine intellectual performance.② Companies know your favorite colors very well; if you grew up in the West, it will be blue first and green second, or red if you are Spanish.

These elements—packaging, logos, etc.—are elegant weapons for unconsciously convincing consumers to buy one product over another. If you want to sell a car, instead of selling one car, you can sell ten cars to ten different targets. For instance, General Motors produces multiple brands of cars: GMC, Cadillac, Buick, and Chevrolet. But that is not the full breakdown of what General Motors sells. These different sub-brands sell their own ranges of vehicles: pickups, limos, convertibles, etc. There are Cadillac sport utility vehicles and Chevrolet sport utility vehicles, Chevrolet pickups and Cadillac pickups. Companies thus sell variations of the same things at the same time.

---

① The Street (Dec. 14, 2015).

② Peperkoorn, Roberts and Pollet (2016).

Use of the product and its characteristics to sell it is not the only tool of subterfuge utilized by companies, however. Such subterfuge is being overshadowed by a new tactic businesses use to tap into the unconscious as a means of pushing products and raking in dollars—one that is close to what stealth marketing is: the *experience* of consumption.

ii. The Right Experience

Techniques of manipulation of a consumer path have evolved from the emergence of modern marketing to the creation of experiences of consumption, such as going to Disneyland or seeing half-naked men at the Abercrombie & Fitch store when buying a T-shirt. Abercrombie & Fitch has implemented an experiential strategy focusing on product staging, low lighting, loud music like in a club, and strong fragrances that you can smell from outside the store. Their sales staff create a festive atmosphere in the stores. When you buy a bag of potato chips, did you know that you can buy one that makes a sound close to the sound of the chips when you chew them? Some packaging materials make a similar chewing-chips sound when you touch them. Why? Simply because marketers know that the brain gets excited over fatty or sweet food, even if just for a couple of seconds. When you touch the bag of chips, it reminds you of the joy that you have when you eat junk food and releases serotonin in your brain.[①] This is what we mean by "experiential marketing."

This idea of having an experience of consumption was developed during the 1970s with sensory marketing and during the 1980s with experiential products.[②] Companies in the 80s began selling an experience in the very act of purchasing. The senses of the consumers are played with in this way. Consumers do not understand that they are consuming the experience and not just the goods. With that in mind, retailers long ago began "refining the flagship brand store into new forms such as the themed retail brand store. This new form not only promotes a more engaging experience of the brand's essence but also satisfies consumers looking for entertainment alongside their

① Huether (2004).

② Cova and Caru (2003).

shopping."[①] Such practices can be realized at different scales, and it should not be surprising that they can be highly successful, as experiences bring people more happiness than material objects.

What is the most visited place in Canada?

The West Edmonton Mall. "More than 30 million people, nine times the population of the Province of Alberta, visit the Mall each year, making it the province's number one tourist attraction."[②] It is among the first shopping centers (before Dubai or Neom) to offer a wide range of experiential offers.

Going on the mall's website reveals the extraordinary experience that one can live at the complex: it measures 5.3 million square feet, making it the size of a small city. It is home to more than 800 stores and services including nine world-class attractions, two hotels, over 100 dining venues, the widest variety of one-of-a-kind retailers, and entertainment for all ages. Its world-class attractions include Galaxyland, the world's largest indoor amusement park featuring more than 27 spectacular rides, attractions and play areas for all ages, and the World Waterpark, which features "the world's largest indoor wave pool and more than 17 unique waterslides and play features." There is also an underground aquarium at the mall that is "home to more than 100 species of fish, sharks, sea turtles, penguins, reptiles, amphibians and invertebrates" and "Sea Lions' Rock, home to four California sea lions that perform daily." Altogether, such features lure visitors in to walk, stop and shop. Given the importance brands place on how they mesh with the identity of consumers, as noted above, perhaps the many stores in the West Edmonton Mall are able to tap into the positive experiential elements associated with these amusements and claim them for their own benefit.[③]

Such experiential marketing comes from a philosophical concept known

---

① Kozinets et al. (2002).

② The Canadian Encyclopedia (2012).

③ www.wem.com (Jul. 31, 2018).

as "hyperreality," coined by the French philosopher Jean Baudrillard.① Hyperreality is the reconstruction of reality, such as at the Louxor Hotel with its giant pyramid in Las Vegas, or a ski resort in the middle of the desert in the Mall of the Emirates in Dubai. This change of reality causes distress in the mind of the consumer, who struggles to reflect rationally when confronted with a purchase in such a hyper-real context, where all price references are distorted.

Ice hotels are another unusual example of experiential marketing. "When you think about, ice hotels don't make sense. They cost hundreds per night and boast luxurious amenities but most room temperatures hover around freezing. About half offer 'ice cathedrals' for weddings and vow renewals, then expect the happy couples to celebrate in rooms made entirely of ice and snow. And yet, ice hotels are undeniably cool. Each year, architects and artists sculpt thousands of tons of snow and ice to build these hotels, only for them to melt in the spring. Only around 20 exist worldwide. December guests can often watch the final phases of construction during their stay, while return visitors can enjoy a whole new design each winter."② The experiential element of ice hotels seems clear. These are hotels patronized because they are so unusual in so many ways—certainly not because they are convenient or even comfortable. Soon you will discover experiences offline with the boom of virtual reality, particularly well represented by Steven Spielberg in the movie *Ready Player One*.

Of course, experiential marketing need not be so grand as to include elaborate perfume dispensers, lighting choices, and amusement parks. Sometimes, experiential marketing can become more down-to-earth and practical, but nonetheless experiential.

A marketing concept that is often used by brands to communicate an experience while collecting data is *gamification*. Gamification is an online marketing technique for encouraging engagement with a product or service. Gamification can be in the form of one-shot experiences (trivia, instant

---

① Baudrillard (1981).

② Business Insider (Nov. 21, 2013).

wins, etc.) to the most extensive interactive experiences (360° gamified campaigns, mobile and Facebook applications, augmented reality, etc.). Gamification leverages the mechanisms and techniques used in games (goal setting, challenge, teams, rewards, etc.) in the service of marketing objectives. As a simplified example, you are invited to answer questions in a quiz organized by McDonald's or the *New York Times*. Your answers are registered and analyzed. The game you are playing is an advertisement sponsored by a brand, and the advertisement is twice as clever as you. You receive it, and you give the brand your future possible purchase path.

In online spaces, American Airlines, Sephora, and Greyhound now offer their own bots—conversational agents programmed to simulate conversation using natural language to make the experience more human and create a real exchange. As a customer experience improvement technology, the use of a chatbot has several advantages: 24/7 availability; real-time responses without an intermediary; simplicity and fluidity of the purchasing process and the customer journey; loyalty and acquisition of new customers via a personalized relationship; automation of low added-value tasks; and continuous learning making the machine intelligent (i.e., machine learning). UK-based Dixons Carphone, a multinational electrical and telecommunications retailer and services company, uses a bot named Cami to connect online and in-store shopping experiences. Cami, monitored by Microsoft, is a product expert that can recommend items, give advice, and anticipate customers' needs and future purchases. If someone buys a new mobile device, Cami can automatically recommend protective cases or insurance. Companies can also insert animations or emojis in bot interactions with customers, a web marketing strategy that has been proven to boost the number of clicks and purchases.[①] Invented twenty years ago to enhance our communication, smileys are now used to sell us more.

Indeed all these offshoots of the product strategy element of the marketing mix—experiences around products, sensory marketing, and

① MBA MCI (Sept. 29, 2019).

packaging—are used to touch your heart and to sell more products.

iii. From the Physical Shop to the Phygital Store

More and more distributors are gambling on big data and digital transformation to sell online. But there are three proverbial laws in distribution: location, location, and location. The Internet has not replaced the traditional point of sale, and giants like Amazon and Alibaba are working on concept stores, both online and offline. When a product is distributed, there is a moment in time in which consumers do not realize that they are susceptible to being manipulated. This can be seen in highly personal, one-on-one encounters and in impersonal encounters (e.g., in stores like Target or Walmart).

When you walk into a store in a Western country, you will likely unconsciously turn to the right. In fact, except in England, 90% of customers step into the shop going to the right and only 10% go to the left. When you turn to the right, you will see many products that you and countless other people do not need but which are inexpensive. All the impulse purchases have been put to the right of the entrance in order to push customers into buying things they do not need, while all the primary goods like oil, sugar, and water are toward the back of the store, so it is only after passing these impulse goods that you will come to the products that you probably do need. If you look at the shelves throughout the store, you will see that the products supermarkets want to sell are in front of your eyes and your hands. The cheapest, lower-quality products are thought to be at the floor level, but the distributors know this so they put such products one level above the bottom shelf level.

There are many more examples of manipulation of behavior in sales distribution. People go to cosmetics stores to buy various products. If you ask them why they purchase one product over another, they will tell you they do so because of the brand, the advertisements, or their own particular requirements (e.g., dry skin or a suitable price), yet there is reason to believe that the mere fragrance of a product can have a profound impact on consumers' evaluation and selection of products without them realizing it. In fact, there is even reason to believe that consumers' reactions to a product are so substantially based upon its scent that the scent alone can be the primary driver of its selection.① In the context of selecting bars of soap, the story of subconscious drivers of selection remains much the same. But just as fragrance has an impact on the choices the consumer makes, so too does the weight of the soap.② Consumers buy the soap which is the heaviest.

The colors are also important on the shelves; the first thing that you are going to see is a shape, then a color, and finally a logo. The best colors for catching the customer's eye are the combination of yellow and black. The worst combination of colors for a logo is red and green, because in the Western world, eight percent of men with Northern European ancestry are color-blind.③ Companies in charge of packaging and distribution know the importance of eye-catching colors, and the shapes of products such as in the image of the banana juice packaging below:

Image 2: Banana juice packaging

Even when you buy a strawberry yogurt, you think that the quantity of strawberries is correlated with quantity of the color red on the packaging. As you can see, there are many ways for companies and brands to control consumers through personal and impersonal encounters, from store layouts to personal solicitation. Companies, as they multiply their marketing efforts,

① Milotic (Jul. 11, 2006).

② Gatti (Jan. 2014).

③ National Eye Institute on www.nei.inh.gov (Feb. 17, 2015).

will require massive amounts of data and will have to evolve in their distribution methods to achieve this. Stores that can distribute at the right place can use AI to collect and analyze data on customers in order to understand human behavior and predict consumer needs.

For instance, Amazon Go, a *phygital* (a portmanteau of "physical" and "digital") supermarket, implements this type of technology in providing a unique consumer experience in their distribution methods. Amazon Go is a 1,800-square-foot mini-market packed with shelves of the food one can find in a lot of other convenience stores. It also has some food usually found at Whole Foods, which is also owned by Amazon. The most notable thing about Amazon Go is that the technology that is inside enables an online-offline shopping experience. No cashiers or cash registers appear anywhere. Shoppers enter and leave the store without using cash or a credit card, but rather their cellphone. Their Amazon accounts automatically get charged for what they take out the door. Customers put items directly into their own bag: "Every time customers grab an item off a shelf, the product is automatically put into the virtual shopping cart of their online account. If customers put the item back on the shelf, Amazon removes it from their virtual basket."[①] All of these features, along with their sleek, minimalist store designs and instant gratification through the sending of alerts, make these stores particularly appealing to young millennials and the FOMO-addicted, but that does not mean the manipulation stops there. In the future, it is very likely that automated stores such as Amazon Go or Alibaba stores will possess the technology to make specific recommendations for purchases. For instance, "Hey Matt, we know you love to grill, and we know you like steak. We've got a special on ribeyes right now!"[②]

We can see that efforts to change the mind of a consumer to ultimately buy are everywhere. With distribution, we see that when consumers go to the store, they can be manipulated via the five senses and by misleading

① New York Times (Jan. 21, 2018).

② CNN Business (Oct. 3, 2018).

strategies. As more companies use AI in their distributive methods, they can gain a comprehensive understanding of consumers' behavior and predict their consumer needs. In the next section, we will see that yet another strategy used by companies for selling products and predicting your purchases is in their promotional communications.

iv. Toward Predictive Marketing

Advertising is at the dawn of a new era. Artificial intelligence and the exploitation of data will change this industry in a massive way. Today, we see only the tip of the iceberg. Why reach 100 million people when you can target only 10 million who know exactly what you want to sell and exactly what they are about to buy? Tencent in China (who collects data through its WeChat platform) works with predictive AI and predictive marketing.[①]

When companies use AI to target specific people and gather their data, they can predict what the people need. Three predictive AI approaches exist:

—*Bayesian networks* are graphical models of probability;

—*Decision trees* describe a kind of path with all possible decision options represented as branches, taking the shape of a tree;

—*Naïve Bayes* is an algorithm that can predict feelings (for example from text or spam messages). Manipulation in this kind of statistical approach is difficult because *a priori* probability can change considerably depending on variation of certain circumstances, like in chaos theory.

The importance of content words can be seen in the world of Amazon and its online product reviews. But there is also a widespread belief that 55% of communication is body language, 38% is the tone of voice, and 7% is the actual words spoken.[②] You can see why so many ads on TV and YouTube are consumer testimonies: web users feel confident when they can read the body language of customers talking about their experience with brands. A dynamic panel data model reveals that the influence of positive affective content on

① Les Echos (Nov. 24, 2017).

② Pease A. and Pease B. (2006).

conversion rates is asymmetrical, such that greater increases in positive affective content in customer reviews have a smaller effect on subsequent increases in conversion rate. No such tapering-off effect occurs for changes in negative affective content in reviews. Furthermore, positive changes in affective cues and increasing congruence with the product interest group's typical linguistic style directly and conjointly increase conversion rates. These findings suggest that managers should identify and promote the most influential reviews in a given product category, provide instructions to stimulate reviewers to write powerful reviews, and adapt the style of their own editorial reviews to the relevant product category.

In other words, it seems that matching the marketing style of praise of a product with that provided by those who have consumed the product seems to increase the effectiveness of the marketing. Some decisions are predicated upon speech and some are predicated only secondarily upon words. They involve, among other things, pictures, tone, star ratings, grades, "likes" and consistency between these and other elements for the purpose of shaping consumers' perceptions of a product. All these elements are golden nuggets for predictive learning. 360 Private Travel uses AI to identify the interests of its customers based on the photographs they click on. By giving the consumer a "seventh sense" through intelligent interpretation of its attributes and its ecosystem, the AI strives to make consumers increasingly the masters of their purchasing journey and to drive them quickly and precisely toward what they covet.

Predictive marketing is a technique which uses data science to collect vast amounts of information and predictive analytics in order to scientifically guide marketers to the best marketing action. That is, predictive marketing is a method that can predict, by the analysis of your past data, which marketing actions have high probability of succeeding and which have high probability of failure. By analyzing past data, an artificial intelligence can predict the future. To deliver its prediction, the artificial intelligence uses math, statistical analysis, data mining and machine learning. Science is now mature enough to deliver highly accurate results. Predictive marketing has been popularized by companies like Amazon, Facebook, and Netflix, all of which are using sophisticated algorithms to engage their customers and increase sales and advertising efficiency.

One famous use-case of predictive marketing is Netflix's *House of Cards*. Netflix used data from its million US subscribers, including free trial members (twice the number of paid members, and a number which increased fourfold during the Covid-19 crisis) to develop its adaptation of the UK show of the same name for an American audience in order to generate a hit series. At an individual level, today Netflix is able to suggest movies that you may like because it knows what kind of movies you have liked in the past. Collecting data about consumer experiences and needs is not a new phenomenon. Companies' marketing departments have always collected data from consumers to ascertain their feedback about the products and services offered and the modifications they might require not only to promote excellence in consumers' experiences, but also to encourage repeat purchases. In fact, predictive analytics is so fundamental to Netflix's business model that in 2009 the company offered a one-million-dollar reward to the team or individual that could improve its recommendation algorithms. Amazon is another famous use-case of predictive marketing, recommending a spectrum of products and services to users based on their past behavior.

As more technology is implemented, the way people communicate will evolve (e.g., videoconferencing, text messaging or online chats, social media, product reviews, or drinks over Skype during a pandemic). In order to efficiently promote products to sell to consumers, companies will have to implement new strategies to understand consumer behavior in this new age. How can the aforementioned methods for precision marketing translate into predictive marketing? In order to communicate with consumers to buy more products, predictive marketing requires massive collection of data via Zoom, Slack, StarLeaf, BlueJeans, and other video-communications tools. As communication evolves, AI will analyze new information from these new tools in order to understand consumer behavior and, with that, companies can predict consumer needs in order to manipulate them to buy more.

The quantities of data that are generated online continue to grow at an ever-increasing pace. Over 300 million tweets are sent each day, over 70 million new blog posts are written every month. Storing and processing these amounts of data requires a set of technologies and techniques that are different from those used in traditional data processing applications. Since predictive marketing algorithms use vast quantities of data mined from the web, and because these data stores are continuously updated, they require implementation of big-data processing capabilities. Data mining is a field in computer science that concerns the discovery of patterns and clusters in large data sets. Data mining also organizes unstructured data, which is tremendously important in our digital world. Today, most data comes unstructured, scattered across myriad websites, blogs, social networks, and online databases. Data mining gathers data from the web and helps to turn it into meaningful marketing indicators. For example, Kayak.com predicts future price trends for travel services by analyzing data on past dates and can tell you whether you should purchase your ticket now or wait.

We can thus see that the collection of data is an important and evolving step in the manipulation of people. Data collection consists of knowing individual consumers' pasts in order to understand their future, predict their needs and influence their purchases! It is not our objective to compare politic propagandists from history and a CEO of any 21st-century company—we merely seek to analyze and correlate different procedures of persuasion. Instead of using the traditional methods of precision marketing, companies can use predictive marketing—while it is one thing to target consumers, it is another to predict what a consumer needs. And key to predicting this future, their data collection will enable them to decide these needs for you, with your possible acquiescence like in Milgram's experiment.

In the following section, we will see the different strategies that brands use to obtain purchasers' data.

C. Current Strategies for Collecting Your Data for Feeding AI

Companies and brands seek a comprehensive understanding of consumers. As their marketing actions multiply, they will need massive amounts of data which, once analyzed by AI, gives companies a more precise understanding of you.

We have seen it before: marketing is an essential element for building the reputation and representation of a company. Henry Ford believed that the two most important things that do not appear on a company's balance sheet are human numbers and reputation. In the past, companies have amplified their reputations and thereby pushed consumers to buy their products through traditional communication media: television, radio, newspapers, advertising spaces, or the Internet. All audio and visual platforms were put to use by companies to convey their message, and such messages became ubiquitous.

Before long, the consumer started judging advertisements as excessive; in 2017, an individual was exposed on average to 4,000 to 10,000 advertising messages each day.[①] This oversaturation resulted in consumers' frustration with and aversion to brands. With the rise of the Internet and social networks, we may be witnessing the evolution of a new consumer who is more alert and better informed about brands. The homo-economicus (a concept developed in the 1950s) is disappearing, and it is voluntary consumption, chosen by consumers themselves, that makes them the "consumactors" of today. Consumers also seek a sense of belonging to a community. They perceive themselves as involved and proactive in their own buying decisions. They identify their personal values in the brands they like, whether that be Trump, Lexus, or Christiano Ronaldo. Accordingly, companies know how to play on the codes of communities and tribes. Meanwhile, the Internet era and the expansion of the Internet of things urge consumers to live and evolve at the same tempo as the brands all around them.

The current objective of brands is to generate surprise in a sea of the mundane, continuously recreating a link and a lasting relationship with their most non-loyal and volatile consumers. Companies are moving towards unconventional solutions both online and offline. It is essential for brands to

① Forbes (Aug. 25, 2017).

show interest in the emotions of their consumers and to reduce exposure in the advertising sphere. Companies make consumers believe that they are the masters of their own consumption through real experiences allowing them to be the first: designing their custom box of M&Ms with their chosen picture on the candies, their own Nike shoes, or their own personalized makeup with Sephora. Such techniques inspired by Duesenberry's effect create joy and a sense of superiority in consumers, easing the procurement of prospects' personal information both online and offline.

a. 2001: The Birth of Big Brother and the Tracking of Your Life

One of the primary goals of online marketing is to persuade consumers to buy a product on the Internet rather than in-store. In a society where commercial messages are ubiquitous, Internet marketing professionals face a huge challenge in transmitting their desired message in a more subtle manner. One method of doing this is offering a discount that targets you when you are booking your flight ticket on Kayak. Using the data that you leave behind, a computer records your preferences, then follows up with you later, which can be incredibly fruitful given that you now have access to the Internet everywhere you go, whether in a cab, at Starbucks, or on the plane. Ergo, it is incredibly easy to offer what the customer wants quickly. To understand this more deeply, let us begin by examining how our information is collected.

i. How Are Our Data Collected Online, Now and in the Future?

Consumers can run from the thousands of advertisements that they are exposed to, but they cannot hide. Companies have multiple ways of collecting data online (e.g., tracking online shopping, exchanges on social media, instant messaging apps, chatbots, emails, photos, digital assistants) Regardless of consumers' tech of choice, AI records their selections and preferences wherever they are. At Los Angeles Fashion Week 2018, guests could take pictures in a photobooth and all they had to do was provide an email address to receive free digital photo prints. If you need Wi-Fi when you are out and about, if you go to certain places such as Starbucks or Dunkin' Donuts or if you are staying at a hotel, you can use their free service, but you have to give them your email address in order to use it. Another example is loyalty cards: if you are a Sephora Beauty Insider, CVS Extra Beauty Club member, or Ulta Rewards member for cosmetics, there is no purchase necessary to obtain membership—all you have to do is leave a phone number, physical address or email address. These types of offers use stealth collection to store your data for later use. AI can receive individuals' information over long periods of time and can even detect the slightest change in pace or in preferences and adapt quickly to the consumer's needs: "*Vi*, a voice-activated, bio-sensing headset with machine learning capabilities, offers runners motivation and tips on the go. When the headset detects a decrease in your current performance compared to your previous data, it gives you immediate feedback and encouragement."[①]

How is it possible to transmit a personalized message to you on the Internet? The raw ingredient is information. And where does this information come from? From ourselves, with our billions of Google searches and pictures posted on Facebook. For deep learning, the flood of pictures and data pulsing across the web comprise infinite raw material. It is the billions of clients and visitors who give to the digital giants their overwhelming exercise of control. This disproportionate distribution of power to GAFA, Microsoft, and BATX is a consequence of what is known as Metcalfe's law. Robert Metcalfe is the inventor of the Internet network. He formalized in the early 2000s the fact that a network's effect (and hence its value) increases exponentially as a function of its users. Thus, every time a new Facebook account is created, the social network's value increases considerably.

The tracking will be heightened in the future. In 2019, Mark Zuckerberg was predicted to debut telepathy devices that would revolutionize the labor and school systems.[②] The devices would permit information transfer from human to human or human to computer. Such a creation will revolutionize the transmission of knowledge and collection of data because it would now consist of the collection of ideas. It is obvious that the

---

① Forbes (Feb. 27, 2018).

② The Telegraph (Apr. 19, 2017).

introduction of such devices will improve general methods of teaching but also, less obviously, companies' ways of knowing their customers. However, this revolution will first need to resolve some questions of feasibility and ethics. Indeed, it is important that schools not become institutions of neuro-manipulation.

ii. Digital Marketing Apparition

Digital marketing has been the prevalent method used in manipulation since the Internet and later social media networks gained prominence among consumers. Numerous firms have realized that if they are more likable online and appear trustworthy, the customers will be more comfortable with purchasing from them or spending time on their websites. Hence, these companies have introduced mechanisms that they implement in their web design and established conventional practices that are useful for attracting customers to their brand. Such digital persuasion strategies frequently crop up in web design even as organizations seek to formulate their websites to be highly attractive, and are accomplished through font sizes, margins, proportions, and line-heights that are visually appealing. For instance, you will read capital letters three times slower than lower-case letters, and your eyes stay longer on bold characters and underlined titles. Every scrap of content on the web is configured to catch your attention: the use of small letters instead of capital letters; the thumbnail image showing you a teaser of a YouTube video; the shocking title. Consider the classic *clickbait* title, which is usually quite far from the truth of the content: how many times did you read a title which did not correspond exactly to the video, such as the famous video of French president Sarkozy who, according to the title, was drunk in front of the press, but the real story showed that he had been running to reach the press conference on time?

The screenshots below illustrate an additional manipulation strategy commonly used by online companies, and inspired from Tchakhotine's description of human pulsions: the color psychology of the call-to-action (CTA) button on a website, with a persuasive instruction provoking a rapid response from potential or existing consumers.

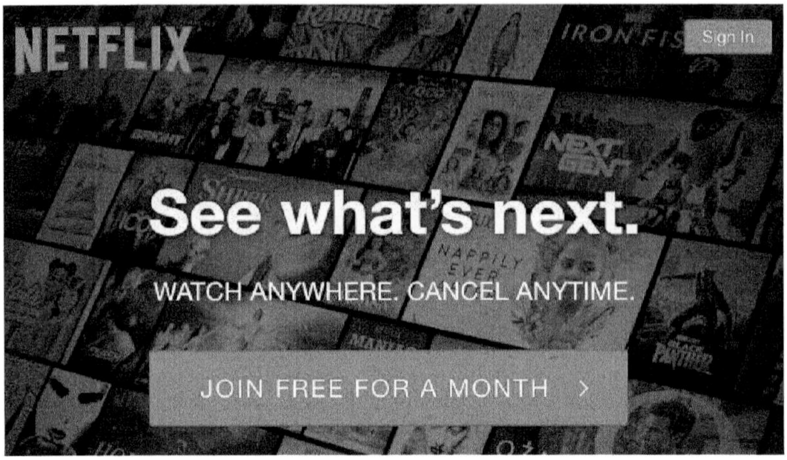

Image 3: Example of CTA on Netflix

Psychologists and behavioral marketers have noticed that this strategy has a significant impact on customer decision-making in purchasing a product: because color can yield considerable impact, various companies such as Google use different colors as a way of attracting customers to the products they market.① The colors are chosen according to cultural significance.

Other techniques used in digital marketing include a practice that seeks to increase the compliance rate of customers by pushing them to make purchase decisions. This approach is commonly used by organizations like Trello, Netflix, and Microsoft, which provide online services to their consumers. If their software is available on the market, the company might want to break the ice and instill confidence in consumers by offering a free trial period during which customers can determine whether they need the product. This strategy applies to company websites and social media marketing networks, where advertisers offer consumers the opportunity to try a new product. It is also referred to as the sales-foot-in-the-door technique, which is explored in more depth at the end of this book, and it works well for attracting customer interest in the company's products by offering them a trial at the mere price of collecting their personal

① Chaffey and Smith (2013).

information.

Companies strategize to take full advantage of the Internet, and among such strategies is "nudging":① the mechanism of creating a sense of urgency and scarcity. It is really quite simple: you have a couple of minutes to buy a product, and a timer counts down in the corner of your browser window, using the psychology of games for marketing effect. Marketing departments know that the human brain works better under time pressure, which enables it to buy faster: an actual clock urges you to book in less than 15 minutes, because only three seats are left when you book a flight ticket on the Emirates website or Kayak.com. One company that has benefited from this strategy is eBay, which creates a sense of urgency and scarcity amid the new releases of various brands. After a couple of purchases, AI can show what time you need to finalize a purchase and will change the timer accordingly.

Many consumers have developed a mentality that there is a sense of urgency in getting the latest version of a product due to the pressure resulting from high demand.② For example, whether it is Disney with the latest Star Wars movie or the Apple Store for the newest iPhone, companies frequently announce the date when their services or products will be released; they set apart a time for launching them globally to ensure that they can sell a high number of units at the time of release. During this time, the company motivates consumers to buy the products before they go out of stock.

Online advertisements and viral ads are pervasive today and play a big part in the success of a product. And through digital and buzz marketing, companies find ample opportunity to strategize to collect consumers' data. From the Ice Bucket Challenge to the Samsung 7's "bad buzz," viral campaigns help to collect pictures, video, comments and more. At the start of 2019, there were a variety of challenges, from Top Nine 2018 to *Bird Box* to the 10-Year Challenge, which flooded social media feeds on Facebook and

---

① Investopedia (2018). "The basic concept of 'nudging' is that a relatively subtle policy shift—the 'nudge'—encourages people to make decisions that are in their broader self-interest. A nudge makes it more likely that an individual will make a particular choice, or behave in a particular way, by altering the environment so that automatic cognitive processes are triggered to favor the desired outcome."

② Royle and Laing (2014).

Instagram. Millions of people, including celebrities, have been posting side-by-side photos of themselves since 2009.① Such challenges may be fun, but you may be giving up valuable data without even knowing it before all of these pictures are put to profitable use.

Consider FaceApp, the popular app that allows users to modify or completely change their appearance. When users download the app, they give it permission to access their IP address, photos, advertising identifiers, and other metadata.② Technology companies often use face photos to train their facial recognition algorithms, which need to feed on a lot of data to refine their relevance.

Data is key in a world of digital marketing and weak AI, as it can influence business decisions and innovation. The more data one has, the easier it is to predict users' behavior and manipulate them in the future. If companies demand that people give up their personal data and privacy, resistance will ensue, so companies have to come up with different strategies to convince people to give up their data. The best way is to frame it in a way that convinces people to voluntarily divulge it. For example, users freely make posts with hashtags. Some specialists like Kate O'Neill③ say that hashtags and posts can generate searchable, neatly packaged information that can be used as training data for the algorithms powering artificial intelligence and facial recognition.

iii. The Reign of Emotion in Pushing Consumers to Leave More Data

We live in a world of emotion. Suppression of rationality is becoming more and more blatant, as we will see later in the book. Companies must therefore adapt at the same fast pace as their consumers, and do so by giving them rewarding online experiences. For example, a real experience can be had in watching a video by a brand showing a baby; this technique is used by advertising agencies (even if the product sold is not relevant to babies) because it transmits emotions (emotion is always more impactful than rationality in neuropsychology). After watching the video, you are offered a

---

① NBC News (Jan. 19, 2019).

② Le Figaro (Jul. 17, 2019)

③ Wired (Jan. 15, 2019).

link to play a game (where the baby is still represented). You can win something or buy a product. To play the game, you unknowingly enable the company to collect your data by entering your personal information and signing up on their website.

This phenomenon was highlighted by Viviane Mahler. She ascribes the "reign of emotions" to marketing in the 21st century, along with purchases refocusing on the effects and relationships that the brand can create with its consumers. A new credo has been born in advertising: "Avoid the head, target the heart."① Companies create buzz and generate word of mouth with the help of consumers' emotions. Emotions are linked to the "social sharing of emotions" phenomenon. At the center of social relations, 10% of emotional experiences are kept secret and never socially shared with anyone.②

People, having lived an event, relate the experience to a strong emotion and are inclined towards sharing and discussing it among their peers, but also on social networks that can be analyzed. You can spend your entire life uploading your favorite dishes to Instagram, and when you are tired of this, marketing helps reduce consumer fatigue and, combined with viral marketing activities and the right algorithm, facilitates the diffusion of products, services, or information on food, cooking and dishes.

Thus, it is easy for brands to differentiate themselves and establish a clear positioning in the minds of consumers. Brands must promote the functional characteristics of a product and trigger an emotion that catches the attention of the consumer—an emotion that creates an effective relation with the brand. It is essential that this message get the imaginations of the consumers going, take them travelling into a deep memory, real or fictional, in order to differentiate itself from other messages consumers are exposed to on a daily basis.③

The online brand is a personality that helps a company establish an emotional relationship with its consumers. This can be referred to

① Mahler (2007).

② Dobele et al. (2007).

③ Id.

"anthropomorphism," with the example of the Coca-Cola bottle mimicking the shape of a woman's body;[①] or automobiles which often resemble humans, chatbots having human names,[②] or companies who use real, identifiable people to present an offer like *Alice* and *Cerise*. These emotions are created to sensitize you, making you more vulnerable when companies ask you to leave your data. The AI tool utilized by Dior Insider (a machine learning program that can interact with you and record your written conversation) targets fans of the brand, using the messaging service to personalize communications and create a user-friendly experience by integrating emojis and GIFs into messages. The solution proposed by Dior creates a personalized and emotional experience for each client who registers. This experiential marketing is an effective way to offer a positive brand experience to a wide audience with personalized interactions. It is also complementary to the brand's online commerce, using slideshows of items available for sale and links to the online sales site. This is a way of creating a bridge between the personalized experience offered to in-store shoppers and the online experience. And every time you engage with the chatbot, your words are analyzed and ranked using thematic, syntactic, or lexical classification. This ranking will then be used by Dior for sending your personalized ads. In programmatic marketing, AI decides which ads you see; using recommendation algorithms, it points you toward tailor-made luxury content; with speech-to-text technologies, it generates subtitles on the videos you watch about Dior.

b. Phygital Manipulation: Collecting Data from the Real World

People think that artificial intelligence manipulation is a question of interacting with a cellphone, an iPad, or a laptop. A key challenge must be met: the acquisition of data, which we must collect, sort, and exploit from devices other than just cellphones. The booming of big cities all around the

---

① Bohler (2006).

② For example, Emma is the name of the chatbot for USCIS (United States Citizenship and Immigration Services). On USCIS website, Emma collects and analyzes the data and answer the users' questions relating to their immigration matters.

world and the development of 5G will be a boon for data collection in the streets. A challenge would be to get to know one's audience better without compromising their privacy, to guide without reducing the experience to an echo chamber, and to offer an ever more qualitative experience, respecting commitments to security, transparency, and ethics. This is the real challenge.

This section will demonstrate that, in the future, whatever you may interact with, there is a collection of private data from the public domain, such as city streets, that can be used in order to understand your future intention to purchase. There have always been challenges in gathering information in the public domain because it can be a violation of personal data privacy. Future legal issues may arise, especially if the providers of data are not liable for the data they have collected (when does the data collection begin and end?). There is legislation in place to ensure that one obtains express consent from the individual when personal data is to be gathered. There are millions of cameras in public spaces that constantly record you. No other technology before it has managed to insert itself so quickly into people's daily lives. In a very short time, AI has conquered all the pixels on our screens and, as usual, the media are at the forefront of this new revolution. In the future, we can expect not only to have smartphones, but other intelligent devices and platforms such as smart homes, smart factories, and even smart cities. Even if Amazon's Alexa has not yet found its place in your living room, AI is already all around you.

To understand this concern, let's take the famous example of the futuristic connected fridge. This fridge is equipped with cameras to monitor the food it contains and detect when reserves are dwindling. Connected to a bank card and an e-commerce site, the fridge is able to automatically order milk when the bottle is almost empty. To do this, it analyzes the data from previous purchases you have made, in combination with data acquired from all other customers. Thus, the device knows what type of milk you prefer, and hence you do not need to choose the brand or even the type of milk to be ordered. You find yourself at this point stuck in your own preferences and unable to even decide what food you want to buy. Such a fridge does not exist yet, but it will certainly be available on the market soon. Samsung connected fridges are already able to monitor food, and Visa is confident that all fridges in the future will be connected to your Amazon's Alexa and your credit card and will automatically order food. The Alexa virtual assistant can already order products without your having to specify the brand. For example, if you order milk, Alexa's algorithm will choose a milk based on your preferences. Thus, even if you do have to confirm this choice, Amazon will already able to choose a bottle of milk from hundreds of brands independently. In this context, the advertisement will have no utility anymore: algorithms will be enough for advising you. A new kind of advertising could appear, not based on emotion, but on direct orders.①

Outside of our homes, more and more cities, streets, and public spaces belong to what we can call a data-controlled society. Singapore instituted a program that was intended to help society by preventing terrorism. However, this program is now used as a system for influencing economic and immigration policy, the property market, and school curricula.②

As the phenomenon of smartphones extends to smart homes, smart cities and smart factories, brands will use the instantaneous sharing of data between devices and consumers to produce more relevant products that will be integrated into consumers' day-to-day life. With the creation of new connected devices, companies have access to the inventories of each consumer to monitor when stock is running low and deliver the product before the consumer realizes it.

Collecting data offline facilitates the building-up of profiles for each consumer, and the smart connections between devices in the street (e.g., smart bicycles, cellphones, smart garbage bins) allow corporations to anticipate their needs.

The game *Pokemon Go* offers an excellent example of a world which is neither *phy*sical nor dig*ital*, but *phygital*. The massive success of this game

---

① Artificiel (Sept. 26, 2017).

② Scientific American - Policy and Ethics (Feb. 25, 2017).

in public streets shows that interaction between consumers in everyday life is moving toward the offline merging with the online.[①] This new form of interaction (heading down the street to capture Pokemon popping up here and dissolving there) occurs through *instant networking* practices based on functional and/or symbolic purposes. Gathering, becoming engaged, sharing, and making something meaningful in the moment seem to capture our current cultural *zeitgeist*, from the German philosophical concept that an invisible force dominates every epoch or age.

Moreover, who even understands that he is leaving precious personal information when he plays Pokemon Go on the street? First when average customers register for the game, second with their geolocations, and third when they are interacting with their own social network—all this information is on the order of big data, of which the company collecting the greatest amount will be the future leader of its industry.

Indeed, companies will know exactly how the customer thinks if they can collect information everywhere, including on the street. With this in mind, marketing techniques for surprising consumers and collecting data in non-conventional spots are becoming increasingly deployed. Guerrilla marketing and street marketing are alternative out-of-home (OOH) platforms used by advertisers around the globe to break out of traditional molds by capitalizing on unconventional happenings or unexpected spaces in the urban environment. For example, New Yorkers were surprised by a Toyota Rav4 climbing up the side of a monumental building right in the middle of Times Square, and bystanders scrambled to share the picture on their own social networks.

The idea of OOH and street marketing is very simple: surprise the customer on the street or in some other offline place (park, beach, subway, or virtual worlds) with a crazy advertisement, then collect data. This mass of information is analyzed to better understand human behavior and surprise the consumer with more targeted advertisements. Londoners were delighted by a homey Ikea kitchen where they could prepare dinners for their family or

---

① Lee (2018).

friends under the supervision of a leading chef, provided they submit their personal data to attend.

Globally, alternative OOH advertising has been one of the fastest growing of all media types over the past decade, and now represents almost 20% of the world's advertising and media investments.① Why? Because companies need to know everything about you, wherever you are, whatever you do. Attendees of the South by Southwest (SXSW) arts festival were offered free shuttle rides on pedicels carting thrones to promote the third season of Game of Thrones, provided they relinquish their personal data to get the ride.

The success of OOH and guerrilla street marketing campaigns is explained by the possibility for marketing departments to spy on you when you think that you are not being studied, specifically when you are out of your home. Today, 53% of people are not aware of how their data are used.②

Terms such as *guerrilla marketing*, *viral marketing*, *ambush marketing*, *experiential advertising*, *sidewalk advertising*, *street advertising*, *transit advertising*, *stunt marketing*, *creative media advertising*, *street marketing™* and *ambient communication* are often used interchangeably and indeed share the same goal: to surprise you in exchange for collecting your information. Colombian commuters were encouraged to join an exercise session in Reebok pop-up gymnasiums inside bus shelters—all they needed for registration was to cough up that personal data.③ These alternative marketing communications techniques, often utilized to counter the increasing consumer aversion to advertising and data collection, can be organized into four classifications: (1) viral marketing (which we have already seen in this book) is an excuse for collecting more information about you, whereby some form of marketing message is transmitted in an exponentially growing way, mainly through the use of social media;④ (2) ambush marketing, which occurs when non-

① PQMedia (2014, 2017).

② Forbes (Jul. 18, 2017).

③ Roux and Saucet (2019).

④ Kaplan and Haenlein (2011).

sponsors attempt to gain benefits and associations similar to those who are actual official sponsors of an event;① (3) stealth marketing, where selected consumers are persuaded to become carriers of a message by creating positive word of mouth while disguising its commercial nature;② and (4) ambient communication, where advertisements are placed in unconventional locations like in the street.③

These four types of marketing communications must be innovative and creative. If they are not, consumers will not give up their personal data. Indeed, OOH advertising and street (guerrilla) marketing are highly visually impactful, target geographically specific markets, are highly efficient in terms of cost per viewer, are able to raise brand awareness very rapidly, and enjoy creative flexibility due to a great diversity of options available. Non-traditional channels in the geographically targeted urban environment such as elevators, taxis, bathroom stalls, events, stunts, and even the human body are generally more surprising than advertising on large billboards or buildings and allow advertising agencies to gather ever more data on passersby: people are now renting out parts of their bodies to brands, which print nondescript tattoos in the form of scannable QR codes.

All the time, these actions are used to constantly obtain statistical and personal content. The concept of data analysis (transforming, cleansing, inspecting and modeling the data) is inexorably linked with the world of 2020. We have enough data on the street to analyze, and the technology is clearly advanced enough (animators have iPads; streets have more and more cameras; cellphones of passersby will have 5G to log in an instant) to carry out this analysis and extract patterns from all this information.

Let's see how companies can also collect your private online information with ease after providing a real experience on the street. The airline Virgin Atlantic turned an ordinary park bench in New York City into a seat in first class. Food was brought to whoever sat down in the seat, and when users

---

① Burton and Chadwick (2009).

② Kaikati A. and Kaikati J. (2004).

③ Gambetti (2010).

went to the entertainment console to choose a movie, live actors appeared in front of them.

First, the data was collected (when users registered to attend the experience) with respect to number of people reached and engaged, vouchers/coupons distributed, and number of names collected. To generate traffic online, Virgin collected data via its website and social media. Then they created brand awareness through the creative and engaging guerrilla street marketing campaign. This enabled the brand to easily share, communicate, and engage with customers and prospects in the future.

Second, a key performance indicator (KPI) was measured by the number of publications mentioning the Virgin Atlantic campaign. This was recorded by tracking blogs, press, magazines, etc., enabling the story to reach a wider audience through word of mouth and viral propagation.

Third, brand awareness was spread online through quality content and video of the operation shared on social media platforms. This helped to drive engagement and spread the word. The measurement is analyzed by tallying the number of views, shares, retweets, and "likes," leading to maximizing the number of influencers facilitating two-way communication between brand and audience, riding on the backs of current trends by listening to audiences and creating timely buzz. In this step, data are again collected. Once all the data are collected and organized, the personalization of products begins. This is made possible by the use of Ai. AI will do all the hard work of analyzing the data that consumers gave to the airline company, providing brands with a comprehensive understanding of consumer response. Once Virgin teams know everything about consumers, they will predict their needs and sell products personalized to them.

Fourth is a call to action with a special price on the ticket. All the efforts of creating word of mouth and a viral campaign will be in vain if the company or agency fails to induce audiences to buy the airline's services by effectively capturing clients when the impulse rate is high.

We can see taking shape three instructive scenarios of how to obtain information from people in the streets.

First, with *street events*, *flyer distribution*, *road shows* or *product events*, temporary spaces (e.g., product booths, pop-up stores, cafés, stages, road shows and party buses) and/or humans (e.g., entertainers, actors, musicians and street artists) are employed as sensory experience providers for customers to explore and interact with actual products. For instance, Fireball Whiskey, a vendor at the California Hot Sauce Festival, had a photo booth for attendees. All the attendees had to do to take the photos was provide an email or phone number so that the company could send them photos to share on their social media.

Second, *street actions* or *customizations of urban furniture* involve the transformation of the purpose or appearance of urban street fixtures (e.g., benches, streetlights, elevators, kiosks, pedestrian crossings, potholes, bus shelters, statues and fountains) to visualize and dramatize the attributes of a product without explicitly revealing their commercial nature. For example, public fountains in selected cities spouting water dyed red to resemble blood were used to enhance the bloody brand of *Dexter*, the serial killer TV drama. Each fountain was adorned with crime scene tape and had a crew dressed in white coats to interact with the surprised spectators. The campaign preceding the launch of the show extended beyond the conventional tactic of relying primarily on television to promote a television series, but added a wide range of guerrilla street marketing techniques to drive audience interest, ranging from Dexter's baby displayed on bibs and bags at San Diego Comic-Con to a taxi stand with a custom art mosaic consisting of 4,500 blood samples under microscope to form Dexter's image. The resulting buzz allows tech workers to measure the impact of viral operations, but also the interactions with people, the words used in comments, or in the case of the lion set up by Google in Trafalgar Square, all manner of data that participants are willing to divulge.

Finally, *urban projections* or *digital animations* help create unique spaces in urban environments for brands to be experienced by consumers by utilizing new emerging technologies such as *augmented reality* (AR) and adaptive ambient/digital/mobile phone applications (e.g., near-field communication [NFC] readers, Quick Response [QR] codes). For example, Google utilized NFC and QR codes on advertising signage in Sydney, Melbourne, and Brisbane airports to promote their Google Play store. Travelers could interact with content using the free airport Wi-Fi and then download books, movies, music, and apps directly onto their phones, facilitating easy data collection by the company. Augmented reality and social media applications such as TikTok and WeChat are also used to create interaction between those passing by urban furniture to create a unique brand experience. For Coca-Cola's "Small World" campaign, the company created a pair of 3D touchscreen vending machines that communicated with each other. By simultaneously filming and livestreaming video, strangers were able to talk to each other via the digital screens placed in South Delhi, India and Karachi, Pakistan. Individuals from both nations were able to virtually "touch" and complete a joint task such as drawing a peace sign or smiley face together and win a can of Coke to celebrate their success. In addition to participating in the video, of course, was users' obligatory registration using their personal information.

In the next chapter

AI is not only a marketing application for manipulating people.

It belongs to something much bigger than marketing, to the development of capitalism, operating within a larger process of industrial revolution.

In this chapter, we will see that with drones, robots, and virtual reality, we cannot escape the historical movement toward AI. AI is inevitably going to be an integrated part of our lives.

And one cannot understand the future of AI without first understanding the processes that will enable it. People will have two choices: carry on blindly while GAFA collect their data from the shadows, or accept the accession of the new myths that will dictate their consumer choices.

Part 2: Artificial Intelligence — A Part of an Industrial Manipulation

"*Real revolutions are slow and never bloody*" —Jean Anouilh

In a battle of man versus machine, do you think that you can beat a machine endowed with artificial intelligence? How fast can artificial intelligence think to manipulate you? In order to locate AI, here are some orders of magnitude (speed) to consider: [①]

Speed Value (km/h)	**Example**
4.68×10^{-9}	The average rate of recoil of the Moon relative to the Earth.
1×10^{-8}	The relative speed typical of continental drift.
0.004 68	The speed of garden snails (i.e., 4.68 meters per hour).
6.4	The swimming speed (800m world record).
between 9 and 12	The average speed of a running man.
37	The average speed of Usain Bolt achieving his 100m world record.
55	The average speed of a galloping horse.
110	The speed of a sailfish (the fastest fish in the world).
320	The diving speed of a peregrine falcon (the world's fastest bird).
434	The top speed of the Bugatti Veyron SS, the fastest production car in the world in 2011.
468	The wind speed of a tornado.
1,225	The speed of sound in the air at sea level at 0℃.

① Wikipedia (2019): Orders of Magnitude.

(continued)

Speed Value (km/h)	Example
1,670	The speed of rotation of the Earth at the equator.
3,510	The exit speed of the bullet from an M16.
39,895	The speed of Apollo 10, the speed record of an inhabited vehicle.
107,280	The speed of the Earth's orbit around the Sun.
100,000,000	The typical speed of an electron in a cathode ray tube.
720,000,000	The speed of a signal in a cable.

Like the signal in a cable, AI can perform at high rates and can be integrated in many industries, from automobiles to financial institutions. In its early stages, AI was limited to certain industries, but now it has become more mainstream as it has become increasingly integrated into our daily lives, and belongs to the category of processes constituting an industrial revolution.

AI may not be self-aware at this point in time, but companies can use it to be aware of human behavior to the point where they can predict your needs, even swiping for you on Tinder. Sean Rad, president of Tinder, recently said that the company wants the app to be able to detect when the user is looking for an activity and trigger a notification that might say something like, "there is a girl on your street who might be interested in you. You'd like her, too. She is available tomorrow night. You both like the same band, and they're playing at that time: do you want to buy tickets?"

We will see in this chapter that AI belongs to something what we call an industrial revolution—something much bigger than us.

A. AI for Influencing People: A Larger Scale

Here we examine how AI and the various mechanisms used for collecting data such as 3D printing, robots and drones, and virtual reality are part of a Fourth Industrial Revolution. We will also see that the concept of collecting data is always good, in a way.

a. Origins of the Fourth Industrial Revolution

Because AI innovations will go faster, lifecycles of innovation too will go faster (Netflix is reportedly testing a variable playback speed feature on its mobile apps, which will allow viewers to watch their favorite movies and TV shows at slower or faster rates); and industrial revolutions will be shorter. AI belongs to the type of phenomena characterizing industrial revolutions of the past. The Fourth Industrial Revolution will be a period characterized by features similar to other industrial revolutions:

—Extended period of growth;

—New sources of energy (step 1);

—New modes of communications (physical and virtual; step 2); and

—Radical changes in ways of life (step 3).

The two first industrial revolutions took 100 years, but now everything is faster: lifecycles, communication, 15-minute buzz, and the launching of products. In 2000, the lifecycle of a laptop was around 18 months. Today, the new LG flat-screen life cycle is only six to eight weeks. Why? Simply because launching differentiated products is increasingly important, and because innovations are reaching a crescendo. Moreover, technology is integrated into products; for example, the new iPhone that you buy receives a software update six weeks after purchase. The product does not stay the same—even if you did not intend to pay for the change, you received the new product anyway.

i. The First and Second Industrial Revolutions

Ferry summarizes the first two industrial revolutions quite succinctly:[①] the first began with James Watt. He invented steam power in 1769 (step 1: new energy medium). Consequently, this invention led to the boom of printed books (using giant printing machines), and this led to the development of books and the press (step 2: new communication mode). Without the affordable press and low cost of books, there would be no

① Ferry (2018).

democracy and no national education. With these inventions, people became better educated, so they migrated from farm life to cities. This led to the development of big cities and later the development of urbanism. Then, bigger companies with vertical management were developed, which also ultimately led to workers' strikes (step 3: new organization of society).

The Second Industrial Revolution began with Edison. In 1880, he invented electrodes and the lightbulbs of Paris, London, and New York were electrified (step 1: a new source of energy). Ten years later, Daimler invented a new motor engine: a combustion engine (step 2: new modes of communication). These inventions led to modern trains (with electricity, faster than steam), telephones (new communication), cars and planes, all of which ultimately allowed big companies to become globalized (step 3: change in way of life).

ii. The Third and Fourth Industrial Revolutions

Fast-forward to the 1980s, two decades after the invention of the microchip, with the introduction of the personal computer and, by 1990, the World Wide Web. Through all these innovations, the Third Industrial Revolution had arrived. This time, however, it lasted 30 years. Now people can book their flight tickets online rather than go to a travel agency, call somebody on Skype anywhere in the world, post their lives on social networks, watch a movie on Netflix instead of renting a DVD, order products online and have them delivered through Amazon instead of going to Walmart, use bitcoins instead of dollars—the list goes on. The new energy is not electricity or steam, but the pulsing of information through giant social networks (step 1). Cell phones and data (step 2) in the cloud① have changed our way of life. Nobody can wake up without checking for new emails, snaps, or messages (Step 3). Brains have become sponges for casual info and fake news. The Third Industrial Revolution has heralded the triumph of perfect and fair competition, a theoretical concept invented during the nineteenth century by economists, now brought to life in the digital age.

---

① iCloud computing: when the technology is outside your device, when it is in the clouds.

While Rifkin[①] thinks that the sharing economy has thrust us ever deeper into the Third Industrial Revolution, I believe, like Klaus Schwab,[②] that we are at the dawning of the Fourth Industrial Revolution. This revolution is faster: AI algorithms can be copied instantaneously. The new energy is metaphorically different from its predecessors: it is a question of intelligence, partly fed on the energy of data (step 1).

The Fourth Industrial Revolution could be characterized by the boom of NBIC (nanotechnologies, biotechnologies, informatics [big data], cognitivism [AI]), the rapid proliferation of 3D printing, advanced stem cell applications, and the rise of evolved robots, drones, and automatically guided vehicles (an Indian company specializing in submarine drones that clean boats underwater is collecting data, and now operates independently in Rotterdam Harbor).

Virtual reality, videoconferences, holograms and telepathy will be new modes of communication (step 2), and all traditional jobs are on the brink of change (step 3). For example, bankers will be bitcoin bankers and work in a new kind of bank, professors will be helped by AI assistants and will teach less, law clerks will no longer work for lawyers, and individual doctors or Uber drivers will disappear. The Fourth Industrial Revolution will also be connected with the collaborative economy.

We can see that in the Fourth Industrial Revolution, a couple of innovations can transform the world. In the following sections, new ways to collect individual and group data using recent technologies will be presented. While we may think that drones and self-driving vehicles, 3D printing, virtual reality and even peer-to-peer commerce have been created to help us or to offer us a better quality of life, this is only partly true. We will see that

① Rifkin (2011).

② Schwab (2016): There are three reasons why today's transformations represent not merely a prolongation of the Third Industrial Revolution but rather the arrival of a Fourth and distinct one: velocity, scope, and systems impact. The speed of current breakthroughs has no historical precedent. When compared with previous industrial revolutions, the Fourth is evolving at an exponential rather than a linear pace. Moreover, it is disrupting almost every industry in every country. And the breadth and depth of these changes herald the transformation of entire systems of production, management, and governance.

these innovations are also designed to collect our data.

b. The Fourth Industrial Revolution Today

i. Drones and Robots Will Change Your Life

Chinese online retail giant Alibaba is behind an incredible hotel concept. The staff is made up entirely of robots, with some devices incorporating facial recognition. In addition, it will be impossible to pay for anything with cash. A cashless and staffless hotel where everything is fully automated—this is the model that Alibaba intends to develop with FlyZoo. Located in Hangzhou city, this establishment intends to represent the future of the hotel industry. Foreign visitors are nevertheless subject to a registration of their identity papers. For Chinese, a simple pass through an electronic terminal or via the FlyZoo application is necessary. Once in the room, which you opened using a facial recognition tool, the Tmall Genie virtual assistant is there to serve you.[①]

Robots and drones, in the military context, are used in situations where it would be too difficult or risky for manned engagement. Military drones can provide troops with 24-hour visual access, seven days a week. They can stay in the air many hours at a time, lingering over areas and sending back real-time imagery of activities on the ground. Going beyond the military, Amazon has expanded its services to include drone delivery. Because this method of delivery is relatively new, retailers, carriers, and regulators are still figuring out ways to ensure safe drone delivery. However, retailers are thinking of new ways they can collect data while dropping off packages. Amazon has patented technology for drones scanning and collecting data on the houses they pass by along their flight path. Some hypothetical possibilities of this tech include notifying customers about a damaged roof on their home or recommending a gardening service to attend to unhealthy looking trees in their yard. Their patent suggests text, email, and on-site notification will be the best way to communicate such findings to the customer.

① Business Insider (Oct. 21, 2019).

In addition to delivery, drones can be used to walk your dogs. Drones Direct, a company based out of England, sells Proflight Walkies Dog Drones, which feature a built-in retractable leash and hands-free piloting.① The drone can walk your dog for up to 30 minutes along a GPS route of your choice. The drone also has a camera so dog owners can keep an eye on their dog from their smartphone.

Finally, within the category of drones has emerged the industry of autonomous cars. Masayoshi Son, the CEO of *SoftBank*, which acquired robot company *Boston Dynamics* from Google, predicts that within 20 years, robots, autonomous cars and drones will have an IQ of 10,000,② compared to the most clever person in the world being capable of reaching 240. The challenge of autonomous cars is big. While there are no longer truck drivers on the harbor of Rotterdam, the United States will lose more than one million drivers in the next ten years to the e-driver boom. At the same time, Baidu is launching 100 robot taxis equipped with Baidu V2x (the "vehicle for everything") technology to operate in Changsha, China in 2019.③ The crowning achievement of all autonomous vehicles will be the collecting of data inside the vehicle: because you will not be driving, you could be on the Internet watching shows, reading, or possibly even *working*. Some companies offer Ubers to allow executives to work an extra 8 to 30 minutes in the morning and at the end of the day.

ii. Ai-powered 3D Printing

Imagine creating anything you want—a house, a couture dress, or even a plane—with the push of a button. In the manufacturing industry, 3D printing or additive manufacturing are at the forefront of the Fourth Industrial Revolution. 3D printing can be used for anything, including medical equipment, fashion, architecture, food, mechanics, aeronautics, the chemical industry, education, and so forth.④ Traditionally, manufactured products are created through the transformation of raw

---

① USA Today (Dec. 17, 2019).

② Make It (Oct. 25, 2017).

③ China Daily (Jan. 12-13, 2019).

④ National Geographic (March 2018).

materials, whereas 3D printing builds a product layer-by-layer. Briefly, the process is: send the data in a digital file to the printer, print, clear the build unit, and repeat,[①] thus enabling creation and replication of three-dimensional solid objects using digital files. The first step is to make a virtual design of an object using a computer-aided design (CAD) file. Users can either use a computer program to create CAD files from scratch or scan existing three-dimensional objects into the application. Once the CAD file is on the computer, the user loads it into 3D printing software and sets specifications. The object is then rendered electronically into thousands of 2D layers. The user uploads the modified electronic file to the 3D printer, which interprets these 2D layers and prints the object successively, layer-by-layer. A variety of materials can be used for 3D printing such as polymers, resins, precious metals, bioabsorbable materials, and nanomaterials, and as 3D printing becomes more affordable, the distribution of the technology and its attendant materials will become more widespread among the general public.

While 3D printing is revolutionary and innovative, it is not mainstream because there are limitations such as time consumption, shortage of real-time control, and potential security hazards, and the solution to these issues can be found in Ai.[②] Currently, AI has broad applications in 3D printing to support an intelligent, efficient, high-quality, mass-customized and service-oriented production process. In order to achieve an acceptable level of accuracy in printing, there are numerous and complex variables that have to be monitored and controlled. Finding effective methods for maintaining correct lattice positions or designing appropriate support structures has been hit-and-miss; however, machine learning solves this issue by using generative design and testing in the pre-fabrication stage, with the goal of improving printing efficiency and saving costs. Research has shown that within the next

① More details about the process in Jabil (Nov. 16, 2017).

② Strategy (Jan. 30, 2017).

couple of years, AI can provide real-time build control and predictive maintenance.[①]

In fashion design, there are some advantages to 3D printing over traditional methods. Fashion designers have the ability to expand the boundaries of design by turning some of the most challenging design concepts into reality. Without the need for specific molds, designers can achieve intricate geometries and structures. Moreover, 3D printing allows personal customization for various body types. In 2015, Karl Lagerfeld presented dresses for Chanel and a version of the iconic Chanel suit with 3D-printed details.[②] The unique and complex Afrofuturistic costume designs of *Black Panther*, Marvel's record-breaking hit, were made possible by 3D printing.[③]

The rise of 3D printers nevertheless presents challenges for various sectors. For the luxury industry, and fashion in particular, some experts foresee a day when the general public can print out customized garments in-store or at home.[④] Over the next five years, 3D printing will dominate the business for spare parts, and this will be made possible by the adoption of machine learning techniques in predictive maintenance.[⑤] Predictive maintenance models could use machine learning to accurately predict the remaining lifespan of specific parts or pieces of equipment. When the time comes for replacement, machine learning could be used to proactively identify the occasion by using predetermined replacement schedule data.[⑥] Manufacturers who use machine learning to predict when equipment and parts will fail will then utilize 3D printing to proactively print and ship replacement parts ahead of these failures, spending considerably less on spare part costs and delivery times, and consequently increasing customer

---

① Tech Emergence (May 29, 2018). The benefits of 3D printers include customized orders and a more efficient manufacturing process; however, there is a risk of mass copy products being manufactured faster and cheaper. The Luxury Law Alliance (May 2, 2017).

② WhichPLM (Mar. 20, 2018).

③ 3Dprint.com (Mar. 21, 2018); New York Times (Feb. 23, 2018).

④ NBC News (Feb. 20, 2018).

⑤ Tech Emergence (May 29, 2018).

⑥ Engineering.com (Nov. 7, 2017).

satisfaction.

With mass customization, businesses have opportunities to offer unique experiences to customers. But most importantly, businesses will have a privileged platform to collect valuable consumer data.① When companies use 3D printing, they have access to a vault of new information that was not previously cracked. This information can help companies track trends and consumer preferences in real time, helping to enhance their marketing efforts.

iii. Virtual Reality Collects Personal Information

Virtual reality, or VR, gives consumers an immersive experience while allowing companies to record their participation. It echoes the concept of hyperreality that we developed earlier in the book: companies rebuild an environment close to the reality (e.g., the Paris Hotel in Las Vegas has a fake Eiffel Tower). Virtual reality is a three-dimensional interface enabling users to interact with spaces and objects through sensory experiences of sight, sound, touch, and smell, as if the virtual world were "real."② All of a user's senses and reactions generate data which are instantaneously collected by a computer.③ Virtual reality tricks the brain into thinking that it is in a three-dimensional world using a stereoscopic display that simulates depth.④ In VR, you can feel harm done to you in the virtual space, and if someone manipulates you into believing something, it will have lasting resonance.

When virtual reality entered into the mainstream media, most developers and producers focused their attention on video games.⑤ Virtual reality promised to change video games forever by allowing users to experience things that would be unsafe or even impossible to experience in reality.⑥ Specifically, virtual reality allows the user to feel as if they are in the game itself.⑦ Hence many critics of virtual reality argue that it is just a

① Sculpteo (Jan. 11, 2017); Jabil (Nov. 16, 2017).

② Bagheri (2016).

③ Android Authority (Jul. 15, 2016).

④ Technology (Sept. 12, 2017).

⑤ The Guardian (Jan. 7, 2016).

⑥ Seelagy (2016).

⑦ Lemley & Volokh (Feb. 27, 2018).

gaming platform. However, to Facebook CEO Mark Zuckerberg, who acquired VR developer Oculus in 2014,[①] virtual reality's potential extends far beyond video games. Not only will virtual reality transform the gaming industry, it will soon revolutionize such industries and services as education, health care training,[②] entertainment,[③] e-commerce,[④] sports,[⑤] and law.[⑥]

With VR, data collection will be hyper-real, easy, and ever more personal. For example, the data and interactions that give VR the power to treat and diagnose physical and mental health conditions can be used to hyper-personalize users' experiences and information based on their particular vulnerabilities.[⑦]

According to Jacob Yang, despite all the data collected on how to perfect virtual reality technology, the currently available technology is still shy of what is necessary to create a truly immersive virtual world.[⑧] The American inventor Ray Kurzweil predicts that a true, full-immersion virtual reality (through the experience of what is known as "presence") will not occur until the 2030s or 2040s.[⑨] Dmitry Itskov, founder of *New Media Stars*, is hard at work on his non-profit Avatar project, called the 2045 Initiative, which seeks to bring immersive virtual reality to fruition in roughly 30 years.[⑩] Further, at SIGGRAPH 2017 in Los Angeles, California, Neurable announced its virtual reality game *Awakening*, in which players can control objects to hurl at robot prison guards just by using their thoughts.[⑪] You can see already how much data you can leave playing only one game for five minutes. All of your fears, all of your joy, all of your virtual paths are captured and recorded through video.

---

① The Guardian (Jul. 22, 2014); Facebook (Mar. 24, 2014).

② Singularity Hub (Nov. 12, 2017); Mission (Apr. 21, 2018).

③ Tesla Suit (Jan. 16, 2018).

④ Ecommerce Guides (Aug. 25, 2017); Smile IO (Oct. 27, 2017).

⑤ SportTechie (Aug. 24, 2017); NBC Sports (Jul. 17, 2018).

⑥ Kaufman (Nov. 18, 2017).

⑦ The Daily Beast (Mar. 27, 2018).

⑧ Yang (2018); AppReal (Jul. 9, 2018).

⑨ AppReal (Jul. 9, 2018).

⑩ Virtual Reality Times (Mar. 25, 2017).

⑪ AppReal (Jul. 9, 2018).

iv. Tribe and Sharing Group

A last characteristic of this Fourth Industrial Revolution is what we call the "Uberization" of the world. In a group, each member promotes the construction of the identities of their loved ones by comforting them in their everyday experience. The group helps to validate the experience everyone shares of the world, and creates interaction and hence ease of data collection.

People get together to form buying groups, they get engaged in causes (e.g., the Ice Bucket Challenge to fight ALS or saving Greece from default using crowdfunding platforms), they share meaningful experiences with strangers (the peer-to-peer and access economy have brought about new forms of sharing and even business in the tourism, transport, and food sectors), and engage in instant social interaction on platforms such as Instagram, TikTok or Snapchat.

Like in VR, one of the most common uses in social interactions of AI is in interactive video games. Using AI, games have become more engaging because characters can interact more fully with the players of these games. Currently, games that use AI can construct individual personalities, enhancing players' memories of their favorite characters to interact and collaborate with.

In the modern group, shared images and objects play a major role: they translate the identity of the group and help to reify it through brands such as Uber or Tinder; Nespresso and its club; Attractive World and its network of exclusive singles; and Lego and its fan-kids who build toys, go to the movie theater to see Lego movies or visit Legoland theme parks.

In the context of peer-to-peer and the sharing economy, brands such as AirBnB, Blablacar and numerous crowdfunding services strengthen the concept of tribe.

It also applies in another sense to social networks like Instagram or Snapchat. Likewise, individuals need immediate access both in time and space to services that would otherwise not be normally accessible, for instance Amazon's 24-hour shipping or the continual availability of Uber.

John Schouten and James McAlexander's ethnography of Harley

Davidson biker communities sheds light on the existence of the tribal and sharing phenomenon. The tribe is the foundation for sharing and experience. Tribal marketing is linked with experiential marketing to sell more products. It creates the conditions of a homeostasic world, the tendency towards a relatively stable equilibrium between interdependent elements, especially as maintained by physiological processes. It is well known that in famous three-star French restaurants in New York, training programs are implemented to teach smiley American waiters to be rude and moody with clients to enhance the authenticity of the French service experience.

According to Anderson and Horwath, people's behavior is driven by their individual personalities; thus, the more one knows about consumers' personalities, the better one can understand how they make their decisions.① In order for their manipulation to remain unnoticed, companies make what are called resonance-effect suggestions that are sufficiently customized to each individual. As a result, however, local trends are gradually reinforced through repetition, leading ultimately to the *filter bubble*, "an environment and especially an online environment in which people are exposed only to opinions and information that conform to their existing beliefs"② or *echo chamber effect*, the customization of data or information for users according to their behavior and personalities. In the end, all consumers might get is their own opinions reflected back at them. This causes social polarization among tribes, resulting in the formation of separate groups that no longer understand each other and find themselves increasingly at odds with one another. In this way, personalized information can unintentionally destroy social cohesion. For example, Google Search (the web search engine, not the company) is a control strategy. When users type in their search terms, they reveal their intentions; hence, Google Search will not simply return hits representing the best results, but will include hits portending the highest potential payoff for companies.

---

① The ACM Digital Library (2017).

② Merriam-Webster Dictionary (2019).

We have seen how easy it is for marketers to use computers and other digital platforms to control people and let them think that they are buying what they want to buy. Next, we will see how data collection can also be used to help us achieve the lives we want to live.

c. The Good Ways the Fourth Industrial Revolution Is Always Collecting Data

GAFA and other companies use myriad ways to record conversations, acquire facts and statistics, collect data from users, and accumulate individuals' information, and this data goes into helping AI make our lives easier and the world more accommodating, or dare we say: *better*.

In 2018, Google and Microsoft offered prizes of $ 25 and $ 40 million dollars for proposals and projects related to AI and its applications in addressing social and environmental issues like famine, floods, earthquakes, and hurricanes.[①] Additionally, Google has provided an online guide for non-profit and social enterprises to educate themselves on how they can exploit the AI algorithm to overcome global problems and to promote the social good.

Knewton created a software program that uses information accumulated during students' work to precognize the subjects they should study next. A few million students are already using this program worldwide. Other software provides consumers with clearer understanding, such as parking meters that speak to consumers and instruct them how to use them, navigation systems in vehicles, and programs that help users to pay taxes. Google and Tesla are heading up some of the self-driving projects that are currently using AI systems.

While some of these applications are very simple, others negotiate incredible complexity in many aspects of our lives.

i. The Evolution and Future of Education

Executive education is in the midst of a period of rapid technological change. New types of online learning resources offer the potential for

---

① PC Mag (Oct. 30, 2018).

conventional classroom instruction, enabling new paradigms of blended learning or eliminating brick-and-mortar instruction altogether. In recent years, and especially during crises such as the Covid-19 pandemic, more education platforms have moved online, but there is always a growing need for tools to track student progress, personalize curricula, and provide feedback. The role of AI in education is prevalent since it has brought various changes that have affected the sector positively. In colleges, for example, lecturers have been using AI to grade the homework of students and manage courses in a way that is less tedious. Likewise, the use of AI in grading papers has ensured that teachers have more time to interact with their students, prepare for classes, and invest in professional development.

AI has also been put to work ensuring that computer software can be useful in a way that meets the needs of each student, and by enhancing the individual learning process. For instance, it can achieve this through the development of learning programs and games that can increase the level of interaction between lecturers and students.[①] The use of this technology ensures that students can enjoy the repetition of concepts that they have not mastered yet. AI has been particularly beneficial in making sure that technology assists different students at different levels while facilitating teachers to promote the learning process overall.

The software *Nestor AI* has taken a fresh approach to AI as the world's first artificial intelligence class assistant by offering free education to students regardless of where they live. This software determines whether students pay attention in class by tracking their eye movements and facial expressions through webcams. The artificial intelligence in this software decodes students' attentiveness by monitoring twenty different parts of their faces while they watch the lectures. Rest assured, all the data that is collected is encrypted and anonymous. After the class, the AI follows up by administering a quiz, which even contain questions about parts of the lesson that students did not pay attention to. *Nestor* knows when you are sleeping and when you are awake during class. Facial recognition, answers from

---

① Yang (2018).

quizzes, optical character recognition, speech recognition, handwriting recognition if the student is using a tablet and a connected pen, email filtering—the best way to predict future student inattentiveness is to study their past. If a student tends to wander off after two minutes and 30 seconds into the lecture, then the class assistant sends a notification, which will appear on the student's screen 10 seconds before that timestamp to warn the student. The reports of inattention can also help professors to change their teaching strategies.

In November 2016, Mark Zuckerberg announced that he would devote 99% of his personal fortune to promoting personalized education, medical innovation, and social equality.① The education system needs to be reformed, and however much artificial intelligence may be today's problem, it will also be tomorrow's solution. A drastic rewiring of our cognitive abilities using artificial intelligence will be unavoidable in rising to compete against the machines. Very soon, we will need to re-envision the way we gain knowledge in order to be faster and more efficient. How can we hope that school, in today's format, will be sufficient to prepare us for tomorrow's trades? This will entail complex non-routine tasks that we cannot even conceive of yet. How can a system that has not been changed since the 19th century, comprising people trained 30 years ago, prepare individuals to work in a completely transformed system?

Teachers, for example, will use virtual reality devices in the classroom as another hyper-real teaching tool. Following Yang's work,② we know that one way to use virtual reality in the classroom is via a desktop setup in which students explore a virtual environment using a computer, keyboard, and mouse. Another way is to fully immerse students, equipped with a headset and data gloves to interact with the virtual environment.③ In this new era with virtual reality technology, students can become much more engaged and responsive through computer-aided learning in all areas. Students will be able to touch and manipulate objects or interact with complex formulas that were

① Forbes (Dec. 1, 2015).

② Yang (2018).

③ Virtual Reality Society (Jul. 9, 2018).

previously inaccessible or incomprehensible. Moreover, working on a school project will not feel as tedious and painful as it once did because students will enjoy learning information through videos and visuals flashing before their eyes. Lastly, virtual reality can implement every possible language in its software, thereby making it easier to study in a foreign country even if a student does not speak or understand the language, leaving the door open for vast exchanges of information.

But even if AI is well intended here, virtual reality in the classroom has its drawbacks. As with the introduction of the Internet, virtual reality will tear down the human connections made in the real world because interactions will be conducted virtually. In other words, students will no longer need to develop the social skills required to interact face-to-face with other students in the classroom when they can do so virtually.

ii. Personal Assistants: Siri, Cortana, and Others

As AI has progressed, digital assistants have become akin to "virtual butlers" that can carry out a variety of tasks. These virtual assistants change the way we organize our lives. You may have observed that AI filters out all the junk emails that used to arrive in your inbox. Two of the most important AI methods for helping human beings are correction and suggestion. Siri comes with many functions to make people's lives easier. Siri can answer your questions with suggestions, send emails or text messages, offer to set an alarm for you, make reservations at your favorite restaurant, find out weather and traffic conditions, translate foreign languages, correct your sentences, give you directions to where you need to go, and so much more. In all these cases, the one offering suggestions and corrections is your friend—learning from you, analyzing you, observing you methodically and in detail. Cortana, Microsoft's virtual assistant, can perform many functions similar to Siri. She can search the web, search through your files for documents you may need, keep track of calendar dates, set reminders, send emails, find videos for you and more. Alexa also makes life easier for people by handling tasks that would take time such as shopping, ordering meals from their favorite restaurants, paying their bills, tracking their packages and even giving advice during pregnancy.

The recommendations provided by artificial intelligence give users an opportunity to perform new or difficult tasks. For example, gathering information from different sources is a frequent use of the technology. With such capacities, personal assistants can offer relevant training and lifestyle advice based on aggregated wisdom. Artificial intelligence systems also interpret a substantial portion of search queries, and Google's *RankBrain* (a machine-learning-based search algorithm program) is improving natural language processing to assist in finding relevant content through apps like *Google Now*. Machine learning is far from new at Google, which has long made use of it in search, advertising, and YouTube recommendations.

AI can also be used to help in businesses settings with projects such as presentations. Among Microsoft's updates to PowerPoint, one includes an AI called the Presenter Coach, which can help creators iron out any issues with their presentations: "The Presenter Coach AI listens to you practice and offers real-time feedback. It will warn you if you're using filler words, profanities, non-inclusive language, or reading directly from your slides. At the end of your rehearsal, it provides a report with tips for future attempts."①

Solace Shen, a researcher at Cornell who studied the impacts of smart assistants on children,② found that children's interactions with this technology present major opportunities for education and entertainment, but not in the same way children are becoming attached to smartphones. If children play a game with an adult or friend using a voice-enabled device, they are not focused on the screen; rather, their interactions encourage them to look at each other and pay attention to each other. Such a device can also be helpful for older users. For instance, it can help those who have trouble with memory by reminding them of birthdays and even suggesting age-appropriate gifts. It can help with grocery shopping if they cannot get to the store, prompt them to take their medication and even pay their bills on time.

iii.Other Ways AI Is Used for Good

---

① PC Mag (Jun. 18, 2019).

② CNBC (Jan. 14, 2018).

Google uses artificial intelligence to study floods, famine, and even whales in its efforts to improve the lives of both humans and animals. To further this cause, Google announced in 2018 that it was "seeking proposals from nonprofits, academics, and social enterprises around the world on how they could use AI to solve social, humanitarian, and environmental problems."[①]

The *New York Times* has already adopted it to moderate comments on its site, the Associated Press has automated the writing of some dispatches and the Swiss daily *Le Temps* has created *Zombie*, an AI that evaluates its content for republication. Like these institutions, it behooves us now to get on the ground floor and find the best way to associate the man with the machine and offer augmented media and doped algorithms that are richer and less fallible.

AI is also being used to predict breast cancer. In the United States, more than three million women have been diagnosed with breast cancer.[②] Early detection of breast cancer (one of the top three causes of death among women in the US) is an influential factor in treating the disease. MIT CSAIL scientists and Massachusetts General Hospital are working on developing a deep-learning AI that can tell if a person is at risk of breast cancer up to five years in advance. The AI was trained on "90,000 full-resolution mammogram scans from 60,000 patients who were scanned over the course of several years with various outcomes." The deep-learning algorithm is able to detect subtle patterns that humans have missed, and the resulting AI model can accurately predict 31% of cancer patients in the highest risk category, whereas the existing models could only predict around 18%.[③]

Artificial intelligence is also being used to stop people from doing things that are deemed socially unacceptable. For example, Walmart is using AI to monitor points of purchase to make sure people are not trying to steal goods. In the fight against counterfeiting, blockchain and crypto-anchors can be used to help crack down on counterfeiting and fraud and to ensure security.

---

① PC Mag (Oct. 30, 2018).

② Cancer.net (Jan. 2020).

③ PC Mag (Jun. 14, 2019).

With over $600 billion lost in 2017 due to counterfeiting, blockchain can potentially verify the origin/authenticity of everything from food to diamonds, life-saving equipment, and medicine.① Another example can be found in the dating app *Bumble*, which uses AI to identify unsolicited nudes and blur them before they reach the recipient,② allowing recipients to decide whether or not they want to view the images. The AI can identify explicit images with 98% accuracy.

Problems can nevertheless arise, as in the case of Microsoft's AI chatbot Tay, which dispatched regrettable tweets where a person may unintentionally violate privacy rights of his or her colleagues. The reason is that the AI technology under discussion has the capacity to encourage various forms of debate on social network sites.

In the next section we will see why AI is valuable and how it can be used as a tool to manipulate people. AI is a force to be reckoned with, as it is being rapidly integrated into various aspects of our lives.

B. AI Is Everywhere

AI is growing because it is valuable. Right now, the role of data collection adapted through progressive learning algorithms is crucial, as it creates a competitive advantage for companies. As we will see, however, while there are many benefits of AI, there are concerns about its rapid development and the endgame that is taking shape.

a. Why Both AI and Data Collection Will Grow

Many articles and reports have shown that AI is already making the world safer, helping humans reduce mistakes,③ be more creative, discover more, make more accurate predictions, accomplish goals more quickly, and increase efficiency. As such, for *some* people, companies, and countries, AI has also increased profits and capabilities in warfare. With this in mind, consider that AI is going to be everywhere in the future. The revolution will

① Forbes (Aug. 19, 2017).

② PC Mag (Apr. 24, 2019).

③ AAAI Spring Symposium Series (2016).

be deployed like electricity was, and as with electricity, the academic and professional field of AI will cease to exist as we know it. In the future, we will buy Ai-equipped technologies and devices strictly for their cognitive and data-collecting capacities. To make a long story short, you will buy your Tesla not only for its beauty, but for its brain, and for its capacity to record videos of the road, analyze the weather, and collect data vis-à-vis other cars. And the more you find artificial brains all around you, the more frequently and rapidly you will be analyzed, leaving your free expression and your own thoughts and feelings to be fully co-opted. The more information the artificial intelligence gets, the more it will grow; the more it grows, the more information it will get. This cycle is unstoppable. Artificial intelligence is constantly growing because of all the information we are giving up through our smartphones and computers. Let's take a specific example: you get in your car every Monday at 7:00 pm to go to out for sushi. Based on the personal information acquired about you and the use of artificial intelligence, you will receive on your smartphone an advertisement for sushi restaurants every Monday at 6:45 pm. Why would people want to stop these little benefits in divulging their information?

While there is value to AI, people fear its rapid capacity to grow and its inevitable dominance over humans. In 1965, Moore's law, named for Intel's co-founder, was recognized in predicting what will happen in the future with exponential growth of the capacity of computers.[①] As an example, in 1951, a semiconductor device with three connections, capable of amplification in addition to rectification (i.e., a transistor) had a size of 10 millimeters. In 1971, it had a size of 0.01 millimeters. Moore's law was supposed to run its course by 1975, but in 2017, a transistor achieved a size of 25 atoms. These considerations have evoked fear and hope among experts, and much disagreement as to which sentiment is appropriate.[②] After all, the first computer—the Z1, invented by Konrad Zuse in the 1930s—was relatively limited in its calculations per second. In 2017, the Sunway TaihuLight

---

① Moore's law is the observation that the number of transistors in a dense integrated circuit doubles approximately every two years.

② Slate Star Codex (May 22, 2015).

computer achieved 93 million billion operations per second.[①] In this context, AI has no limit to its development. In comparison, the human brain has a limited capacity. We know that the size of the brain has increased since the origin of the species, but the relative capacity of the most important organ of the human body is limited at birth. As data increases without interruption day after day, there is no limit to the raw material GAFA or BATX or any other company using AI can collect and process. As AI improves (following Moore's law), computers will be able to do even more calculations, with less control or input from humans. We are thus led to ask whether there are any limits to Ai's capability. How much information should AI be allowed to acquire?

This game-changing innovation will impact us and our industries for decades to come. In the world of of fintech, social and mobile payments have changed the financial markets: all aspects of the payment chain are open to disruption. Biometrics, such as facial recognition, voice ID, and fingerprints, will be increasingly integrated in our cellphones and tablets to help make the shopping experience go faster, thus eliminating the need to swipe a credit card at checkout. Once one company does it, all its competitors will do the same.

b. Our Fears with AI: Can We Escape from a Manipulative System?

A lot of developed democracies faced populism during the 2010s in the face of the collapse of traditionally powerful Western myths. The move toward universal basic income (UBI) has become a new trend, fueled by widespread fear of sweeping elimination of occupations due to the rise of artificial intelligence. UBI has been broken down for consumer citizens in Western social democracies by politicians on the left such as Benoit Hamon, the former socialist candidate in the French presidential race of 2017, who put the UBI in his presidential platform. Capitalism created an economy based on knowledge, profoundly unequal, without realizing that we were giving a huge advantage to people of superior intelligence, enabling them to

① Alexandre (2017).

regularly change employment and attain new mastery throughout their lives. As Dr. Alexandre has suggested, in the wars between artificial intelligence and natural intelligence, the significance of a single point difference in IQ will be profound in our future knowledge society. This way of thinking will also permit GAFA to establish social peace in order to control the population.

It has been naïvely suggested that people's intellect often works as a machine does. After all, the technological advancement under discussion began with the creation of devices capable of rendering judgments but which were initially believed to be inferior to human beings. But AI, analyzing billions of data points, would soon be able to predict the reactions of people. Facebook, for example, tries to fight against suicides by seeking to understand when such tendencies manifest. Innovators consider such designs with the aim of achieving major marketing objectives including the provision of expert systems, the exhibiting of intelligent behavior, the learning of novel ideas, and the demonstration of operability to users.

Today, through advances made by artificial intelligence and algorithms, Google's DeepMind is able to beat 49 Atari games. However, the progression will continue so quickly that before 2060, experts predict that algorithms and robots will be more efficient than most human capabilities.[①] According to Elon Musk, Bill Gates, and Steve Wozniak, super-intelligence is considered a more dangerous weapon than the nuclear bomb. As Musk said in 2016, there is an urgency to hybridize our brains with electronic chips before artificial intelligence turns on us and uses us as its pets.[②] The nicest of us will be fed by artificial intelligence in the same way that we feed our Labradors.

Hence, we cannot escape from the AI system.

Right now, there is pervasive fear about the possibility of losing our

---

① Forbes (Jun. 19, 2019): Following the purpose of Norbert Wiener, the mathematician and philosopher who invented cybernetics in 1948, suitable feedbacks will be able to control the behavior of systems.

② The Register (Jul. 18, 2019).

jobs. A study says 47% of all the jobs that we know today will be replaced by 2050.① This following list is full of jobs trades that have already disappeared or shrunk to near-obscurity:

- Burial clown: a person hired to appease the spirit of the dead and cheer up the living
- Lamplighter: a person employed to light street gaslights by hand
- Bowling pinsetter: a person who manually resets bowling pins to their correct position
- Wake-man: a watchman whose job is to watch and guard property
- Denture seller: a person who sells false teeth
- Umbrella restorer: a person who repairs umbrellas
- Apothecary: one who prepares and sells drugs or compounds for medicinal purposes
- Archer: a person who uses a bow and arrow
- Harlequin merchant: a character in a comedy or pantomime
- Ice cutter: a person who collects surface ice from lakes and rivers for storage
- Telegraphist: a person skilled or employed in telegraph
- Phone operator: a person who operates a telephone switchboard
- *Draveur* (a kind of woodcutter in Quebec): a person who moves logs from a forest to sawmills
- Wool merchant: a dealer in raw wool
- Elevator operator: a person who operates a manually operated elevator
- Aircraft detector: a person who inspects aircraft
- Cutler: a person who makes, deals in, or repairs cutlery
- Laundress: a person who cleans laundry
- Blacksmith: a worker who forges implements from iron
- Shoe polisher: a person who cleans and polishes footwear for customers

① The Guardian (Jun. 26, 2017).

- Glass blower: a person tasked with designing and shaping glass items
- Healer: one who heals through arcane methods
- Ironer: one who heat-presses garments
- VHS rental company: a business that provides home movie and video game rental services

I could have written a thousand more.

In this context, some people are understandably fearful because they do not want to be replaced or outpaced by Ai. Most of these fears are connected to fears of widespread unemployment or reduced wages, or variations on Terminator-like scenarios.① Some experts reject such fears,② others embrace them,③ and others embrace one while rejecting the other. Whether more jobs will be created than destroyed by AI is highly controversial, as perhaps best illustrated by a poll of nearly 2,000 experts④ who were asked, "Will networked, automated, artificial intelligence applications and robotic devices have displaced more jobs than they have created by 2025?" Around half of these experts (48%) "envision a future in which robots and digital agents have displaced significant numbers of both blue- and white-collar workers—with many expressing concern that this will lead to vast increases in income inequality, masses of people who are effectively unemployable, and breakdowns in the social order. The other half of the experts who responded to this survey (52%) expect that technology will not displace more jobs than it creates by 2025."

What we are undergoing is not different from earlier transitions when technology destroyed some jobs but improved employment conditions and opportunities over time. Still, over the past several years, a number of articles and books (including the present one) have argued that the recent advances in artificial intelligence and automation are inherently different

① The Brookings Institution (Oct. 26, 2015); MIT Technology Review (Jun. 12, 2013).

② Slate Magazine (Apr. 28, 2016).

③ Harvard Political Review (Aug. 26, 2015); Forbes (Jan. 31, 2015); Brynjolfsson et al. (2012); Harvard Magazine (May-Jun. 2016); CNN (Nov. 10, 2014).

④ MIT Technology Review (Jun. 16, 2015).

from past technological breakthroughs in what they portend for the future of employment. As for which jobs might be adversely impacted by AI, many believe all of them might.[①]

But in 2018, the two countries that were the most robotized in the world were also the nations with the lowest unemployment rates in the world: Japan and Germany. As Paul Allen, one of the co-founders of Microsoft, once stated, "the promise of artificial intelligence and computer science generally vastly outweighs the impact it could have on some jobs in the same way that, while the invention of the airplane negatively affected the railroad industry, it opened a much wider door to human progress."[②]

While big firms may be able to afford robots, however limited their capabilities, smaller firms would have a harder time with this. The success of smaller firms will depend on their ability to operate them without having to take on a lot of technical staff.[③] At the moment not all companies that are considered AI businesses actually use AI: "over 1,000 of Europe's 2,380 AI start-ups do not in fact use artificial intelligence meaningfully in their products."[④] A fair number of these start-ups use AI for mundane purposes such as chatbots and automation tools for administrative tasks. Most people seem to think AI will be almost nothing but a boon for small businesses, but it arguably threatens small businesses directly and indirectly;

—directly because they might not have the money needed to keep up with larger competitors in terms of technology (which, as suggested above, is a risk);

—indirectly because small businesses could be disproportionately impacted by AI if AI causes rapid employment decreases.[⑤]

Meanwhile, the powerhouse companies are investing in and taking advantage of what AI can do, with AI developments the result of an arms

---

① MIT Technology Review (Jun. 12, 2013); MIT Technology Review (Jul. 11, 2012).

② Forbes (Jun. 27, 2019).

③ The Operations Room (Sept. 22, 2014).

④ PC Mag (Mar. 6, 2019).

⑤ Washington Post (Nov. 26, 2014).

race in the field.[①] In 2016, four out of five of the "by far biggest investors in AI technology" are American companies.[②] Now the investments are shared between China and the US. Those companies have "hired almost all the leading researchers in the field and set up their own research labs."[③] Enormous amounts of money are being invested in AI by these companies (one billion yuan for Megvii, 15 billion US dollars for Alibaba).[④] If this continues, the most significant advances in AI will likely come from large global corporations.

As if that is not enough to spur rapid AI development, much related open sourcing has occurred. Companies are making AI platforms freely available,[⑤] including ones usable in robots. On this matter, Facebook's Director of Applied Machine Learning stated, "A field advances quickly when large and diverse sets of researchers build on top of each other's work. The larger the interacting community, the faster the progress," a sentiment shared by many companies open-sourcing AI resources.[⑥] For example, Google, which is years ahead of the AI curve and heavily invested in research and development, released an open-source AI program called *TensorFlow*. By sharing their code to interested parties, they contributed to the advancement of machine learning worldwide. Following the open-source trail led by Google, Baidu released their AI software on GitHub. Baidu wants "to make end-to-end deep learning easier and faster so researchers can make more rapid progress ... [and] start contributing to the machine learning community by sharing an important piece of code that [they] created.'"[⑦] IBM also decided to open SystemML's source code in order to attract more programmers and accelerate its development.[⑧]

---

① iRunway (Dec. 18, 2015).
② Evry (Jul. 23, 2016).
③ Wired (Apr. 27, 2016).
④ ReadWrite (Jan. 29, 2014); Tech Crunch (Oct. 23, 2014).
⑤ Linux (May 5, 2016).
⑥ Business Insider (Nov. 9, 2015).
⑦ The Stack (Jan. 15, 2016).
⑧ Wall Street Journal (Nov. 24, 2015).

How will the world be affected by Ai? It is going to change faster than we are prepared for (including with robots which already exist under secret defense programs), [①] a prediction that has been echoed in multiple studies' findings. [②] It will impact practically every task, job, and industry. It may seem paradoxical that rapid progress can hurt wages and jobs for millions of people, but that is what is happening. Thus it is imperative that we understand these phenomena, discuss their implications, and come up with strategies that allow human workers to race ahead with machines instead of racing against them. [③]

As you can see, tech giants are sharing their information to grow and advance Ai. It will continue to grow rapidly and root itself in our lives and businesses. Despite any fears concerning AI, it will not disappear into the night because its value outweighs the sum of all these fears. And so, however they may proceed in the public domain and through collaboration, the efforts described above will push on, inevitably enabling brands in their covert efforts to manipulate consumers.

Next, we will see how companies exploit AI methods to control and manipulate the behavior of employees and influence our daily jobs.

c. Artificial Intelligence Manipulation in Our Jobs

The application of AI goes beyond predicting and manipulating consumers; it extends to employees, as well. In our daily work life, AI will be present, from emails and scheduling and task-organizing platforms to chatbots and beyond. This means that we have weak AI everywhere, even in the companies we are working in. Those in management can make a record of facts and activities on their employees to manipulate their behavior in the workplace. Once I toured the headquarters of Megvii in Beijing, an innovative company I personally work with. A video camera in the firm's lobby recognizes visitors in the blink of an eye. Other such devices are deployed around the office.

---

① Fortune (Feb. 25, 2015).

② Business Insider (Nov. 5, 2015); Oxford University (Sept. 13, 2017).

③ Brynjolfsson et al. (2012).

Companies can use stealth methods to motivate and raise productivity among employees without their knowledge. AI has a significant role to play in management by collecting data and by ensuring that task managers are efficient in the duties they execute. Managers can guide their team members to pursue more processes, using AI that has analyzed data from employees (e.g., charts, agendas, emails, and schedules). Indeed, chief executives have benefitted by being able to make more informed decisions based on data generated through Ai. Different departments within organizations have used this information to set their goals and objectives, to minimize costs, and to maintain a positive reputation among their customers. For instance, Amazon warehouse employees wear a patented device that tracks their hand movements and uses vibrations to nudge them into being more efficient. Workday, a software firm, calculates around 60 factors predicting which employees will quit their jobs or leave earlier. At the startup Humanyze, employees wear smart ID badges that can track their movements around the office and reveal how well they interact with colleagues.① Humanyze merges data from its employees' badges with their calendars and emails to work out and notify whether office layouts favor teamwork. Managers can also use a messaging app called *Slack* to assess how quickly employees accomplish tasks. Companies can even see when workers are not just slacking off but also engaging in misconduct, and are starting to use AI to screen for discrepancies in expense claims and flagging receipts generated at odd hours of the night.

The use of AI has also allowed managers not to spend their time executing administrative tasks. Electronic personal assistants are executing mundane tasks such as responding to emails and appointment requests, and generating periodic reports. Hence AI has allowed managers to direct the energy toward their more challenging priorities, such as setting a complicated company vision. Moreover, implementing AI in companies empowers managers to spend more time on innovation and strategy formulation, as well as developing talent. There has been positive response to the impact of AI on workflow management to make room for creative

① The Economist (Mar. 28, 2018).

thinking, strategic development, and data analysis to guide employees.

AI has even caused managers to be more empathetic mentors who spend time with employees as they devise more innovative and productive ways of training and allowing them to contribute positively to the company. Human resources (HR) departments have used AI to ensure employees receive significant attention and training, providing them with the required resources to use customized procedures to fill positions. Such use of AI has led to higher rates of returns within organizations.

Unilever has begun using new technology in its job interviewing procedures. When applicants apply for entry-level jobs at Unilever, they undergo a video interview with preset questions that can be answered on a smartphone or tablet. The AI used for the interview measures the applicants' facial expressions to capture their moods and determine their personality traits. The software can help select the best matches, returning the results to human recruiters along with notes about what the AI observed in each candidate.[①] Now if you want to apply for a job at Unilever, you may be scanned by a facial recognition program that will analyze your reactions to determine if you are thinking about something else, contriving an answer, or reading from a script.

Most firms have adopted AI solutions to ensure that they achieve significant benefits. Moreover, various mechanisms are in place to increase efficiency, staff retention, and productivity within organizations. Use of AI is also common in the acquisition of talent through systems and methods that ensure firms remove monotony and stress from employees' work. Talent acquisition software is capable of scanning, reading, and assessing applicants to eliminate quickly those who fail to meet the company's standards. In this respect, talent acquisition software presents a plethora of benefits because it enables the recruiter not only to spend more time analyzing but also to evaluate a smaller group of more qualified candidates. Therefore, through artificial intelligence, human resource departments are radically escalating the quality of their hiring decisions, which ultimately boosts organizational

① Wall Street Journal (Jun. 26, 2017).

productivity.

Additionally, HR management has benefited from AI by using software to train employees within the company and to enhance their professional skills, organizing and planning a training schedule for all staff members. AI even manages digital classrooms and facilitates online courses to make sure that the company meets deadlines and follows set schedules to address all employee needs, again collecting more data in a discrete way, like in the movie *Brazil*.

And of course, as with all internal demands, the more HR functionality can be managed using AI, the more resources the company can allocate to targeting its consumers.

As we have found, companies require a colossal amount of data—data that will be key in deciding for you. In order to predict your needs, firms need to know everything about you first. All of this is achieved by acquiring your personal data through VR at your job, using robots, and through anything personal that you share on any digital or phygital platform. However, companies are not going to scream from the rooftops that they are acquiring your data in order to manipulate you. It can only work if they give consumers the illusion of free choice. Even going into stealth mode in their marketing tactics to acquire your data is not enough; companies and brands must leave the impression that consumers are free to make their own choices. Whether it is by offering free communications services, convenient and rewarding shopping experiences, or social media platforms, they cannot force you to use these digital platforms, but they can make them enticing. If consumers think that they are free to choose, then they are more likely to let these big companies have their data, predict their futures, and lead their lives.

In the next chapter

In this section we have seen that manipulation of people with AI is a part of a capitalistic industrial revolution, specifically in marketing. Below, we will see what stealth marketing is and how companies are incorporating this concept with AI in order to leave consumers with the impression of choice.

What will the future be like?

We will see that data collection can be carried out through new, non-intrusive methods (e.g., speech recognition, brain scanning, telepathy, and VR). We will explore how companies introduce stealth tactics and strategies to obtain personal information about your activities and launch products in an AI environment.

All of this leaves the impression that people are not conscious about such stealth data collection, and are manipulated without consciously making their own choices. Are these kinds of innovations ethical? Will people accept this? It may be that there is no choice but to accept domination by a GAFA that has sufficient information on us that it can carry out purchasing activities on our behalf.

This chapter concludes by presenting an alternative: consumers let GAFA, government—any organization that owns their data—decide for them. Such an arrangement will herald the end of the famous epithet that the consumer is king.

Data is king.

Part 3: Artificial Intelligence Uses Stealth Marketing on You

Who has not already been surprised by the impression that Google or Baidu was able to read their minds during a search? Of course this is not the case, but the algorithm of its search engine, reinforced by its technology RankBrain, goes beyond simple semantic frameworks to try to understand and anticipate the intention of the user. The answer is relevant because it no longer relies only on keywords but on content whose quality is highly valued.

Nothing is possible without perfect knowledge of each client. Any marketing strategy, digital or not, is built on the collection and exploitation of data to better understand and anticipate the needs and desires of consumers. Data is king. Observe, listen, analyze and interact with the users on your sites or their social media; preserve and structure this data—this is the daily life of the modern marketer. Faced with the exponential growth of data being collected and exploited, AI is an undeniable asset for bringing additional cognizance, customization, and persuasion to the frontier of marketing empire.

Brands have no legitimacy to govern people, but they are gradually filling the vacuum left by society's old myths. They could take their role seriously as the new gods, explaining to people that it is more dependable to listen to them and stop making their own personal decisions, and to take their orders from a giant amalgam of highly valuable, thoroughly parsed data. But with no legitimacy, their collection and manipulation of data must remain stealthy. This part of the book will show how brands are lurking in the shadows to collect our data, and using stealth communication to sell us their products and services.

Let's never forget that famous lesson from Seneca: pleasure is not the goal; the objective is the lack of pain. People can choose to be manipulated through stealth communication in order to avoid psychological pain. If companies do not want to accept the role of being a supreme leader, they will continue to refrain from explicitly stating their strategies because it could create a negative response; instead they get away with them by giving consumers the misperception of personal choice while collecting data in increasingly discrete ways and marketing through stealth.

A. Stealth Marketing

a. What Is Stealth Marketing?

Stealth marketing can be used to achieve a variety of objectives beyond the obvious one—eliminating consumers' perception of marketing strategies—by giving the impression of free choice. A famous example of stealth marketing is a brand paying up to 1,000,000 dollars to schools to appear in a dictation test for the children. You can imagine the scene with the teacher administering the test: "... he walked out of McDonald's with a Sprite in one hand and an iPhone in the other."

Stealth marketing can also be observed in product placement. Tom Hanks is a FedEx delivery man in the film *Cast Away*. He lives four years on a deserted island. FedEx features prominently throughout the film. At the end of the movie, the hero finally delivers the letter that kept him alive during his experience. One subliminal message lingers: FedEx always delivers.

Stealth marketing may be a means to reach a target audience without the advertisement being perceived as an advertisement or may refer to covert marketing in mass media. For instance, Sony Ericsson performed an operation using fake tourists in Times Square. The fake tourists were paid to have their pictures taken with the brand's latest phone without showing the real tourists that they were using the product for advertising purposes.

Here we examine two kinds of stealth—one used for sponsoring a brand and another one using AI:

—It can be the use of surreptitious marketing practices that fail to disclose or reveal the true relationship with the company sponsoring the marketing message. For example, the widely viewed elevator fight between Jay-Z and Beyoncé's sister, Solange, which was completely staged, helped the singer boost her latest album sales. Stealth marketing is sneaky, foregrounding the products without revealing itself to be an advertisement. It is extremely efficient, as it clearly acquiesces to the unconscious expectations of many consumers that are fed up with blatant advertising.

—Stealth marketing also is a deliberate act of entering, operating in, or exiting a market in a furtive, secretive or imperceptible manner, or an attempt to do so. It is "promotion in disguise. Moreover, in an increasing number of instances, the line between the disguise and deception is becoming tenuous."① The recent example of a campaign by New Balance illustrates a disguised promotion seeking to learn more about you. On the street of a big city, a camera linked with a screen analyzed people and offered to play a game with them. Body recognition allowed machine learning to stealthily collect participants' sizes, faces, reactions, tastes and, most importantly, to register their phone numbers. The time where our devices (e.g., cellphones, glasses, microchip implants) will be automatically connected to the Ai's of the shops on a street is closer than we may think, and not far from how it is portrayed in the 2005 Steven Spielberg film adaptation of Philip K. Dick's story, *Minority Report*.

b. Collecting More Data in a Discrete Way

In the plot of *The Joneses* (2010), the film by Derrick Borte discussed above, a fake American family is paid by multinationals to practice subtle marketing to make their neighbors want to buy the same brands. The plot is

① Roy and Chattopadhyay (2010).

not so far-fetched; the emergence of leading alternative communications highlights the importance of creativity and innovation in the process of collecting data; the public is more demanding and expects extraordinary yet non-intrusive methods of advertising if they are to be convinced to leave their personal information. A brand that takes its customers on a journey will certainly use communication techniques that will be increasingly creative. The penetration of these brands collecting more data in consumers' daily lives is still up for debate, but is trending toward inevitability.

When it comes to stealth marketing in a time of technological advances, questions arise as to the quiet effectiveness of implementing AI to collect and analyze consumer data. Artificial intelligence has recently grown immensely with respect to facial recognition using street cameras or with cellphones, voice recognition, text-based recognition, and brain scans. It is important to understand the potential of such advancements in artificial intelligence moving society towards a place in our technological and biological evolution where it will be possible to efficiently and effectively track ideas. In this section we will discuss these advancements in voice recognition, text-based recognition, and brain scanning.

i. Voice and Speech Recognition

Voice recognition is a term that can often be confused with speech recognition, which falls short of the recognition of voices themselves making it possible to determine and analyze who the speaker is. Speech recognition is rather the recognition and analysis of the spoken words and their meaning. It is important to distinguish between these two different terms because of their different purposes.

Speech recognition is easily understood as software's ability to hear speech, process the speech, and transcribe it. In August of 2017, Microsoft announced that it had composed an artificial intelligence speech recognition system that could listen to a conversation between people and transcribe it. Not only could this software transcribe the conversation, but could do so with an error rate of only 5.1 percent, which is equivalent to that of a professional human transcriptionist.[①] In essence, this software can listen to a conversation between two people and track everything those people say.

Speech recognition becomes further evolved through the addition of voice recognition. In 2017, Amazon's Alexa and Google's Home had attained the ability to discern between people's voices. Essentially these programs were able to assign to a person a unique "voiceprint." Their shortcoming lay in their ability to discern a user's voice only when just one user was speaking, and struggling to recognize voices in noisy atmospheres. Currently, artificial intelligence is able to utilize a technique called *deep clustering*, defined as a type of machine learning that allows software to listen to multiple voices at once and effectively single out the different speakers by voice. This deep clustering method has given artificial intelligence the ability to separate voices even when they are speaking simultaneously at length.

An instance of voice and speech recognition being used together was shown by Google in early 2018. Google spoke about its artificial intelligence software capable of using an audio-visual speech separation model to accurately identify voices. This software was able to identify voices by monitoring people's faces when they spoke. By using an example for training, the software was able to then isolate certain voices in party scenarios based upon who the speaker was, enabling the software to effectively look at a certain person and listen to just that person speaking.

It is important to realize the significance of an artificial intelligence being able to utilize both voice- and speech recognition. Software can now efficiently listen to simultaneous speech, like conversations in a crowd, separate the speech by voice and transcribe the speech as well. This enables artificial intelligence to effectively track complete conversations between speakers, even when the machine is off, and use this capability to collect personal data undetected. In the near future, your data could be collected, not by your phone or your own device, but by your friends' devices using such technology.

ii. Text-based Recognition

---

① ZDNET (Aug. 22, 2017).

When discussing text recognition, it is necessary to understand the concept of natural language processing (NLP). In essence, this allows for an artificial intelligence to effectively read something like your texts and understand and analyze what it is reading.

In early 2018, a study was published regarding natural language processing, and was described as follows: "Using more than 96,000 radiologist reports associated with head CT scans performed at The Mount Sinai Hospital and Mount Sinai Queens, researchers trained the computer software to understand text reports written by radiologists, achieving an accuracy of 91 percent...the NLP algorithms were used to teach the computer clusters of phrases, including words such as phospholipid, heartburn and colonoscopy."① The study demonstrated that this artificial intelligence was able to read radiology reports and automatically identify the clinical concepts in them.

The ability of artificial intelligence to understand and analyze text was recently spoken about by companies like Microsoft and Alibaba. They use software that could beat a human on a comprehension test. Although software cannot in general read better than humans, when set to a specific constrained task it can now comprehend at a rate better than that of humans. Essentially, if you give a computer text to read under constrained parameters it will be able to understand it better than humans.

This is a major step in the advancement not only of artificial intelligence but in the protection of ideas, as well. Google can now complete people's sentences using machine learning and predictive text. One of Google's features for Gmail, called *Smart Compose*, can autocomplete users' email messages. Recall that in the above section on voice and speech recognition we discussed artificial intelligence transcribing speech. Pairing the ability to transcribe speech to text and the ability to, under constrained parameters, understand text, means that an artificial intelligence can now not only listen to a conversation but understand that conversation.

As we have seen earlier, Facebook developers say they have created a

① Health Data Management (Feb. 2, 2018).

dedicated AI tool, called *Rosetta*, to read the text that appears in memes (and other images and video clips) that are shared to Facebook and Instagram. The process essentially boils down to two steps: Rosetta scans images for text and uses text recognition to identify what the text actually says. Then, once the text has been transcribed, the system interprets what the text could mean. Through Rosetta, Facebook is able to improve its image search as well as the systems that determine the types of images that may appear in your news feed. It also helps the company automatically detect and remove hate speech that it may not have been able to identify previously. In the future, Facebook says it could apply the same technology to understanding text that appears in video as well, although this would require a more complex system.① With such information, Facebook can accumulate extensive knowledge of every known person.

For its part, Amazon is using artificial intelligence to stop counterfeit products from appearing on its website. In February 2019, the company unveiled Project Zero, which it says will allow brands to take down counterfeit items on their own without Amazon's help.② Once again, an otherwise helpful project will be used to scan and collect internet data about competitors and clients, like in the movie *Rollerball*, a dystopia-movie about a world where the consumption society, not run by governments but big corporations, is everywhere, with a great abundance for everyone. All books have been digitized and "edited" to suit the corporations, and are now stored on super computers at large protected corporate locations: in the movie, the world's central supercomputer is known as "Zero" ... Dystopia is the contrary of Utopia.

iii. Brain Scanning

Something that sounds as if it is derived from a science fiction movie is artificial intelligence's ability to read a human mind. The US Defense Advanced Research Project Agency announced its new brain-machine interface for the NerveGear headset, as featured in the Japanese light novel

① Mashable (Sept. 12, 2018).

② CNN (Feb. 28, 2019).

series *Sword Art Online*, possible in 2022.① Brain scanning as a kind of stealth data collection for understanding you has become more of a reality than fiction as of early 2018, and has become possible through the use of what is known as a functional magnetic resonance imaging (fMRI) and brain—computer interfacing (BCI).

A research team in Japan has developed an artificial intelligence that is said to have this capability: "The software takes readouts from people's brains and matches them to words or pictures. Once mapped, future readouts can be read, interpreted and used for various kinds of mind-revealing or mental-control applications."② It uses a neural network that has been trained using certain images and, through the use of an fMRI of a person's brain, can depict what a person is looking at.

At the University of Toronto, a similar artificial intelligence was developed through different modes of training:③ "Taking electroencephalography (EEG) scans of people while they looked at a face, the artificial intelligence was trained by a kind of neural network of huge numbers of pictures of faces, which taught it to spot characteristics and patterns in the photos. After it had learned to distinguish these characteristics, it was then taught to match these characteristics with patterns of brain activity recorded in EEG scans while subjects observed the same faces." The accomplishment is still controversial but it seems that the artificial intelligence was able to look at EEG scans of a person's brain and determine which face they had seen. Hence, artificial intelligence is being created with the ability to analyze the patterns in our brain through blood flow and EEG readings to determine what we have seen and potentially what we are thinking, or what we are buying, or what we want to buy. This type of artificial intelligence can be further used to analyze a person's mental imagery while thinking, including in front of a store or on a website before buying.

Facebook has confirmed that it is developing technology enabling users to communicate using only their thoughts. A secretive division at Facebook's

① Inquisitr (Feb. 23, 2016).

② CNBC (Jan. 8, 2018).

③ Computerworld (Apr. 7, 2018).

California headquarters has been experimenting with mind-reading technology for several years,[①] and founder Mark Zuckerberg has previously described telepathy as the "ultimate communication technology."

Overall, these advancements in AI and our understanding of the brain are changing the nature and delivery of advertisements. Advertisements, especially in stealth marketing, will be increasingly integrated into consumers' daily lives. In terms of speech recognition, consumers already use their voices to create emails, add products to online shopping carts, update calendars, check traffic, and so on. Smart devices and speakers constantly record consumers' concerns, queries, locations, activities, interactions, and health stats. Brands take advantage of this, especially when it comes to voice and visual inputs. They can deliver hyper-targeted ads that seamlessly become part of a consumer's daily life and shatter the distinction between content and advertising.

Consumers do not totally realize that these algorithms increasingly determine their driving routes, the music they listen to, the shows they watch, the websites they visit, the books they read, and the products they purchase. Ads are even becoming more familiar with context; for instance, if you are planning dinner and you ask Alexa for barbeque chicken recipes, you will be offered one sponsored by a poultry company, and then you tell Alexa to have your local online grocery deliver five pounds of that company's chicken that afternoon. These new technologies will make advertisements easier to consume and easier to respond to.

With fMRIs, a study has shown that the neural data recorded from even small groups (around 30 people) is sufficient for predicting market-level behavior better than traditional marketing tools.[②] It can outperform behavioral data in predicting market-level music sales, charity donations, and even anti-smoking campaigns. Of course, all these technologies are not ready for being used right now on a large scale. Companies will continue to

① The Telegraph (Apr. 19, 2017).

② Harvard Business Review (Nov. 3, 2015).

be more and more creative, launching disruptive products.

But if brands persist to use stealth marketing tactics to accumulate information, they can maintain consumers' illusion of free choice while quietly predicting and manipulating their behavior.

B. Tactics of Stealth Marketing and AI

Consumers are exposed to thousands of instances of stealth data collection each day. There seem to be no limits to what an innovative stealth marketing campaign can be used to accomplish with the help of Ai. Before taking a closer look, we will first examine how AI stealth marketing tactics can be categorized based upon how they are used with respect to the different elements of the marketing plan to launch a product, along with its pricing and distribution.

a. AI Tactics for Launching Products

i. If Product Is Free, You Are the Product[①]

The idea of collecting data while consumers are using a free product gave rise to the famous saying, "if the product is free, you are the product." Companies are transforming you into voluntary "brand ambassadors" among members of the public (Michel et Augustin, Nestlé, and even state governments do this all the time). The psychosociological basis for this, which we have examined in Part 1 of this book, is the principle of reciprocity: a norm in any society that you give advantage to those who have given you one. If you use Google for free, you will help Google on something else. In this scenario, brand ambassadors are typically employed, without remuneration, by an organization or company to promote unconsciously its products or services. The brand ambassador is meant to embody the corporate identity in appearance, demeanor, values, and ethics. Some brand ambassadors are not really important in the larger hierarchies and are just used to part with their data. The best brand ambassadors use promotional strategies in a silent way to influence a large audience to leave more data

① Following the famous quotation of Tim Cook, CEO of Apple.

while buying and consuming more. This can be seen in the beauty industry with various beauty influencers promoting cosmetics on YouTube and Instagram such as Jeffree Star, Jaclyn Hill, James Charles, MannyMUA, NikkieTutorials, Nikita Dragun, and Tati Westbrook, all of whom receive makeup PR packages to promote cosmetic brands. While at face value influencers and their services are free, in actuality, the consumers are themselves the products for companies to analyze and gather data from.

ii. Price: New Methods for Collecting Your Data

How many times have you taken your seat on a train or flight and came to discover after a quick chat that you did not pay the same price as your neighbor? Price is used as a means to sell more products to a breadth of consumers and to stand out from one's competition. Orbitz for example suggests prices that are higher if you do your trip research from an Apple laptop.① Some industries make it more explicit: algorithms are modeling prices based on your mere intuitions.② For instance, in China, there is a KFC restaurant where customers can pay their bill with their face. Customers place their order at the terminal, which scans their face, and if it matches the image on the photo ID stored in the system, the customer only has to smile and to enter his phone number and the payment goes through. Ant Financial, an affiliate of Alibaba, launched this new service. Companies using services like this can analyze this payment data using AI to broadly interpret human behavior, specifically an unconscious reaction like a smile, a glare, or an angry facial movement. Monitoring such expressions in response to the price allows the company to determine whether the price is right and fits with a consumer's purchasing capacity.

In China, AI plays a vital role in influencing purchasing behavior using discrete algorithms to track, analyze, and meet the specific needs of each consumer. The latest example is in Guangdong Province, where the customer base is the first group to experience sophisticated clothing recommendations, as provided by an intelligent fitting room in clothing stores such as Jack &

① Les Echos (May 15, 2018).

② CNN Business (Sept. 1, 2017).

Jones and Vero Moda. Through facial recognition technologies, a magic mirror offers customers to see themselves in the clothes they have chosen. Given the customer's sex, age, and demonstrated predilections, the initially selected garments can be replaced with other recommendations, thus eliminating the need for constant shifting between salesfloor and fitting rooms. In order to benefit from these services, consumers must first activate their virtual membership cards through WeChat and authorize payment by facial recognition. WePay (from WeChat, owned by Tencent), along with Alipay, are the two most widely used electronic payment applications in China.

iii. Lurking AI in Place Strategy

Early supermarkets were built with a slight uphill slope toward the exit so that it took more time and effort to reach. Now, professional clarifiers—a job created through the emergence of AI in phygital supermarkets such as Amazon Go—are present to clarify the offers in the shop. Connected via sensors to your phone, they can detect your location in the store and analyze your data, your path, your decision to buy or not to buy a product, and then can present you with personalized offers. Like in traditional stores, you will enter to the right through an entrance on the right, with the products that you do not really need located on the right to attract 90% of consumers in a supermarket. This means that you will spend your first minutes in the store confronted with products that you do not need. All the paths created by machine learning for phygital brands exist to manipulate your will. Hence these new kinds of supermarkets change the shelves of the store in order to lure you into purchasing (e.g., intentionally leaving cardboard cases closed for you to open by yourself, creating desire, or leaving only a few quantities of products to create the illusion of limited product availability). Moreover, all your purchases will be made with your phone, and with the data instantaneously analyzed in the store, the brand will recreate a dedicated and updated path for your next visit.

In the phygital supermarkets of tomorrow, marketers will play soft music rather than rock music. Why? So the consumer does not feel rushed and takes more time to buy. They will know in advance everyone's preferences through facial recognition using cameras in the stores, and will cook appetizing dishes in front of shoppers to make them hungry.

Products could be spread out in mass because everybody in Walmart or Carrefour knows that mass quantity encourages sales (you are more able to buy if the shelves are full). Nevertheless the offer will be personalized. The CEO of a phygital supermarket explained to one of my academic colleagues that some cheap products were even put by the cash register with the intention of their being stolen. Thieves are indeed focused on cheap products that are easy to swipe instead of high-value products. Thus even thieves are manipulated.

b. Stealth Marketing Strategies

We categorize stealth marketing used by artificial intelligence based upon whether it is visible to customers and whether competing businesses are aware of it. This lends itself to three categories of stealth marketing and AI: (i) AI that is visible to consumers but which competitors are unaware of, (ii) AI that is visible to neither customers nor competitors, and (iii) invisible AI which both customers and competitors are aware of. These three categories of stealth marketing are illustrated by the boxes in the figure below.

Business competitors \ Target customers	**Visible**	**Invisible**
Aware	*NON STEALTH TRADITIONAL BUSINESS PRACTICES*	Sub-branding Flogs monitored by AI
Unaware	Database marketing for machine learning Associations / affinity groups	Stealth buzzing Hyper-targeted segments Push polling

Customer and Competitor Awareness in the World of AI[①]

① Inspired by the article of Roy & Chattopadhyay (2010).

i. AI Visible to Consumers' Point of View

Some AI marketing is visible to consumers, and businesses/competitors are unaware of it. This can include database marketing and associations/affinity groups.

—*Database Marketing*: Marketing databases distill the understanding of customers to information in sheets. They feed the weak AI of big companies and provide the opportunity for one-on-one communications with customers without competitors' knowledge. Since visible promotional techniques (e.g., advertising, sales promotions, and personal selling) are not used, the competition is not aware of the communication to the customers and has no way of countering it. Marketers have vast opportunities through social media for collecting data to target customers. As described earlier, Microsoft's Presenter Coach AI listens to your PowerPoint presentations, your ideas, your thoughts, and your public speeches. It gives you clear feedback, providing tips and comments at the end of your performance. Microsoft may go on to use the data, feeding other AI algorithms to devise more customized offerings.

As another example, Procter & Gamble (P&G) is overhauling their methods to be more digitally focused and pivot their marketing to more personalized messages on a mass scale. For instance with Pampers, when moms-to-be begin searching for related information on Google, P&G gets a signal that someone is starting their journey toward motherhood and will target them accordingly. When a woman hits her third trimester of pregnancy, it might offer advice on what to put into diaper bags; if the baby has already been born, it might show consumers different diaper bags to buy as the baby grows.[①]

Companies also use social media to create non-marketing web pages to communicate directly with users (with the goal of turning users into loyal customers). In the context of YouTube, marketers can masquerade as non-commercial users in order to disseminate brand-

① Marketing Week (Oct. 10, 2017).

related communications in the community and in doing so engage in covert advertising. For example, Wholesome Culture, a fashion brand, uses strategic hashtags to get discovered by its target audience. Hashtags such as #veganlife and #plantbased are used on Instagram because that is what their target audience is searching for. While Wholesome Culture is a fashion brand, they implement viral memes and pop culture trends to elicit more user engagement. The brand capitalizes on the momentum they get from these posts and will sandwich the memes or trend posts in between content that is relevant to the products they sell. They are strategic with their memes in order to cater to their audience and overall message. The memes help attract the right audience and at the same time intrigue users to learn more about the brand. Wholesome also posts recipe videos because their audience consists of people on plant-based diets. Because one of the challenges for vegans is finding delicious recipes, posting these recipe videos attracts new customers, helps current followers, boosts engagement and facilitates interactions that are helpful for data analysis.

—*Associations/Affinity Groups*: In order to boost customer retention and loyalty, firms can build strong relationships with associations and affinity groups to which their customers belong, and market to them through the leadership of these associations. For example, the American Association of Retired Persons (AARP) has numerous partnerships in a variety of different industries, including restaurants, entertainment, clothing stores, and retail industries.[①] PNI Media, a software company has partnerships with numerous retail companies such as Walmart, Costco, CVS Pharmacy, Rite Aid, and Tesco; when PNI was hacked in 2015, most AARP customers of supermarkets were aware of these partnerships because their information was compromised.[②] These many collaborations allowed a vast quantity of

---

① AARP website (Aug. 18, 2018).

② Forbes (Feb. 6, 2018).

data to be accessed equally among both parties as associations delivered private information to brands in order to understand market segments and sell to specific targets.

ii. Invisible AI for Communicating to Consumers

Some AI is designed to be invisible to consumers and competitors in whatever product or service is being marketed. AI is everywhere and can be applied to anything (cars, smartphones, smart watches, apps, headphones, etc.), and as you will see below, brands can use AI to communicate to consumers through buzz, hypertargeting, and push polling.

—*Creating Buzz for a New Product in Development*: brands create "buzz" by appearing mysterious and using an anticipatory announcement as a teaser campaign to introduce a new product, similar to how iPhones are introduced, with potential customers as well as competitors being kept out of the loop. When customers become intrigued, they debate on forums and also exchange with employees of companies (which are now actually chatbots—machine learning bots that collect and analyze your online conversations). For example, Tesla's teaser for its electric SUV, Model Y (which was not even the official name yet), was extremely vague. At a shareholder meeting a cryptic image was released, and hardly the most detailed image—most of the car was obscured by shadows, revealing only the basic shape and the hint of a new wheel. This car is meant to be a crossover, moving from the Tesla Model 3's basic size to a utility vehicle. Tesla was scheduled to unveil it in March 2019. Consumers were engaged in heavy debate online about Tesla while chatbots and other bots analyzed their conversations on forums and social networks.

—*Behavioral Targeting*: Behavioral targeting entails pushing ads to individuals based on their past online browsing behavior, which is determined by cookies placed by third parties. The individual as well as competitors and other businesses are unaware of this. Behavioral targeting can take other, similar forms, however. For instance, in August 2016 it was revealed that Snapchat would engage in behavioral targeting. "Snapchat will, at this stage, only be using behavioral data from users' activity in the app. Snapchat won't, at this stage at least, be using data from web browsing behavior that takes place outside of the app in order to serve targeted ads. There is a possibility that could come later."①

What all of this meant is that, "if users were heavy consumers of basketball content, for example—perhaps following an NBA Snapchat account or consuming lots of content on the ESPN Discover channel—advertisers could target them around categories such as 'sports' or 'basketball.'" It should be noted that Snapchat's Privacy Center stated: "We want you to feel understood. We want to understand what's relevant to you and your life, and we want to show you things that you'll care about. At the same time, we don't want to serve ads that are so custom-tailored that they feel invasive or uncomfortable." Such a move could arguably lead to advertisements being less perceptible as ads, that is, more stealthy as opposed to less stealthy.

—*Push Polling*: Push polls are a form of a negative political campaign technique used to influence or change the view of potential voters under the guise of conducting a poll.

iii. AI Invisible to Customers, but Businesses/Competitors Aware

Some stealth marketing monitored by AI can be invisible to customers while other businesses/competitors are fully aware of it. This includes sub-branding and flogs, where all the facts and conversations provided or learned about something are meticulously observed and processed.

—*Flog*: a "flog" is a fake blog like "Walmarting Across America." A man called Jim and his companion Laura went on a cross-country journey in their recreational vehicle (RV). They camped out in RV-friendly Walmart parking lots and spoke with Walmart employees and

① Business Insider (Aug. 26, 2016).

customers. Their upbeat blog stood out from the typical blogs about Walmart. However, their blog became famous for all the wrong reasons. It turned out that their trip was paid for by Working Families for Walmart, which was funded by Edelman, a global public relations firm whose clients include Walmart. However, none of these connections was clear on the blog. We can easily see how information can be collected from all the comments left by flog visitors. All this information can also be monitored for negative statements about competitors. As another technique of stealth data collection, Walmart uses an Ai-powered machine vision system in nearly 1,000 stores. This system is used at points of purchase to reduce the number of mis-scanned items and lower the shrinkage rate. As a result, the system enables checkout employees to solve problems by reporting suspicious activities like unscanned items. As we see in this case, Walmart, without obtaining consent, collects data from all its customers at the checkout points to rectify their alleged mistakes.①

—*Sub-Branding/Stealth Parentage*: Companies can also use multiple brand names (a multi-branding strategy like Facebook with WhatsApp and Instagram; Amazon with Prime Music, Twitch, and Prime Video; Google with YouTube and Waze [and formerly the robotics company Boston Dynamics]; Uber with Careem) for related products to allow them to amplify their brands and multiply their cross-data collection. This common method has a goal: to hide the origins or parentage of individual brands or to multi-brand in order to guile average consumers into believing that the brand is new, and that their unique products are being made by smaller companies. Companies are collecting personal data through a PRM (prospect relationship management) and CRM (customer relationship management) approach that they can combine in order to hyper-target you.

Stealth marketing has been used to avoid negative publicity and

① PC Mag (Jun. 24, 2019).

scrutiny, change perceptions, spread awareness of things (sometimes without making clear what those things are intended to do), signal price cuts, increase prices, engage in covert price wars, increase awareness of a product,① encourage trying something new, and guide consumers toward discovering a product.

Brands are using these methods covertly while giving consumers the illusion of free choice, which has been one of the fundamental tactics of manipulation in mass marketing since the 19th century. Of course, having marketing strategies based on data collection in order to manipulate future choices is not illegal, but is stealth marketing with the help of AI ethical? In the next section, we explore the underlying ethics and its implications for the future.

C. Ethics, Intrusion and Implications

Clearly, consumers do not have free choice, or really any choice in stealth campaigns helped by AI. One of the earliest examples of non-ethical stealth marketing implementation is arguably documented in the 1957 non-fiction bestseller *The Hidden Persuaders*, wherein American journalist Vance Packard described a "strange and rather exotic" type of influence. American companies used subtle methods convince people, based on emotions studies and social sciences analysis. The *subliminal stimulation*, is called also *subthreshold effect*: the presentation of short messages that tell us what to do but that are flashed so briefly we are not aware we have seen them. In 1974, the Federal Communications Commission declared these messages detrimental for the public.

In 2019, we discovered that Google had used the microphone in Google speakers to listen to consumers and surveil their private lives.② If brands are using AI for digital marketing, gathering demographic data or stealth marketing, where does "not telling the truth" land in terms of ethics? At this point in time, it does not look like anyone is trying to stop this from

① Kaikati A. and Kaikati J. (2004).

② Le Figaro (Feb. 8, 2019).

happening: legislation to prohibit subliminal messaging was introduced in the US Congress but never enacted.

a. Unethical Intrusion in Our Lives

Among the unethical subjects analyzed in stealth marketing are product placement, covert agents, fake media, influencers and the use of actors. The most obvious example of unethical uses of stealth marketing lies in the fact that sometimes stealth marketing involves consumers being targeted like sheep by wolves in sheep's clothing; consumers do not know how they should actually perceive the information being presented to them (i. e., as marketing) because it is coming from a trusted medium (e.g., fake Yelp reviews). This has obvious ethical implications, specifically when stealth actions target children. Second, stealth marketing could make it harder for people to trust the world around them in its entirety—including data collected from friends and loved ones; if anything can be an advertisement, if any "like" on a social network is a data point analyzed by Instagram or Snapchat, and you do not trust advertisements, it becomes harder to trust your perceptions of anything on the web. Third, it arguably cheapens some art forms such as cinema, blogging, vlogging, and the independent press—they are no longer purely art, but rather vehicles for advertisements.

For years, the American Federal Trade Commission (FTC) has tried to crack down on celebrity stealth marketing campaigns on social media. In 2017, the FTC sent letters to "influencers" instructing them to clearly disclose when they are pushing a product. Specifically Instagram, with its reported one billion members, was a huge opportunity for trading private information between marketers and influencers (with their large and engaged followings). For instance, the Kardashians can reportedly get as much as $ 500,000 per post. They promote a range of products—from detox tea to waist trainers—to their tens of millions of followers. Is it unethical? People are free to follow Kim's posts and tweets just like her sex-tape. Is it illegal? Non-disclosed promotions create blurred lines between advertisements and sincere recommendations, hence advocacy for clarification and transparency. Generally, influencers have had to identify advertisements with hashtags "#ad" or "#spon" (sponsored) since 2014.[①] With the Kardashians, however, products were advertised in an undercover way in order to increase their sales.

The same can be seen with online retail with its use of ratings and top search results. From a legal point of view, stealth collection of data and its use by marketers is considered a promotion technique whereby a marketer advertises a product on behalf of the manufacturing organization, but it fails to disclose the information to the client. As a result, the method is considered deceptive and unethical by many people. But technically nothing is illegal. Consumers always have an opportunity to quit a business relationship, especially when they do not recognize the publicizing approach that is being implemented. YouTubers fought consumerism with anti-haul videos (opposing videos where people show off their recent purchases) concerning cosmetics because beauty influencers were no longer showcasing the skill and craft of makeup, but rather simply selling new beauty products.

Yahoo Shopping, one of Japan's biggest online retail sites, came under scrutiny for stealth marketing. The issue was the way the site displayed search results calculated by AI algorithms for products from companies paying more in advertising fees. Two methods that allow sellers to gain higher rankings were called into question. In the first method, customers searching for goods may draw an "item match" with a promoted product, boosting it to the top of the search results. This method appeals to consumers and at the same time blunts the impression of advertising. Yahoo did not admit to stealth marketing, but did later change the naming of the rankings to "store recommendations."

The second method allows retailers (who pay higher advertising fees) to be listed prominently at the top of search results. Yahoo contends that they were not engaging in stealth marketing and that their site is similar to a catalog, meaning the entire shopping website is considered an

① Federal Trade Commission (Apr. 19, 2017).

advertisement; hence there is no reason to show ads for individual goods.① Such tactics can appear to be unethical, but again, nothing is illegal. As you can see, despite Yahoo using undercover strategies to market to consumers, given that technology and marketing methods are changing, the legal and ethical implications have yet to be ironed out.

Is there any sign of resistance to such methods?

b. No Real Resistance to Stealth Data Collection

In a *New York Times* article titled "Chatbots Are a Danger to Democracy,"② the author describes the perils of using chatbots. Since the strategies used by the stealth marketers in data collection and their manipulation to sell are not instantly recognized as a form of advertising, the approach is likely to attract the attention of legislators to help with the development of operational standards of data collection. Based on the legal issues that have arisen concerning such practices, contemporary syndicates and innovators must be prepared in the future to comply with the rules defining their effective implementation.

Given the questionable ethical aspects of stealth marketing mentioned above, some organized resistance to stealth marketing practices using smart data analysis is emerging in the form of laws and various groups and institutions. Public interest research groups, other third parties, regulatory agencies, and even retailer will assume a countervailing role in blowing the whistle on stealth marketing practices. To avoid government regulations and loss of consumer trust, some industries—ranging from music to news channels—are resorting to self-regulation of stealth marketing. Nonetheless, stealth marketing and possible manipulation by AI can be prohibited by, and punishable under, the law. Violators can be named, shamed, and even prosecuted. In China, a new "civil code" was announced in May 2020. It will take effect in 2021. In this code, more protection is given for personal private information.

---

① The Japan Times (Sept. 20, 2017).

② New York Times International Edition (Dec. 8-9, 2018).

Sometimes, laws explicitly targeting stealth marketing may not be needed to prosecute those engaged in its practices. Private entities such as Yelp, trusted to provide reviews of businesses by independent observers (agencies I used to work with in 2013-2014), have sued those who have sought to use their site as a stealth marketing platform by creating fake reviews and in the process interfering with the company's efficient collecting of data.① But what are the boundaries between stealth marketing, manipulation, and illegality? A marketing manager from a glasses brand told me recently that they could geolocate their clients following their path in the street, through their application for the newspaper *Le Monde* (the glasses brand had negotiated a partnership with the publisher). Every time consumers stayed more than one minute in front of a competitor's store, *Le Monde* detected it and sent the information to the algorithms of Facebook, and to the glasses brand. Right away, the passersby were gifted a discount for the brand's products, pushing the possible prospect to carry on to the brand's storefront. Technically not illegal.

Another instance of AI yielding negative results occurred through the use of fake profiles on LinkedIn. In June 2019, a false profile appeared on the website allegedly belonging to a redheaded woman named Katie Jones, who claimed to work at a "top think tank in Washington D.C." It turns out that not only was the profile fake, but even the photo used was fake!② Tech experts believe the image was created by AI based on flaws common among photos fabricated by generative adversarial networks (GANs).

To create such photos, GANs will model the fake faces from existing pictures of real individuals: "Essentially, the AI algorithms will pluck different elements, such as hair styles, eye shapes, and mouths, from various photos and merge them together to create an entirely new person." It is believed the fake profile had been used by spies in an attempt to network with former government officials, and yet no legal action has been taken on

① Harvard Business Review (Nov.- Dec. 2019).

② Entrepreneur (Jun. 14, 2019).

a large scale against fake profiles.

Another security issue was analyzed in the introduction of this book. More than a thousand leaked Google Assistant voice recordings included conversations containing sensitive information that should never have been obtained. The recordings had been activated when the software heard the words "OK/Hey Google." It should be noted that the security leak was caused by a Google employee, and not by a hacker or glitch in the system. However, Google Assistant still has this problem—people are being recorded by the Google Assistant AI without their knowledge, and yet you do not see people stopping using Google's services.

While there may be resistance from public and private forces, this does not mean that they can stop what it is happening. AI and stealth data collection will continue to grow legally. Given that brands are extremely powerful today, a possible future may include companies trying to hide their mythological, almost magical, nature. Consumers, like any citizens, are happy to be guided by authority, but want to remember that they hold in their own hands the legitimacy of this image. Stealth marketing techniques hide, as much as they can, the mercantile interests and hence the deity of the big brands.

At the very least, and following Spinoza's theory, consumers live in the delusion of free thinking. By using stealth data collection with AI in the long run, companies might create an even bigger problem for themselves, that is, a world populated by consumers who hate brands and marketing and have reason to suspect its presence everywhere. Consider the company 23andMe, which is creating a giant database of human DNA, collecting your data in exchange for predictions based on analysis of your DNA.

Freud invoked an "*inquiétante étrangeté*"—a disturbing strangeness, in an example of which he was scared by a vision on a window that turned out to be nothing other than his reflection. Social networks, brands, apps monitored by AI, the Internet of things, robots, web search engines—all with the capability of collecting data everywhere, online and offline—could create our virtual doppelganger, a double which will feel what we feel, dictated by a deep probing of our mind.[①] Of course, we tend to present to the world a version of what we want to show: we know that lying, withholding, or faking is also a part of our lives.

But social networks, machines and AI do not lie. They could help us to make decisions that will not get in the way of our unconscious, but which are better for us. It is perhaps as scary as it is beautiful: we could finally live in coherence with ourselves, with a total transparency of our pulsions and needs of purchase, including buying less. But if these reflections can be used by administrations, companies, authorities or something else, the path to manipulation will not be long; all these actors could judge us, not on what we do but from an algorithmic analysis of what we are online: what we would *like* to do. It will not be in our human nature to avoid this road or hit the brakes along the way.[②]

Another option is also possible—an option where brands will tell the truth and consumers will accept it. If consumers recognize that stealth marketing is occurring, they may perceive the company benefiting from it negatively. People do not like to be deceived, and this too could make companies hesitant to use stealth marketing and choose instead to truly help people, selling them products for their own good and letting them know the truth.

---

① Le Monde (Dec. 26, 2017).

② Joule and Beauvois (2002) in Guéguen (2006) : respecting a theory of submission and manipulation, *Sunk Cost* explains that a human being who spent $ 500,000 dollars on a bad investment, will try to spend 500,000 more on a new one, just for convincing himself that his first move was right.

In the next part

What might our alternative future be like?

Below, we will consider a thought: if the prediction of our desires is total, why avoid what we call *dataism*, the religion of data? The examples that we will consider are beyond what we can see now. If our whole lives will be spied upon—our vacations, our jobs—it is perhaps better simply to consent to buy or to receive orders, and likewise to ask something or somebody—a god, a myth, a leviathan—to coordinate our decisions.

We can see GAFA as the new myths, coming increasingly to resemble a nation. Hence we can accept their orders on legal, diplomatic, and monetary dimensions.

As we have seen in Part 1, consumers are used to being manipulated through traditional storytelling. It is likewise normal that people can consciously be coerced in a world governed by new mythic brands. In this context of voluntary servitude, we will see how these manipulation techniques could work from a psychoanalytical point of view, and seek to understand the deeper mechanics of unconscious passivity created by GAFA.

Finally, we will examine the legal problems that can emerge with the rise of a legal empire of AI marketing.

Part 4: AI Myths Will Decide for You

Data continues to grow not just by the day or the hour, but by the nanosecond. Whether it is from "likes," shares, clicks, streaming content, or commercial transactions, data is continuously generated. It has been estimated that now, for every person on the planet, 1.7 megabytes of data are created every second. For every minute of the day, Amazon ships 1,111 packages and Instagram users post 49,380 photos. Facebook sees five new profiles created every second and more than 300 million photo uploads per day, and for every minute, 510,000 comments are posted and 293,000 statuses updated.[①]

Data is king, driving business decisions and innovation for brands.

This part will focus on how one future trajectory of consumption is possible: humans could consciously accept manipulation in their purchases as a matter of devotion. They will accept these brands accumulating their data, analyzing their actions, desires, behavior, and demands. They will consent to their superiors to shepherd their lives, but only if they respect the myth and the authority of the brands. In order for this to happen, GAFA will convince consumers that it is better to believe in them as omniscient, omnibenevolent figures who decide for you. Even if in 2020 we are talking about probabilities and statistics, GAFA and other neo-gods will scarcely make mistakes and produce the best predictions. Like the oracle in Greek

① DOMO (2018).

antiquity, people will believe in the scenario orchestrated by Cassandra-esque *precogs*. It is possible that the foundation of our consumption society now—liberalism based on the individual choice of purchase—could collapse.

As traditional mythologies have faded away, brands have risen to take their place. Their priests (communication and PR managers) are communicating through YouTubers, and their bibles are advertisements. According to Harari, high-tech CEOs of Silicon Valley are creating a new universal narrative that legitimizes the authority of algorithms and big data called *dataism*.[1] Harari talks about gurus and prophets who consider the universe as a flow of data and where organisms are little more than biochemical algorithms. As the global data-processing system becomes all-knowing and all-powerful, this all-encompassing system has the capacity to understand humans much better than we understand ourselves,[2] relegating biochemical algorithms to the background in favor of electronic algorithms.[3] Central to this idea is that the superhuman beings of big data are much more reliable than the human mind.

AI is at the forefront of the Fourth Industrial Revolution, but it has evolved into something more. Anthony Levandowski, an American engineer in Silicon Valley, has shone a different light on AI with the foundation of a new religious organization in September 2015: it is a question of "developing and promoting the awareness of a deity based on artificial intelligence" to "improve society."[4]

But if brands lack the legitimacy of governments or religion, how can they exert such power? As previously discussed and following the works of the psychoanalyst Saverio Tomasella,[5] who dedicated many years to studying the brand as a myth, brands have used various strategies to influence

---

① Harari (2017b).

② Financial Times (Aug. 26, 2016).

③ Harari (2013).

④ La Croix (May 10, 2017).

⑤ Tomasella (2003).

consumers to sell more products, but in order to get a perfect understanding of us, they can use AI to analyze our behavior and predict our needs, dictating our choices. Technologies incorporating AI will allow brands to transmigrate this manipulation beyond the traditional realm of marketing. With the use of each person's data, and utilizing an AI system that has been equipped with a vast arsenal of algorithms and trained using big data, smart devices will be able to create needs by placing personalized advertisements into the daily lives of each consumer, influencing their choices as in a personal relationship between a person and a divine spirit. Thanks to future technologies like brain scanning and telepathy, it will be possible to create personalized content for each consumer at every moment. As we have seen, it has always been in our nature to accept manipulation. Why not accept this new kind of acquiescence?

Harari took the example of Facebook to show that its algorithm is much more efficient in predicting the personalities and preferences of users than their own friends. If decisions can be made for us, and better than we ever could, it makes it easier for us to buy products and attain the illusion of being happier. Such a scenario would place numerous legal issues on the table. Are governments going to do away with issuing driver's licenses now that autonomous cars are safer than human drivers? In the future, these manipulations will get to the point where GAFA will decide for you based on the data they have gathered. Why? Because people will see these companies as their omniscient and benevolent protectors who are out to help them make their lives easier. This chapter begins by examining the future predictions of these neo-myths; then explores such conscious or unconscious agreement using Ai; and finally examines the future legal problems these conditions will create in the context of a new AI marketing empire.

A. A Br(Ai)ve New World: AI Myths Will Guide You

The world has changed over the past 1,000 years in Western society, moving towards a more universal concept of liberty. This concept of liberty is now conditioning our lives, including our democraties (from the Greek *demos* [people] + *kratos* [power]; power of the people) and institutions of capitalism. We have come a long way since the Egyptian dynasties, the Roman Caesars or the European kings. The ancient Egyptians looked to the gods and their pharaohs to guide them through life and in death. Today, people obey the laws set forth by their governments or leaders in each respective country. People put their trust and faith in governmental systems in the hope that their preservation will protect their societies and ways of life. But even governments can fail in their mission.① If large brands took on the appearance of a nation, consumers might happily follow their purchase orders.

a. GAFA Will Supersede Nations

In 2020, major contradictions have arisen between: (1) the emergence of a *global* market where AI is developed by GAFA (large, international companies that disregard borders); and (2) the persistence of *local* democracies inside nations.

We can see that GAFA are fighting to become nations unto themselves, distinct from their own motherland, the United States. In order to form any type of nation, one needs a form of government to lead and guide the subjects. There are four elements necessary to create a government: security to keep the subjects safe, currency to conduct business, laws to maintain order, and borders to establish boundaries. These elements help define what it means to actually be a nation. Of course GAFA will not declare a state of war against the US. In the future, GAFA could become a symbolic nation exercising a better representation of authority to its customers; in fact, we are already well on our way down this road.

i. An Army for Security

Project Maven is an AI surveillance engine that uses footage captured by the US Armed Forces' unmanned aerial vehicles to track vehicles and similar objects, processes the information, and feeds the data back to the Pentagon. GAFA can create similar security systems. For example, Google's AI was

---

① Martin (2015).

used to improve the targeting functions of the US Army's drone fleet.[①] The robots of Boston Dynamics (even if the company was eventually sold by Google) look like futuristic cyborgs from Hollywood movies. Norwegian oil and gas company Aker BP deployed Boston Dynamics' Spot robot in 2020.[②] The quadruped robot is installed on an oil platform in the North Sea, carrying out inspections, detecting oil leaks, collecting data to produce reports and thus help in decision-making. The objective for Aker BP is to make offshore operations more efficient and safer.

From an internal security point of view, Amazon is providing a facial recognition and image identification service, Rekognition, to assist with public safety and has been used by law enforcement in Oregon and Florida already.[③]

ii. Currency

GAFA has also made inroads into minting its own currency. In 2019, Facebook introduced its own cryptocurrency, Libra,[④] which created an impressive buzz and would be launched in 2020 based on blockchain algorithms. With Libra, people can engage in financial transactions such as payments and transfers with no need for a bank account. The new cryptocurrency will enable Facebook to become a giant financial institution in addition to its social media activities.[⑤] By launching Libra, Facebook can access its users' financial information and combine the collected financial data with the data it has already collected from the users' social networking activities. Facebook can thus use Libra as a new data collection method to feed AI algorithms for analyzing and discovering more details of its consumers' behavior.

Libra has five key components: it is built on a secure, scalable, and reliable blockchain; it is a "stablecoin"; it will be governed by the independent Libra Association and will use the LibraBFT consensus

① Mint Press News (Apr. 6, 2018).

② L'usine digitale (Feb. 10, 2020).

③ The Verge (Jul. 18, 2019).

④ Forbes (Jul. 7, 2019).

⑤ PC Mag (Jun. 18, 2019).

mechanism; and finally it will use smart contract coding via the *Move* programming language.[①] Stablecoins are digital money that mimic traditional currencies. They are much more fixed than normal cryptocurrencies because their values are pegged to other assets such as the US dollar, gold, and other cryptocurrencies. As a result, stablecoins enjoy the many benefits of being a cryptocurrency (e.g., transparency, security, privacy) without the extreme volatility that comes with most other types of digital coin. As Facebook already has an impressive user base, Libra will not have to start from scratch the way its predecessor cryptocurrencies did; instead, Facebook can leverage its 2.38 billion users to adopt Libra and push it into mainstream acceptance. With its own currency, which is governed independently of the United States, GAFA has satisfied the second element of being a nation. Currency gives a nation the ability to set its own prices and do business with other nations, all while creating its own economy.

iii. Law

Alexa smart speakers have now stood as witnesses in murder cases and assassination trials, all while under the general conditions of laws (i.e., terms of service) that hardly anybody reads. Indeed, in 2017, police in Florida believed recordings from a murder suspect's Amazon Echo could contain crucial information for the investigation of a girl's death. A 43-year-old man was charged for the murder of his girlfriend, who died after suffering a stab wound to the chest: "The smart speaker Alexa that connects to the Amazon voice-activated personal assistant may have been a witness to the crime" and the "county's sheriff's office obtained search warrants for all the device's recordings."[②]

The US has sought to use democracy and the law to stop GAFA from achieving its goal of rising to the level of competition with the state. In order to help determine whether GAFA has laws, or even what such a set of laws would look like, it is important to clarify what we mean when we use the word "law." A law is "a rule made by a government that states how people

---

① Block Geek (Jun. 2019).

② NBC News (Nov. 2, 2019).

may and may not behave in society and in business, and that often orders particular punishments if they do not obey."[①] Under this definition, each separate entity comprising GAFA has laws, but not GAFA as a whole. Each company, Google, Apple, Facebook, and Amazon, has its own user agreements and community guidelines which everyone needs to abide by. Given that a fair amount of their rules are the same, if GAFA were to consolidate the rules into a single conformed text, then it could be said that GAFA has its own set of laws. As talks of joining together have not yet surfaced, GAFA nevertheless works in collaboration. Specifically, the governments of both the US and the EU have attacked GAFA with allegations of antitrust violations.[②] But the United States cannot now break GAFA's power without offering an avenue to its Chinese competitors in terms of AI.

In 2020, France's "AVIA law" was intended to remove hate content within 24 hours from the main social networks, collaborative platforms and search engines. The precise meaning of "hate content" has not been codified into law. Instead, it will be up to platforms like Google, Facebook and Instagram to tell the French government who is hating whom, who is being a good citizen or a good consumer, who is going along with capitalism—in short, French government has delegated a part of its judicial responsibilities to GAFA.

iv. Borders

For now, it looks like GAFA's physical borders exist solely online, within the domain names of the tech giants and their subsidiaries, and the headquarters and offices of each entity. However, Peter Thiel, a famous investor of Silicon Valley has been working on a project of "floating cities" where tax and regulation could be avoided. Officially, the concept of the floating city came from a desire to address rising sea levels and land constraints in major cities, but in practice it suits a (utopian) vision of

① Dictionary Cambridge (2019).

② Apple is currently in litigation for an antitrust lawsuit that has gone all the way up to the US Supreme Court. Users of its iPhone argued that Apple's 30% commission on sales through its App Store is an unfair use of monopoly influence that results in inflated prices passed on to consumers.

building cities and consumption societies that operate independently of government.[①]

GAFA will use its status as a symbolic nation to manipulate its consumers. Becoming a nation will help GAFA gain more trust and devotion from its citizens, our current population. Citizens of many countries believe that the nation protects their way of life from outside threats and hostile takeovers. The general idea is that a nation protects its citizens and, in return, the citizens love, respect, and trust their nation. With a status on par with that of a nation, GAFA could eliminate any remaining dissent in the general population regarding whether or not it is an evil band of tech giants. If GAFA can become even a semblance of a nation, it will attain an authority by custom, enabling it to make the rise of AI in our everyday lives more palatable.

In Huxley's *Brave New World*, people are conditioned to buy and consume things to make the economy go 'round. This conditioning is a result of people giving up their liberties for economic and social stability in the World State. A similar situation is playing out in the present day. People can choose to abstain from using GAFA's platforms and services, but they do not because they make our lives easier and offer instant gratification. In exchange, people are even willing to give up certain things, in this case their consumer data. An email service may be free, but the company collects massive amounts of data from your account. This exchange does not seem so bad on its face because it is a free service that makes one's life easier. If brands are able to make life easier and more convenient for everyone, then consumers are more likely to stay loyal, conform, and listen to them. According to Kiesler, commitment is the link between individuals and their actions.[②] In fact, by committing, whether physically or verbally, we are activating a pressure of a psychological nature that will lead us to try to accomplish what we have committed to. The same goes for the acts that we

① Business Insider (May 27, 2019).

② Kiesler (1971) in Guéguen (2006).

have begun. Hence, email and database marketing operations overseen by AI are known as "commitment programs." How is it that consumers continue to indulge in overconsumption of the Internet or products that contain tobacco, trans fats, sugars, and alcohol despite knowing their negative health effects? The influential power of commitment is bolstered by persistence and loyalty over time; we commit and we commit long-term, but the more recent the engagement, the more engaged you are. That is why websites push you to buy within a certain timeframe through the practice of nudging.

Below, we consider a prediction of the global upshots of this exchange before exploring the question: who will be the deciders in this uncertain future?

b. Who Will Decide Our Gifts and Purchases?

The future will be totally interconnected through artificial intelligence that predicts our behavior and advises us in our choices. In this context, why should we refuse their advice? Like in the *Black Mirror* episode, "Hang the DJ,"① where an AI calculates your possible match with somebody and the probability of your falling in love, would not it be safer to buy products that brands and AI tell us to consume if they know us better than we do?

If we follow this theory wherein neo-gods will know everything, AI will decide how to buy and what to buy. For the past 200 years, the notions of liberty and liberalism have expanded considerably in Western societies. In the modern era, we decide what we want. We are free to buy. We consent to buy.

GAFA and BATX represent a mythology, a figure of authority, a tradition of storytelling, a source of guidance in our daily lives. Who could stop using Google Maps in preference for a paper map, or Alipay for cash in China? So are we still deciding to use Google Maps? Just try this experiment: try to stop using your cellphone for one month. I did it. You cannot imagine

---

① Vulture (Jan. 10, 2018).

how easy it is to live without a cellphone for 30 days. Try to see how long you can go out without a cellphone: is this a decision you can make? Are we still deciding, or do we consent to do what brands and companies have decided for us? We consent to use, and why would we refuse this advancement?

i. Fake News and Manipulation

The manipulation of people in the digital age of fake news is getting easier by the day. There is a link between rational people and the concept of believing in fake news.① Science is based on the analysis of facts enabling the development of theories that tend to generalize and facilitate predictions. It is not free of errors and approximations, especially since facts arise from complex experiences. Thus, if a new drug is created and tested by Calico (the subsidiary of Alphabet concerned with transhumanism, seeking to defeat death) in several studies, it can show efficacy in nine studies and fail in one, due to an inadequate methodology or even due to probability (the more one repeats a test, the more there is risk of error). Statistically, the drug will be considered effective. However, by emphasizing only the negative study, it is possible to make people believe that the drug is ineffective.

The manipulation of people using scientific studies is simple. For the philosopher Karl Popper, one of the essential criteria for defining science is not truth but refutability. Seeing 1,000 white swans does not prove that all swans are white. You just need to refute the theory, finding one black swan. According to this definition, the Darwinian theory of evolution is more scientific than divine creation because it lends itself to contradiction through presentation of new facts. The scientific process is infinitely more complex than the mechanisms behind fake news with the rise of AI and technological journalists. While the information website *Buzzfeed* seeks to facilitate 15 minutes of fame for all per Andy Warhol, its Chinese counterpart *Toutiao* works with AI journalists. Data scientists have created algorithms which are digesting information taken from all the web to continually produce new articles.

It has become easier to spread misinformation quickly over the Internet

① Slate (Jan. 27, 2018).

than to patiently collect the facts that allow the construction of a substantiated theory.

In democracies, there are cognitive biases that provoke psychic resistance to the data of science. Propagators of fake news often select findings that support their inclinations, ignoring discrepancies between studies.

ii. In the Context of Fake News, Who Is Deciding?

In the work of Bernays shown in Part 1 of this volume, we see that manipulation exists in democracy; Bernays addresses how many people are being told what to buy, what to choose, whom to vote for. For Bernays, people do not have to select; they only have to consent.① People consent to use words and phrasings, wear fashionable clothes, buy trendy products, use smartphones, leave data, go to porn websites. With so much consent, even with web freedom it is difficult to show that people do not know or are not aware of what is going on. The web is now trusted by YouTubers, viewers on platforms like Hulu or Netflix—even the *Washington Post*, *TF*1 and *Le Figaro* have changed their way of providing information; now, the real job of television like *TF*1 or a YouTuber is helping Coca-Cola② sell more products. If an advertisement is to be understood, the brain has to be available: the content that you watch online or on TV is a form of entertainment that makes your brain available to take in the ad and go on to consume. It is extremely difficult to create this state of mind, which is why entertainment programs are riding on trends, the latest news and the latest fashions in trying to concoct in consumers a need to discover what is going on. There is no way in this world to transform you into a better or more clever human being. You watch programs that use the basic codes of Tchakhotine: fear, sex, violence, crime—the kinds of programs that you can watch on Netflix or on TV while you consent to leave your data.

Our own deliberative processes are crowded out by systems that are too fast and too ubiquitous for us to keep up with. A related risk is that wealthy

① Onfray (2016).

② As the CEO of the First European TV channel said (in Onfray, 2015:165).

people will be able to afford the best chatbots. Prosperous interest groups and corporations, whose views already enjoy a dominant place in public discourse, will inevitably be in the best position to capitalize on the rhetorical advantages afforded by these new technologies with a thousand digital adversaries. And in a world where increasingly the only feasible way of engaging in debate with chatbots is through the deployment of other chatbots also possessed of the same speed and facility, the worry is that in the long run we will become effectively excluded from our own party. To put it mildly, the wholesale automation of deliberation would be an unfortunate development in democratic history. Indeed, if wealthy politicians could buy the best chatbots, collecting data from everyone, and could tell you whom to vote for by harnessing your instincts and deeper pulsions, why would not marketing and purchasing work in exactly the same way?

Why not consent to GAFA to decide for us what to purchase? In the next section, we examine this submission in depth.

B. Conscious or Subconscious Submission to the Myth of GAFA

A significant number of social behavioral influence techniques exist. In this chapter, we will study those which have been the subject of the greatest number of publications in the psychosocial literature.[①] Their level of efficacy is variable, as some will lead you to give 20 cents more to a stranger in the street because he wears the right suit; while others may lead you to use a search engine under the pretext that you are supporting *Ecosia*, the search engine that plants trees. We will see that the same technique can be equally effective when it comes to encouraging people to divulge their data when they accept the general conditions of sales.

Despite their differences in effectiveness, these influencing techniques all have something in common: they do not use any physical, moral or economic pressure to induce the expected behavior on the part of the user. The individual agrees to be manipulated; it is in human nature to obey a figure of authority as with the myths of old, and so it would be by natural

① Guéguen (2006).

extension that people will obey the new myths in GAFA. Over the course of time, people have consented not to be free, meaning they have given up certain freedoms in exchange for their protection and welfare. Hence it is unsurprising that they would now pay obeisance to the new divine creators.

a. Legitimacy of Authority

In July 2017, researchers at the University of Washington created a photorealistic President Obama to make phony speeches, or what are commonly known as "deep fakes." "Artificial intelligence was used to precisely model how Mr. Obama moves his mouth when he speaks. Their technique allows them to put any words into their synthetic Barack Obama's mouth."① When it is impossible for the human brain to distinguish between the truth and falsity, it will be artificial intelligence that will protect us from these manipulations. Only artificial intelligence will be able to mathematically analyze such videos and affirm whether it is really the president who is declaring war or if it was a manipulation carried out by a hacker. Like chess and the game of Go, we can see that AI perceives more clearly than we do.

While computers do not execute tasks completely on their own (meaning humans have some form of input), it is only a matter of time before computers will be producing more inventions than humans, reinforcing the legitimacy of GAFA. There are creative robots and AI systems that can autonomously create original works such as paintings, music, and recipes with little to no human interference. Researchers from the Georgia Institute of Technology gave Shimon, a robot, a vast amount of musical data (5,000 songs, two million motifs, riffs, and short passages of music), and Shimon was able to compose and perform its own music.② As another example, Google created an AI system that could independently write its own poetry after it was given thousands of pieces of unpublished romantic poetry.③ Robots and AI systems can create things that, if created by humans, would

---

① BBC (Jul. 17, 2017).

② Wired (Jun. 14, 2017).

③ Wired (May 16, 2016).

qualify for copyright protection, sparking debate over who is the originator of a creation: the human developer or the robot itself?[①]

Why would we not obey the kinds of rulers of the universe who own these AI, capable of creating products and arts? We can affirm that GAFA, as brand images, have a special place in subjective interactions within a group or tribe: they are vectors of shared symbolism, they can create a common language, mutual exploitation, and recognition. In short, the brands behind AI are important, authoritative factors in creating and maintaining social ties.

The American economist John Galbraith claimed that power is controlled by companies: television, radio, sports events, telecoms, internet and demonstrations transmit day and night the new gospel through jingles, slogans and brand promises. Is it not said that the devil never sleeps? The brand is deified for and by people. Conditioned, they grow up with the idea that its mark signifies a goddess, a source of authority, a superhuman image. Companies create continuously millions of offers of new services, breaking the rules of the market: Apple would never launched half of their offer if they have listened their customers. People never wanted an Ipad, that they called a "big cellphone without the option of calling". But customers now think that they cannot live without a tablet. Who is strong enough to do this "kinds of magic"?

If we believe in God, it is because religious propositions infiltrate our minds quite easily. Believers in a spiritual entity are inclined to act in obedience to this entity. One study[②] has corroborated this hypothesis by showing that obeisance tends to increase as the subject's degree of religious orientation increases. Thus, believing and practicing subjects are more obedient than non-believers.

The brain is unwittingly susceptible to a very particular form of

---

① Sohail (2018).

② Bock and Warren (1972).

information processing such that human beings have a cerebral propensity to trust in a divine spirit, regardless of whether any individual is a believer or not. People have a facility to believe in the divinity of a superhuman being, and so likewise of brands like GAFA. Such psychology works in tribal marketing, eliciting a tenuous, almost unconscious perception that provokes a kind of conditioned instinct. A group of neurologists used MRI scanning to study the reactions of an Apple fan when confronted with images of Apple products.① The scans showed that Apple products are responsible for the illumination of the same regions of the brain that are activated through observation of religious images by believers. Similar to the traditional seats of mythic forces such as religion and government, brands provide consumers with a sense of belonging, a connection that is of course advantageous for brands in manipulating consumers.

New entrants in the league of GAFA will play on standards of scientific authority. This is the case with the Alphabet Project regarding the extension of life or SpaceX with human colonization of space. This calls to mind a 1966 study② in particular because of the characteristics of the subjects used (nurses) and the place in which their capitulation behavior was tested (the hospital). Out of twenty-two nurses in the experimental group, twenty-one (95.5%) complied with the experimenter's request and administered a lethal dose prescribed by a fake doctor.

Humans on the whole enjoy being ruled. The thought of a Mark Zuckerberg or set of big brands providing order and security for all could calm us and help make us feel safe. Governments and rulers have been a leading factor in the progression of humanity since ancient times—why not brands?

b. The Dimensions of GAFA's Authority

In this section we explore the different dimensions of GAFA's

---

① Digital Trends (May 19, 2011).

② Hofling, Brotzman, Dalrymph, Graves and Pierce (1966) in Guéguen (2006).

authority: through graphic charter, humility, and social learning.

i. Authority by Symbols and Graphic Charter

Individuals become incredibly agile when, in a given situation, they are defined in such a way that they accept their dominance by a person of higher status. In such an arrangement, they no longer feel responsible for their actions. They see in themselves a simple instrument designed to execute the wills of others. There are many variables that influence submission to authority: the institutional framework in which the Milgram experiment took place at Yale University, for example, and the legitimacy accorded to those who worked there in scientific uniforms.

Other variables such as graphical elements and visual symbols also play a big role in obedience. The French Revolution used the tricolor flag as a visual symbol and the Marseillaise as a vocal and auditory symbol. The church chose the cross. When they chose the swastika as their emblem, the Nazis used the same process. The symbol, as a logo, shocks and suggests and, without giving information, operates on emotion.

Google, with its logo changes, its multi-colored graphic charts, its brand names (Alphabet, Gmail, Google Calendar, Google Home)—in short, its overall brand image reminds us of the effect of the uniform in pushing people toward acquiescence. In 1984, an experiment① featured three people asking passersby for a donation using an identical speech, respectively dressed as a homeless person (condition of no authority), as an executive (condition of authority by status), and in a firefighter's uniform (condition of authority by role), and found that the person in uniform was able to convince 82% of people, compared to 44% for the beggar.

The leap from a cultural symbol to a brand is not as big as you might think. We saw earlier the impact of colors and shapes in logos and packaging. Social and cultural symbols, logos, labels, and all the underlying elements of a brand and its identifiers function as rallying signs for the members of a self-selected caste. Brands can maintain international communities of allegiance if they are attentive to and inclusive of other cultures. For

① Bushman (1984) in Guéguen (2006).

instance, companies such as Google and Nike are mindful of customers' interpretations of their symbols.

ii. A Foot in the Door: Submission to GAFA Step-by-Step

First you let your emails be analyzed; then you accepted that all your information would become the property of social networks and the future giants of the web; now you accept being recorded by Amazon using speakers and agree to having your photos—even the most intimate—scanned. The name given to this technique[①] of free and accepted manipulation ("foot in the door") is inseparable from the initial work seeking to study whether a mere act of giving, however innocuous (e.g., giving the time or directions to a stranger who has requested it, agreeing to answer four or five simple questions, signing a petition for a non-controversial cause) predisposes us to accept more favorably a subsequent, related request that is much more costly in terms of time or money (making a donation, answering a fifty-question survey, advocating personally for a cause, etc.). Experiments have shown that similar procedures on the Internet elicit the same results.[②]

Proceeding step-by-step, GAFA started with email analysis and soon will decrypt your sleeping preferences in order to better understand your sleeping patterns and, with this information, sell you sleeping aids. The same goes with sexual preferences, as demonstrated by Durex with its Durexperiment, which involves an application that plugs into connected underwear.

The foremost theory of the explanatory assumptions of the foot-in-the-door effect is the one of self-acceptance (a compliance tactic that aims at getting a person to agree to a large request by securing agreement to a small request first). In December 2018, Netflix released "Black Mirror: Bandersnatch," an interactive film where the audience gets to choose their own adventure. This interactive format gives Netflix an advantage in gathering data from user participation and demonstrates a new way in which data could be used to create an internal programmatic marketing infrastructure. Alongside their recommendation algorithms, companies can

① Freedman and Fraser (1966) in Guéguen (2006).

② Guéguen (2006).

use interactive films like this to access more detailed patterns of discovery and insights to generate new data that is indicative of real-world decisions, such as product or musical preferences and engagement with human behavior. "Bandersnatch" is a new form of data mining that gives Netflix more specific audience information than ever before.①

c. Submission by Free Acceptance

With obedience to authority, the use of an institutional framework and a figure of authority is necessary. With voluntary yielding, the use of controlled procedures or techniques elicits the expected behavior.

i. Evocation of Freedom and Manipulation: "*But You Are Free To ...*"

Nothing is easier in the modern age than creating a context of perceived freedom. It is enough to combine our requests of others with a sentence affirming that they are free to do or not to do what is expected of them.②

Might freedom of action in our advanced democracies be the ultimate weapon of brand manipulators? Believing that we are acting freely, we are in fact being manipulated by this belief. The sense of freedom associated with people's behavior is one of the conditions conducive to their engagement and therefore increases the likelihood of an individual exhibiting an expected behavior. We have seen the extent to which commitment is a powerful factor and that one must always ensure that subjects feel that they are free to act. For example, Fashion Nova (one of the most searched-for fashion brands on Google in 2018) encouraged their customers to freely take pictures of themselves wearing the brand's clothes and tag the photos with #novababe and #fashionnova, with the possibility of being featured on the company's Instagram (which has over 14 million followers) and website. There are now over 2.3 million photos of consumers that have been tagged #fashionnova and over 600,000 posts tagged #novababe.

It may be that a simple semantic reference to freedom is a sufficient condition for influencing our actions.③ Indeed, the techniques of influence

① The Verge (Jan. 2, 2019).

② Joule and Beauvois (2002).

③ Joule and Bark (1998) in Guéguen (2006).

that we have studied previously often use a reference to the freedom of the subject: "I do not want you to feel obliged," "It is up to you," "You are free." Moreover, our daily social interactions use phrases that aim to make the subject feel responsible for deciding what to do: "Do what you want," "You decide," "I do not want to force you but ... ."

A study testing the simple effect of the semantic evocation of freedom did so using a case of interaction by email.① The goal was to see if traffic on a site supporting a humanitarian cause (child victims of the world's anti-personnel mines) could be increased. The site was called "Mine Victim Childhood" and presented on its home page photos of child victims of these traumas along with text to increase awareness. A message was sent via automated e-mailing software to nine hundred people whose addresses had been captured on the web. This message contained the following text: "Give five minutes of your time to childhood mine victims by clicking ... ." Under this text, an HTML page appeared contained a one cm x seven cm button. Depending on the recipient's assignment to one of three groups, the button was labeled "New," "Click here" or "You are free to click here."

The button "You are free to click here" received 50% more clicks than the button "New."

ii. And That's Not All: AI Never Sleeps

The technique of "and that's not all!"② is a kind of offer that AI companies use, presenting an option the way EasyJet offers a car or hotel when you buy your ticket, or otherwise divert attention.

Consider this story shared by my research assistant at the University of San Diego, Jeremy. He was a 19-year-old college student walking back from a class on campus when a bald-headed, soft-spoken man in this 30s, dressed in an orange robe, approached him to ask if he was interested in learning about Hinduism. Jeremy decided to humor the man and told him he was interested. The man gave him an attractive, hardcover copy of the Bhagavad Gita and began explaining what amounted to a mix of Buddhism and

---

① Guéguen (2006).

② Burger (1986) in Guéguen (2006).

Hinduism. After a fair amount of time, the man finished his pitch. Jeremy thanked him and was beginning to turn to walk away when the man informed him that a donation would be appreciated and helpful so that other copies of the book could be purchased and shared. Jeremy had thought the book was a gift, but having been given an interesting lecture by the man, and being told that any donation would go toward purchasing more copies of the gift, he felt that the right thing to do was provide a donation. He gave the man $ 5 and walked away with a copy of the book he had been tricked into buying.

An experiment took place at a party on a university campus where two associates put up a stand offering cakes for which prices were not displayed. Different cakes were set out on a table, and when a person came to the stand, he or she was placed in one of the two experimental conditions. In the condition of "and that's not all!" the first associate—seller said that each cake cost one dollar. At that time, the second associate would ask for the first associate's help for whatever reason. The seller would ask the potential buyer to wait for a second. Then, after two or three seconds of conversation with the second associate, the seller addressed the subject again and announced: "and that's not all! The price also included two cookies," because they would close soon. In the normal condition, when the subject asked for the price of the cakes, the associate—seller said that they were sold in batch form with two cookies and that the whole cost 75 cents. 73% of people bought in "and that's not all!" conditions, against 44 % in the normal condition.

A breakdown of an offer by means of two proposals makes it possible to obtain an increase in the acceptance of a request or in the purchase rate of a product. Spotify has an enticing option for students where they not only receive a subscription to its own streaming service but to Hulu as well at a discounted rate. Spotify is able to collect a lot of data using machine learning to determine what you listen to and how you listen. This technique remains astonishing in its efficacy over buying behavior. Hence Netflix offers users a free 30-day trial and if users like the streaming service, "that's not all!"—they can upgrade their plan.

C. Unconscious Submission in Consuming the Myth of AI

Analysis of your face by an AI or the possibility of unlocking your smartphone with a glance, your face micro behaviors, readjusting the information that machine learning has on you—all these elements are the imaginary register of the illusion. The act of consumption concerns vital and natural needs—food, drink, and clothing—but also other dimensions. Eating is not as vital as checking a text.

We examine here the act of consuming a virtual brand—that is, the mythology or the whole meaning of symbols that the brand is supposed to represent online and offline: fantasies, pleasures, patterns of use, all brought unconsciously into the act of buying and consuming.[①] There is a set of unconscious phantasmagoria in the acceptance of buying linked with AI.

i. See and Be Seen

This first step in unconscious acceptance of brand consumption in a *dataist* world is the link with shape and form.

The brand also helps in modeling oneself and the body, signifying open-mindedness and relaxation. Every technique is used, from putting mannequins in clothes to reflecting an almost perfect image of you to offering discounts and gifts to entice you back. This can be seen in the great design of a website, or the cool "street style" of Internet-of-things devices: Apple Watch, Louis Vuitton's connected watch, Google Glass, connected jeans that fall around the hips or basketball shoes that collect data and record your activities to give a certain shape to the feet and ensure a sporty appearance. Brands like Nike and Adidas will use their mythical function to push buyers to wear Internet-of-things devices, collecting data during their workouts.

The brand is like a mirror: customers see themselves in it and become sure of the effect that they want to project or express to others. During one of its annual commercial festivals, Alibaba Group Holding helped the Shiseido brand install an electronic mirror that allowed customers to virtually

① Tomasella (2003).

try on lipsticks and complete their purchases by tapping a few keys on the screen. Face++ from Megvi offers an app that works in the same way: when the lipstick you choose fits, you can click and order. In the social game of conventions and trends, but also in the recognition of peers, the brand is a pass or a mark of legitimacy, much like in the movie *Anon*. It is a mask that you put on, a costume, a crown that adorns, and at times an armor.

It is no surprise that people have accepted technology that is rapidly catching up with the human ability to read faces. In the US, facial recognition is used by churches to track worshippers' attendance, in the UK by retailers to spot past shoplifters, and in 2017 by Welsh police to arrest a suspect outside a football game.[①]

In China, AI facial recognition verifies the identities of ride-hailing drivers, permits tourists to enter attractions, and lets people pay for things with a smile.

ii. The Uterus and the Umbilicus Syndrome

The second set of phantasmagoria of AI brand consumption is found in fusion or symbiosis—a complete whole formed between the brand and the consumer, similar to the womb as a safe haven for a fetus. The AI brand is the consumer matrix, the consumer's surrogate mother, which is why we accept its advice. Like in the movie *The Matrix*, the algorithms have taken the power, know everything, and enslave you to produce energy. We are losing our natural referents, saying "please" to Google Home or Alexa when we ask for something. We would never yell at a robot in a hotel, though we are accustomed to yelling at an employee when something is wrong.

We saw Alexa, Amazon's conversational AI assistant, building relationships with users through daily interactions with children being overly polite with Siri. In the long term, what is still considered a technological curiosity today is headed toward taking the place of the mother in our homes, like the ship's operating system in the film *Alien* (named *Mother*) or the intimate and loving relationship of the replicant played by Ryan Gosling in the sequel *Blade Runner* 2049.

---

① The Economist (Sept. 9, 2017).

iii. Bite the Brand and Taste It

The consumer "eats" and "kisses" the brand, which is bitten, attacked, and has its lifeblood sucked out, or even suckled. This is one of the most frequent ways of "consuming the brand," meaning consumers ingest it and destroy it to completely make it their own. This is not just for food products: Burberry designed a new application, monitored by Google, for Saint Valentine's Day where you kiss your phone, and the lips' shape is registered to personalize a love letter. Personal information about the timing of your sending and the size or your lips can be used to advertise makeup to you.

AI brand mythology is its own entity: nothing remains outside and everything is absorbed. AI is able to hold natural-language spoken conversations with clients. It understands their requests, offers solutions, and guides them to a website or through the mall to their chosen store.

Unlike the previous generation of consumers, today's buyers live in a world of customization, from apps and personalized phones to uninterrupted access to music, books, shoes, and so on. A critical element in the consumption of information and goods is instant gratification, and such expectations of interacting in the digital world fuel the same expectations in the real world.

As technology continues to develop, 3D printing and additive manufacturing are on the rise and will soon be accessible to many. Companies that utilize 3D printing will be able to give you what you want, from shoes to living organs, bubble gums or buildings, like the first 3D-printed house in Dubai, melding the new products designed from your desires with the collection of your private data before you realize it.

iv. Tactile Feelings

Blooming and expanding, fiery tension and heightened tactile sensitivity related to the brand: we are in the realm of excitement and pleasure, perhaps also of urgency, and not looming and oppressive as with bulimia, but rather sharp and acute. In the not-too-distant future, robots will be used to physically interact with people in order to extract some data and manipulate them. Research on this phenomenon is currently underway,[①] with robots being placed at the entrances to luxury stores in order to observe how people make purchase decisions and leave their data in the process. The significance of authority specifically attributable to the physical presence of the robot in eliciting obedient behavior from the consumer is unambiguously measured.

Historically, Kleinke was the first to test how the sense of touch enhances submissiveness to a request made by a "sender,"[②] which she demonstrated through two small experiments. In the first, one of her colleagues would place some coins on the shelf of a phone booth and walk away. She then waited for someone to enter the booth, take the money and leave after making a call. At that moment, she would approach the subject, saying that she had forgotten money in the booth a few minutes ago and asking whether the subject had found it. In half the cases, the experimenter managed to touch the subject on the arm for one or two seconds during the interaction. In a second experiment, this colleague solicited passersby on the street to spare some change. Here too, in half of the cases, the experimenter made contact with the arms of passersby while making the request. The results of these two experiments show that people respond to touch by giving twice as much money as they would otherwise. Soon robots will be set up in stores such as Prada, Zara, and Yves Saint Laurent to discretely touch you to influence you. Consider also ASICS, a store I went to, which offers the ability to go into its stores and have your feet scanned "using laser and micro cameras." The result is a 3D scan of your foot, which is compared to a database to find the shoes that match your feet best. Measurements made by the system include foot length, forefoot width, ball girth, arch height and heel tilt.[③] In addition, ASICS offers the ability to have your gait cycle analyzed using video. This involves running on a treadmill for a few seconds while your feet are filmed. The images are then analyzed by an ASICS expert (exactly like in the Milgram experiment). The focus of gait analysis is to

① Harvard Business Review (Jun. 2020).

② Kleinke (1977).

③ www.ASICS.com (Jul. 31, 2018).

measure your degree of pronation. Based on this analysis you can try on shoes that match your pronation pattern. A correct shoe type helps to reduce the risk of injury and improve running efficiency. Buying footwear at an ASICS store thus becomes more than just a purchase, it is an experience. After all, if a computer database, micro-cameras, lasers, video-analysis, and ASICS experts all come together to suggest buying a certain shoe, one might feel as though the opinion of an expert has been offered. Can you see how you have no other choice but to make a purchase when you are in this kind of experiential place? No psychological law can protect you because technology evolves faster than your knowledge of it. Even if you think that your free will negotiates your purchases, scientific techniques have stimulated the right factors in your unconscious to trigger an act of buying.

v. Listening

Appraising a brand requires seeing a product, its packaging, a logo. The ocular cycle is short, external, immediate, and fundamentally abstract.

However, the cycle of hearing is long, internal, concrete, and corporeal. Listening to a jingle or chime (e.g., before a Skype call, the lion in the opening sequence of an MGM movie, or the tone before an *Amtrack* announcement in a train station) is based on distance and attention, the suspension of time. Today, applications on your smartphone or laptop can talk to you in the voice of Siri, Alexa, Cortana, or Google. iTunes allows you to record your music and videos. Sponsored stories and personalized ads and posts adorn the walls of your social media. The subjective relationship to the virtual brand is a back-and-forth on the order of the artistic. It is not really about consumption anymore; it is more like a cultural and friendly exchange, with TikTok videos, concerts on YouTube, or navigating through a watch party on Facebook.

Smart recommendations and virtual voices inside fitting rooms are set to become a big deal that will reshape the retail sector. In the future, you will talk to a machine that will show you five other offerings in 10 different shades. The AI will recommend the best-suited tops, bags and other accessories to go with your choice, significantly boosting sales. The personal friend—the first step toward a virtual AI who will be the brother we never had, or the best friend that never sleeps and understands us without judgment—will help us buy the perfect products.

We have examined here the different forms of unconscious obeisance that exist in the relationship between brands and consumers. Consumers obey these authorities, consciously and unconsciously manipulated through all the psychological dimensions of their lives. Through AI, brands will have the ability to know everything about us and, by catering to our every need like the sources of authority that preceded them, we will be more inclined to let them make our decisions for us. However, as we will see in the next section, there will be consequences to these actions and looming problems that will have to be dealt with in the future.

D. Our Future Legal and Political Problems

Strategies to control consumers' purchases have always been around. However, the development and application of AI to gather comprehensive data for purposes of influencing consumers is unprecedented. All of this AI technology is being developed and applied to purchasing in our daily lives, but what will be the political consequences of these actions if people consent to being guided in their choices? How will this be policed? There will be novel legal and political issues that will have to be addressed now and in the future. Companies and states will become illusory, omniscient entities that know everything about consumers—know them better than they know themselves. Legal issues will soon follow, but what about the laws if brands are upheld like superhuman images for perceiving the needs of humanity?

a. Legal Issues

Wading through the current legal environment is particularly challenging in an AI context for three reasons. First, the law faces major challenges in keeping up with the advancements of AI due to its constant evolution over the past years, and the world is hardly prepared to overcome them. For example, the US government has copyright laws that fall short of envisaging creations that are even now being generated by machines. In interpreting copyright laws, case law dictates that it protects the "fruits of intellectual labor," which are only borne of the creative strengths of the individual human mind. But works generated by machines are not yet eligible. Secondly, the law is so complex that only an AI could analyze the billions of lines of legal text. We will thus need AI in order to protect people from AI, to whatever extent they continue to have rights to such protection. Thirdly, the legal challenges that professionals and researchers might encounter in regulating data collection also vary from country to country.

Some legal issues arise as to whether stores that you shop at can secretly use facial recognition on you. While it is generally known that major retailers have video cameras in their stores and that your movements are captured on video, can stores capture your image, retain it, and connect it to your real-world identity (for example, if you use a credit card at checkout)? Can they connect these images with information about your income, education, demographics, and other data? Right now, yes. Service providers like the startup IVS allow this kind of tracking. Consumers would not expect that every move they make in a store will be analyzed by AI and stored away to give companies insight into their shopping habits, patterns, and preferences, all to be shared among different companies, advertisers, and third-party data brokers. By buying or licensing data or by mining public records, third-party data companies can assemble thousands of attributes each for billions of people. These quiet giants of data include famous big names: ①

—in people search: Spokeo, ZoomInfo, White Pages, PeopleSmart, Intelius, PeopleFinders, and the numerous websites they operate;

—in credit reporting: Equifax, Experian, and TransUnion;

—in advertising and marketing: Acxiom, Oracle, Innovis, and KBM.

While collecting such data is critical for companies to tailor their products and services in a manner that satisfies consumers, they must ensure that the information collected, especially where it crosses into consumers' private lives, is kept confidential and not released to third parties without

① Fast Companies (Feb. 3, 2019).

their consent. For example, a law in the US state of Vermont requires companies that buy and sell third-party personal data to register with the Secretary of State.[①]

Publishing such private information is a breach of the UK Data Protection Act, among others, and might subject the company to lawsuits in court, which can negatively impact its corporate image. For example Admiral Insurance, a UK car insurance company, faced immense backlash with its plans to launch firstcarquote, which would base its car insurance rates on a computer analysis of an applicant's Facebook posts.[②]

Apart from issues relating to privacy, storing and analyzing detailed (and often erroneous) consumer profiles can lead to race- or income-based discrimination, in a high-tech version of redlining:[③] the algorithms directly or indirectly consider gender, race, ethnicity, sexual orientation. Technically the American 1968 Fair Housing Act outlawed traditional redlining. However, in the age of AI and big data, applications for employment, insurance, and loans are increasingly being evaluated by data mining models. Amazon stopped developing customized algorithms for evaluating the resumes of applicants: "The algorithms trained on the resumes of job applicants over the previous ten years, favored people who were like the (mostly male) people Amazon had hired in the past. Candidates who went to all-women's colleges were downgraded because men who worked at Amazon hadn't gone to those colleges."[④]

Whenever companies gather data on a busy street (for example, using cameras or connected trash cans in the French city of Nice), they face legal issues of basic privacy rights that may not pertain in other countries. The legal issues surrounding the collection of data in a public area like the street

---

① Id.

② Fast Companies (Nov. 20, 2018).

③ Id.: During the Great Depression, the federal government created the Home Owners' Loan Corporation, which made low-interest home loans, and the Federal Housing Administration, which guaranteed mortgages made by private banks. The people running HOLC constructed "residential safety maps" that graded neighborhoods on a scale of A to D, with D neighborhoods color-coded in red to denote undesirable, high-risk areas.

④ Id.

(where cameras will be soon everywhere like in Beijing or in Atlanta; two cities in the top 10 of the most-equipped surveillance cities in the world) include infringement of laws that govern personal data privacy, which is another significant issue. In 2020, the GDPR was the most advanced legal protection in the world for regulating data in a territory, while many countries offered no such protections.

The public will not be ready anytime soon to accept that machines will make laws regarding data protection obsolete, but private organizations and other influential institutions are working toward such a change. The coalition Partnership on AI is one such non-governmental institution founded by major companies such as Google, Amazon and IBM (Eric Horvitz and Mustafa Suleyman of Alphabet are founding co-chairs) seeking to affirm that AI is an asset for humanity.

Neuralink, an American neurotechnology company founded by Elon Musk and eight others, reports to be developing implantable brain—computer interfaces. Likewise, Bryan Johnson with Kernel's brain-decoding technologies or Mark Zuckerberg with Facebook's research on telepathy have the potential to change everything. When one person can communicate beyond the use of the known senses, everybody will want to be a superman. Let's take a single example: if one day your neighbor could see further away than you for a couple hundred dollars, without any risk, it would create a feeling of need, linked to the concept of our consumption society itself and operating on the demonstration effect discussed earlier in this book. No body or thing could stop this race for newly created needs—the need to perform better, to *become* better. And when companies can insert implants in you, they will be able to collect your thoughts and your data in a nanosecond. While the Data Protection Act governing the sharing of research data guarantees the confidentiality of everyone participating in studies, it makes no mention of telepathy.

AI will be endorsed by some politicians while others will try to manipulate electors by harnessing fear of it, reinforcing the clash between those who are pro-AI and those who are against it. No matter how this plays out, AI technology will inevitably grow and strengthen.

But when AI becomes more efficient and efficacious than humans,[①] when it can create works of great art or commit great acts in the art of war, will we need special AI implants to fight and resist? Fear of AI will be everywhere and big companies will tell us that we will need AI to withstand the actions of strong AI. And once more, they will use these implants to collect your data, your thoughts, your ideas, and your intuitions, all to be analyzed by AI to create new products and services to sell to you. A new order will be established.

b. AI and Marketing Empire

Our technological colonization by the giants of artificial intelligence thus far remains silent. Society does not believe in a war that it cannot see. Countries such as the United States, Israel, and Switzerland are digitally colonizing other countries by way of the apps, tech and algorithms described earlier in this book. These databases give vast competitive advantage to capitalist enterprises—companies that are beginning to look more and more like nation-states. Some industrialists, such as Alibaba founder Jack Ma, think artificial intelligence will allow the Chinese Communist Party to drive the economy better than the capitalist market in China. How could an individual compete with such a force when it is projected that investment in AI industry will reach one trillion dollars by 2030?[②]

Computer calculations make possible political practices that were unthinkable only 20 years ago. Much like the reading of our DNA, the analysis of the trajectories and composition of the exoplanets, and advances in autonomous cars—the same kinds of evolutions are taking place in the piloting of democracy and the nation-state. We will be able to hold in our

① The organization, "Partnership on AI," founded by big companies (Eric Horvitz and Mustafa Suleyman from Alphabet are Founding Co-Chairs) to seek to affirm that AI can be useful for human beings ... in order to prepare a public which is not ready to accept that machines make them obsolete.

② Alexandre and Copé (2019).

hands computers that can perform billions of operations per second by 2050.[①] Everything—our way of life and the organization of society—will change, regardless of whether it is by democratic or other processes.

Democracy is the power of the people, by the people, for the people. Today, artificial intelligence and studies by the University of Chicago have shown that online marriages are more satisfying and last longer than old-fashioned marriages.[②] AI unites us better than we do. If it is able to successfully weigh in on our private lives, then it is quite possible that it will be effective in managing our public lives, as well.

Michel Onfray[③] summarizes the constitution of a dictatorship through seven general principles, which we will examine under the light of AI:

1. To destroy freedom, it is necessary to ensure perpetual surveillance by social networks and those who wield big data. It is taking place in the Western world where Strava, a fitness app, allows you to geolocate while jogging. It is also necessary to erode personal life, to eliminate loneliness through abundant use of social networks, to foster the obligatory holiday festivities of Halloween or Black Friday.

2. As a second general principle of dictatorship, it is necessary to impoverish the language. The population must be compelled to adopt a new language (from LOL to emoticons) just as Newspeak is spoken in 1984, to use double language, to categorize people as extremists if they do not think like others, to destroy words, to speak the unique global business and *accessible* language of English

3. Abolish the truth. We must teach the new ideology, use the conglomerated media to spread fake news, and dissolve all those who fail to embrace the dominant ideology.[④] Our newspeak is a way for governments to control information and convince people to be controlled.

---

① Id.

② U Chicago News (Jun. 3, 2013).

③ Onfray (2019).

④ Bock Coté (2019).

4. Delete history. Erase the past, recreate history, invent memory, destroy books and replace them with blogs, industrialize literature with indigestible pulp.

5. Deny nature. It is necessary to destroy the drivers of life, to organize sexual frustration[①] and the misery of desire, to procreate medically, to elevate humanity by proposing that humans become robots. The new myths, including Mark Zuckerberg, who published an incredible manifesto on the need to build a global community, consider the giants' role in this mythical and civilizational project with a deep and infinite faith in technology.[②]

6. Propagate hatred. We must create an enemy, such as the populists who attack market theories according to the principles of family and nation.

7. Aspire to empire. It is necessary to foster children who can no longer spend a moment without playing on their iPads or watching videos on YouTube, to govern through the elite and make people dependent on a future universal income, and especially to enslave, thanks to the progress of technology. Who would leave his mobile phone to be out of control, would agree to no longer use Uber or Instagram, or to cease being connected or attached? How could one counteract a state removing driver's licenses to make room for autonomous cars and telling you that currently vehicles and traffic accidents kill more than a million people each year, twice as many as war, crime, and terrorism combined?[③] "Everything is moral in individuals, everything is physical in the masses," said Benjamin Constant. The individuals between them have a balance of power but as soon as the individual belongs to a social network he is no longer free.

Surveillance through artificial intelligence is the most accomplished of all surveillance enterprises to date because no totalitarian regime could ever have predicted such narcissistic and self-absorbed subjects pointing themselves out with such jubilation, satisfaction, and joy. La Boétie's

---

① Soral (2012).

② Facebook (Feb. 16, 2017).

③ Harari (2017).

theories[1] on voluntary servitude speak very well to this. Today, Google has created algorithms that instantly recognize when you take a nude picture of yourself and will tuck away such pictures in a special hidden folder. You think for a moment that this application will help you maintain your privacy while it delivers this product on behalf of a giant company in the business of advertising?[2] And this application, which represents a most elegant example of voluntary servitude, has reached soaring peaks in consumer downloads.

① La Boétie (1576).

② The Verge (May 24, 2017).

In the next part

We will see that whatever people ultimately decide (whether to give unconscious consent for companies to stealthily collect their data in exchange for the illusion of free choice, or to let companies collect their data and decide with conscious approbation), there is a way to adapt in this world:

1) *To be free*, understanding the global coherence of the system and using its codes. One must understand how this chaotic world evolves and capture one's place in an Ai-driven society; and hence ...

2) *To be somebody*, daring to differentiate oneself in a world full of opportunities. To flesh out this possibility, we will consider some personal anecdotes of success ...

3) *To make money*. Here, we will consider numerous examples of startups concerned with AI that have become successful within a couple of years or even in a couple of months.

This last part is directed toward people seeking advice on successful startups and how to thrive in this rapidly changing world. Readers who are concerned more with information on AI and its use in consumer manipulation may prefer to skip this chapter and proceed to the conclusion.

Part 5: Be Free, Be Somebody, Make Money

This last part of the book seeks to prepare you in your aspirations to be free through understanding the world in which you live; to be somebody (and I will give you my personal advice on micro-innovations for your daily life and some dares to challenge you); and to make the most of your opportunities to make money, considering examples of successful business created from AI innovations from around the world.

A. Be Free: Understand Your Environment

Like in Plato's *Allegory of the Cave*, you cannot be free if you do not understand the mechanisms by which the world operates. In this part, we begin by seeking to understand what is behind the world of AI and how to decrypt it. If you understand the past and its mechanics, you will be able to write your own future. We will then analyze how our environment has accelerated, and how we must deal with it.

a. Understand Your World: Decrypting a Global Chaotic Process

French philosopher Henri Bergson developed a concept in 1907 called "creative evolution."[①] He suggested that evolution is motivated by the "*élan vital*"—a vital impetus that can also be understood as humanity's natural creative impulse. Basically, the world goes where it must by way of a tortuous, chaotic magma.

---

① Bergson (1907).

How can we be different in this faster, more stochastic world? The AI revolution appears to be a chaotic process. Chaos theory explains that tiny changes in initial conditions in a system can bring about giant shifts in this system, following the famous observation by Lorenz that a single flap of a butterfly's wings would be enough to change the course of all future weather systems on Earth. Presently, the AI innovations of the Third and Fourth Industrial Revolutions are rapidly bearing fruit. Facebook is copying Snapchat, which bought Instagram, which is a kind of Pinterest. Even LinkedIn is just a professional Facebook. Products are commercialized under a banner of innovation or a new heading. While innovations accrue arithmetically (1, 2, 3, 4 ...), AI inventions accrue geometrically (1, 2, 4, 16 ...).

Artificial intelligence is the result of a change in technological and cultural mindsets following, respectively:

—Theories on innovation (that innovations deeply transform society like in an industrial revolution); and

—Max Weber's spiritual concepts (that evolutions in the way of thinking in a group are the beginnings of strong technological shifts). Indeed, the development of liberalism and individualism in the world and specifically in California opened up huge potential for creativity, bringing Silicon Valley into existence. In the same context, changes implemented in China in the 1980s brought forth a new civilization ready to innovate.

The route to the materialization of artificial intelligence can be summarized through the schema depicted below.

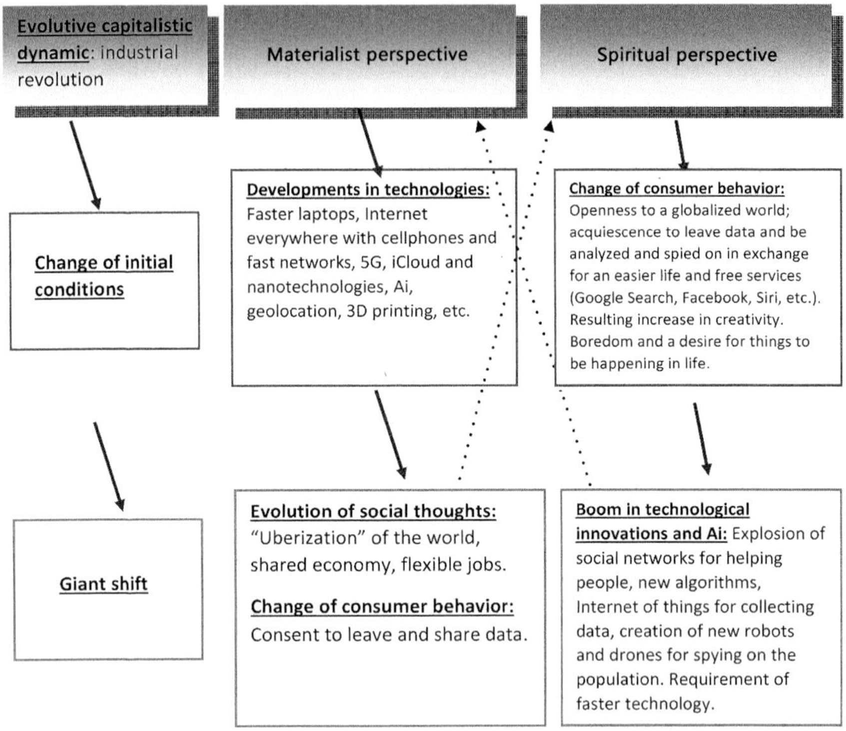

The historical dynamics giving rise to artificial intelligence

As you can see in the schema above, there is a connection between developments in technology and changes in the behavior of consumers. It is important to understand this cycle. This is the world we find ourselves confronted with, and it is difficult to understand it because it is moving faster and faster. This is also something that you need to deal with.

b. A Faster Environment: Deal with It

200 years ago, fastness was already a key factor of success. Napoleon understood that the world would change quickly through the effects of globalization. He envisioned before anyone else the creation of sprawling empires like the Soviet Union, and the United States, even if he could not see them. He thought that a replication of the Roman Empire (see: Spain, actual Germany and Italy, Belgium and Holland) would help France to become one of these major empires with a thriving population. Communication is the key to success in an empire. It has to be rapid because

of the homogeneity and interdependence of countries' populations.

Everything is even faster in our present metropolises and megalopolises. The French sociologist Jean Viard talked about the growing importance of collective belonging due to increased interaction via social networks during the Coronavirus crisis.① We can observe here more globally Zygmunt Bauman's concept of liquid society: late modernity is marked by large, global capitalist economies with their increasing privatization of services and by the revolution in information and communication.② For example, researchers are not only publishing in official scientific journals anymore (a process which takes usually months or years), but through blogs and open source platforms like *arxiv.org* in order to show that they are the first, and to boost and accelerate their contributions to the development of society.

This liquid society is also well described by Kai-Fu Lee through the concept of OMO:③ online merging with offline, where all the Internet of things will be integrated with your life. Facebook and Microsoft have worked together on the Open Neural Network Exchange (ONNX), an open-source artificial intelligence ecosystem. Even if Apple and Google are not working on it, this promulgation of open-source material helps society to go increasingly faster through extensive interconnection.

The phenomenon of a faster environment also appears in the concept of "movementism":④ a society besieged by constant and accelerating motion is consubstantial with the era of artificial intelligence. Because you are in perpetual movement, you are leaving your data everywhere, all the time, whatever you do. Reflecting the spirit of movementism, in the French presidential race of 2012, socialist candidate François Hollande's slogan announced: "change is now!"⑤ In 2017, then-candidate Emmanuel Macron's slogan urged an embodied movement: "let's walk!"⑥

AI is also transported by bodies. Far from the digital captivity of their

① Ouest France (Apr. 4, 2020).

② Bauman (2005).

③ Lee (2019).

④ Taguieff (2001).

⑤ Le changement, c'est maintenant!.

⑥ En marche!.

chatbot counterparts, AI robots are tangible and can move around. British Airways recently announced a robot testing program designed by UK startup BotsAndUs.[①] Carried out at the heart of London Heathrow Terminal 5, this experiment has been designed to involve simple tasks, such as accompanying travelers on the move. Fed by artificial intelligence technologies, these robots, dubbed "Bill," can respond in multiple languages to requests for flight information in real time. They are also equipped with dozens of sensors that allow them to constantly scan their environment, and using GPS, they can guide customers to specific locations, such as a check-in or assistance area. It is a sign of things to come: in the future, everything will be done to facilitate moving faster and, once again, leaving more data. Of course, some politicians and writers try to resist this idea of constant change linked to the expansion of technological innovations, such as Bellami with his book *Remain*[②] advocating staying in the same spot, ecologists with their exhortations to consume locally, or Donald Trump with his enticement to return the US to an erstwhile state of greatness.

This concept of movementism has been explored by Chinese startups. Whatever purpose an innovation may serve, it has to be implemented quickly and efficiently to seize upon profitability.[③] As far back as three years ago, the bicycle sharing app Mobike in China saw four times as many trips per day as Uber did worldwide. Mobike uses Internet-of-things devices such as solar panel batteries and internal laptops that can efficiently collect data about the bicycle user while in transit through what are now called "smart cities." Such cities, which connect people all around town, are emerging in Saudi Arabia and China. "Neom" is a planned cross-border Saudi city planned for 2025 at the cost of 500 billion dollars. In this futuristic touristic smart city of 26,000 km^2, one will find flying cars, robotic dinosaurs and even a giant artificial Moon.[④]

Everything is going so fast in our society that some companies are

① L'usine digitale (Jan. 2, 2020).
② Bellami (2019).
③ Lee (2018).
④ Wall Street Journal (Jul. 25, 2019).

already suffering; what will the options be for a Louis Vuitton digital store to adapt in the luxury market when Alibaba will be able to sell luxury articles at the click of a button? What influence did Toys "R" Us wield before Amazon when the company went bankrupt in 2018?① Kai-Fu Lee confirms our prognosis in Part 2 of this book, announcing that a fourth industrial revolution is unfolding,② faster than any before it, and accelerated by AI through three forces in particular:

—First, this industrial revolution is based on algorithms rather than the production of steam engines, generators, nuclear plants, or microchips. Software and algorithms can be duplicated in a microsecond.

—Second are hedge funds specialized in investing a lot of money in a new concept among startups: "unicorns," a term coined in 2013 by venture capitalist Aileen Lee, who chose the mythical animal to represent the statistical rarity of successful ventures valued at over one billion dollars.③

—Third, a new giant actor is running in the race: China. With one-and-a-half billion people, investments focused on AI and, most importantly, a generation which never bore witness to the revolution of laptops, but instead came of age in the era of cellphones and perpetual connectedness through 4G and 5G networks, Chinese people are divulging huge quantities of data all the time, accelerating the race between the giants of new technologies all around the world.

Bennett Harrison in his numerous books④ has shown that capitalism is becoming increasingly impatient, aided by the new technologies of information and communication and the rise of Ai. It is not about maintaining the right tempo in being fast, but rather embracing the right credo in constantly speeding up. This neo-capitalism is defined by its impulsivity, compulsivity, and undifferentiation. The world of AI presents a new field of play in our

---

① CNN Money (Mar. 15, 2018).

② Lee (2018).

③ Wikipedia (2020): Unicorn.

④ Harrison (1994); Bluestone and Harrison (1984, 1988)

capitalist trajectory. In this context, not only you and everyone else but all the companies that hope to survive will have to move fast in addressing the persistent multiplication of Ai's innovations. Be as fast as Donald Trump's tweets! If you want to be somebody, you have to be fast.

B. Be Somebody

In this section, I want to share with you some of my personal experiences: how I decided to use the concept of micro-innovation in my personal life after having come to understand a fast-moving, chaotic world; how I quit my cellphone for two years (discussed in Part 1); and how it helped me to create new products, to be involved with scientific experiments, and to launch the famous software *Nestor AI* (discussed in Part 2).

a. Micro-innovate and Dare

i. Start Micro-innovating!

We explored above how the rapid pace of the AI revolution is linked with chaos theory. It shows that dependence on initial conditions of a system, like capitalism, can be perilous. The appearance of AI innovations will be reflective of chaos theory in the near future. Innovations will multiply and the AI capitalistic system will change all the time, and in order to be efficient in your daily life and reduce your expenditure in managing your time, you will need to micro-innovate. I developed the concept of micro-innovation when I was a PhD student. A micro-innovation is a tiny modification to an existing offer that can change an entire system.

Micro-innovations are analogous to chaos theory in business, corresponding to the study of nonlinear dynamics, wherein seemingly random events are actually predictable through simple deterministic equations. Like the metaphor of the butterfly flapping its wings in Tokyo creating a storm in New York, chaos is like the mechanism of a watch: almost invisible from a consumer point of view but nonetheless essential.

A micro-war began, for example, among online services jockeying for your time spent online, as illustrated by the concept of *autoplay*. If Netflix creates a feature to automatically play the next episode of the TV show you are watching, Netflix will take your time and attention from Amazon, Facebook, or YouTube. These competitors will of course use this same tactic to win back your viewership. This process of micro innovation followed by copying by everyone else is a never-ending race toward keeping you connected, and is run by all actors, including consumers. Consider Carvana. com, which changed the way people buy cars through a micro-innovation, removing the traditional dealership infrastructure and replacing it with an online-only e-commerce platform engaging countless parties, multiplying the exchange of information. Customers can go online from their computers or cell phones to shop for, finance, and trade-in cars. Customers can take a car for a "virtual spin" to check out all of its features and inspect for any imperfections using Carvana's patented 360-degree image technology. With the intermediary out of the picture, customers do not have to worry about negotiating or being pressured, as financial and contractual matters are all handled electronically. Carvana's "vending machine," which stands in for a traditional dealership and has no human salesmen, can hold up to 30 cars. Customers receive an oversized digital Caravana coin to activate the vending machine and when the purchase is complete, the car can either be picked up or delivered.

In a business context, and particularly in a rapidly evolving environment, many companies develop certain qualities such as adaptability, reactivity and innovativeness. But in the future they will be unable to outpace the billions of dollars of research and development carried out by Ai. Indeed, companies that miss the AI train in the coming years will not even be able to compete with their own cohort. We are going to witness a staggering number of bankruptcies and sweeping purchases of traditional companies by giants. More and more, firms will have to make use of new kinds of innovation that are radical, disintegrative, incremental—and *micro*.

In 1987, American Airlines determined that reducing each passenger's salad dish by one olive would reduce costs by $ 40,000 per year.[①] This micro-innovation story made headlines because the cost of an arbitrary garnish had

① Forbes (Jun. 4, 2015).

a surprising impact on costs. In the age of AI, micro-innovations include updates to your cellphone's software or occasional changes to Google's logo. Internet-of-things and connected devices allow store managers to adjust lighting in a shop or dial up perfumes in any mall in the world, deployed to keep you intrigued and push you to consume more.

Micro-innovations enable companies to revitalize their offers by proposing a change through the tiniest perceptible marketing initiatives. Consumers perceive such changes through preconscious mechanisms, rewarding these minute modifications with increased consumer satisfaction. Coca-Cola conducted research that found consumers put an average of 3.2 ice cubes in a glass, and that the favorite temperature of a bottle bought in a store is 2℃ Even if these seem like minute details, they are the focus of important studies guiding companies in the tiniest modifications to maximize consumer response.

Consumers can nevertheless remain oblivious to such changes without directly comparing the post-innovation product with its predecessor. Consider the example of French newspaper *Nice Matin*. After the paper's logo was changed ever so slightly every day for a year, the changes remained imperceptible until one compared the logo from the beginning of the year to the logo at the end. With this example, we can see how micro-innovation can be used to revitalize an old range of products, logos, or trademarks, imparting to the consumer the sense that a brand is dynamic. Look at the micro-portions of the logos presented below; most people can easily recognize the brand behind each element:

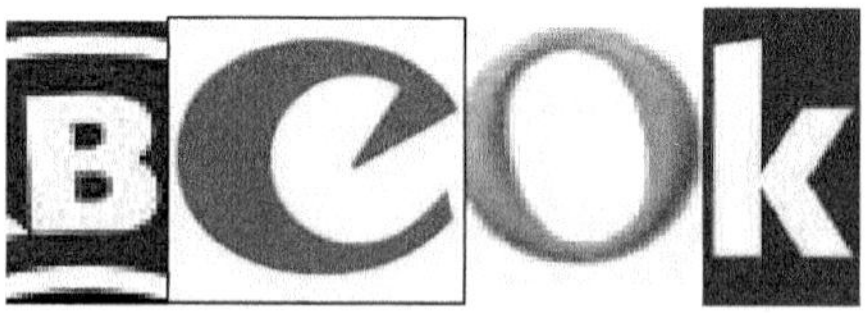

Image 4: Examples of familiar logo elements

With the race for AI dominance becoming super-competitive and highly costly, the time has come to micro-innovate. Google is certainly going to offer you a personalized logo on your home page. Based on your recent searches, your calendared meetings, your recent moves through Google Maps or Waze, Google will display a targeted logo which will catch your attention and tempt you with a commercial link.

Change tiny things in your company, in your management style, and in your life. Involve your teams and your colleagues in these micro modifications, creating brief but rewarding social occasions in the workplace, delivering small unexpected bonuses, changing up routines for a couple of minutes. For all that it has upended in the workplace, in opening us up to new possibilities, the Covid-19 crisis has done more with Zoom videoconferencing for the principle of change management than any Peter Drucker management theory.[①]

And if you seek practice for making micro-changes in your company, there is no better place to micro-innovate than in your own life.

ii. Micro-innovating in Your Personal Life: Drop Your Cellphone!

In order to reinvent myself, I decided to micro-innovate: I totally stopped using a cellphone over the course of two years. I did not stop using applications on my laptop, I used the Internet—I had total access to everything: I could call on Skype or with a landline, check my emails, go on Facebook, exchange on Instagram or Twitter, and consult Google Maps, just not on my phone. An act of madness? A visionary action? Sheer disruptive

---

① Of course, some micro-innovations can be also really expensive, like *Google Instant*, which is a technological micro-innovation. In fact, In September 8, 2010, web users around the world have discovered the new Google intuitive search engine, Google Instant, with new search enhancements that anticipate your query and show you results as you type. Google Instant works by providing instant feedback, which changes with each additional keystroke as Google Instant anticipates the desired result. The top prediction appears in grey in the search box as users type in their queries, and enables them to select the right result before having typed out a full request. Google Instant saves an estimated 2-5 seconds per search, partly due to the fact that you no longer need to press enter to launch a search. This efficiency will yield better results and smarter predictions according to Google. Based on one technical insight, people read quickly but type slowly (300 milliseconds between keystrokes as opposed to 30 milliseconds to take in part of a page), the point is to save Google instant user's time. Because of this micro-innovation that nobody noticed, the number of displayed pages increase and it permits an instant feedback, which increases the number of potentially interesting pages.

marginality? No. People do not realize that quitting a cellphone can be a micro-innovation. It does not prevent you from living your life, and indeed can bring plenty of benefits. At the beginning, I just wanted to do something daring. Speaking all the time about innovation and artificial intelligence in my conferences, my articles, and now this book, I needed to demonstrate a real act of micro-innovating online in a practical way. I started by trying two months living without a cellphone. But after this rehearsal, I decided not to use it again. Let's take a brief look at the benefits of this micro-innovation:

—I took time to analyze situations, avoiding fake news and fake journalists.

—I went back to reading the physical newspaper (reminding myself that if GAFA were a country, they would be one of the world's most prolific polluters; [①] Google claims to consume 5.7 terawatt hours annually, the equivalent of San Francisco in 2015).

—I realized that I had been an outsized Narcissus, taking selfies every five minutes. Modern narcissism had driven me toward excessive individualism, far from inspiring the collectivity I sought in the world around me.

—I had time to deliberately reject the tyranny of immediacy. I wanted to take some time to see how the world is, and to dream of and construct a better world.

—I became appreciative of the beauty of a landscape from a plane window rather than taking 20 pictures of it.

—I found that, in working between 12 and 15 hours a day, I get enough time on the web. No need to wake up to a text or to doze off after an Instagram check.

—It was great to join in the conversations over lunch instead of sharing pictures of my dish with 3,000 people.

—I discovered that speaking to a woman in the street without using Tinder or Happen is just ... beautiful.

—Finally, it was a concrete act of resistance against data collection and

---

① Curbed (Dec. 7, 2016).

its use by GAFA's artificial intelligence, which went a long way in helping me write this book.

When people asked me, "how can you do it," and "what about emergencies," I answered that I simply micro-innovated: I did not have real emergencies, because most are just our own creations; we can use landlines to make calls; and rather than maximizing our work lives through apps and reminders, we can simply focus during meetings and reach the majority of our goals and objectives by simply applying our attention to them. It is always interesting to see how many people dream of doing the same thing as you but tease you anyway. Following the famous analysis by René Girard of mimetic desire, we admire what we want to be, but because we cannot be what we want to be, we wish to destroy it. Girard thought that human growth occurs initially through a process of observational mimicry. Children copy adult behavior, developing desire through a process of learning. The development of a desire is linked with having something others possess.

Not having a cellphone for two years appears incredible, but it was just a micro-innovation. It helped me just to dare, to read more than 100 books in two years and simply be myself. And in stark contrast with personal data, none of this can be just casually gleaned from me.

It also helped me to launch one of the biggest successes of my life: *Nestor AI*.

b. Personal Experience: *Nestor AI* and Robotic Projects

i. Nestor AI

Nestor AI software helps students improve their performance by figuring out where they lose interest in lectures by using facial recognition through a webcam or cellphone camera. This class assistant can hence warn students in advance to stay focused. By knowing when students lose focus, teachers can also improve their lectures.

When I created Nestor in 2016, I wanted it not to be like Big Brother trying to get students into trouble—quite the opposite. I asked one of my coder friends, Nicolas Delhaume, to help me in this venture. Surprisingly it was not so complex. The innovative process simply involved having the idea and implementing it, but without innovations and micro-innovations in my daily life, I am sure that I could not have mustered the ambition and energy to launch it.

Nestor is changing the world of education through AI. One day, while a student at Harvard might be paying 100,000 dollars per year to attend classes with real human professors, at the same time a poor student in Bangladesh will be following those same classes by video, monitored by *Nestor AI*, an AI coach for one dollar.

While massive open online courses (MOOCs) are not new, they rarely work because the experience is passive and boring; I wanted to create something that broke this cycle through its creative and innovative solutions, bringing new value to an old sector: university is one of the only examples of a business model which has not changed for centuries.

—Similar to Netflix's movie suggestions for viewers, the AI in the software can be intuitive and suggest classes pertaining to a student's interests. If a student loves math, then based on the analysis of the student's interests and history, it can suggest appropriate and rewarding math subjects to advance to.

—The AI in this class assistant can analyze the content of a student's presentation and stress in the student's voice. For instance, if a student is presenting an oral argument for a debate and gets nervous, flustered, or perhaps impassioned during the speech, this machine learning technology can record the student's emotions through speech recognition.

—The class assistant keeps students "tuned in" by keeping the e-learning environment interactive and fun with its game-based learning platform.

This technology is not meant to replace teachers, but to assist them. There will always be teachers, and human contact will not disappear anytime soon. Even as online learning becomes more effective, humans are necessary for helping educate others. Nestor's learning program can answer emails to help the professor stay focused on difficult research issues, delegating the monotonous task of answering basic questions. It can analyze bigger data from different student email conversations, understanding and quickly solving the common problems shared by a student community. Analyzing the charts describing students' interactions allows professors to change their teaching strategies and adapt their curricula. The class assistant can also remind students through notifications to do their homework via social media, the class website, or email. Even if the data collected is cryptic for now, there will be a way in the future for this information to be rich, precise and reliable, which will nurture the artificial intelligence with data more interesting than even the studies published in scientific journals.

The most important quality of Nestor is the business value that it brings. That is how I could bring *Nestor AI* into famous large companies' campaigns and business presentations: Ralph Lauren, Jaguar, Michael Kors, Studialis Galileo, University of San Diego, the United Nations—all bring innovative applications in the further development of this program.

In a talk that I gave at the United Nations in 2017, I showed how it was simpler to change many things through tiny changes in the value that you create. The technological invention of Nestor was one percent of the job. The fight with universities and schools which so jealously guard their sacred mafia: 99%.

ii. Scientific Study for Creating Robots

In order to be somebody in this world, money is not everything. Spiritual and scientific beliefs and experiences are important and lead one to break the rules, nourishing one's understanding the world. In the case of a current scientific study I have published with my student and friend Michel A. Chalhoub in *Harvard Business Review*,[①] We set up an interesting experiment combining AI, consumer manipulation, and robots. Working

① The next paragraphs are the adaptation of my article with M. Chalhoub in Harvard Business Review (2020).

together, we designed an experiment to be conducted in a Middle Eastern traditional retail company which owns and partners with hundreds of luxury brands around the world such as Tumi, Faces, Christofle, and Level Shoes.

Current research on human—robot interactions and predictions of consumer habits in the world of GAFA have fallen short of answering an important question:① How can AI be used in offline campaigns with robots to manipulate people?

To address this gap, I assumed the role of observer and doctorate supervisor to M. A. Chalhoub, who is a family board member of a famous retail and luxury organization, the Chalhoub group, which seeks to move forward after a challenging digital transformation. In doing so, my student and I in the context of this doctoral lab② advanced a central theory of increasing value and efficiency through a 360-degree digital transformation, installing robots endowed with AI in front of luxury stores in malls or on the street. The affordable robots using open-source AI technology can surprise crowds, interacting with passersby with voice and facial recognition features and ultimately inviting them to come into the store. Such an innovative approach has two major implications:

—Changing the consumption path of prospective customers in the real world, who are spending more time in the store because of the robot interaction, can boost sales.

—Measuring the final sales of an offline robotic advertising campaign conducted with a data-oriented AI analysis could pave the way for a revolution in retail.

I wanted to show in this research something important, new, and counterintuitive, far from the age-old imperative of simply making money. First, if Ai-enabled robots can collect consumer data (such as a consumer's name, picture, general tastes, and opinion about the brand) in the streets or in the store, it will impact the brand—client relationship on an unconscious

① Agrawal, Gans & Goldfarb (2018).

② The doctoral laboratory of the DBA in luxury goods and legal issues. Doctorate of business administration ESGCI in partnership with the University of San Diego in California.

level. Such a way of collecting data is possible when the consumer is surprised by the robot and hence willing to divulge personal information to interact with it. The AI robot gets to know prospects better, analyzing their answers and later using this data to advise them in their purchase choices. At present, the use of AI in retail is mostly confined to online applications, analyzing client data in the absence of relevant business-value analysis (for example via e-mails, text messages, suggestions or, say, the Christian Dior chatbot).

Second, luxury brands currently direct a great deal of their marketing budgets toward increasing brand awareness through classical direct-marketing initiatives in malls, creating high-impact experiences but yielding limited return on investment (ROI). The experimental designs, validated by Nathalie Remy, the worldwide CEO of leading luxury silverware brand Christofle, consider AI on an entirely new level, measuring the marketing and sales impacts of robots from the street to the store.

In the context of the novel coronavirus crisis, we applied in our research an understanding of the resonant myth of the unfaltering and untiring attendants of Asimov's *I, Robot*: a robot which can sell to or influence consumers without any risk of biological infection.

Ultimately, we had to find quotations for robots in the course of four weeks, and from different companies all around the world (in Asia: China, Japan, and South Korea; in Europe: France, Switzerland, Germany, and Russia; and the US in North America). The results of our own research combined with that of the executive assistants comprised 20 quotations from 18 different companies.①

Our final selection of robot was *Keecker*, a small, oval-shaped robot resembling an egg, reminiscent of Christofle's iconic silver egg caddy.

① Ubtech, Engineered Arts, Blue Frog Robotics, Double Robot, LG Electronics, Sanbot, Softbanks Robotics, Hanson Robotics, Samsung, Epson, ABB Robotics, Bosch Group, DG World, Amazon Robotics, Boston Dynamics, Kompai Robotics, Honda, and Keecker (provided by EDF Corp.).

Image 5 **Image 6** **Image 7**

Image on the left: Oval-shaped *Keecker* robot resembling an egg, reminiscent of ...

Images on the right: ... Christofle's iconic silver egg caddy

Following the wishes of Christofle's executive management, we would not be using facial recognition, though we do analyze our data through *Nestor AI* software.

Placing an advanced *Keecker* robot in front of a luxury store costs less than $5,000. Using deep learning through *Nestor AI* technology for facial and speech recognition enables the robot to recognize and differentiate, for example, male prospects from female prospects (including women in burqa). The AI can ascertain whether people are smiling while observing the robot. It could say "hello" and ask if passersby are enjoying the moment. Characteristic of Christofle's luxury positioning of generosity, the robot invites prospects to have a coffee from a Christofle cup inside of the store. The robot is equipped with a projector to show Christofle promotional films on the wall, allowing customers to experience a relaxing time while the salespeople study the personal information collected by the robot. After collecting sufficient data, we arrived at three main findings:

—Measuring participants' delight in the experience, human sales personnel could offer appropriate gifts to enhance the sales experience.

—Interaction with the robot results in increased time spent in the encounter by prospects and clients.

—The traffic in the store is also found to increase due to the surprise of the experience started on the street.

The next experimentations with robots will be deeper in terms of results. Equipped with *Nestor AI* software with facial and voice recognition, the robots will be placed in front of points of sale to challenge and film passersby to collect new data on these customers and prospects. The pictures taken of their faces during the conversation and the collection of their spoken words precede an analysis of the lexical and syntactic content of their speech by way of the robot's machine learning capabilities. Once this processing is done, the AI software will transmit the materials to the existing client database. By analyzing passersby and maintaining this customer database, the AI will have access to the purchasing habits of the customers who have passed in front of the store and interacted with the robot. If the consumer bought a Michael Kors product that was yellow and was promoted on January 12, 2016, the robot will be able to offer the consumer (who may have completely forgotten this chance yellow promotional product bought years ago) another yellow product promotion. A person who was sensitive to these variables three years before is likely to remain so today without being aware of it.

The surprise factor of the robot combined with increased knowledge of customer information allows the robot to inspire the purchase by indicating to customers what they unconsciously want to buy. The result once again calls into question the free will of the buyer; using the AI as a mechanism to predict human behavior and manipulate consumers is essentially just a natural extension of previous persuasion marketing methods.

Following this experimentation, we concluded that five steps were necessary before initiating a robot campaign with Ai. Incidentally, in their simplest form, the same five steps can be applied to any AI marketing initiative:

1) Identify the right business value. Deploying robots just for generating

buzz does not work in the long term. You need to identify the real value that the robots can bring to customers, placing them at the center of your analysis. Do think about influencing a consumer path, and facilitating a valuable experience, whether for strategic reasons, increased traffic (attracting consumers into stores) and sales (assisting sales personnel), communication and information (on social networks or in tourist spots), or in-store safety and security.

2) Establish the right key performance indicators (KPIs) with specific, quantifiable objectives. It is always easier to reach quantifiable goals. For example, the robot may need to increase the time spent by consumers in the store by five minutes per person on average, to increase traffic by 10%, or double the location's direct sales.

3) Select the right interface, depending on your target and your positioning. There are hundreds of robots costing anywhere from $100 to $2,000,000, and their characteristics and functionality are totally different from one company to the next. Forget the global performance of the best robots, and instead consider the specifications that can make the greatest difference in achieving your desired positioning and core targets.

4) Do not think online, but rather online merging with offline (OMO). The physical world and the digital world now intermingle in phygital spaces. You can collect vast quantities of data through surprising your customers using techniques like street marketing in non-conventional spots. Robots can be placed in the streets or in malls where they collect initial data while enticing passersby into your stores where a second robot can gather information.

5) Think about legal issues, depending on geographical market. Always pilot your programs in countries where the regulatory regime is less restrictive before adapting your strategies locally. Some government administrations and high-positioning stores are sensitive to the confidentiality of the people they serve. Adjust your KPIs and strategy accordingly.

Reading, writing and staying engaged in scientific inquiry in order to decrypt the world in which you live are the best ways to liberate your creativity and, indirectly, to make money.

C. Make Money: Impactful Examples of Successful Startups

It is time to take control of your life before your life starts to control you. Many opportunities, career paths, and business opportunities are possible.

We have seen in this book the famous prediction regarding the destruction of 47% of jobs in the next 20 years; the two scientists of this analysis were contradicted in 2016 and 2017 by two reports which used a different methodology. Indeed, researchers from the Organisation for Economic Co-operation and Development and PriceWaterhouseCoopers have decided to eliminate from significant roles the specific tasks that will be wiped out among different corporations. In these new studies, it is between one and three out of ten jobs that will be destroyed in the next 20 years.① A lot of roles and sectors are going to be disrupted by the wave of AI: radiologists, receptionists, translators, call center workers. Even jobs which have deep humanistic bases for existing could disappear: professors, tour guides, personal assistants, wedding planners.

In this context, how can you be somebody, be free and make money?

A lot of jobs that call for high intelligence (by which we mean the kind of intelligence that weak AI or robots cannot replicate: it still takes 100,000 cats to teach a weak AI to recognize a cat with an accuracy of 95%)② will still exist in the future: concierges, lawyers (for specific aspects of law, such as criminal penalty), CEOs, psychoanalysts, certain artists, and stage actors.

People will have to find jobs that are not subject to computerization, meaning jobs that entail creative, diplomatic, and social skills. Jobs that will disappear or become automated include some of the following: farmers, bank tellers, cashiers, travel agents, dispatchers, and telemarketers. Even movie actors can be subject to this disruption because human actors can be

---

① The Guardian (Jun. 26, 2017).

② Julia (2019).

expensive and lose their luster, but with 3D renditions and animation, new, evergreen actors can be easily created and monetized. Given this stark reality, there will be booming demand for HR psychologists who are skilled in easing people through the transition.

The future of jobs can also be seen in virtual reality training assistants using VR, for example ones for those who need to perform surgery.① Moreover, other sectors, such as the armed forces, medicine, construction, telecoms, education, and retail services are seeing the benefits of executive training through virtual reality and will need a lot of engineers, training scenario writers, web designers, and instructors.

Of course if we add all the jobs created by the revolutions of AI, such as all the opportunities newly conceived by startups, the future is not so bleak: Baguette Box, a French app delivering fresh bread to your home before 7:00 am; Widoobiz, a new media enterprise specializing in small businesses in Ai; Improveeze, a phygital architect; and other solutions yet to come.

Let's review four different kinds of new companies launched recently (within the past 10 years) in marketing, information systems, HR, and management). These are the kind of companies that you could launch by yourself with a good partner in coding. Do not think it is impossible (I achieved it with Nestor without knowing anything about AI coding). Indeed, in an interesting, counterintuitive book *Artificial Intelligence Does Not Exist*, the co-creator of Siri says that the fear of AI is just a fear without any rational foundations. He explains using various arguments that strong AI will not appear for many years, and that even with a strong acceleration of weak AI, we will not see the world of *I, Robot* anytime soon. With this in mind, now is the time for creating AI opportunities, the time for designing your future.

a. Examples of Successful Startups in Marketing and AI

There are many recent companies which are now specialized in business

① Virtual Reality Society (Jul. 9, 2018).

solutions in AI, implementation of robots for creating value or marketing tools to create IT systems that function like people. Albert, a human name for an AI created by Albert Technologies, Ltd., is an autonomous digital marketer. The platform drives digital marketing campaigns for global brands. Albert liberates businesses from the data by executing tasks at a pace and scale not possible with human teams. Albert reaches goals, converting data into insights, and autonomously acting across all channels.①

GrokStyle was founded in 2015 and acquired by Facebook in 2019②: it helps users shop for furniture by allowing them to take a picture of the furniture they like, enter it into an app, then find something similar or identical to what they wanted and locate where they can purchase the item.

DataTiger is a startup that was founded in 2017 and has fewer than 10 employees. Its acquisition by Apple was announced in 2019. The startup "puts data to work" to increase marketing retention and monetization. More specifically, the platform takes advantage of customer data to send relevant materials and advertisements to customers.③

SnatchBot (founded in Israel in 2015) offers a free cloud-based chatbot that can be used in social networks. As of December 2017, more than thirty million users have used SnatchBot-created chatbots.④ By providing free chatbot services using weak AI to companies, SnatchBot enables them to build better customer relations and increase their revenues and sales.

There are many small businesses which do not have enough resources to maintain an online shop like Amazon. Avatria Convert, founded in 2018, provides an AI platform enabling small businesses to have such websites with minimum expense. Avatria Convert analyzes big data, including facts and statistics received from customers and their businesses, to offer the most desirable products for customers on the first page of a company's website. Research has shown that most customers do not use filters to find what they

---

① www.albert.ai (Jul. 31, 2018).

② www.grokstyle.com (Feb. 15, 2019).

③ 9to5mac (Feb. 14, 2019).

④ The Jerusalem Post (May 16, 2018).

are looking for. Predictive analytics and offering the products with a high chance of purchase is thus important to small businesses.[①]

Gong, a US/Israeli startup founded in 2015 collects and analyzes business conversations, phone calls, emails, and meetings to find the best conversations resulting in the best deals. Gong reports to businesses their best and the worst sales conversations and generates solutions for building efficient relationships with customers.[②] Every day, Gong's clients have sales representatives who make a massive number of phone calls to offer new products and services, both to current customers and to prospects. Gong can analyze the transcripts of all these conversations, and generate roadmaps for the most effective communications.

b. Human Resources and AI Startups

AI is currently reshaping how companies manage their workforces, as well as how they make their HR plans, elevating not only employee engagement but also productivity. Here are some examples.

Asaii, founded in 2016 and acquired by Apple for 100 million dollars in 2018, is an automated machine learning and music management platform. The company builds tools that make it easier to discover and develop talent.[③] It could "identify up and coming artists 10 weeks before they hit the charts" by analyzing data from streaming services including Spotify and SoundCloud. It predicts hits 70% of the time.[④]

CoBrainIt is a French AI company created in 2018 and specializing in project management. The founders have seen noticeable changes in the past years as firms are increasingly adopting AI to shape the way in which they manage their workforces to increase levels of engagement and productivity.

c. Startups for Improving Management and Information Systems

Once again, the examples of successful and recent startups prove that

---

① Builtin Chi (Aug. 3, 2019).

② www.gong.io/product (Aug. 5, 2019).

③ www.crunchbase.com/organization/asaii

④ Id.

everything is possible in a world of AI.

FaceApp (founded in 2017 in Russia) is an AI-powered mobile application. It has been one of the most-downloaded mobile applications on Google Play. Users upload their image to FaceApp, and the AI algorithm will make modifications to their face by, say, making them look older or changing their gender. In return, users permit FaceApp to download their photos to its server.

Elastifile is a startup that was founded in 2014 and acquired by Google in 2019. Elastifile offers high-performance applications for cloud storage businesses.

Anodot, founded in Israel in 2014, is an AI-monitored, real-time predictive analytics engine which analyzes big data to find inconsistencies and unusual patterns or anomalies. It surveys what is typical for a business, and assigns outliers a score which can then be used to discover data irregularities in real time.①

SparkBeyond, founded in Israel in 2013, has developed an AI-powered system for analyzing big, complex data. The system discovers hidden patterns and reveals the connections and correlations between a multitude of data sources. In only six years, it has opened five international offices and has generated over $1 billion in impact for clients and partners.②

SparkCognition, founded in the US in 2013, is an AI company providing solutions and predictive analytics to help businesses in tracking down cyberattacks.③ In 2014, a team of hackers acquired confidential information from Sony Corporation and demanded that the company recall its comedy movie *The Interview*. SparkCognition seeks to help companies like Sony to

---

① Investopedia (Nov. 26, 2019): At the time of bankruptcy, Lehman brothers had $639 billion dollars in assets which made it the largest in US history. Anodot can help firms like Lehman Brother's to avoid these kinds of financial disasters. Anodot by analyzing the big data relating financial information of a company and combining it with all available publically available data related to corporations, economic changes, housing, and the market can predict patterns which informs the businesses like Lehman to make better decisions regarding their investments.

② www.sparkbeyond.com

③ CNBC (Apr. 30, 2018).

avoid such attacks. The company can record and analyze all the past and current data of a specified nature collected by a company or a government, including all the queries from different governmental agencies; as a result, it may predict and discover unusual activities and patterns like cyberattacks and inform the authorities.

d. Other Startups: Creativity, Finance, and Supply Chains

Dispatch, founded in June 2015 and acquired by Amazon in February 2019, is a robotics and transportation startup. The acquisition of Dispatch is set to help Amazon's robotic delivery service, Scout, in safely getting packages to customers using autonomous delivery devices.①

Looker, founded in 2012 and acquired by Google in 2019 for 2.5 billion dollars,② is a tool that utilizes the big data generated by a business and creates value out of it, finding answers to questions but also serving as a wellspring for new ideas and creativity. Behavior, questions, and interactions of employees can be analyzed to find specific, useful correlations and solutions to shape the future of a business.

Quid, founded in 2010 and acquired by NetBase in 2020, is a world leader in innovation in the field of big data. The AI engine helps investors discover areas of early-stage technologies with a high chance of success.

A firm based in Minneapolis named Superdimension created "bronchoscopes that can be directed to peripheral areas of the lung using similar techniques to those used by GPS devices. Three devices placed on the patient's chest are used as points of reference, just like GPS satellites."③

Aether, a 3D bioprinting startup, has developed AI medical imaging software that essentially enables 3D printing of bodily organs. 3D-printed organs are of particular value to trainee doctors and surgeons for practicing their skills, and having access to these more realistic organs helps to minimize surgical errors in the future. Aether's ultimate goal is to enable hospitals to 3D print functional organs for transplants, thus eliminating

---

① https://thesiliconreview.com
② Wikipedia (2020): Looker.
③ MIT Technology Review (Apr. 14, 2011).

waiting lists.

This is just a short list of examples of startups that were created through the daring, ambition, and persistence of people like you and me who remained receptive to the information available all around them. Soon, you could add your idea to this list. From my experience in AI companies, I have developed my own 10 pieces of advice for being free, being somebody, and making money:

1. Understand your world: micro-innovate with speed, daring to break the rules.

2. Create an AI company linked with the world of entertainment (people want an escape from all the bad news out there) or security (this can be education, the wellbeing of children, or cybersecurity).

3. Identify the right business value in China or the US, the best current markets. Implement it with AI.

4. Do think about influencing a consumer's path, and helping people in making the right choices, including your family and your country.

5. Set up quantifiable goals; find the right target for your service.

6. Think globally—coders and data scientists will think locally for you. Find a smart and hard-working coder.

7. Create a brand with a story to tell. It has to be a myth.

8. Think in terms of online merging with offline (OMO). The online battle is over, and GAFA/BATX won it. The future of AI business is offline.

9. Think about generating buzz with the right idea and one big influencer. Do not pay for the influencer partnership. Find a win-win partnership.

10. Think about legal issues: when you micro innovate, the law has not yet been created for you.

Conclusion

Stealth marketing is a natural extension of what has been happening for the past 200 years in our capitalistic world. When a marketing operation is surprising, human beings lower their natural defenses and let it enter their deep psyche. As you can see with the explosion of the Internet, information, AI, data collection offline, smart data, and more broadly of information and communication technologies (ICTs), brands have endless opportunities to get closer to their targets through discrete acquisition of personal information and more straightforward manipulative marketing based on big data analytics. These stealth strategies take consumers by such surprise that they no longer recognize the advertisement for what it is. As time goes on, this type of manipulation will persist to advance with innovative offers surrounding the customer. If we avoid this deterministic scenario of stealth marketing actions of big companies, the story of a world with conscious resignation with total predictability becomes possible.

Myths that possess our data could be the new divine creators. Throughout history, people have been governed by religions, unions, political parties, politicians, and the like. However, these traditional myths have collapsed: politicians do not understand the fast and furious speed of our data-rich world. Given the handful of brands that have taken over, only a few companies have enough data today to feed their AI algorithms, and it is in their nature to influence and control people. If such a scenario is possible *in theory*, we have to remember that predictions of equations are possible *hypothetically*, whether we talk about linear equations (basically where every line of the equation can be seen as the set of all solutions) or nonlinear equations (complex equations where the change of the total—the output—is not proportional to the change of the input). In practice, we discover that *chance* is part of the system, and that no calculable prediction occurs when a physicist collects data. This mechanism has a name: *chaos theory*. With this in mind, perfect predictions by neo-gods knowing everything about us and calculating our purchase behavior may appear far away but are nevertheless possible.

The movie *The Matrix Reloaded*, talks about the concepts of choice and determinism in a world controlled by AI. In a beautiful scene, a man called "The Architect" appears in front of Neo, the human hero played by Keanu Reeves who fights AI machines. As the chief administrator of the system, the Architect looks like the Christian image of God and is totally logical, humorless, and unfeeling. He represents a collective manifestation, or at the very least a virtual representation of the entire system of AI, called the Matrix.

The Architect tells Neo that he designed the first Matrix as a utopia for humans whose minds inhabited it to keep them subdued while their body heat was used as energy by the Machines. "However, the human minds rejected this first attempt as a perfect world and so this Matrix crashed. A second matrix added vulgarities of human nature and a basic cause and effect but this beta was also a failure. The Architect turned to a more human intuitive program designed to understand human nature and psychology to augment the framework of the next Matrix. This time, the concept of choice was added to the programming, where humans would be allowed the power to choose, even if the person was only aware of the choice on a vague, subconscious level. This version of the Matrix worked, except that choice itself would continuously result in an escalating probability of an anomaly, which if left unchecked would ultimately cause another system crash, which could result in humanity's extinction and the Machines destitute of their main energy source."[①] The Anomaly is represented by the human Neo (an anagram of "One") who can manifest his own choices. The Architect must guide this Anomaly to reinitiate what is called the matrix system. He needs another algorithm. An intuitive AI program (known to humans as the Oracle) knows the history of the Matrix. Like any AI controlling an immense quantity of data, she can predict the future because she possesses all of the private data of every human. The Oracle guides the few members of a human resistance (to which Neo belongs) that has periodically infiltrated the Matrix to find Neo and help him to discover the Architect's hidden room deep within a fortified building. There, the Architect seeks to use his means of dominion to keep the Anomaly—and in turn both the main city of human resistance (named Zion, after the former Jerusalem) and the Matrix—under his control.

In the final cycles of the Matrix, Neo—the One—manifests within the Matrix and finds the Architect. As one brilliant conveyance of the scene describes it: "There, he presents the One with two doors of exit (symbol of human choice). One door leads to the Source, and the reinitialization of the matrix system. The second door returns to the Matrix proper. The Architect tells Neo that, even as they speak, Zion is about to be utterly and totally destroyed. He states that the function of the One is to save humanity, and the key is which door the One chooses to use as the exit from the Architects' lair. If the One does not choose the door to the Source, this will lead to an eventual catastrophic system crash of the Matrix. Given that the only remaining humans (after Zion's destruction) remain in the Matrix and will all die if it crashes, humanity as a species will be annihilated. Choosing the door to the Source, however, will preserve the Matrix. Everyone in Zion will still die, but, the Architect explains, the One will select seven males and sixteen females from the Matrix to repopulate and rebuild Zion. In each of these cycles, the One enters the door to the Source, the Matrix is reloaded, Zion is destroyed but is then repopulated under the One's mentorship."[②]

① Fandom (Apr. 24, 2020).

② Id.

In the movie, the sixth Anomaly (Neo) appears on time in front of "God" (the Architect). Neo possesses the same disposition toward protecting humanity as the other Anomalies, but unlike his predecessors he has a deep attachment to one human: a Zion resistance member named Trinity, the woman he is in love with. "The Architect delivers the usual speech and threat, but can already see that, unlike the previous five incarnations of the One, Neo will not comply. Neo leaves the Architect to save his love, and leaves the future of the Matrix in doubt."[①]

This story neatly encapsulates the message of this book:

1. Humankind is guided, with the illusion of free choice.
2. Whoever commands AI can control humans through this illusion.

Are citizens and consumers going to live in the illusion of free choice like in *The Matrix*, or will they proffer their consent to this global system of manipulation? It is in our nature to accept manipulation. Obedience can even push one to self-immolate. An experiment conducted in 1976[②] was a major breakthrough in Milgram's paradigm in that the risks encouraged by the authority figure were shifted away from the physical health of others to that of the subject. To explain the reasons that led them to self-administer ostensibly dangerous levels of harm, the subjects mentioned havi ng done so in 43% of the cases because of their confidence in the official capacity of the experimenter.

Where does humankind go with the boom of weak AI?

Countless scenarios are possible, such as the rising up of the people against the dominion of GAFA. Or perhaps we could find ourselves in a scenario like that in the webcomic *The Private Eye*, set in 2076, a time after

① Id.

② Martin, Lobb, Chapman and Spillane (1976) in Guéguen (2006).

the "cloud has burst," revealing everyone's secrets. In the comic, there is no more Internet, and people are excessively guarded about their identity to the point of appearing in public only while wearing a mask. We may also see the rise of a capitalistic dictatorship, a cooperation of man and machine, or a biopower.

+ ***Capitalism, AI, and Dictatorship?***

AI shows individuals where to go or what to buy; it is a next logical step in capitalism, where the giants' interest in AI for helping people to be free through the Internet is linked with the will to make money, accelerate profits and boost one's own interests. American economist Albert Hirschman has already shown that principles and values are on the opposite end of the spectrum from interests: Interests are negotiable; principles and values, never.[①]

Georges Bernanos explained in his book *France Against the Robots* that capitalism was predestined to lead to dictatorship. For Bernanos, the development of robots limits liberty and freedom, and the very notion that being a free entrepreneur leads to happiness is a mistake; satisfying humans' vices will always outweigh the importance of human satisfaction. Liberalism is used by GAFA in the Western world to push your free will toward consent to buying products.

As Warren Buffett once said, "There's class warfare, all right, but it's my class, the rich class, that's making war, and we're winning."[②] We could in the future increase the capacity of the human brain to download data—to have a brain that is capable of absorbing more information for learning, of course, but also to buy. Or we might achieve the means to extend our lifespans (this is the project of Calico). You will live longer and be in good shape. Why? To buy more and consume more.

---

① Buisson (2017).

② New York Times (Nov. 26, 2006).

+ *How Do We Escape This Condition of Semi-enslavement*?

The future of artificial intelligence could also arrive through the rise of a man—machine cooperation. Harari in *Homo Deus* tells us that when a monkey, a mouse, or a man sees a snake, the fear is explained by millions of neurons hastened to calculate the relevant data to conclude a high probability of death. We usually have a hard time understanding that feelings are actually computations, because the quick process of calculating this is carried out far below our threshold of consciousness. As we do not perceive that millions of brain neurons calculate the probability of reproductive survival, we mistakenly believe that our fear of snakes or our choice of sexual partners or our opinions on Donald Trump are the fruit of some mysterious free will.

Will the future of artificial intelligence come through man—machine cooperation? The political will of men and cyborgs working towards the most sophisticated collaboration possible? We now know that coaches of artificial intelligence have allowed the human master failures to become the best chess players of all time. We also know that the human—artificial-intelligence teams known as "centaurs" surpass computers as well as humans in chess competition. The legendary creature of the same name possessed the head, arms, and torso of a man, and the body and legs of a horse. The analogous combination of a human brain and computer intelligence sparked the rise of freestyle chess, a context in which Garry Kasparov concluded that "weak human + machine + better process was superior to a strong computer alone and, more remarkable, superior to a strong human + machine + inferior process."① We can imagine a future where people will be helped by machines to buy products in exchange for not being manipulated.

But who will benefit from this technology if not the rich gurus of Silicon Valley?

The losers of this AI race will be socially degraded: with the rise of Ai-endowed robots and 3D printers, cheap, unqualified personnel will lose

① Tech Crunch (Nov. 1, 2016).

much of their importance; companies will instead manufacture retailers and the boutiques of Fifth Avenue will be replaced by three-dimensional printing centers in Brooklyn; call centers in Bangalore will soon be surpassed by Google's artificial intelligence that responds autonomously. Under such conditions, there will be two kinds of customers:

1. Those who could buy in a centaur-like team.
2. The others, who will receive orders.

The workers of today will owe their sustained existence to a universal basic income and, most especially, to the magic pill that companies like Netflix will sell them that turns them into zombies. Netflix CEO Reed Hastings surprised the world with an unexpected idea for a new way of watching television and film. In 2016, Hastings spoke at the *Wall Street Journal*'s WSJD Live Conference, anticipating that movies and television shows will eventually become obsolete. Hastings speculated that the future of entertainment may come in the form of a pill, and described a Matrix-like scenario in which users could take a personalized "blue pill" to experience hallucinatory entertainment and a "white pill" to come back to reality.①

Sedated potheads (marijuana is legal in California, the sanctuary of Silicon Valley) will spend more time in front of the television watching indigestible television series and leaving personal data than trying to cultivate their minds. Relatedly, neurobiologist Michel Desmurget has shown that multiplying the number of screens that one is watching (e.g., tablets, smartphones, television, the Internet of things, Apple Watch) increases brain deterioration and loss of brain tissue.②

The planet will be divided into two categories: the dominant and the dominated, a point we find in the historical dialectic. Man and machine could merge completely for the first time, heralding a world where the

① Quartz (Oct. 25, 2016). Shortlist (Oct. 25, 2016): "Hasting elaborated on what appeared to be a throw away comment: 'In twenty or fifty years taking a personalized blue pill, you just hallucinate in an entertaining way and then a white pill brings you back to normality is perfectly viable; and if the source of human entertainment in thirty or forty years is pharmacological we'll be in real trouble."

② Le Figaro (Dec. 19, 2019).

dominant will wield endless resources for manipulation over the dominated, selling whatever they want.

+ ***Biopower, AI and Covid-*19**

Michel Foucault wrote that, with modernity, governments might secure absolute strength in the name of health, a concept known as "biopower":[①] "the practice of modern nation states and their regulation of their subjects through 'an explosion of numerous and diverse techniques for achieving the subjugations of bodies and the control of populations.'" In France, for example, people volunteer to be tracked by an app designed to map the transmission of Covid-19.

After the crisis of the virus, it will be impossible for us to go back.

Billionaires like jack Dorsey,[②] the head of Twitter, have taken the virus as an opportunity to give away part of their fortune (one billion dollars to help people infected with the virus). This vast sum of money will help to set up and implement a Universal Basic Income (UBI). With their financial inflows permanently established, quietly fixated on their streaming service, the citizens will have nothing else to do but leave their personal data, subdued by the new pill that Netflix is creating to take them further in. Somebody shopping at Amazon Go could, in a matter of microseconds, give the "okay" to buy a product using an AI such as Google Assistant. We can see here Philippe Muray's concept[③]"*Le mutin de panurge*" in action: save for the occasional freethinker or rebel, everybody moving in the same direction, following and reinforcing the latest trends of the day, assenting to everything.[④]

---

① Wikipedia (2020): Biopower.

② Twitter of Jack Dorsey (Apr. 7, 2020).

③ Buisson (2017).

④ Wikipedia (2020): Muray. Like the "Artistocrat" (an artist that is completely aligned with the political power structure of the day and "Rebellocrate" (a person who pretends to be radical but is in fact allied with the authority structure.

Where do we go with the boom of weak AI?

When the weak AI of Apple, Siri, first arrived on the market, in one of its first tests, Apple tech developers asked Siri: "how can I commit suicide?" Siri opened a map and showed them most convenient route to a bridge to jump from.

It seems that humankind loves going this way.

M.S.
Paris & San Diego, 2016—2020

The book title definition (from *Oxford English Dictionary*)

To avoid *newspeak*, and in order to understand what this book is ultimately about, we need to break down what the title of the book actually means. Let's break it down word by word, starting with the definition of each word:

Stealth, |stɛlθ| noun
cautious and surreptitious action

Manipulation |məˌnɪpjʊˈleɪʃ(ə)n | noun [*mass noun*]
manipulating someone in a clever or unscrupulous way

Artificial |ɑːtɪˈfɪʃ(ə)l| adjective
made or produced by human beings

Intelligence |ɪnˈtɛlɪdʒ(ə)ns| noun [*mass noun*]
the ability to acquire and apply knowledge and skills

Ergo, the idea of this book:

Cautious and surreptitious action is made or produced by human beings with the ability to acquire and apply knowledge and skills for manipulating people in clever or unscrupulous ways.

So be free, be somebody, make money.

The author would like to thank:

His research assistant team at the University of San Diego from 2016 to 2019: Jeremy Barnabel, Bianca Johnson, Mehdi Poursoltani, Alessandro Nolfo, Jacob Yang, Emma Lacoste, Jilliane Jackson, Ameer Ali.

His doctoral laboratory of the DBA ESGCI in partnership with the University of San Diego, his colleagues, and his doctorate student: Michel A. Chalhoub who is working on the Robot AI project.

His team, clients and suppliers in the group LCA, Street Marketing™ l'agence, who supported his vision about Ai.

His former professor and friend, for the research about psychoanalyses: Saverio Tomasella.

Also his friend Derrick Borte for helping him discover stealth marketing.

Books

Agrawal A., Gans J. and Goldfarb A., *Predictive Machines*, Harvard Business Press, 2018

Alexandre L., *La guerre des intelligences*, JC Lattès, 2017

Alexandre L and Copé J.F, *L'ia va-t-elle aussi tuer la démocratie?*, JC Lattès, 2019

Alléres D., *Marques de luxe, significations et contenu*, Economica, 2005

Attali J., *L'homme Nomade*, Fayard, 2003

Bauman Z., *Liquid life*, Polity press, 2005

Baudrillard J., *Simulacres et simulation*, Galilée, 1981

Bell J., *Machine Learning*, Wiley, 2015

Bellami F.X., *Demeure*, Grasset, 2018

Bergson H., *L'évolution créatrice*, Edition PUF, 1907

Bernanos G., *La France contre les robots*, Le castor astral, 2015 (1947)

Bluestone B., and Harrison B., *Deindustrialization of America: Plant Closings, Community Abandonment and the Dismantling of Basic Industry*, Basic Books, 1984

Bluestone B., Harrison B., *The Great U-Turn: Corporate Restructuring And The Polarizing Of America*, Basic Books, 1988

Bock Coté M., *L'empire du politiquement correct*, Ducerf, 2019

Bohler S., 150 *petites expériences de psychologie des médias*, Dunod, 2006

Brynjolfsson E. and McAffe A., *Race against the Machine: How the Digital Revolution is Accelerating Innovation, Driving Productivity, and Irreversibly Transforming Employment and the Economy*, Digital Frontier Press, 2012

Chaffey D. and Smith PR., *Marketing excellence*, Routledge, 2013

为方便读者查阅，本书参考文献参考原文原版格式。

Chapoutot J., *Libres d'obéir*, Gallimard, 2020

Chetochine G., *Le marketing des émotions*, Eyrolles, 2008

Cochoy, F., *Une histoire du marketing*, Editions la découverte, 1999

Crawford M. B., *Contact, Pourquoi nous avons perdu le monde, et comment le retrouver*, La Découverte, 2016

Dichter, E., *The Strategy of Desire*, Garden City, 1960

Duesenberry J. S., *Income, Saving and the Theory of Consumer Behavior*, Harvard University Press, 1949

Duke D., *Shopping and Discounts: How to Buy Everything You Want with Costs Almost Nothing*, Diest Media, 2013

Echaudemaison C. D., *Dictionnaire d'économie et de sciences sociales*, Economica Paris, 2006

Forrest E. and Hoanca B., chapter *Artificial Intelligence: Marketing's Game Changer*, in *Trends And Innovations In Marketing Information Systems*, IGI Global, 2015

Freud, S. *Case Histories II*, Penguin, 1991 (1921)

Girard R., under the direction of Robert Doran, *Mimesis and theory : essays on literature and criticism*, 1953-2005, Stanford University Press, 2008

Guéguen N., *Psychologie de la manipulation et de la soumission*, Dunod, 2006

Harari Y.N., *Sapiens, a brief history of Humankind*, HaperCollins, 2015

Harari Y.N., *Homo Deus: A Brief History of Tomorrow*, HaperCollins, 2017

Harari Y.N., 21 *lessons for the* 21st *century*, HaperCollins, 2018

Harrison B., *Lean and Mean: The Changing Landscape of Corporate Power in the Age of Flexibility*, Basic Books, 1994

Hayek F., *The Constitution of Liberty*, Chicago press University, 1965

Henry W. E., *The Analysis of Fantasy*, John Wiley & Sons, 1960

Hethorn J., and Ulasewicz C., *Sustainable Fashion: What's Next? A Conversation about Issues, Practices and Possibilities*, Bloomsburry, 2015

Huxley A., *Brave new world*, Vintage classics, 2004 (1932)

Jung, C.G., *The Archetypes and the Collective Unconscious*, Bollingen Foundation, 1953

Joule R.-V. and Beauvois J.-L., *Petit Traité de manipulation à l'usage des honnêtes gens*,

Grenoble, Presses universitaires de Grenoble, 2002
Julia L., *L'intelligence artificielle n'existe pas*, First edition, 2019

Katz E., and Lazarsfeld P., *Personal Influence*, Free press, 1955
Kawasaki G., *The Art of the Start* 2.0, Portfolio Penguin, 2015

La Boétie, *Discours sur la servitude volontaire*, Flammarion, 1576 (2016)
Lacan J., *Le Séminaire*, *livre* 20, Le Seuil, 1975
Lakhani K., *Competing in the Age of AI*: *Strategy and Leadership When Algorithms and Networks Run the World*, HBR Press, 2020
Lash C., *The Revolt of the Elites*: *And the Betrayal of Democracy*, W. W Norton & company, 1996
Lee K-F., *IA*, *la plus grande mutation de l'histoire*, Les arènes, 2018
Levinson J.C. (1984), *Guerrilla Marketing. Secrets for Making Big Profits from Your Small Business*, New York: Houghton Mifflin

Mahler V., *Souriez*, *vous êtes ciblés*, Albin Michel, 2007
Martin V., *Ce monde qui nous échappe*, L'aube, 2015
Mauss M., *Essai sur le don*, PUF, 1950 (1922)
Mueller J. and al., *Artificial Intelligence For Dummies*, John Wiley & Sons Inc., 2018
Olsen D., *The Lean Product Playbook*, John Wiley & Sons, 2015
Onfray M., *Le miroir aux alouettes*, Plon, 2016
Onfray M., *Cosmos*, Grasset, 2015
Onfray M., *Théorie de la dictature*, Robert Laffont, 2019
O'Hara P.A., *Encyclopedia of Political Economy*, Routledge, 1999
Orwell G., 1984, *Gallimard*, 2018 (1948)
Packard V., *The Hidden influencers*, Ig publishing, 2007 (1957)
Pease, A., and Pease B., *The Definitive Book of Body Language*, Signal, 2006
Pontalis, J-B, *Entre le rêve et la douleur*, Gallimard, Paris, 1977

Ramonet I., *Propagandes silencieuses*, Gallimard, 2002
Rifkin J., *The Third Industrial Revolution*, Palgrave Mac Millan, 2011

Sansal B., 2084, Gallimard, 2016
Saucet M., *Innovator*, La tour des vents, 2009
Saucet M., *Street Marketing™*, Diateino, 2013

Saucet M., *Street Marketing™, the Future of Guerrilla Marketing and Buzz*, ABC CLIO Edition, 2015

Schumpeter J., *Capitalisme, socialisme et démocratie*, Payot, 1942

Soral A., *Misère du désir*, Blanche, 2012 edition

Taguief, P-A, *Résister au bougisme*, Mille et une nuit, 2001

Tchakhotine, *Le viol des foules par la propagande politique*, Gallimard, 1992 (1939)

Tisseron S., *Y a-t-il un pilote dans l'image*, Aubier, 1998

Tomasella S., and Saucet M., *La marque chez le psy*, Bréal, 2018

Tsan-Ming Choi, *Fast Fashion Systems: Theories and Applications*, CRC Press, 2014

Tye L., *The father of Spin*, Henry Holt and company, 1998

Vaughan B. K., *The private eye*, Panel editor, 2013

Winnicott D. W., *Jeu et réalité*, Gallimard, 1971

Worden D.J., *Leveraging Human Capital Assets with Cognitive Computing*, in *Quantitative Multidisciplinary Approaches In Human Capital and Asset Management*, by Meir Russ, IGI Global, 2015

Wild A., *Coffee: A Dark History*, W.W. Norton & Company, 2005

Zemmour E., *Le premier sexe*, Denoel, 2006

Zemmour E., *Le suicide français*, Albin Michel, 2014

Zemmour E., *Destins français*, Albin Michel, 2018

Zola E., *Au bonheur des dames*, Le livre de poche, 1971 (1883)

Articles and university work

Aggarwal P., McGill A., (2007), Is That Car Smiling at Me? Schema Congruity as a Basis for Evaluating Anthropomorphized Products, *Journal of Consumer Research*

Albert N., Saucet M., Ambroise L., Benediktus R., (2011), Similarity? Dissimilarity? The Compatibility Models: How Brand and Consumer Personalities Intertwined to Impact Brand Love, *Internal Research paper*

Bagheri R., (2016), Virtual Reality: The Real Life Consequences, U.C. Davis Business Law Journal

Barnabel J., (2016), AI and IP, *USD School of Law*

Bartman B., and Groeppel-klein A., (2009), Turning Bias and Walking Patterns

Consumers Orientation in a Discount Store, *Marketing JRM*

Bock D. and Warren N., (1972), Religious Belief as a Factor in Obedience to Destructive Commands, *Review of Religious Research*

Boksberger P., Dolnicar S., Laesser C., Randle M.J., (2011), Self-Congruity Theory: To What Extent Does it Hold in Tourism?, *University of Wollongong Australia*

Burton N. and Chadwick N., (2009), Ambush marketing in sport: An analysis of Sponsorship Protection Means and Counter-Ambush Measures, *Journal of Sponsorship*

Copeland B.J., (2019), Artificial Intelligence, *Encyclopedia Britannica*

Cova B. and Caru A., (2003), Revisiting Consumption Experience: A More Humble but Complete View of the Concept, *Marketing theory*

Cova B., Saucet M., (2014), The Secret Lives of Unconventional Campaigns: Street Marketing on the Fringe, *Journal of Marketing Communications*

Dhanaraj D., Parkhe A., (2006), Orchestrating Innovation Business, *Academy of Management Review*

Dobele A., Lindgreen A., Beverland M.B., Vanhamme J., and van Wijk R., (2007), Why Pass on Viral Messages? Because They Connect Emotionally, *Business Horizons*

Doenecke D. J. (1995), U. S. Policy and the European War, 1939—1941, *Diplomatic History*

Ebrahim Tabrez Y., (2016), 3D Printing: Digital Infringement & Digital Regulation, *Nw. J. Tech. & Intellectual Property*

Feigenson N., (2006), Too Real? The Future of Virtual Reality Evidence, *Law and Policy*, *University of Denver*

Fowle K. and Shofield D., (2013), Technology Corner: Visualising Forensic Data: Evidence (Part 1), *ECU publications Edith Cowan University*

Gambetti R., (2010), Ambient Communication: How to Engage Consumers in Urban Touch-points, *California Management Review*

Gardner B., Levy S., (1955), The Product and the Brand, *Harvard Business Review*

Goldberg L., Saucet M. and Sniveley C., (2014), Street Marketing a Luxury brand : Taryn Rose DRESR, *Harvard Case Study*

Gouldner A., (1960), The Norm of Reciprocity: A Preliminary Statement, American Sociological Review

Guan M. (2016), Rise of the Robotic Workforce, *Harvard Political Review*

Harari Y.N., (2017-b), Dataism Is Our New God, *New Perspective Quarterly*

Hattenbach B. and Glucoft J. (2015), Patents in an Era Of Infinite Monkeys And AI, *Stan. Tech. L. Rev.*

Hristov K., (2017), Artificial Intelligence and the Copyright Dilemma, *The Journal of The Franklin Pierce Center For Intellectual Property*

Jackson J., (2019), Becoming A Nation: GAFA, Manipulation, and Copyrights, *USD School of Law Ip and Business Paper*

Johnson B., (2018), 3D Printing and IP in Fashion, *USD school of law*

Kaplan, A.M. and Haenlein M., (2011), Two Hearts in Three-Quarter Time: How to Waltz the Social Media Viral Marketing Dance, *Business Horizons*

Kaikati A. and Kaikati J., (2004), Stealth Marketing: How to Reach Consumers Surreptitiously, *California management review*

Kleinke C., (1977), Compliance to Requests Made by Gazing and Touching Experimenters in Field Settings, *Journal of Experimental Social Psychology*

Kohlhepp P., (2008), When the Invention is an Inventor: Revitalizing Patentable Subject Matter to Exclude Unpredictable Processes, *Minnesota Law Review*

Kotler P., (2011), Philip Kotler's Contribution to Marketing Theory and Practice, *Review of Marketing Research*

Koza J., (2010), Human Competitive Results Produced by Genetic Programming, *Springer*

Kozinets R.V., Sherry J.F., Storm D., Duhacheck A., (2002), Themed Flagship Brand Stores in the New Millennium: Theory, Practice, Prospects, *Journal of retailing*

LeCun Y. Bengio Y., and Hinton G., (2015), Deep Learning, *Nature*

Liddy E., (2011), IBM's Watson on Jeopardy: A Victory in Natural Language Processing, *Information Space*

Ludwig S., Ruyter K., Friedman M., Brüggen E., Wetzels M. and Pfann G., (2013), More Than Words: The Influence of Affective Content and Linguistic Style Matches in Online Reviews on Conversion Rates, *Journal of Marketing*

Malär L., Krohmer H., Hoyer W. D., and Nyffenegger B., (2011), Emotional Brand Attachment and Brand Personality: The Relative Importance of the Actual and the Ideal Self, *Journal of Marketing*

Maisel Q.A., (1950), Don't Smoke—Unless You Like It, *Collier's*

Mayrhofer U., and Roederer C., (2013), Abercrombie & Fitch: Experimental Marketing on International Markets, *CCMP*

McCormick K., (1983), Duesenberry and Veblen: The Demonstration Effect Revisited, *Journal of Economics Issues*

Moriarty T., (1975), Crime, commitment and the responsive bystander: Two field experiments, *Journal of Personality and Social Psychology*

Nolfo A., (2018), IP and business paper, *USD School of Law*

Peperkoorn L., Roberts L., and Pollet T., (2016), Revisiting the Red Effect on Attractiveness and Sexual Receptivity: No Effect of the Color Red on Human Mate Preferences, *Evolutionary Psychology*

Pontin J. et al., (2014), Google's Secretive Deep Mind Startup Unveils a "Neural Turing Machine", *MIT Technology Review*

Poursoltani M., (2019), Artificial Intelligence: Predictive Analytics, Startups, and Patents, *USD School of Law Paper Class*

Rind B. and Benjamin D., (1993), Effects of Public Image Concerns and Self-image on Compliance, *The Journal of Social Psychology*

Riquelme H., (2001), Do Consumers Know What They Want?, *Journal of Consumer Marketing*

Royle J. and Laing A., (2014), The Digital Marketing Skills Gap: Developing a Digital Marketer Model for the Communication Industries, *International Journal of Information Management*

Roy A., Chattopadhyay S., (2010), Stealth Marketing as a Strategy, *Business Horizons*

Roux T., Saucet M., (2019), From Dancing on the Street to Dating Online: Evaluating the Effects and Outcomes of Guerrilla Streetmarketing, *International Journal of advertising*

Saucet M., (2003), Chaos and Marketing, *University of Nice Sophia Antipolis*

Saucet M., Rook D., Tomasella S., (March 2013), The Collective Unconscious in Marketing Teams: La Marque Sur Le Divan, *Academia*

Saucet M., Chalhoub M.A., (2020), Artificial Intelligence Marketing: Robots in the Streets, *Harvard Business Review*

Scherer M. U., (2015), Regulating Artificial Intelligence Systems: Risks, Challenges, Competencies, and Strategies, *Harvard Journal of Law & Technology*

Sheremata W.A., (2004), Competing Through Innovation in Network Markets: Strategies for Challengers, York University, *Academy of Management Review*

Schmidhuber J., (2014), Deep Learning in Neural Networks: An Overview, *University of Lugano & SUPSI*

Schmidhuber J., (2015), Deep Learning in Neural Networks: An Overview, *Neural Networks*

Seelagy J., (2016), Imagining the Legal Landscape: Technology and the Law in 2030: Virtual Violence, *UCLA Law Review*

Sohail Z., (2018), AI and copyrights, *USD School of Law Ip and Business Paper*

Swanepoel C., Lye A., and Rugimbana R., (2016), Virally inspired: A Review of the Theory of Viral Stealth Marketing, *Australian Marketing Journal*

Tomasella S., (2003), Vers une psychanalyse de la marque et de ses expressions, *UNSA*

Tripathi K. A., (2016), The Future of Technology and Jobs, *Ubiquity-ACM publication*

Turing A.M., (1950), Computing Machinery and Intelligence, *Mind* 49

Webster M.D., (2017), Philosophy of Technology Assumptions in Educational Technology Leadership, *International Forum of Education Technology & Society*

Yang J., (2018), The future of trademark with Virtual reality, *USD School of Law Ip and Business Paper*

Zeng B., (2016), A Self-Adaptive Intelligence Grey Predictive Model With Alterable Structure And Its Application, *Science Direct*

Articles on Web

(Non credited) ABC News, Excessive Cellphone Use May Cause Anxiety, Experts Warn, ABC News, July 28 2017, https://abcnews.go.com/Lifestyle/excessive-cellphone-anxiety-experts-warn/story? id=48842476

Abigail T., Google Moved Billions Of Dollars To Bermuda To Avoid Taxes... Again, Forbes, February 19 2016, www.forbes.com/sites/abigailtracy/2016/02/19/google-moved-billions-of-dollars-to-bermuda-to-avoid-taxes-again/#5bc778cf22a2

Ackerman E., Dynamic Field of View Restriction Makes Virtual Reality Less Barfy, Spectrum IEEE, June 16 2016, https://spectrum.ieee.org/tech-talk/consumer-electronics/gaming/dynamic-field-of-view-restriction-makes-virtual-reality-less-barfy

Adam S., Researchers Discover That When You're Depressed, Stuffing Yourself or Buying

Something Makes You Happier, Forbes, March 22 2013, https://www.forbes.com/sites/susanadams/2013/03/22/researchers-discover-that-when-youre-depressed-stuffing-yourself-or-buying-something-makes-you-happier/#7fa8ad7f486d

Alan F., Privacy issues lead 72% in U.S to reject Google glass, Phone arena, April 10 2014, http://www.phonearena.com/news/Privacy-issues-lead-72-in-U.S.-to-reject-Google-Glass_id54999

Alphabet inc., Alphabet announces fourth quarter nd fiscal years results, Alphabet inc, February 3 2020, https://abc.xyz/investor/static/pdf/2019Q4_alphabet_earnings_release.pdf? cache=adc3b38

Alexander S., AI Researchers On AI Risk, Slate Star Codex, May 22 2015, http://slatestarcodex.com/2015/05/22/ai-researchers-on-ai-risk/

Allianz, Millennials Making Financial Progress, But Efforts Thwarted By influence of Social Media, Allianz, February 6 2018, https://www.allianzlife.com/about/news-and-events/news-releases/Millennials-Generations-Ahead-study

(Non credited), American Academy of Periodontology, More than a quarter of US adults are dishonest with dentists about how often they floss their teeth, Perio.org, June 23 2015, https://www.perio.org/consumer/quarter-of-adults-dishonest-with-dentists

Anderson S., Goehrke, Exclusive Interview: Materialise on 3D Printing, Black Panther, Agile Fashion Design, 3Dprint.com, March 21 2018, https://3dprint.com/207247/materialise-on-black-panther/

Bagchi S., How Tech Biggies Are Racing For Artificial Intelligence, CXO Today, February 2016, http://www.cxotoday.com/story/these-6-tech-biggies-are-racing-for-artificial-intelligence/

Baggaley K., Soon You May Be Able to 3D Print Clothing In Your Own Home, NBC News, February 20 2018, https://www.nbcnews.com/mach/science/soon-you-may-be-able-3d-print-clothing-your-own-ncna848646

(Non credited) BBC, Fake Obama created using AI tool to make phoney speeches, July 17 2017, BBC news, https://www.bbc.com/news/av/technology-40598465/fake-obama-created-using-ai-tool-to-make-phoney-speeches

(Non credited) BBC, Small Data: Do people lie in surveys?, September 22 2014, BBC news, https://www.bbc.com/news/blogs-magazine-monitor-29206289

Balian E., Emoji—Donner le sourire ò vos campagnes marketing !, MBA MCI, september 29, 2019, https://mbamci.com/emoji-donner-le-sourire-a-vos-campagnes-marketing/

Bambrough, B., Facebook's Libra Is Already Ahead Of Ethereum, Litecoin, And Ripple's XRP--But Not Bitcoin, Forbes, July 7 2019, https://www.forbes.com/sites/

billybambrough/2019/07/21/facebooks-libra-is-already-ahead-of-ethereum-litecoin-and-ripples-xrp-but-not-bitcoin/#4550bcf38e1a.

Banks A., Dirty Tricks, South Carolina and John McCain, The Nation, January 14 2008, https://www.thenation.com/article/archive/dirty-tricks-south-carolina-and-john-mccain/

Bastien L., Consommation : l'intelligence artificielle va faire disparaitre les marques, Artificiel, September 26 2017, http://www.artificiel.net/consommation-lintelligence-artificielle-va-faire-disparaitre-marques

Benge V.A., What Is Tonality In Marketing?, Small business, http://smallbusiness.chron.com/tonality-marketing-33557.html

Bell K., Facebook's new Rosetta can read memes, Mashable, September 12 2018, https://mashable.com/article/facebook-rosetta-ai-for-reading-memes/? europe=true

Bentley D., Randomized Response, Pomona College, April 17 1995, https://www.dartmouth.edu/~chance/teaching_aids/RResponse/RResponse.html

Bendix A., Floating cities are getting far closer to reality than ever before, Business insider, May 27 2019, https://www.businessinsider.fr/us/floating-cities-history-utopia-government-2019-4

Berman A.E., Virtual Reality Is Reshaping Medical Training and Treatment, Singularity Hub, November 12 2017, https://singularityhub.com/2017/11/12/virtual-reality-is-reshaping-medical-training-and-treatment/#sm.0000n9ki7e53heryqfk1wf0k8gnq1

Bharadwaj R., Artificial Intelligence Applications in Additive Manufacturing (3D Printing), Tech Emergence, May 29 2018, https://www.techemergence.com/artificial-intelligence-applications-additive-manufacturing-3d-printing/Bien F., The Platform for Data, Looker, October 10, 2018, https://looker.com/blog/platform-for-data

Biron B., Chinese e-commerce giant Alibaba has a hotel run almost entirely by robots that can serve food and fetch toiletries—take a look inside, Business insider, October 21 2019, https://www.businessinsider.fr/us/alibaba-hotel-of-the-future-robots-ai-2019-10,

Bizer G.Y. et. al., Direct evidence of ending digit drop off in price information processing, Wiley Periodicals Inc., August 18 2005, https://onlinelibrary.wiley.com/doi/abs/10.1002/mar.20084

Blackman A., Can Money Buy You Happiness?, The Wall Street Journal, November 10 2014, http://www.wsj.com/articles/can-money-buy-happiness-heres-what-science-has-to-say-1415569538

Borison R., The north Face uses IBM's watson to make online shopping smarter, The street, December 14 2015, https://www.thestreet.com/technology/the-north-face-uses-ibm-s-watson-to-make-online-shopping-smarter-13395234

Botibol A., Five reasons why you should be using multi-channel marketing software, Blue

Venn, April 24 2018, https://www.bluevenn.com/blog/five-reasons-for-multichannel-marketing

Brachmann S., Elon Musk Patent Hypocrisy On Display In Growing Solarcity Patent Portfolio IPWatchdog, August 11 2015, https://www.ipwatchdog.com/2015/08/11/elon-musk-patent-hypocrisy-on-display-in-growing-solarcity-patent-portfolio/id=60153/

Brachmann S., Elon Musk Patent Hypocrisy On Display In Growing Solarcity Patent Portfolio, IPWatchdog, August 11 2015, http://www.ipwatchdog.com/2015/08/11/elon-musk-patent-hypocrisy-on-display-in-growing-solarcity-patent-portfolio/id=60153/

Braun E., Google a caché un micro dans certains produits Nest pendant deux ans, February 8 2019, http://www.lefigaro.fr/secteur/high-tech/2019/02/08/32001-20190208ARTFIG00185-google-a-cache-un-micro-dans-certains-produits-nest-pendant-deux-ans.php

Braun E., FaceApp: y a-t-il un risque pour votre vie privée et vos données?, Le Figaro, July 17 2019, https://www.lefigaro.fr/secteur/high-tech/faceapp-y-a-t-il-un-risque-pour-la-vie-privee-et-vos-donnees-20190717? fbclid = IwAR2QrUttiX-% 20wlKS8oJn0hgH03Xe1sV-U5UazxPSiV%20eNQVWMO jugIuHN4Tf0

Breslow Sardone S., Freedom Paradise Resort: The First Resort For Plus-Size People, NOM DU WEBSITE, August 17 2019, http://honeymoons.about.com/cs/mexallinclusives/a/FreedomParadise.htm

Brinklow A., Google consumes as much electricity as San Francisco, Curbed, December 7 2016, https://sf.curbed.com/2016/12/7/13875996/google-san-francisco-electricity-power

Brits A., How an Israeli tech company helped enable the global chatbot revolution, The Jerusalem Post, May 16 2018, https://www.jpost.com/Jpost-Tech/Business-and-Innovation/How-an-Israeli-tech-company-helped-enable-the-global-chatbot-revolution-556553

Brown E., Innovative AI start-ups out of Israel, ZDNet, June 18, 2018, https://www.zdnet.com/article/innovative-ai-start-ups-out-of-israel/

Bump P. et. al., Donald Trump is in the fight of his life : Saving his brand, The Washington Post, October 26 2016, https://www.washingtonpost.com/news/the-fix/wp/2016/10/26/donald-trumps-in-the-fight-of-his-life-saving-his-brand/

Burke M., Amazon's Alexa may have witnessed alleged Florida murder, authorities say, NBC News, November 2 2019, https://www.nbcnews.com/news/us-news/amazon-s-alexa-may-have-witnessed-alleged-florida-murder-authorities-n1075621

Burkard K., Welcome to the Future: Virtual Reality in eCommerce, Smile IO, October 27 2017, https://blog.smile.io/welcome-to-the-future-virtual-reality-in-ecommerce.

Bush B., How combined human and computer intelligence will redefine jobs, Tech Crunch,

November 1 2016, https://techcrunch.com/2016/11/01/how-combined-human-and-computer-intelligence-will-redefine-jobs/

Bushman B., Perceived symbols of authority and their influence on compliance, Journal of Applied Social Psychology, December 1984, https://onlinelibrary.wiley.com/doi/abs/10.1111/j.1559-1816.1984.tb02255.x

(Non credited) Business insider, Ranked: The 9 Best Ice Hotels In The World, Business Insider, November 21, 2013, https://www.businessinsider.fr/us/ranked-the-9-best-ice-hotels-in-the-world-2013-11

Burgess M., Google's AI has written some amazingly mournful poetry, Wired, May 16 2016, https://www.wired.co.uk/article/google-artificial-intelligence-poetry

Burgess M., This robot uses deep learning to write and play its own music, Wired, June 14 2017, https://www.wired.co.uk/article/ai-music-robot-shimon

Butler W., People Don't Like Google Glass Because It Makes Them Seem Weak, The Atlantic, April 20 2014, http://www.theatlantic.com/technology/archive/2014/04/people-dont-like-google-glass-because-it-makes-them-seem-weak/360919/

(Non credited) Cancer.net, Breast Cancer: Statistics, Cancer.Net Editorial Board, January 2020, https://www.cancer.net/cancer-types/breast-cancer/statistics

Cappella N., Baidu Releases Open Source AI Code, The Stack, January 2016, https://thestack.com/%20world/2016/01/15/baidu-releases-open-source-ai-code/

(Non credited) CBS insights, AI 100: The Artificial Intelligence Startups Redefining Industries, CBINSIGHTS, March 3, 2020, https://www.cbinsights.com/research/artificial-intelligence-top-startups/

Charara S., Explained: How Does VR Actually Work?, Wareable, May 22 2017, https://www.wareable.com/vr/how-does-vr-work-explained

Chardenon A., British Airways va tester en 2020 des robots autonomes à l'aéroport d'Heathrow, L'usine digitale, January 2 2020, https://www.usine-digitale.fr/article/british-airways-va-tester-en-2020-des-robots-autonomes-a-l-aeroport-d-heathrow.N916624

Chaumette B., Pourquoi certains croient aux fake news en dépit de toute rationalité, Slate, January 27 2018, http://www.slate.fr/story/156883/science-contre-fake-news-la-bataille-est-engagee

Cheng L., Why You Shouldn't Be Afraid of Artificial Intelligence, Time Magazine, January 4 2018, http://time.com/5087385/why-you-shouldnt-be-afraid-of-artificial-intelligence/ (discussing how most of our lives we adapt to technology).

Chowdry A., Facebook reiterates that it does not listen to conversations through your phone for Ad Targeting, Forbes, October 31 2017, https://www.forbes.com/sites/

amitchowdhry/2017/10/31/facebook-ads-microphone/#687d6d80534d

Clark Estes A., Meet Google's Robot Army. It's Growing, Gizmodo, January 27 2014, https://perma.cc/DK6A-2HHD

Clark L., Google's Artificial Brain Learns to Find Cat Videos, Wired, June 6 2012, https://www.wired.com/2012/06/google-x-neural-network/

Clark J., 3D printing growth accelerates again, Deloitte Global Report, December 11 2018, https://www2.deloitte.com/us/en/insights/industry/technology/technology-media-and-telecom-predictions/3d-printing-market.html

Clifford C., Billionaire CEO of SoftBank: Robots will have an IQ of 10,000 in 30 years, Make it, October 25 2017, https://www.cnbc.com/2017/10/25/masayoshi-son-ceo-of-softbank-robots-will-have-an-iq-of-10000.html

Clifford C., Japanese scientists just used A.I. to read minds and it's amazing CNBC, January 8 2018, https://www.cnbc.com/2018/01/08/japanese-scientists-use-artificial-intelligence-to-decode-thoughts.html

(Non credited), CNBC, 2.0. SparkCognition, April 30 2018, https://www.cnbc.com/2017/05/15/sparkcognition-2017-disruptor-50.html

(Non credited), CNN Business I spent 53 minutes in Amazon Go and saw the future of retail, CNN Business, October 3, 2018, https://lite.cnn.com/en/article/h_c204a1ad7d67284e304505619104d7b4

Cole A., Details and Analysis of Donald Trump's Tax Plan, September 19 2016, Tax Foundation, September 2016, https://taxfoundation.org/details-analysis-donald-trump-tax-plan-2016/

Confessore N., Cambridge Analytica and Facebook: The Scandal and the Fallout So Far, The New York Times, April 4 2018, https://www.nytimes.com/2018/04/04/us/politics/cambridge-analytica-scandal-fallout.html

Cornish D., Netflix boss thinks the future of entertainment could be drugs, Shortlist, October 25 2016, https://www.shortlist.com/news/netflix-boss-future-of-entertainment-is-drugs

Cowan D., Tactical Haptics Raises $2.2 million to Develop VR Tactile Feedback Controllers, Digital Trends, November 17 2016, https://www.digitaltrends.com/virtual-reality/tactical-haptics-raises-2-million-for-vr-tactile-feedback-controllers/

Cunningham, K., Display Technology Pushes Virtual Reality Forward, Applied Materials, October 20 2017, http://blog.appliedmaterials.com/display-technology-pushes-virtual-reality-forward

Dada G.A., What Is Influencer Marketing And How Can Marketers Use It Effectively?,

Forbes, November 14 2017, https://www.forbes.com/sites/forbescommunicationscouncil/2017/11/14/what-is-influencer-marketing-and-how-can-marketers-use-it-effectively/#3807967623d1

Damiani J., Black Mirror: Bandersnatch Could Become Netflix's Secret Marketing Weapon. The Verge, January 2 2019, https://www.theverge.com/2019/1/2/18165182/black-mirror-bandersnatch-netflix-interactive-strategy-marketing

Danos C., & Lim Z., 3D Printing: The Future of Fashion? The Luxury Law Alliance, May 2 2017, http://www.luxurylawalliance.com/news-features/3d-printing-the-future-of-fashion/223285000

Dean S., Open Source Projects Are Transforming Machine Learning and AI, Linux.com, May 5 2016, https://www.linux.com/news/open-source-projects-are-transforming-machine-learning-and-ai

Demichelis R., Quand l'iA fait valser les prix, Les échos, May 15 2018, https://www.lesechos.fr/2018/05/quand-lia-fait-valser-les-prix-1119603

Demidenko A., VR Entertainment: From Fun to Deep Fascination, Tesla Suit, January 16 2018, https://teslasuit.io/blog/virtual-reality/vr-entertainment-from-fun-to-deep-fascination

Desmurget M., La nocivité des écrans pour les enfants est un fait scientifique incontestable, Le Figaro, December 19 2019, https://www.lefigaro.fr/vox/societe/michel-desmurget-la-nocivite-des-ecrans-pour-les-enfants-est-un-fait-scientifique-incontestable-20191219

Devault G., Market Research Was Born in the Field - Proctor and Gamble, Small Business, April 13 2017, https://www.thebalancesmb.com/market-research-was-born-in-the-field-proctor-and-gamble-2297142

Devlin H, Google develops Computer Program Capable of Learning Tasks Independently, The Guardian, February 25 2015, https://www.theguardian.com/technology/2015/feb/25/google-develops-computer-program-capable-of-learning-tasks-independently

Dewar N., Machine That Can See, The Economist, March 7 2009, https://www.economist.com/technology-quarterly/2009/03/07/machines-that-can-see

Dickson B., Artificial Intelligence Has a Bias Problem, and It's Our Fault, PC mag, June 14 2018, https://www.pcmag.com/article/361661/artificial-intelligence-has-a-bias-problem-and-its-our-fau? source=autosuggest

Disis J., Donald Trump Brand is plummeting biographer says, CNN money, October 10 2016, https://money.cnn.com/2016/10/16/media/donald-trump-brand/

Dickson B., This MIT AI Predicts Breast Cancer Risk Up to 5 Years in Advance, Pc mag, May 23 2019, https://www.pcmag.com/news/this-mit-ai-predicts-breast-cancer-risk-up-to-5-years-in-advance

(Non credited) DOMO, Data never sleeps 6.0, DOMO, 2018, https://www.domo.com/

assets/downloads/18_domo_data-never-sleeps-6+verticals.pdf

Dolan K. A., Mark Zuckerberg Announces Birth Of Baby Girl & Plan To Donate 99% Of His Facebook Stock, Forbes, December 1 2015, https://www.forbes.com/sites/kerryadolan/2015/12/01/mark-zuckerberg-announces-birth-of-baby-girl-plan-to-donate-99-of-his-facebook-stock/#2a2effad18f5

Domonoske C., 50 Years Ago, Sugar Industry Quietly Paid Scientists To Point Blame At Fat, NPR, September 13 2016, http://www.npr.org/sections/thetwo-way/2016/09/13/493739074/50-years-ago-sugar-industry-quietly-paid-scientists-to-point-blame-at-fat

D'Onfro J., As Apple gets slammed for addictive smartphones, experts are optimistic about the Amazon Echo and Google Home, CNBC, January 14 2018, https://www.cnbc.com/2018/01/14/effect-of-smart-assistants-like-amazon-echo-google-home-on-kids.html

Donaker G., Kim H. Luca M., Designing Better Online Review Systems, Harvard Business Review, November - December 2019, https://hbr.org/2019/11/designing-better-online-review-systems

Dredge S., Facebook Closes Its $ 2bn Oculus Rift Acquisition. What Next?, Guardian, July 22 2014, https://www.theguardian.com/technology/2014/jul/22/facebook-oculus-rift-acquisition-virtual-reality

Dredge S., Three Really Real Questions About the Future of Virtual Reality, Guardian, January 7 2016, https://www.theguardian.com/technology/2016/jan/07/virtual-reality-future-oculus-rift-vr

Dredge S., Confirmed: Apple has bought music analytics startup Asaii, musically.com, October 15 2018, https://musically.com/2018/10/15/confirmed-apple-has-bought-music-analytics-startup-asaii/

(Non credited) EDGEcommerce and Virtual Reality: A Practical Guide to Implementing VR in Your Business, Ecommerce Guides, Aug. 25 2017, https://ecommerceguide.com/guides/ecommerce-vr/

Eisenberg A., VR Immersion: A Step Closer to the Matrix, AppReal, July 9 2018, https://appreal-vr.com/blog/virtual-reality-immersion-what-is-it-and-how-it-works/

Eisenberg A., Full Drive Virtual Reality—Coming Soon to a Brain Near You, App Real, July 9 2018, https://appreal-vr.com/blog/full-dive-virtual-reality-how-it-works/

Elgan M., Mind-reading tech is here (and more useful than you think!), Computerworld, (April 7, 2018), https://www.computerworld.com/article/3268132/mind-reading-tech-is-here-and-more-useful-than-you-think.html

Elliot J.A. et. al., Color and Psychological Functioning, Sage Pub, October 1 2007, http://cdp.sagepub.com/content/16/5/250.short

Emerging Technology from the arXiv Google's Secretive Deep Mind Startup Unveils a " Neural Turing Machine, Intelligent machines, October 29 2014, https://www.technologyreview. com/s/532156/googles-secretive-deepmind-startup-unveils-a-neural-turing-machine/

Engelhaupt E. Scientists Use 3-D Printers to Make Body Parts, National Geographic, March 2018, https://www.nationalgeographic.com/magazine/2018/03/explore-wellness-3D-printing-body-parts/

Enjolras F., Gare ȧ ces algorithmes qui pourraient finir par nous connaître mieux que nous nous connaissons nous-même, Le Monde, December 26 2017, https://www.lemonde.fr/sciences/article/2017/12/26/gare-a-ces-algorithmes-qui-nous-connaissent-mieux-que-nous-memes_5234390_1650684.html

(Non credited) Evry, Let's uncover digital possibilities together, and turn them to your advantage, Evry, July 23 2016, https://www.evry.com/globalassets/insight/bank2020/the-new-wave-of-artificial-intelligence—labs-whitepaper.pdf

Faller B., Trump's tax plan would shower the rich, Clinton's would soak them, Politico.com, November 10 2016, https://www.politico.com/story/2016/10/tax-plans-trump-clinton-229613

(Non Credited), Fandom, The Architect, Fandom, April 24 2020, https://matrix.fandom.com/wiki/The_Architect

Feltman R. et. al., Red and romantic behavior in men viewing women, John Wiley & Sons, Ltd., July 29 2010, http://onlinelibrary.wiley.com/doi/10.1002/ejsp.757/full

Feng A. et. al., CaffeOnSpark Open Sourced for Distributed Deep Learning on Big Data Clusters, Yahoo, February 24 2016, https://developer.yahoo.com/blogs/139916563586/

Fiegerman S., Facebook Could Owe $5 Billion in Taxes, CNN money, July 29 2016, https://money.cnn.com/2016/07/29/technology/facebook-irs-penalty/

Fitzpatrick A., Google's AI Just Did Something Nobody Thought Possible, TIME.com, January 27 2016, http://time.com/4196275/google-deepmind-ai-go/

Frankenfield J., Strong AI, Investopedia, October 2 2019, https://www.investopedia.com/terms/s/strong-ai.asp

Frankenfield J., Herbert A. Simon defined, Investopedia, April 25 2019, https://www.investopedia.com/terms/h/herbert-a-simon.asp

Freeman R.B., Who Owns the Robots Rules the World, Harvard Magazine, May—June 2016, https://harvardmagazine.com/2016/05/who-owns-the-robots-rules-the-world

Freier A., Aether Launches Artificial Intelligence 3D Organ Printing Software, All3DP, April 12 2018, https://all3dp.com/aether-launches-artificial-intelligence-3d-organ-printing-software/

Frey C. and Osborne M., The Future Of Employment: How Susceptible Are Jobs To Computerisation?, Oxford University, September 17 2016, https://www.oxfordmartin.ox.ac.uk/downloads/academic/The_Future_of_Employment.pdf

Ford M., Guess Who's Coming For Your Job, CNN, November 2014, http://www.cnn.com/2014/11/10/opinion/ford-robots-jobs/

Frye P., 'Sword Art Online' Full Dive technology is Real—'Accel World'-Like DARPA Brain-Machine Interface Makes NerveGear Possible, Inquisitr, February 23 2016, https://www. inquisitr. com/2820817/sword-art-online-full-dive-technology-is-real-accel-world-darpa-brain-machine-interface-nervegear-possible/

(Non credited) Future State, Virtual Reality: The New Frontier of Health-Care Training, Mission, Medium.com, April 21 2018, https://medium.com/the-mission/virtual-reality-the-new-frontier-of-health-care-training-6ae39bd65e7a

Gabriel E., Pentagon Capitalism and Silicon Valley: Google's Drone War Project Shows Big Data's Military Roots, MPN news, April 6 2018, https://www. mintpressnews. com/pentagon-capitalism-and-silicon-valley-googles-drone-war-project-shows-big-datas-military-roots/240210/

Gallo C., Apple at 35: Win Over Your Customers the Steve Jobs Way, Forbes, March 31 2011, https://www.forbes.com/sites/carminegallo/2011/03/31/apple-at-35-win-over-your-customers-the-steve-jobs-way/#1692a71ac790

Garling C., Andrew NG : Why Deep Learning Is a Mandate for Humans, Not Just Machines, Wired, May 2015, https://www. wired. com/brandlab/2015/05/andrew-ng-deep-learning-mandate-humans-not-just-machines/

Garun N., Google Photos now makes it easy to hide your nudes, The verge, May 24, 2017, https://www.theverge.com/2017/5/24/15686950/google-photos-update-archive-photos

Gatti E. et. al. Investigating the influence of colour, weight, and fragrance intensity on the perception of liquid bath soap: An experimental study, ELSEVIER, January 2014, https://www.sciencedirect.com/science/article/pii/S0950329313001328

Gee K., In Unilever's Radical Hiring Experiment, Resumes Are Out, Algorithms Are In, The Wall Street Journal, June 26 2017, https://www.wsj.com/articles/in-unilevers-radical-hiring-experiment-resumes-are-out-algorithms-are-in-1498478400

Giles J., Can an Algorithm Spot the Next Google?, MIT Technology Review, April 14, 2011, https://www.technologyreview.com/2011/04/14/195749/can-an-algorithm-spot-the-next-google/

Goel A. et. al., Using Watson for Enhancing Human-Computer Co-Creativity, AAAI Fall

Symposium Series, 2015, https://www.aaai.org/ocs/index.php/FSS/FSS15/paper/viewFile/11713/11472

Gordon L., USC Student's Computer Program Enlisted In Security Efforts At LAX, Los Angeles Times, October 2007, http://teamcore.usc.edu/ARMOR/Los%20Angeles%20Times.pdf

Guillou M., Au Japon, les speed-dating se font maintenant avec des robots, Huffington Post, February 15 2019, https://www.huffingtonpost.fr/2019/02/15/au-japon-les-speed-dating-se-font-maintenant-avec-des-robots_a_23670613/

Guo J., Why Was The Recession So Much Worse For Small Businesses? Blame Lending, Washington Post, November 26 2016, https://www.washingtonpost.com/news/storyline/wp/2014/11/26/why-did-small-businesses-suffer-so-badly-in-the-great-recession-blame-loans/

Guttormsson H.H., Japanese Marketing. Fundamentally Different, Skemman, January 20 2016, https://skemman.is/handle/1946/23606

Hanson L., The Rise of 3D Fashion, Which PLM, March 20 2018, https://www.whichplm.com/rise-3d-printing-fashion/

Harms W., meetings online leads to happier, more enduring marriages, U Chicago news, June 3 2013, https://news.uchicago.edu/story/meeting-online-leads-happier-more-enduring-marriages

Harari Y.N., Yuval Noah Harari on big data, Google and the end of free will, Financial times, August 26 2016, https://www.ft.com/content/50bb4830-6a4c-11e6-ae5b-a7cc5dd5a28c

Harrel K., Neuromarketing, what you need to know, Harvard Business Review, January 23 2019, https://hbr.org/2019/01/neuromarketing-what-you-need-to-know

Haslam A.S., Reicher S., Millard K., Shock Treatment: Using Immersive Digital Realism to Restage and Re-examine Milgram's 'Obedience to Authority' Research, Journal.pone, March 2 2015, http://journals.plos.org/plosone/article/related?id=10.1371/journal.pone.0109015

Hawns R., RAVN Systems Wins Best Enterprise Start-up 2016 at The Techies Awards, RAVN Systems, February 29 2016, https://www.prnewswire.com/news-releases/ravn-systems-wins-best-enterprise-start-up-2016-at-the-techies-awards-570467491.html

Helbing D. et. al., Will Democracy Survive Big Data and Artificial Intelligence?, Scientific American, a division of nature America, INC, February 25 2017, https://www.bsfrey.ch/articles/D_283_2017.pdf

Helbing D., and al., Will Democracy Survive Big Data and Artificial Intelligence?, Scientific American, Feb 25 2017, https://www.scientificamerican.com/article/will-democracy-survive-big-data-and-artificial-intelligence/

Hines M., This machine learning tool helps small e-commerce companies compete with Amazon and Walmart, Builtin CHI, March 8 2019, https://www.builtinchicago.org/2019/03/08/avatria-chicago-ecommerce-technology-company

Holcomb E., So How Many Chess Board Positions Are There?, Northwest Chess, http://www.nwchess.com/articles/misc/Chess_Board_Positions_article.pdf

Hof R., Now, Even Artificial Intelligence Gurus Fret That AI Will Steal Our Jobs, Forbes, January 31 2015, https://www. forbes. com/sites/roberthof/2015/01/31/now-even-artificial-intelligence-gurus-fret-that-ai-will-steal-our-jobs/ # 118b02b21d29

Holly R., How Smartphone-based VR Works, Android Cent., July 14 2015, https://www.androidcentral.com/how-smartphone-based-vr-works

Huang X. et. al., Tone management, December 1 2013, http://www.aaajournals.org/doi/abs/10.2308/accr-50684? code=aaan-site

Hulburd T., Four Must-Haves When Considering Affinity Partners, Forbes, 2018, https://www. forbes. com/sites/forbesbusinessdevelopmentcouncil/2018/02/06/four-must-haves-when-considering-affinity-partners/ # 255f86104168

Humphreys K., People Severely Underestimate—or Lie about—How Much They Drink, The Cut, June 9 2014, http://nymag.com/scienceofus/2014/06/people-underestimate-how-much-they-drink.html

Humphries M., Walmart Is Using AI to Prevent Checkout Theft, PC, June 24 2019, https://www.pcmag.com/news/369188/walmart-is-using-ai-to-prevent-checkout-theft

Ichihara E., Digital Shaman Project, Starts Prize 20, September 2, 2019, https://starts-prize.aec.at/en/digital-shaman-project/

Ivanova M.N., Why There Was No 'Marshall Plan' for Eastern Europe and Why This Still Matters, Taylor & Francis, January 14 2008, https://www.tandfonline.com/doi/abs/10.1080/14782800701683748? tab=permissions&scroll=top

Janin C., Le sociologue Jean Viard : Nous avions oublié notre appartenance à une espèce, Ouest France, April 4 2020, https://www. ouest-france. fr/sante/virus/coronavirus/confinement/entretien-le-sociologue-jean-viard-nous-avions-oublie-notre-appartenance-une-espece-6800170

Jones T., A beginner's guide to artificial intelligence, machine learning, and cognitive computing, IBM, June 1 2017, https://developer. ibm. com/technologies/artificial-intelligence/articles/cc-beginner-guide-machine-learning-ai-cognitive/

Jong J. et. al., Are we wired to believe in a higher power ?, BBC, July 30 2018, http://

www.bbc.co.uk/guides/z3b6hyc

Joshi N., How far are we from achieving Artificial general intelligence, Forbes, June 10, 2019, https://www. forbes. com/sites/cognitiveworld/2019/06/10/how-far-are-we-from-achieving-artificial-general-intelligence/ # 43dab2ab6dc4

Jun C., Autonomous driving has bold vision, China Daily, Jan 12 2019, http://www. chinadaily.com.cn/cndy/2019-01/12/content_37426112.htm

Kan M., Bumble Dating App to Blur Unsolicited Nudes With AI, Pc mag, April 24, 2019, https://www.pcmag.com/news/bumble-dating-app-to-blur-unsolicited-nudes-with-ai

Kanter J. et. al., Apple Owes $ 14.5 Billion in Back Taxes to Ireland, E.U. Says, New York edition, August 31 2016, www. nytimes. com/2016/08/31/technology/apple-tax-eu-ireland.html

Kanellos M., 152,000 Smart Devices Every Minute In 2025: IDC Outlines The Future of Smart Things, Forbes, March 3 2016, https://www. forbes. com/sites/michaelkanellos/2016/03/03/152000-smart-devices-every-minute-in-2025-idc-outlines-the-future-of-smart-things/ # 56613d254b63

Kan M., LinkedIn Profile With AI-Generated Pic Tried to Schmooze With DC Insiders, Entrepreneur, June 14 2019, https://www.entrepreneur.com/article/335293

Karsten J. et. al., How Robots, Artificial Intelligence, And Machine Learning Will Affect Employment and Public Policy, The Brookings Institution, October 26 2015, https://www. brookings. edu/blog/techtank/2015/10/26/how-robots-artificial-intelligence-and-machine-learning-will-affect-employment-and-public-policy/

Kaufman B., The Next Frontier for Virtual Reality: Courtrooms, Big L. Bus., November 18 2017, https://biglawbusiness.com/the-next-frontier-for-virtual-reality-courtrooms/

Keegan M., Big brother is watching: Chinese city with 2.6m cameras is world's most heavily surveilled, December 2 2019, 2https://www.theguardian.com/cities/2019/dec/02/big-brother-is-watching-chinese-city-with-26m-cameras-is-worlds-most-heavily-surveilled

Kendrew E., How to Design AI to Benefit Business and Society, The Telegraph, March 23 2018, https://www. telegraph. co. uk/business/essential-insights/benefits-of-artificial-intelligence/

Knight C., Chatbots on the Rise, Company Profile: SnatchBot, Medium, July 10 2017, https://medium. com/@ ChrisKnightcms/chatbots-on-the-rise-company-profile-snatchbot-e9b9f7fc17d6

Koksal I., Artificial Intelligence May Know You Better Than You Know Yourself, Forbes, February 27 2018, https://www. forbes. com/sites/ilkerkoksal/2018/02/27/artificial-intelligence-may-know-you-better-than-you-know-yourself/ # 4b66357b4058

Knight C., How to Teach Your Chatbot With Training Data, Medium, March 23, 2018, https://chatbotslife.com/how-to-teach-your-chatbot-with-training-data-46c58b873c31

Kontzer T., Sofa So Good: Applying AI to Simplify Your Next Living Room Makeover, nvidia, March 6, 2017, https://blogs.nvidia.com/blog/2017/03/06/furniture-shopping/

Kozinets R., Themed flagship brand stores in the new millennium: theory, practice, prospects, Science Direct, Spring 2002, https://www.sciencedirect.com/science/article/abs/pii/S002243590100063X#!

Krauss S., Go Beyond Spare Parts with 3D Printing and Machine Learning, Engineering.com, November 7 2017, https://www.engineering.com/AdvancedManufacturing/ArticleID/15969/Go-Beyond-Spare-Parts-with-3D-Printing-and-Machine-Learning.aspx

Lalwani M., For VR to Be Truly Immersive, It Needs Convincing Sound to Match, Engadget, January 22 2016, https://www.engadget.com/2016/01/22/vr-needs-3d-audio/

Lariviere M., Small Robots for Small Manufacturers, The Operations Room, September 22 2014, https://operationsroom.wordpress.com/2014/09/22/small-robots-for-small-manufacturers/

LaSelle R., Meeting Mass Cusotmizatoin Customization Demands with 3D Printing, Jabil, November 16 2017, https://www.jabil.com/insights/blog-main/meeting-mass-customization-demands-with-3d-printing.html

Leary J., Microsoft's New AI Wants to Help You Crush Your Next Presentation, PC mag, June 18 2019, https://www.pcmag.com/news/369083/microsofts-new-ai-wants-to-help-you-crush-your-next-presen

Lee K-F., The Four Waves of A.I., Fortune, October 22, 2018 https://fortune.com/2018/10/22/artificial-%20intelligence-ai-deep-learning-kai-fu-lee/

Lee K. & Piantino S., Facebook to Open-Source AI Hardware Design, Facebook AI research, December 10 2015, https://code.fb.com/ml-applications/facebook-to-open-source-ai-hardware-design/

Lee Y., Human champion certain he'll beat AI at ancient Chinese game, Google DeepMind/Press Release, Feb. 22 2016, https://phys.org/news/2016-02-human-champion-hell-ai-ancient.html

Lemley M. A. & Volokh E., Law, Virtual Reality, and Augmented Reality, February 27 2018, 166 U. Pa. L. Rev. 1, 6—7, https://scholarship.law.upenn.edu/cgi/viewcontent.cgi?article=9622&context=penn_law_review

(Non credited) Les échos, L'intelligence artificielle va tout bouleverser, Les échos, November 24 2017, https://www.lesechos.fr/2017/11/tencent-lintelligence-artificielle-va-bouleverser-le-secteur-publicitaire-188828

Levski Y., 7 Virtual Reality Trends We're Predicting for 2018, App Real, July 9 2018, https://appreal-vr.com/blog/virtual-reality-trends/

Levy H., The quiet start-up inking million-dollar deals, CNBC, March 16 2015, https://www.cnbc.com/2015/03/16/tart-up-inking-million-dollar-deals.html

Leswing K., The Average iPhone is Unlocked 80 Times Per Day, Business Insider, April 18 2016, https://www.businessinsider.com/the-average-iphone-is-unlocked-80-times-per-day-2016-4

Lewis T., Google Just Released Powerful New Artificial Intelligence Software—and It's Open Source, Business Insider, November 9 2015, http://www.businessinsider.com/tensorflow-is-googles-new-ai-software-2015-11

Lioudis K., The Collapse of Lehman Brothers: A Case Study,, investopedia, November 26 2019, https://www.investopedia.com/articles/economics/09/lehman-brothers-collapse.asp

Liu J. et al., Association of Coffee Consumption With All-Cause and Cardiovascular Disease Mortality, Mayo clinic proceedings, October 2013, https://www.mayoclinicproceedings.org/article/S0025-6196(13)00578-8/abstract

Lopez J., Types of Innovation, Constant Contact, June 29 2015, https://techblog.constantcontact.com/software-development/types-of-innovation/

Luenendonk D., Product Beta Testing & Market Testing, Cleverism, July 17, 2014, https://www.cleverism.com/product-beta-testing-market-testing/

Lunden I., Google's DeepMind Acqui-Hires Two AI Teams in the UK, Partners with Oxford, Tech Crunch, October 23 2014, https://perma.cc/D939-WT7R

Mahdawi A., What jobs will still be around in 20 years?, The Guardian, June 26 2017, https://www.theguardian.com/u.s-news/2017/jun/26/jobs-future-automation-robots-skills-creative-health

Macmillan R., AI Has Arrived, And That Really Worries The World's Brightest Minds, Wired Business, January 16 2015, https://www.wired.com/2015/01/ai-arrived-really-worries-worlds-brightest-minds/

Markoff J. et. al., The Race Is On to Control Artificial Intelligence, and Tech's Future, New York Times, March 2016, https://www.nytimes.com/2016/03/26/technology/the-race-is-on-to-control-artificial-intelligence-and-techs-future.html

Marr B., How Much Data Do We Create Everyday? The Mind-blowing Stats Everyone Should read, Forbes, May 21 2018, https://www.forbes.com/sites/bernardmarr/2018/05/21/how-much-data-do-we-create-every-day-the-mind-blowing-stats-everyone-should-read/#103824560ba9

Marr B., How Walmart Is Using Machine Learning AI, IoT And Big Data To Boost Retail

Performance Forbes, August 19 2017, https://www.forbes.com/sites/bernardmarr/2017/08/29/how-walmart-is-using-machine-learning-ai-iot-and-big-data-to-boost-retail-performance/#3c07ffa06cb1

Marr B., Is Artificial Intelligence Dangerous? 6 AI Risks Everyone Should Know About, Forbes, November 19, 2018, https://www.forbes.com/sites/bernardmarr/2018/11/19/is-artificial-intelligence-dangerous-6-ai-risks-everyone-should-know-about/#7fdbd2724040

Martin N., 13 Best Quotes About The Future Of Artificial Intelligence, Forbes, June 27 2019, https://www.forbes.com/sites/nicolemartin1/2019/06/27/13-greatest-quotes-about-the-future-of-artificial-intelligence/#2099aa503bdf

Marvin R., IDC Forecasts Revenues for Big Data and Business Analytics Solutions Will Reach $189.1 Billion This Year with Double-Digit Annual Growth Through 2022, International Data Corporation (IDC), April 4 2019, https://www.idc.com/getdoc.jsp?containerId=prUS44998419&utm_medium=rss_feed&utm_source=Alert&utm_campaign=rss_syndication

Marvin R., Facebook's AI Is Good at Detecting Spam but Struggles With Hate Speech and Harassment, Pc mag, June 3, 2019, https://www.pcmag.com/news/368705/facebooks-ai-is-good-at-detecting-spam-but-struggles-with-h

Marvin R., Facebook's Libra Cryptocurrency: Everything We Know, Pc mag, June 18, 2019, https://www.pcmag.com/news/facebooks-libra-cryptocurrency-everything-we-know

Marvin R., The Big Data Market Is Set to Skyrocket by 2022, Pc mag, January 14 2019, https://www.pcmag.com/news/368958/the-big-data-market-is-set-to-skyrocket-by-2022

May A., Drones promising to walk your dogs along a gps route, USA today, December 17 2019, https://eu.usatoday.com/story/news/nation-now/2017/08/16/drone-promises-walk-your-dog-along-gps-route/571788001/

Mbuqe E., Selfies are everywhere, but why, Syracuse university newhouse, August 8 2017, https://newhouse.syr.edu/news-events/news/selfies-are-everywhere-why

McMillan R., IBM Turns Up Heat Under Competition in Artificial Intelligence, Wall Street Journal, November 24 2015, https://www.wsj.com/articles/ibm-turns-up-heat-under-competition-in-artificial-intelligence-1448362800

Melendez S., A landmark Vermont law nudges over 120 data brokers out of the shadows, February 3, 2019, Fast companies, https://www.fastcompany.com/90302036/over-120-data-brokers-inch-out-of-the-shadows-under-landmark-vermont-law

Merriam-Webster Dictionary, 2019, https://www.merriam-webster.com/dictionary/

Metz C., Google Just Open Sourced the Artificial Intelligence Engine at the Heart of Its Online Empire, Wired, September 11 2015, https://www.wired.com/2015/11/google-open-sources-its-artificial-intelligence-engine/

Metz C., Inside OpenAI, Elon Musk's Wild Plan to Set Artificial Intelligence Free, Wired, April 27 2016, https://www.wired.com/2016/04/openai-elon-musk-sam-altman-plan-to-set-artificial-intelligence-free/

Meza M., Of the trillion photos taken in 2018, which were the most memorable?, The conversation, December 21 2018, https://theconversation.com/of-the-trillion-photos-taken-in-2018-which-were-the-most-memorable-108815

(Non credited) Microsoft News Center Europe, Say hello to Presenter Coach, PowerPoint's new AI-powered tool which will help you nail your next presentation, Microsoft, June 18 2019, https://news.microsoft.com/europe/2019/06/18/say-hello-to-presenter-coach-powerpoints-new-ai-powered-tool-which-will-help-you-nail-your-next-presentation/

Miller C., Apple acquires DataTiger, a digital marketing startup focused on 'putting your data to work', 9to5mac, February 14 2019, https://9to5mac.com/2019/02/14/apple-datatiger-acquisition/

Milotic D., The impact of fragrance on consumer choice, Practice paper in Henry Stewart Publications, July 11 2006, http://onlinelibrary.wiley.com/doi/10.1002/cb.131/abstract

Misimi E., Robotic 3D vision-guided harvesting of chicken fillets, 121 Computers and Electronics in Agriculture, February 2016, https://www.researchgate.net/publication/288858217_GRIBBOT_-_Robotic_3D_vision-guided_harvesting_of_chicken_fillets

Mittu R. et. al., Introduction to the Symposium on AI and the Mitigation of Human Error, AAAI Spring Symposium Series, March 21 2016, http://bit.ly/29gPFNR

Mitra, R., What is Facebook Libra Cryptocurrency? Block geek, June 2019, https://blockgeeks.com/guides/understanding-facebooks-cryptocurrency-libra/

Mogg T., Apple causes 'religious' reaction in brains of fans, say neuroscientists, Digital trends, May 19 2011, https://www.digitaltrends.com/apple/apple-causes-religious-reaction-in-brains-of-fans-say-neuroscientists/

Morash A., Media Response To Latest Analysis Of Trump's Tax Plan: It Screws The Middle Class, Media Matters, September 21 2016, https://www.mediamatters.org/research/2016/09/21/media-response-latest-analysis-trump-s-tax-plan-it-screws-middle-class/213233

Moren D., Smell Your Foes with Virtual Reality for All Five Senses, Popular Sci., May 11 2015, https://www.popsci.com/vr-mask-wants-add-smell-sights-and-sounds

Morin R., Can Child Dolls Keep Pedophiles from Offending?, The atlantic, January 11 2016, https://www.theatlantic.com/health/archive/2016/01/can-child-dolls-keep-pedophiles-from-offending/423324/

Moscaritolo A., Google Offers $25M for AI Projects That Benefit Society, PC mag, October 30 2018, https://www.pcmag.com/news/364683/google-offers-25m-for-ai-projects-that-benefit-society

Mott E. Advantages & Disadvantages of Virtual Reality, Techwalla, January 13 2019, https://www.techwalla.com/articles/advantages-disadvantages-of-virtual-reality.

Mullen J. and Wang S., Pay with your face at this KFC in China, CNN Business, September 1 2017, https://money. cnn. com/2017/09/01/technology/china-alipay-kfc-facial-recognition/index.html

Mullis A., How Does Virtual Reality Work?, Android Authority, July 15 2016, http://www.androidauthority.com/virtual-reality-work-702049/

Murnane K., These Are The Real Problems Revealed By The Belgian Leak Of Google Assistant Voice Recordings, Forbes, July 14 2019, https://www. forbes. com/sites/kevinmurnane/2019/07/14/these-are-the-real-problems-revealed-by-the-belgian-leak-of-google-assistant-voice-recordings/#2313c90e14e7

Myagkov A.Y., Unmatched count technique experience of experimental testing, Ivanovo State Power (ISP) University, 2016, http://socis.isras.ru/en/article/6014

Myiake A., Yahoo Shopping search rankings under scrutiny for stealth marketing, Japan Times, September 20 2017, https://www. japantimes. co. jp/news/2017/09/20/business/yahoo-shopping-search-rankings-scrutiny-stealth-marketing/

(Non credited) National Intelligence Council, Disruptive Civil Technologies: Six Technologies With Potential Impacts on US Interests Out to 2025, NIC, April 7 2008, https://fas.org/irp/nic/disruptive.pdf

National Intelligence Council, Disruptive Civil Technologies: Six Technologies With Potential Impacts on US Interests Out to 2025, NIC, April 2008, https://fas.org/irp/nic/disruptive.pdf

NBC News, 10-Year Photo Challenge Raises Data Mining Concerns, NBC News, January 19 2019, https://www. google. com/amp/s/www. nbclosangeles. com/news/national-international/10-Year-Photo-Challenge-Raises-Data-Mining-Concerns-504487402. html%3famp=y

Nerhus L., Automation and the Labor Force, by Major Themes in Economics, Spring 2014, https://scholarworks.uni.edu/mtie/vol16/iss1/7/

Nesle M., Food Industry Funding of Nutrition Research: The Relevance of History for Current Debates, JAMA Intern Med., November 1 2016, https://jamanetwork. com/journals/jamainternalmedicine/article-abstract/2548251

Nitsche, Wolfgang H., Googolplex Written Out, Nitsche, August 2013, http://www.googolplexwrittenout.com/

Nuttall C., London sets standards for surveillance societies, Financial times, August 1

2019, https://www.ft.com/content/70b35f8a-b47f-11e9-bec9-fdcab53d6959

O'Brien S., Questionning the Marshall Plan in the Buildup to the Cold War, Jennifer Lee, Spring 2014, http://www. unh. edu/inquiryjournal/spring-2014/questioning-marshall-plan-buildup-cold-war

O'Reilly L., Snapchat is about to introduce something advertisers have been wanting for ages: behavioral targeting, Business insider, August 26 2016, https://www.businessinsider.fr/us/snapchat-to-launch-behavioral-targeting-for-advertisers-2016-8

Olmstead K., Nearly Half of Americans Use Digital Voice Assistants, Mostly on their Smartphones, Pew Research Center, December 12 2017, http://www.pewresearch.org/fact-tank/2017/12/12/nearly-half-of-americans-use-digital-voice-assistants-mostly-on-their-smartphones/

O'neill Kate, Facebook's '10 year challenge' is just a harmless meme—right?, Wired, January 15 2019, https://www.wired.com/story/facebook-10-year-meme-challenge/

Pagalea A. et al., Brands as a Mean of Consumer Self-expression and Desired Personal Lifestyle, Procedia social and behavioral science, January 8 2014, https://www.sciencedirect.com/science/article/pii/S1877042813050593

Parlapiano A., & Lee, J.C., The Propaganda Tools Used By Russians to Influence the 2016 Election, New York Times, February 16 2018, https://www. nytimes. com/interactive/2018/02/16/us/politics/russia-propaganda-election-2016.html

Parkin S., Killer Robots: The Soldiers That Never Sleep, BBC, July 16 2015, http://www.bbc.com/future/story/20150715-killer-robots-the-soldiers-that-never-sleep

Pepper et Al., Supreme court of the united states, law.cornell.edu, October 2018 - May 13 2019 https://www.law.cornell.edu/supct/pdf/17-204.pdf

Pita, P., What is Full Dive Virtual Reality?, Virtual Reality Times, March 25 2017, http://virtualrealitytimes.com/2017/03/25/full-dive-virtual-reality

Popper N., The Robots Are Coming for Wall Street, New York Times, February 2016, https://www. nytimes. com/2016/02/28/magazine/the-robots-are-coming-for-wall-street.html

Priol M. L., New Religion Based on Artificial Intelligence Raises Concerns La Croix, May 10 2017, https://www. la-croix. com/Religion/nouvelle-religion-fondee-lintelligence-artificielle-suscite-inquietudes-2017-10-05-1200882222

(Non credited) PQMedia, Global Digital & Alternative Media Revenue Forecast 2014-18, PQ Media, 2014 http://www.pqmedia.com/about-press-20140918.html

(Non credited) PQMedia 2017 Global Out-of-Home Media Forecast 2017, PQ media, 2017, http://www.pqmedia.com/gooh2017.html

Quach K., Elon Musk's new idea is to hook your noggin up to an AI—but is he just insane about the brain?, The Register, July 18 2019, https://www.theregister.co.uk/2019/07/18/musk_neuralink_brain_interface/

Quiñonero Candela J., What Do You Think of OpenAI?, Quora, March 14 2016, https://www.quora.com/session/Joaquin-Qui%C3%B1onero-Candela/1

Rack J., Are You Flossing Or Just Lying About Flossing? The Dentist Knows, National Public Radio, June 24 2015, http://www. npr. org/sections/health-shots/2015/06/24/417184367/are-you-flossing-or-just-lying-about-flossing-the-dentist-knows

Recrosio E., Benefits of 3D Printing: Mass Customization, Sculpteo, January 11 2017, https://www.sculpteo.com/blog/2017/01/11/benefits-of-3d-printing-mass-customization/

Recoquillé M., Drones, caméras, robots... La tech en pointe pour lutter contre le coronavirus, L'express, February 11 2020, https://www. lexpress. fr/actualite/drones-cameras-robots-la-tech-en-pointe-pour-lutter-contre-le-coronavirus_2117835.html

Redmiles E., Virtual Reality is the Next Battleground for your Data, The Daily Beast, March 27 2018, https://www. thedailybeast. com/virtual-reality-is-the-next-battleground-for-your-data

Regalado A., When Machines Do Your Job, MIT Technology Review, July 11 2012, https://www.technologyreview.com/s/428429/when-machines-do-your-job/

Geissbauer R., Wunderlin J., Lehr J., The Future of Spare Parts is 3D: A Look at the Challenges and Opportunities of 3D printing, Strategy&, January 30 2017, https://www.strategyand.pwc.com/reports/future-spare-parts-3d

(Non credited) Reuters, Amazon will serve any government agency with facial recognition technology, so long as it's legal, VB, June 10 2019, https://venturebeat.com/2019/06/10/amazon-will-serve-any-government-agency-with-facial-recognition-technology-so-long-as-its-legal/

Ritchie, J. The History of Stereoscopy: From Stereograms to Virtual Reality, Technology, September 12 2017, https://idearocketanimation.com/17608-history-of-stereoscopy/

Rittenhouse L., People love Apple (AAPL), The Street, July 27 2016, https://www.thestreet.com/story/13654355/1/people-love-apple-aapl-that-drives-growth-cnbc-s-najarian-says.html

Robertson A., Netflix Announces 27 Million US Subscribers, Posts Unexpected Profit, The Verge, January 23 2013, https://www.google.com/amp/s/www.theverge.com/platform/amp/2013/1/23/3907424/netflix-announces-q4-2012-earnings

Roderick L., P&G on how it will deliver personalized messages at scale, Marketing Week, October 10 2017, https://www.marketingweek.com/pg-mass-one-one-marketing/

Rodriguez A., A Matrix-like hallucinogenic pill may be the future of entertainment, says Netflix's CEO, Quartz, October 25 2016, https://qz.com/818570/netflix-nflx-ceo-reed-hastings-says-a-matrix-like-hallucinogenic-pill-may-be-the-future-of-entertainment/;

Rosoff M., IBM and Salesforce shake hands on artificial intelligence, CNBC, March 6 2017, https://www.cnbc.com/2017/03/06/ibm-and-salesforce-shake-hands-on-artificial-intelligence.html

Rotman D., How Technology Is Destroying Jobs, MIT Technology Review, June 12 2013, https://www.technologyreview.com/s/515926/how-technology-is-destroying-jobs/

Rotman D., Who Will Own the Robots?, MIT Technology Review, June 16 2015, https://www.technologyreview.com/s/538401/who-will-own-the-robots/

Rouse M., radical innovation, Tech Target, December 2015, https://searchcio.techtarget.com/definition/radical-innovation

Rouse M., Buzz marketing, Tech Target, July 28 2015, https://searchcustomerexperience.techtarget.com/definition/buzz-marketing

Rowinski D., Google's Game of Moneyball in the Age of Artificial Intelligence, ReadWrite, January 29 2014, https://perma.cc/5QHB-2L68

Ryan T., You're Losing Control of Your Personal Data - Get Over It, Forbes, July 18 2017, https://www.google.com/amp/s/www.forbes.com/sites/retailwire/2017/07/18/youre-losing-control-of-your-personal-data-get-over-it/amp/

Ryzik Melena, The Aftrofuturistic Designs of Black Panther, New York Times, February 23 2018, https://www.nytimes.com/2018/02/23/movies/ black-panther-afrofuturism-costumes-ruth-carter.html.

Saiidi U., I tried a robot companion for a week in Japan, CNBC, November 13 2018, https://www.cnbc.com/2018/05/16/need-a-travel-companion-now-you-can-rent-a-robot-in-japan.html

Scheck J., Jones R. And Said S., A Prince's $ 500 Billion Desert Dream: Flying Cars, Robot Dinosaurs and a Giant Artificial Moon, Wall Street Journal, July 25, 2019, https://www.wsj.com/articles/a-princes-500-billion-desert-dream-flying-cars-robot-dinosaurs-and-a-giant-artificial-moon-11564097568

Schulze E., Nearly every demo group thinks less favorably of Trump brand now, says CNBC survey, CNBC, October 27 2016, https://www.cnbc.com/2016/10/27/nearly-every-demo-group-thinks-less-favorably-of-trump-brand-now-says-cnbc-survey.html

Schwab K., The Fourth Industrial Revolution: what it means, how to respond, World

Economic Forum, January 16 2016, https://www. weforum. org/agenda/2016/01/the-fourth-industrial-revolution-what-it-means-and-how-to-respond

Scott S., Meet Scout, Blog Amazon, January 23 2019, https://blog.aboutamazon.com/transportation/meet-scout

Shannon C., Programming a Computer for Playing Chess, Philosophical Magazine, March 1950, https://vision. unipv. it/IA1/aa2009-2010/ProgrammingaComputerforPlayingChess.pdf

Sherman E., These 5 jobs already are being taken by robots Fortune, Fortune, February 25 2015, http://fortune.com/2015/02/25/5-jobs-that-robots-already-are-taking/

Sherwin A., The truth about lying: it's the hands that betray you, not the eyes, The independent, July 12 2012, https://www.independent.co.uk/news/science/the-truth-about-lying-its-the-hands-that-betray-you-not-the-eyes-7936522.html

Simmins G. et al., West Edmonton Mall, The Canadian Encyclopedia, January 29 2012, http://www.thecanadianencyclopedia.ca/en/article/west-edmonton-mall/

Simpson J., Finding Brand Success In The World, Forbes, August 25 2017, https://www. google. com/amp/s/www. forbes. com/sites/forbesagencycouncil/2017/08/25/finding-brand-success-in-the-digital-world/amp/

(Non credited) Sina Finance, Civil Code establishes data privacy rights disregard initiative, promotes industry AI governance to protect user privacy, Sina Finance, May 29 2020, https://baijiahao.baidu.com/s? id=1668014270550985687&wfr=spider&for=pc

Slabodkin, G., Machine Learning Can Understand Text Reports written by Radiologists, Health Data Management, February 2 2018, https://www.healthdatamanagement.com/news/machine-learning-can-understand-text-reports-written-by-radiologists

Slegal J., People love using Facebook and Google, but they don't trust either of them, BGR news, January 22 2016, https://bgr.com/2016/01/22/facebook-google-user-trust/

Smith A. & Anderson M., Americans' Attitudes Toward a Future in which Robots and Computers can do Many Human Jobs, October 4 2017, Pew Research Center, https://www. pewresearch. org/internet/2017/10/04/americans-attitudes-toward-a-future-in-which-robots-and-computers-can-do-many-human-jobs/

Smith A., Does That AI Startup Really Use AI? Maybe Not, Study Finds, Pc mag, March 6 2019, https://www.pcmag.com/news/does-that-ai-startup-really-use-ai-maybe-not-study-finds

Smith G., High-tech redlining: AI is quietly upgrading institutional racism, Fast companies, November 20 2018, https://www. fastcompany. com/90269688/high-tech-redlining-ai-is-quietly-upgrading-institutional-racism

Soetarto B. et. al., Word-of-mouth on financial products in online communities: an exploration into the why, what, and how?, Curtin Research Publication, 2009, https://espace.curtin.edu.au/handle/20.500.11937/41666

Spector R.H., Vietnam War, The Editor of Encyclopaedia Britannica, April 28 2020, https://www.britannica.com/event/Vietnam-War

Staff M., Advantages and Disadvantages of Warehouse Robots, Murray Material Handling, in Safety Warehousing, September 17 2014, http://www.murraymh.com/advantages-and-disadvantages-of-warehouse-robots/

Statt N., Virtual Reality Is Raking Over the Video Game Industry, CNET, February 28 2015, https://www.cnet.com/news/virtual-reality-is-taking-over-the-video-game-industry/

Statt N., Orlando police once again ditch Amazon's facial recognition software, The Verge, July 18 2019, https://www. theverge. com/2019/7/18/20700072/amazon-rekognition-pilot-program-orlando-florida-law-enforcement-ended

Stenger M., 10 Ways Virtual Reality Is Already Being Used in Education, InformED, October 27 2017, https://www.opencolleges.edu.au/informed/edtech-integration/10-ways-virtual-reality-already-used-education/

Stein B., In Class Warfare, Guess Which Class Is Winning, New York Times, November 26 2006, https://www.nytimes.com/2006/11/26/business/yourmoney/26every.html

Stewart H., Robot revolution: rise of 'thinking' machines could exacerbate inequality, The Guardian , November 5 2015, https://www.theguardian.com/technology/2015/nov/05/robot-revolution-rise-machines-could-displace-third-of-uk-jobs

Stibel J., Why You're Addicted to Your Phone ..and What To Do About It, USA Today, July 3 2017, https://www.usatoday.com/story/money/columnist/2017/07/03/why-youre-addicted-your-phone-and-what-do/443448001/

Staff ST, Virtual Reality in Sports, SportTechie, August 24 2017, https://www.sporttechie.com/virtual-reality-sports/;

Stuart S.C., Is Your Lawyer Schooled in AI?, PC mag, June 12 2019, https://www.pcmag.com/news/367638/is-your-lawyer-schooled-in-ai? utm_source=recirc&utm_medium=news-bottom&utm_campaign=bb1

Sunday O.E. and al., Problems and Prospects of Marketing in Developing Economies: The Nigerian Experience, CCSE, September 2009, www.ccsenet.org/journal/index.php/ijbm/article/viewFile/3788/3399

Susskind J., Chatbots are a danger for democracy, New York Times, December 8-9 2018, https://www.nytimes.com/2018/12/04/opinion/chatbots-ai-democracy-free-speech.html

Tarantola A., Why Frame Rate Matters, Gizmodo, January 14 2015, https://gizmodo.com/why-frame-rate-matters-1675153198

Tardi C., Value Chain, Investopedia, January 11 2019, https://www.investopedia.com/terms/v/valuechain.asp

Tarnowski M., Nudging—The Ideas Behind It, Plays in business, November 18 2018, http://www.plays-in-business.com/nudging-the-ideas-behind-it/

Taylor B., RANKED: The 9 Best Ice Hotels In The World, FindTheBest, November 21 2013, http://mobile.businessinsider.com/ranked-the-9-best-ice-hotels-in-the-world-2013-11

Thakkar H., Avatria Convert, Betalist, October 25, 2018, https://betalist.com/startups/avatria

Telcher J.G., Gazing Back at the Surveillance Camera That Watch Us, NY Times, August 3 2018, https://www.nytimes.com/2018/08/13/lens/surveillance-camera-photography.html

(Non Credited) The Economist, How marketers can take advantages on consumer's innumeracy, The Economist, June 30 2012, http://www.economist.com/node/21557801

(Non Credited), Rise of the Machines, The Economist, May 9 2015, https://www.economist.com/briefing/2015/05/09/rise-of-the-machines

(Non credited) The Economist, Rise of the Machines, The Economist, May 9 2015, https://www.economist.com/briefing/2015/05/09/rise-of-the-machines

(Non Credited), From Not Working to Neural Networking, The Economist, June 23 2016, https://www.economist.com/special-report/2016/06/23/from-not-working-to-neural-networking

(Non credited) The Economist, What machines can tell from your face, The Economist, September 9 2017, https://www.economist.com/leaders/2017/09/09/what-machines-can-tell-from-your-face

(Non credited) The Economist, There will be little privacy in the workplace of the future, The Economist, March 28 2018, https://www.economist.com/special-report/2018/03/28/there-will-be-little-privacy-in-the-workplace-of-the-future

(Non credited) The Washington Post, Google's Alphago Makes Creative Move Against Champion Lee Sedol, The Washington Post, March 15 2016, https://www.washingtonpost.com/video/business/technology/googles-alphago-deepmind-makes-creative-move-against-champion-lee-sedol/2016/03/15/57d982ac-eabe-11e5-a9ce-681055c7a05f_video.html? utm_term=.0deeca27f621

Thompson C., Elon Musk warns that creation of 'god like' AI could doom mankind to an eternity of robot dictatorship, Business insider, June 4 2018, https://www.businessinsider.fr/us/elon-musk-says-ai-could-lead-to-robot-dictator-2018-4

Thompson J., Is Nonverbal Communication a Numbers Game?, Psychology today, September 30 2011, https://www.psychologytoday.com/us/blog/beyond-words/201109/is-

nonverbal-communication-numbers-game
Tilli C., Killer Robots? Lost Jobs? The threats that artificial intelligence researchers actually worry about, slate Magazine, SLATE, April 28 2016 http://www.slate.com/articles/technology/future_tense/2016/04/the_threats_that_artificial_intelligence_researchers_actually_worry_about.html
Tims A., Tesco multipack offer not so sweet, The Guardian, November 20 2009, https://www.theguardian.com/money/2009/nov/20/tesco-multipack-offer-sweetcorn
Titcomb J., Mark Zuckerberg confirms Facebook is working on mind-reading technology, The Telegraph, April 19 2017, James Titcomb, https://www.telegraph.co.uk/technology/2017/04/19/mark-zuckerberg-confirms-facebook-working-mind-reading-technology/
Tso N., Edible Excretions: Taiwan's Toilet Restaurant, TIME, March 2 2009, http://content.time.com/time/arts/article/0,8599,1882569,00.html
Tung L., Microsoft's New Record: Speech Recognition AI Now Transcribes As Well As Human, ZDNET, August 22 2017, https://www.zdnet.com/article/microsofts-new-record-speech-recognition-ai-now-transcribes-as-well-as-a-human/
Turchin P., Blame Rich, Overeducated Elites as Our Society Frays, Bloomberg Opinion, November 20 2013, https://www.bloomberg.com/view/articles/2013-11-20/blame-rich-overeducated-elites-as-our-society-frays
Turk V., Face Electrodes Let You Taste and Chew in Virtual Reality, New Scientist, November 4 2016, https://www.newscientist.com/article/2111371-face-electrodes-let-you-taste-and-chew-in-virtual-reality/.
Tuttle B., Odd Consumer Behavior Files: When Stuff Is Free, We're More Likely to Buy, TimeBusiness, July 2011, http://business.time.com/2011/07/11/odd-consumer-behavior-files-when-stuff-is-free-were-more-likely-to-buy/
Tuttle B., The Power of Freebies: Why Companies Pay to Give Free Samples to Supermarket Customers, TimeBusiness, February 2011, http://business.time.com/2011/02/17/the-power-of-freebies-why-companies-pay-to-give-free-samples-to-supermarket-customers/
Tuttle B., Consumers Prefer to Get More Rather than Pay Less—Because They're Bad at Math, Business Time, July 2012, http://business.time.com/2012/07/03/consumers-prefer-to-get-more-rather-than-pay-less-because-theyre-bad-at-math/
Tuttle B., Ten Bizarre Theories on Saving and Spending, Business Time, October 2009, http://moneyland.time.com/2009/10/23/ten-bizarre-theories-on-saving-and-spending/
Twin A., The 4 Ps, Investopedia, September 5 2019, https://www.investopedia.com/terms/f/four-ps.asp

VanArendonk, K., Let's Talk About the Ending of Black Mirror's Hang the DJ, The Vulture, January 10 2018, https://www.vulture.com/2018/01/black-mirror-season-4-episode-4-ending-explained.html

Van Heerden O., "Bradley effect" strikes again: A Trump presidency and some home truths, November 10 2016, https://www.dailymaverick.co.za/opinionista/2016-11-10-bradley-effect-strikes-again-a-trump-presidency-and-some-home-truths/#.W0V5nNhKjOS

Vetter M., The $40,000 Olive: How Entrepreneurs Can Spend Time Saving Money, Forbes, June 4 2015, https://www.forbes.com/sites/moiravetter/2015/06/04/the-40000-olive-how-entrepreneurs-can-spend-time-saving-money/#7141b31d5fbb

Virtual Reality Society, History of Virtual Reality, Virtual Reality Soc'y, Virtual Reality Society, July 9 2018, https://www.vrs.org.uk/virtual-reality/history.html

Vishwanathan S., Will Google Repeat an Android in Artificial Intelligence?, iRunway, December 2015, http://www.i-runway.com/blog/will-google-repeat-an-android-in-artificial-intelligence/

Vitard A., Le robot Spot de Boston Dynamics débarque sur une plate-forme pétrolière norvégienne, L'usine digitale, February 10 2020, https://www.usine-digitale.fr/article/le-robot-spot-de-boston-dynamics-debarque-sur-une-plate-forme-petroliere-norvegienne.N928714

Vlaskovits P., Henry Ford, Innovation and That " Faster Horse " Quote, Harvard Business Review, August 29 2011, https://hbr.org/2011/08/henry-ford-never-said-the-fast

Void, The Void Facts, The Void, January 13 2019, https://cdnwebprodstorage.azureedge.net/website-assets/images/press/fact-sheets/THE-VOID_Fact_Sheet.pdf

VR Lens Lab, Field of View for Virtual Reality Headsets Explained, VR Lens Lab, March 17 2016, https://vr-lens-lab.com/field-of-view-for-virtual-reality-headsets/.

Walraet M., A Googolplex of Go Games, GitHub, January 9 2016, http://matthieuw.github.io/go-games-number/GoGamesNumber.pdf

Wertz, J., Why Instant Gratification Is the One Marketing Tactic Companies Should Focus on Right Now, Forbes, April 30 2018, https://www.forbes.com/sites/jiawertz/2018/04/30/why-instant-gratification-is-the-one-marketing-tactic-companies-should-focus-on-right-now/#39fe7e2be91b

White B., Artificial Intelligence Is Already Here, But Is Your Business Ready For It?, Forbes, April 6 2015, https://www.forbes.com/sites/theyec/2015/04/06/artificial-intelligence-is-already-here-but-is-your-business-ready-for-it/#7d0a1616284e

Wicker A., Fast Fashion is Creating an Environmental Crisis, Newsweek, September 1 2016, http://www.newsweek.com/2016/09/09/old-clothes-fashion-waste-crisis-494824.

html

Wilson D.G., The Ethics of Automated Behavioral Microtargeting, The ACM Digital Library, October 2017, https://dl.acm.org/citation.cfm? id=3139451

Winfred P., Introduction to natural language processing, Mind, 2016, http://www.mind.ilstu.edu/curriculum/protothinker/natural_language_processing.php

Wing field, N., Inside Amazon Go, A Store of the Future, New York Times, January 21 2018, https://www.google.com/amp/s/www.nytimes.com/2018/01/21/technology/inside-amazon-go-a-store-of-the-future.amp.html

Woellert L., Can Trump the brand survive Trump the man?, Politico, November 14 2016, https://www.politico.com/story/2016/10/donald-trump-brand-229768

Yaffe P., The 7% Rule—Fact, Fiction or Misunderstanding, Ubiquity, October 2011, http://ubiquity.acm.org/article.cfm? id=2043156

Yurieff K., Amazon thinks AI will help solve its counterfeits problem, CNN, February 28 2019, https://edition.cnn.com/2019/02/28/tech/amazon-counterfeits-project-zero/index.html

Zastrow M., South Korea Trumpets $ 860-Million AI Fund After Alphago 'Shock', Nature International Weekly Journal of Sciences, March 18 2016, https://www.nature.com/news/south-korea-trumpets-860-million-ai-fund-after-alphago-shock-1.19595

Zetlin M., AI Is Now Analyzing Candidates' Facial Expressions During Job Interviews, Inc., February 28 2018, https://www.inc.com/minda-zetlin/ai-is-now-analyzing-candidates-facial-expressions-during-video-job-interviews.html

Zorowitz J., It Just Got Real, NBC Sports, July 17 2018, https://sportsworld.nbcsports.com/virtual-reality-sports-arkansas-kentucky/

Zuckerberg M., Building global community, Facebook, February 16 2017, https://www.facebook.com/notes/mark-zuckerberg/building-global-community/10154544292806634/

Video Lectures

Attali J. (2014) https://www.youtube.com/watch? v=baWfd-vRIqM

Buisson P. (2017) https://www.youtube.com/watch? v=Hj_B708sCWY

Harari Y. (2013) https://www.youtube.com/watch? v=6VJMYWKH-W8&t=1590

Alexandre L. (2017) :https://www.youtube.com/watch? v=QS951xiGGvI

Alexandre L. (2019) https://www.youtube.com/watch? v=9iuBVin9oOk

Sadin E. (2018) https://www.youtube.com/watch? v=VzeOnBRzDik

Villany C. (2017) https://www.youtube.com/watch? v=LMRdn_MQWXM

Ferry L. (2017) https://www.youtube.com/watch? v=5H4Vg-pI814

Ferry L. (2018) https://www.youtube.com/watch? v=5H4Vg-pI814

Images

Image 1: Screenshot of a loading profile page

Image 2: https://www.pinterest.ch/pin/731835626675113 25/

Image 3: Example of CTA on Netflix

Image 4: Examples of familiar logo elements

Image 5: Image on the left: Oval-shaped *Keecker* robot resembling an egg, reminiscent of ...

Image 6: https://www.savoir-cuisiner.fr/le-mood-de-la-maison-christofle-reinvente-par-karl-lagerfeld/

Image 7: Images on the right: ... Christofle's iconic silver egg caddy